7.6　买卖合同中的支付条款 …… 171

本章小结 …… 173

练习与思考 …… 173

案例分析 …… 174

第 8 章　国际结算中的单据 …… 175

8.1　单据概述 …… 175

8.2　出口结汇的主要单据 …… 186

本章小结 …… 197

练习与思考 …… 197

案例分析 …… 198

第 9 章　商品检验、索赔、仲裁和不可抗力 …… 199

9.1　商品检验 …… 199

9.2　索赔 …… 204

9.3　不可抗力 …… 209

9.4　仲裁 …… 213

本章小结 …… 220

练习与思考 …… 220

案例分析 …… 220

第 10 章　合同的商订与履行 …… 222

10.1　交易磋商的形式与内容 …… 222

10.2　交易磋商的程序 …… 223

10.3　合同的订立 …… 230

10.4　出口合同的履行 …… 232

10.5　进口合同的履行 …… 237

本章小结 …… 240

练习与思考 …… 240

案例分析 …… 241

第 11 章　进出口货物通关 …… 242

11.1　进出口货物通关程序 …… 242

11.2 海关货运监管制度…… 245
11.3 出口收汇核销制度…… 255
本章小结…… 259
练习与思考…… 260
第 12 章 贸易方式 …… 261
12.1 经销、代理…… 261
12.2 寄售、展卖…… 265
12.3 招标、投标与拍卖…… 269
12.4 商品期货交易…… 273
12.5 对销贸易…… 276
12.6 加工贸易…… 279
本章小结…… 283
练习与思考…… 283
案例分析…… 283
第 13 章 电子商务在国际贸易中的运用 …… 285
13.1 电子商务概述…… 285
13.2 电子商务与国际贸易…… 293
13.3 电子商务在我国对外贸易中的运用…… 302
本章小结…… 304
练习与思考…… 304
案例分析…… 304
参考文献…… 308
附录一 联合国国际货物销售合同公约…… 309
附录二 跟单信用证统一惯例…… 329
附录三 常用度量衡换算表…… 349
附录四 主要国家或地区货币的字母代码…… 351
附录五 世界主要港口…… 352

第 1 章

绪　论

［学习目标］

1. 了解国际贸易实务课程的性质、特点；

2. 理解国际贸易实务课程所包括的主要内容；

3. 掌握进出口贸易的一般业务程序；

4. 懂得经营国际贸易必须具备的条件；

5. 学会进出口贸易的一般业务程序，学习后能够做好进出口交易前的准备工作、进出口交易磋商工作、合同的签订工作及进出口合同的履行工作，以便实现最大的贸易利益。

2001 年 12 月 11 日，我国已正式成为世界贸易组织（WTO）的成员。这标志着我国经济已完全融入世界经济一体化之中。开放的中国对外贸易发展的必然趋势是：大量外国企业在华投资办厂和从事贸易活动，国内从事国际贸易的企业及就业人员越来越多；进出口贸易额越来越大。为适应我国对外经济贸易与国际经济贸易接轨的客观要求，迫切需要培养一大批高素质的外经贸专业人才，系统了解并掌握进出口贸易的交易条件、交易过程、交易方式及所涉及的法律、法规和国际贸易惯例等外经贸工作人员所必备的知识。国际贸易实务是国际经贸类专业一门必修的专业基础课程。要学好这门重要的课程，首先要了解这门课程的性质、特点、从事国际贸易的必备条件、主要内容、进出口贸易的一般程序、并掌握正确的学习方法。

1.1　国际贸易实务的性质及特点

1.1.1　国际贸易实务的性质

国际贸易实务是一门专门研究国际商品交换具体过程的学科，是一门具有涉外活动特点、实践性很强的综合性应用课程。它涉及国际贸易理论与政策、国际贸易法律与惯例、国际金融、国际运输与保险等学科的基本原理与基本知识的运用。

1.1.2　国际贸易的特点

国际贸易包括货物贸易和服务贸易两部分内容。一个国家或地区的对外贸易

额是货物贸易和服务贸易的总和。通常情况下货物贸易占一国对外贸易额的比重较大，狭义的国际贸易就是指国际货物贸易。

国际货物贸易不同于国内货物贸易，它具有以下几个特点。

1. 贸易对象不同

对外贸易的对象是外国客商，由于各国经济发展水平、社会制度、民族宗教、风俗习惯、语言文字等方面均有很大差异，对商品种类、品质、花色、规格等方面的要求更是千差万别。

2. 风险大

在国际货物买卖中，交易双方的成交量通常都比较大，而且交易的商品往往需要通过长途运输。在长途运输过程中，可能遇到各种自然灾害、意外事件和各种其他外来风险，加之国际市场情况复杂，千变万化，从而更加大了国际货物贸易的风险程度。

3. 贸易方式不同

国际贸易的方式，是随着国际间商品生产和交换的不断发展，国际分工的深入和国际经济合作的发展而变化的。新的贸易方式不断涌现，除传统的售定贸易之外，还有经销、代理、寄售、展卖、招标、投标、拍卖、对销贸易、加工贸易等许多灵活的贸易方式。

4. 影响价格的因素及价格构成不同

在国际市场上，商品价格是由国际价值决定的。但国际市场的商品价格又与它的国际价值往往不一致，因为国际市场的商品价格经受着剧烈的竞争和供求规律的支配；垄断资本对商品市场的控制；资本主义生产周期的变化；金融外汇市场的波动；世界货币价值的变化；工业技术的发展以及投机活动或政治动乱、战争因素的影响，从而使得国际市场的商品价格极不稳定。同时，进出口商品价格构成比国内商品价格构成要复杂得多，它可能根据双方使用的贸易术语不同而形成不同的价格构成，有时包括进出口商品的成本、运输、保险、关税等费用，有时还包括佣金或折扣。这些都给进出口企业成本核算带来了很大难度。

5. 使用的货币不同

在国际贸易中，使用的是世界货币，即可自由兑换的货币。可自由兑换的货币主要指美元、欧元、日元、英镑等。有的货币升值，有的货币贬值，在对外贸易的价格掌握上必须经常考虑汇价变动的因素，在货币价格折算上也是非常复

杂的。

6. 贸易的法律法令和规章制度不同

世界各国都根据自己的社会政治经济情况，制定各自的对外贸易法规。国际上一些经贸组织也制定了许多国际法规、条例和协定，还有一些国际惯例。各国在对外贸易中既要遵守本国的；又要遵守外国的和国际的贸易法律、制度和惯例。所有这些法律、制度和惯例都可成为解决纠纷的依据。

7. 涉及众多的经营管理组织机构

在对外贸易中，交易双方相距遥远，交易过程中间环节多，除了买卖双方当事人之外，还涉及各种中间商、代理商以及为国际货物贸易服务的部门，如保险公司、运输公司、商检局、银行、外汇管理局、海关、领事馆等，以及国际性的贸易组织如世界贸易组织（WTO）、金融机构如国际货币基金组织（IMF）、世界银行（WB）等。若一个部门，一个环节出了问题，就会影响整笔交易的正常进行。

1.2　经营国际贸易必须具备的条件

我国入世做出承诺：入世三年后，全面放开进出口经营权。这意味着我国将有越来越多的企业、个人涉足国际贸易领域。从上面我们阐述的国际贸易的诸多特点可以看出，从事国际贸易活动并非易事。事实上，经营国际贸易必须具备一系列条件。

1. 具有专业知识

从事对外贸易的人至少应有下列专门知识：通晓外国语、国际市场营销学，具有商品、法律、保险、运输、国际金融等多方面的知识，熟悉各国关税制度及非关税方面的规定，通晓本国贸易对象国家的对外贸易政策、法律、规章制度和货运、报关、商检等知识，还须具备涉外财会、统计等方面的知识。

2. 做好世界市场调研

国际商品市场行情的变化，是各种错综复杂因素作用的结果，这些因素包括经济、政治、军事、科学技术、社会的因素和自然条件的变化。企业要进入国际市场与外国进行商品交易，必须借助市场调研这一环节了解国际市场，以便在生产和贸易两个方面做出相应的对策，为企业扩大出口服务。

国际市场调研资料的来源主要从两个渠道获得：首先是利用各国的各种机构

和手段搜集资料，如利用电子信息网搜寻有关经贸行情和潜在客户；从中外商业报刊中了解市场的新变化；联合国各经济组织发布的各种经济资料等。其次是通过我国各驻外机构和驻外工作人员搜集所在国的市场情报资料，供国内各企业部门使用。

3. 具有雄厚的资金

国际贸易多是大宗交易，要想经营得好，必须有比较雄厚的资金。直接经营进出口的生产企业，固然需要大量的资金以维持生产；就是一般专业外贸经营企业，要掌握商业机会，也需要大量资金；即使是一般代理商，资金过少，也难获得委托者的信赖。

4. 树立良好信誉

对外贸易是涉及国内外政治、经济、科技、人才、金融等各个领域的网络体系。所以，经营者必须高瞻远瞩、胆大心细。并要“重合同、守信用”。当事人在订立、履行合同和行使权利、履行义务时，应当遵循诚实信用的原则。

1.3 国际贸易实务的主要内容

国际贸易实务这门课程涉及的内容十分广泛，它涵盖了每笔进出口业务活动的各个环节。具体内容主要包括以下五部分。

1.3.1 国际贸易术语

国际贸易术语（international trade term）是用一个简短的概念或外文缩写字母，来说明商品价格的构成及买卖双方所承担的风险、费用和责任划分的专门用语。在国际贸易的长期实践中，逐渐形成了各种不同的贸易术语。贸易术语具有双重性，即一方面表示交货条件；另一方面表示成交价格的构成因素。它的出现和广泛应用，对于简化交易手续，缩短洽商时间和节省费用开支等都发挥了重要作用，促进了国际贸易的发展。

国际贸易惯例是在长期的国际贸易实践中逐渐形成的、经国际组织加以统一编纂与解释的习惯做法。它具有确定的内容且被许多国家和地区所认可，同时还是国际贸易法律的主要渊源之一，这就决定了国际贸易惯例在国际经贸法律规范体系中具有特殊的地位和重要性。由于国际贸易的进行必须按国际贸易法规和惯例行事，因而决定了国际贸易惯例在国际贸易活动中也具有特殊的地位和重要性。学习和从事进出口业务的人员必须对此有充分的认识和足够的重视。

国际贸易惯例的种类很多，概括起来主要有三类：一是关于国际贸易术语的惯例；二是关于国际支付结算的惯例；三是关于国际保险的惯例及其他一些区域

性行业惯例。

有关贸易术语的国际贸易惯例主要有三种，即《1932年华沙-牛津规则》、《1941年美国对外贸易定义修订本》和《2000年国际贸易术语解释通则》。在三种关于贸易术语的国际贸易惯例中，《2000年国际贸易术语解释通则》是包括内容最多、使用范围最广和影响最大的一种。它将国际贸易中使用的贸易术语归纳为13种。本书第2章将对其中的内容进行阐述。

1.3.2　合同条款

合同条款，也称商品的交易条件。主要包括：进出口商品的价格、品质、数量、包装、货物的运输及保险、货款的支付、国际结算中的单据、商检、索赔、仲裁和不可抗力等条款。这些合同条款关系到买卖双方当事人在交接货物、收付货款以及解决争议等方面的权利和义务，因而是买卖双方在交易磋商中需要反复争议的具体问题。一旦商定，就成为合同中的条款，并构成交易双方履行合同的依据和调整双方经济关系的法律文件。并且，各交易条件相互交叉，密不可分，共同体现在合同的各项条款中。因此，研究各种交易条件及其关系，了解与贸易相关的各种贸易法规、惯例及其在贸易中的运用情况，就构成了进出口业务中的一项重要内容。

买卖双方洽商交易时，最关心的是成交价格。价格是合同的核心条款。本书第3章主要介绍了正确掌握进出口商品的价格及合理采用各种作价方法，选用有利的计价货币，主要贸易术语（FOB、CFR、CIF）的价格构成与换算，正确计算佣金和折扣，考核出口商品成本核算的各项指标等知识。

在国际贸易中，各国商人追逐的是利益，买卖的是商品。一切交易是以商品为核心，商品是进出口贸易的核心。买卖任何一种有形的商品，都有其具体的名称，并表现为一定的品质。每笔交易都离不开一定的数量，而交易的大多数商品，通常都需要适当的包装。本书第4章将主要介绍商品的品质、数量、包装及合同中相应的条款。

国际货物运输是随着国际贸易的发展而发展的，它是国际贸易的一个重要的组成部分。本书第5章介绍了国际贸易的六种运输方式及如何合理地选用各种运输方式；装运条款的制订；正确缮制和运用单据，并掌握与此有关的运输基本知识。

在对外贸易中，由于买卖双方远隔重洋，商品从卖方转到买方手中，通常需要长时间、远距离的运输，并且在整个运输过程中，又要经过多次装卸、存储、搬运，商品难免会遇到这样或那样的风险而遭受损失。为了保障货物遭到损失后能得到一定的经济补偿，买方或卖方一般都在货物装运之前向保险公司投保货物运输险。本书第6章介绍的是海上货物运输中的风险和损失；我国海运保险险别

与条款；伦敦保险协会海运保险条款；其他运输方式下的货物保险；合同中的保险条款及保险实务。

在国际贸易中，货款的收付是买卖双方所面临的一个繁杂而重要的问题。由于买卖双方分处两国，这涉及到货币的选择和外汇的使用问题；由于买卖双方互不信任，卖方想先收款后发货，买方想先拿货后付款，这涉及到如何根据不同情况处理好货款收付中的安全保障及资金融通问题。总之，货款的收付直接影响双方的资金周转和融通，以及各种金融风险和费用的负担，关系到买卖双方的利益。本书第 7 章介绍了票据、汇付和托收、信用证以及银行保证书的相关知识，主要解决的是应该选用什么样的支付工具，采取什么样的支付方式，在什么时间、什么地点收付货款的问题。

国际贸易和国内贸易在本质上是一样的，都涉及买卖双方的交货和付款。但在国际贸易中，买卖双方不是直接结算，而是通过银行运用不同的结算方式以单据为凭证来进行的，所以单据在国际贸易和国际结算中起着非常重要的作用。卖方用提供合格的单据来证明它履行了合同规定的义务，而买方通过单据可以对货物进行全面的了解，以判断货物是否符合要求，从而决定是否付款。银行或外贸企业常说：单据就是外汇，见单如见货，这都是在强调单据的重要性。本书第 8 章主要介绍了国际结算中的一些基本知识及出口结汇的主要单据。

在国际贸易中，买卖双方常常会因各自的权利和义务问题而引起争议，甚至导致索赔、仲裁和诉讼等情况发生。为了在合同履行中尽量减少争议或在争议发生时能妥善解决，在国际货物买卖合同中通常都要订立一些预防争议以及发生争议时如何处理的条款。这些条款虽然并非合同中不可缺少的，也不影响合同的效力，但由于它涉及订约后可能发生争议的预防和处理，因此在签订合同时应引起足够的重视。本书第 9 章介绍进出口双方交易的商品如何进行检验，其中一方有违约情况时，受害方有权提出索赔。合同签定后，若发生人力不可抗拒事件，致使合同不能履行或不能如期履行，可免除合同当事人的责任。买卖双方对履约过程中产生的争议，可采取仲裁方式解决。

1.3.3 合同的商订和履行

在国际贸易业务中，一笔货物买卖的完整交易程序是由交易的洽商、合同的签订和履行这三部分组成。整个交易程序都是围绕合同这个中心进行的。交易洽商是签订和履行合同的基础，但其目的和后果在于签订和履行合同，如果说签订合同是交易洽商的归宿，那么履行合同完毕则是一笔货物买卖的终结。这三部分作为一笔交易的整体，既是商业行为和过程，又是法律行为和过程。

交易磋商是买卖双方为了买卖某种商品，通过一定程序就交易的各项条件进行洽谈，最后达成协议的整个过程。交易磋商的目的是签订合同，一旦双方对各

项交易条件协商一致，买卖合同既告成立。

交易磋商有书面、口头两种形式。交易磋商一般要经过询盘、发盘、还盘和接受四个环节。其中，从法律角度讲，发盘和接受是达成交易、签订合同必不可少的两个基本环节和法律步骤。

合同订立后，只表明了进出口双方当事人各自的经济愿望。只有履行了合同，才能实现进出口双方的经济目的。合同履行是实现货物和资金按约定方式转移的过程，既是经济行为，又是法律行为。当事人应当严格履行合同规定的义务。作为卖方，应严格履行出口合同；作为买方，应严格履行进口合同。否则，违约方要承担相应的法律责任。

1.3.4 进出口货物通关

本书第11章除介绍海关的基本知识外，还着重介绍具体报关业务。

海关是主权国家在其开放口岸设立的、对进出境货物、运输工具、行李物品、邮递物品等执行监督管理、稽征关税和查缉走私的国家行政机关。海关一般设在沿海口岸和陆地边境。

进出口货物通关是进出口货物在进出海关时所必须履行的一系列程序的总称。所有进出口货物从进入关境至办理完通关手续离开关境的这段时间都要受到海关监管，因此，办理通关手续是货运当事人的法定义务，逾期申报、违法走私、擅自闯关等行为，都是法律所不允许的。我国进出口货物通关程序主要包括报关、验关、纳税和放关四个过程。

海关实行货运监管是保证海关负责实施对进出关境的运输工具及其客货运输的法令规章得到遵守的重要环节和必要措施。货运监管主要包括一般进口货物的监管制度、暂准进口制度、转运制度、报税制度及加工货物的监管制度。

出口收汇核销管理办法从20世纪90年代初开始施行，这个办法适用于一切出口贸易项下的收汇。本章介绍了其必要性、特点、基本手续和内容等。

1.3.5 贸易方式

贸易方式是国际货物买卖中各种具体的交易做法。其中最基本的贸易做法是售定贸易。所谓售定贸易，是指买卖双方进行洽商、逐笔成交。它的基本特点是货物的单进单出，两者之间并无必然的、直接的联系。一般也没有其他的附加条件。随着国际贸易的发展，尤其是国际经济交往的增加，国际经济交往与国际贸易活动逐渐融合，不仅使部分售定贸易采取了一些变化的形式，如经销、代理、寄售、展卖、招标、投标、拍卖与商品期货交易等，而且在售定贸易的基础上产生了更复杂高级的交易方式，如对销贸易、加工贸易等。这种灵活多样的交易做法，不仅是当代贸易方式的特点，也是当代贸易方式发展的基本趋势。本书第

12 章将介绍上述各种交易方式。

此外，随着国际互联网的迅速发展，集计算机技术、网络技术、信息技术为一体的电子商务对传统的贸易方式产生了巨大冲击。本书第 13 章将介绍电子商务在我国对外贸易中的应用。

1.4 进出口贸易的一般程序

国际贸易的交易程序一般包括交易前的准备、交易磋商、签订合同、履行合同四个阶段。

1.4.1 出口贸易的一般程序

1. 出口交易前的准备阶段

交易前的准备工作分为以下几个方面：制定出口计划；国外市场调研；建立客户关系；组织生产货源；制定出口经营方案；开展广告宣传和商标注册。

2. 出口交易磋商

出口交易磋商是买卖双方就主要交易条件进行洽谈，以求达成一致协议的具体过程。出口交易磋商的过程一般要经过询盘、发盘、还盘和接受四环节，其中，发盘和接受是两个不可缺少的环节。交易磋商可采取口头、书面形式。磋商的内容为买卖双方的主要交易条件，包括出口货物的品质、数量、包装、价格、支付、运输、保险、商检、索赔、仲裁、不可抗力、法律选择，共 12 项条件。其中，品质、数量、包装、价格、运输、支付六条为重要的交易条件，保险、商检、索赔、仲裁、不可抗力、法律选择为一般交易条件。

3. 出口合同的签订

买卖双方经过交易磋商，就交易条件达成一致后，从法律角度讲，合同就告成立。合同的订立、修改和终止都须采用书面形式。因此，在我国出口业务实际中，一般还要签订书面合同。

4. 出口合同的履行

订立合同后，买卖双方都应根据合同的规定，履行各自的义务。合同履行程序的繁简取决于所使用的贸易术语和付款方式等。就出口而言，以 CIF 条件成交，以信用证方式付款为例，出口合同的履行要经过“货”、“证”、“船”、“款”四个环节。

(1) 备货（货），是指按照出口合同的规定要求按时将应交付的货物备妥待

运，并向商检局报验，在取得检验的合格证书后，才能凭以报关并装运出口。

(2) 催证、审证和改证（证），即卖方在买方未按合同规定的要求及时开来信用证时，应向对方催开信用证，以便有充裕的时间备货和掌握主动权，收到信用证后，卖方和银行共同审证，但审核内容各有侧重。若发现任何不符之处或不能接受的条款，要及时通知对方进行修改，直至符合规定的要求为止。

(3) 安排装运（船），是指卖方按照合同规定的要求，及时做好租船订舱、办理保险、报验、报关等工作。经海关查验放行后将货物装船出运并取得运输单据。

(4) 制单结汇（款），即按合同要求缮制各种单据，做到“单单一致、单证一致”，并在信用证规定的有效期限内向当地银行议付结汇，收取货款。

出口贸易的一般程序如图 1-1 所示。

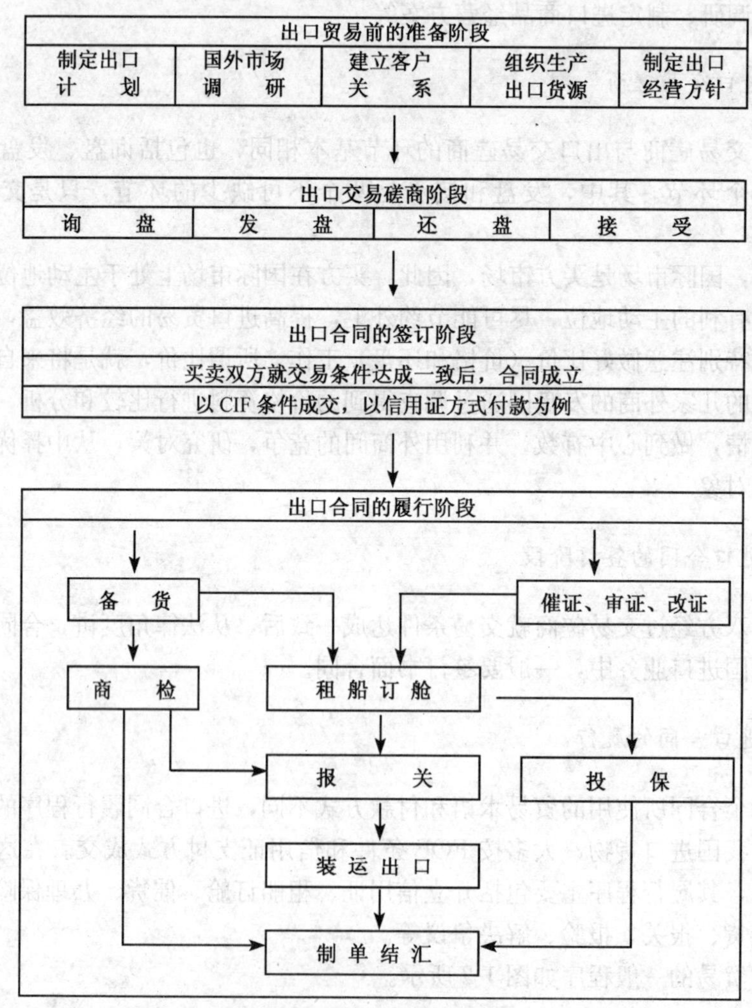

图 1-1 出口贸易的一般程序

1.4.2 进口贸易的一般程序

进口贸易是和出口贸易相对应的贸易行为，两者并无本质区别。进口贸易的业务程序与出口贸易的业务程序一样，也分为交易前的准备、交易磋商、签订合同和履行合同四个阶段。但由于买卖双方当事人所处的地位不同，使得进口交易阶段的业务内容也就不同于出口交易。

1. 进口交易前的准备阶段

进口交易前的准备工作分为以下几个方面：制定进口计划、审核订货卡片、国际市场调研、制定进口商品经营方案等。

2. 进口交易磋商

进口交易磋商与出口交易磋商的环节基本相同，也包括询盘、发盘、还盘和接受四个环节。其中，发盘和接受是两个不可缺少的环节，只是交易地位不同。

目前，国际市场是买方市场，因此，买方在国际市场上处于主动地位。为了利用这种有利的主动地位，尽可能节约外汇，提高进口贸易的经济效益，在交易磋商中应特别注意做好比价（价格和还盘）工作。所谓比价，就是将来自不同国家和地区的几家外商的发盘同通过调查得到的价格资料进行比较和分析，从中摸清市场行情，做到心中有数，并利用外商间的竞争，研究对策，从中择优选出合适的交易对象。

3. 进口合同的签订阶段

买卖双方经过交易磋商就交易条件达成一致后，从法律角度讲，合同就告成立。在我国进口业务中，一般要签订书面合同。

4. 进口合同的履行

因每个合同所使用的贸易术语和付款方式不同，进口合同履行程序的繁简也就不同。我国进口货物，大多按 FOB 条件和信用证支付方式成交。在这种条件下的合同，其履行程序主要包括开立信用证、租船订舱、催货、办理保险、买汇赎单、接货、报关、报验、解决争议等。

进口贸易的一般程序如图 1-2 所示。

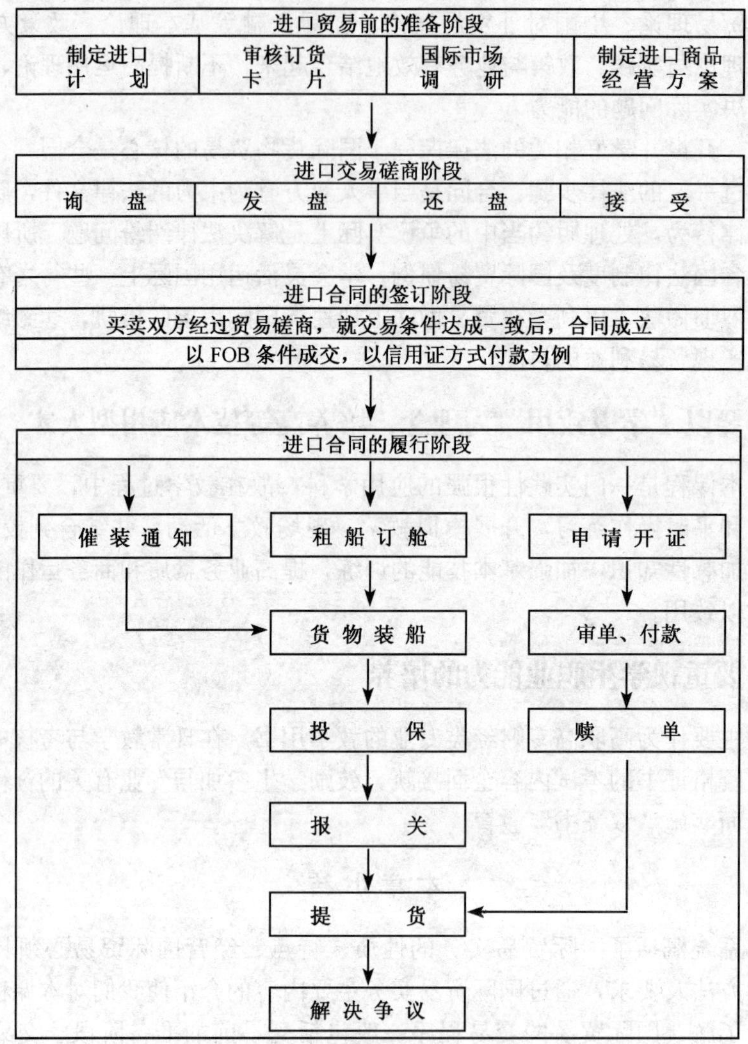

图1-2 进口贸易的一般程序

1.5 本课程的教学方法及要求

国际贸易实务是专门研究国际间商品交换具体过程的学科，是一门具有涉外活动特点、实践性很强的综合性应用学科。在教学过程中，必须掌握正确的教学方法及满足一定的要求。

1.5.1 相关课程设置合理

在开设本课程时，要以国际贸易基本原理和国家对外方针政策为指导，先行

开设国际贸易理论、中国对外贸易概论、国际金融等基本理论、政策方面的课程，以便理论与实践、政策与业务有效地结合起来，不断提高运用理论、政策来分析和解决实际问题的能力。

同时，开设并学好相关的法律课程。国际货物贸易的核心是合同，合同的成立必须经过一定的法律步骤，合同是当事人双方有约束力的法律文件，履行合同是一种法律行为，处理履约当中的争议实际上是解决法律纠纷问题。所以，要学习并掌握各国法律制度及国际贸易惯例，学会灵活运用国际上一些行之有效的贸易方式和习惯做法，以利于在贸易做法上加速同国际市场的接轨，达到维护自己的权利、实现贸易利益的目的。

1.5.2 要以“学以致用”为理念，培养高等技术应用型人才

由于本课程是一门实践性很强的应用学科，故在教学过程中，要重视案例、实例分析和平时操作练习，开展模拟教学、现场教学活动，并结合到校外参观、实习，增加感性知识，加强基本技能的训练，提高业务素质和商务运作能力，真正做到学以致用。

1.5.3 要重视学生职业能力的培养

本书主要作为高职高专财经类专业的教学用书。在日常教学与考核中，要与社会职业资格证书的考试内容全面接轨，鼓励学生参加与专业有关的资格证书的考试，全面实施“双证书”教育。

本章小结

本章系统概括了国际贸易实务的性质、特点、经营国际贸易必须具备的条件、教学方法及要求，通过国际贸易实务主要内容的介绍使我们对本课程的体系有了初步了解，国际贸易的交易程序一般包括交易前的准备阶段、交易磋商阶段、签订合同阶段、履行合同阶段。

练习与思考

1. 国际贸易实务课程的性质？
2. 国际贸易有哪些特点？
3. 经营国际贸易必须具备的条件？
4. 国际贸易实务课程包括哪些主要内容？
5. 进口贸易和出口贸易的一般程序各包括哪些环节和内容？
6. 国际贸易实务的教学方法及要求？

第 2 章

贸易术语

[学习目标]

1. 了解贸易术语的含义和作用及有关贸易术语的国际贸易惯例；
2. 理解和掌握国际贸易中六种常用的价格术语——FOB、CFR、CIF、FCA、CPT 和 CIP 的概念、内容及异同点；
3. 结合案例分析，学会运用各种贸易术语。

2.1 国际贸易术语的产生和作用

2.1.1 贸易术语的产生

贸易术语（trade terms）又称价格术语（price terms），是进出口商品价格的一个重要组成部分，它是用一个简短的概念（例如 free on board）或三个字母的缩写（例如 FOB）来表明货物价格的构成，明确交货地点及货物交接过程中有关的责任、风险和费用的划分，确定卖方交货和买方接货应尽的义务。

贸易术语是在长期的国际贸易实践中逐步形成和发展起来的。在国际贸易中，买卖双方处于不同的国家和地区，货物需要通过跨国境运输才能实现物权的转移。从起运地到目的地，必然会涉及许多问题。例如：卖方在什么地方交货；货物的检验费、包装费、装卸费、运输费、保险费、进出口税捐和其他杂费究竟由何方支付；货物在运输途中可能发生的损坏或灭失风险由何方负担；风险界限如何划分；安排运输、装货、卸货、货运保险、申请进出口许可证和报关纳税等手续由何方办理。如果每笔交易双方对上述事项逐一反复磋商，将耗费大量的时间精力和费用，并将影响交易的达成。为了规范和简化交易磋商的过程和内容，国际贸易中逐渐形成了代表不同价格条件的术语。1812 年，首先在英国的利物浦使用 FOB 术语。随着国际贸易、交通运输和保险业务的快速发展，于 1862 年出现了 CIF 术语。此后，其他贸易术语也相继产生，极大地促进了国际贸易的发展。

2.1.2 贸易术语的作用

国际贸易术语的作用主要体现在三个方面。

(1) 简化交易内容，缩短谈判时间，促进成交，有利于国际贸易的发展。

由于每种贸易术语用简短的三个字母，概括了交易双方在货物交接过程中各自承担的责任、费用和风险，因此，它简化了交易磋商的环节和手续，缩短了洽谈的时间，节省了费用开支，有利于买卖双方迅速达成交易和订立合同。

(2) 表示商品价格的构成，有利于买卖双方核算价格和成本。

同一笔交易在不同的价格术语下，商品价格的构成也不同。例如，在 FOB 术语下，商品单价不含海外运费、货运保险费等，而在 CIF 术语下报价，商品单价中包括海外运费及保险费，便于买卖双方在发盘时核算价格和成本。

(3) 表明货物在交接过程中风险和所有权转移的界线，有利于解决履约中的争议纠纷。

由于有关贸易术语的解释已成为国际贸易惯例，对明确交易双方的权利与义务起了确定性作用。在合同履行过程中，如有一方违约，在合同条款不能解决的情况下，可以依照贸易术语的一般解释来处理。因此，贸易术语较易明确双方的责任界限，便于解决贸易纠纷与摩擦，推动了国际贸易的顺利发展。

2.2　有关贸易术语的国际惯例

早在 1812 年，在国际贸易中已开始使用贸易术语。但是，最初各国对各种贸易术语并无统一的解释，致使贸易商们对贸易术语的解释往往发生争议和纠纷，阻碍了国际贸易的发展。后来，某些商业团体、国际组织、学术机构为了消除分歧，试图对国际贸易术语做统一的解释，于是，陆续出现了一些有关贸易术语的解释和规则。这些解释和规则为较多国家的法律界所熟悉、承认和接受，成为有关贸易术语的国际贸易惯例。一方面，这些惯例不是一些国家的共同立法，它对买卖双方都没有强制性。如果买卖双方在合同中做出与惯例完全相反的约定，只要这些约定是合法的，将得到有关国家法律的承认和保护。但是，另一方面，如买卖双方在合同中明确表示采用某项惯例时，则这项惯例对双方都有约束力，有关双方当事人的责任划分，应按照该项惯例办事，在处理国际贸易争议时，各国法院或仲裁庭往往会引用某些公认的或影响较大的惯例作为判决或裁决案件的依据。

目前对各种贸易术语的解释，特别是基本术语的解释已趋于一致。但对某些贸易术语，不同的国际经济组织和工商、法律团体仍有不同解释。在这些贸易术语的统一解释规则中，对国际贸易影响较大的主要有以下三种。

2.2.1　《1932 年华沙-牛津规则》

1862 年，虽然 CIF 贸易术语在国际中被广泛采用，但由于各国对其解释不

一，从而影响到CIF买卖合同的顺利履行。为了CIF合同双方的权利和义务做出统一的规定和解释，国际法协会于1928年在波兰华沙举行会议，制定了CIF买卖合同的统一规则，共计22条，称为《1928年华沙规则》。后经1930年纽约会议、1931年巴黎会议和1932年牛津会议，将此规则修订为21条，定名为《1932年华沙-牛津规则》(Warsaw-Oxford Rules)。

《1932年华沙-牛津规则》是专门解释CIF术语的贸易惯例。它以英国的贸易习惯和判例为基础，明确CIF买卖合同的性质，并具体规定了双方所承担的费用、责任、风险以及所有权转移的方式等。解释的内容比较详细，该规则在国际贸易中有一定的影响。但也是供买卖双方自愿采用，并且可以就其中条款在合同中做增删。当此规则的规定与合同内容相抵触时，则以合同规定为准。

2.2.2 《1941年美国对外贸易定义修订本》

美国商会、美国进口商协会和全国对外贸易协会等九个商业团体的联合委员会于1919年在纽约制定了《美国出口报价及其缩写条例》，解释了有关对外贸易定义。1941年在美国第27届全国对外贸易会议上做了修订并通过，改称为《1941年美国对外贸易定义修订本》(Revised American Foreign Trade Definitions 1941)。该修订本在同年为美国商会、进口商协会和全国对外贸易协会所采用，并由全国对外贸易协会予以发行。

该修订本对六种贸易术语做了解释和说明。

1. 产地交货 (Ex point of origin)

如"产地交货 (Ex factory)"、"矿山交货 (Ex mine)"、"仓库交货 (Ex warehouse)"等，其后分别注明指定产地。按此术语，卖方不许在规定的日期或期限内，在原产地双方约定的地点，将货物置于买方处置之下，并负担一切费用和风险，直至买方应负责提取货物之时为止。

2. 在运输工具上交货 (FOB, free on board)

(1) FOB (named inland carrier at named inland point of departure)，"在指定内陆发货地点的指定内陆运输工具上交货"。按此术语，在内陆装运地点，由卖方安排将货物装于火车、卡车、驳船、飞机或其他供运输用的运载工具之上。

(2) FOB (named inland carrier at named inland point of departure) freight paid to (named point of exportation)，"在指定内陆发货地点的指定内陆运输工具上交货，运费预付至指定的出口地点"。按此术语，卖方预付至出口地点的运费，并在指定内陆起运点取得清洁提单或其他运输收据后，对货物不再承担责任。

(3) FOB (named inland carrier at named inland point of departure) freight

allowed to (named point),“在指定内陆发货地点的指定内陆运输工具上交货,减除至指定地点的运费”。按此术语,卖方所报价格包括货物至指定地点的运输费用,但注明运费到付,并由卖方在价金内减除。卖方在指定内陆起运地点取得清洁提单或其他运输收据后,对货物不再承担责任。

(4) FOB (named inland carrier at named point of exportation),“在指定出口地点的指定内陆运输工具上交货”。按此术语,卖方所报价格包括将货物运至指定出口地点的运输费用,并承担货物的任何灭失及/或损坏的责任,直至上述地点。

(5) FOB vessel (named port of shipment),“船上交货(指定装运港)”。按此术语,卖方必须在规定的日期或期限内,将货物实际装于买方提供的或为买方提供的轮船上(place goods actually on board the vessel),负担货物装载于船上为止的一切费用和承担任何灭失及/或损坏责任,并提供清洁轮船收据或已装船提单;在买方请求并由其负担费用的情况下,协助买方取得由原产地及/或装运地国家签发的,为货物出口或在目的地进口所需的各种证件。买方必须办理有关货物自装运港运至目的港的运转事宜,包括办理保险并支付其费用,提供船舶并支付其费用;承担货物装上船后的一切费用和任何灭失及/或损坏的责任;支付因领取由原产地及/或装运地国家签发的、为货物出口或目的地进口所需的各种证件(清洁轮船收据或提单除外)而发生的一切费用;支付出口税和因出口而征收的其他税捐费用。

(6) FOB (named inland point in country of importation),“在进口国指定内陆地点交货”。按此术语,卖方必须安排运至进口国指定地点的全部运输事宜,并支付其费用;办理海洋运输保险,并支付其费用;承担货物的任何灭失及/或损坏责任,直至装载于运输工具上的货物抵达进口国指定内陆地点为止;自负费用,取得产地证、领事发票,或由原产地及/或装运地国家签发的;为货物在目的地进口及必要时由第三国过境运输所需要的各种证件;支付出口和进口关税以及因出口和进口而征收的其他税捐和报关费用。买方必须在运载工具抵达目的地时,立即受领货物;负担货物到达目的地后的任何费用,并承担一切灭失及/或损坏的责任。

3. *在运输工具旁边交货* (FAS, free along side)

船边交货(指定装运港)。按此术语,卖方必须在规定的日期和期限内,将货物交至买方指定的海洋轮船船边,船上装货吊钩可及之处,或交至由买方或为买方所指定或提供的码头,负担货物交至上述地点为止的一切费用和承担任何灭失及/或损坏的责任。买方必须办理自货物被置于船边以后的一切运转事宜,包括办理海洋运输及其他运输,办理保险,并支付其费用;承担货物交至船边或码头以后的任何灭失及/损失的责任;领取由原产地及/或装运地国家签发的,为货

物出口或在目的地进口所需的各种证件，并支付因此而发生的一切费用；支付出口税及因出口而征收的其他税捐费用。

4. 成本加运费（C&F，cost and freight）

成本加运费（指定目的地）。按此术语，卖方必须负责安排将货物运至指定目的地的运输事宜，并支付其费用；取得运往目的地的清洁已装船提单，并立即将它送交买方或其代理；承担货物交至船上为止的任何灭失及/或损坏的责任；在买方请求并由其负担费用的情况下，提供产地证明书、领事发票，或由原产地及/或装运地国家签发的，为买方在目的地国家进口货物以及必要时经过另一国家过境运输所须的任何其他证件；支付出口税或因出口而征收的其他税捐费用。买方必须接受所提交的单据；在载货船舶到达时受领货物，办理一切随后的货物运转事宜，并支付其费用，包括按提单条款从船上提货；支付起岸的一切费用，包括在指定目的地点的任何税捐和其他费用；办理保险并支付其费用；承担货物交至船上后的任何灭失及/或损坏的责任；支付产地证明书、领事发票，或由原产地及/或装运地国家签发的，为货物在目的地国家进口以及必要时经另一国家过境运输所需的任何其他证件的费用。

5. 成本加保险费、运费（CIF，cost，insurance and freight）

成本加保险费、运费（指定目的地）。按此术语，卖方除了必须承担成本加运费术语下所有的责任外，还须办理海运保险，支付其费用，并提供保险单或可转让的保险凭证。买方的责任，则在成本加运费术语基础上，免除办理货物海运保险及其费用（卖方投保战争险所支出的费用需由买方负担）。

6. 目的港码头交货（Ex Dock，named port of importation）

目的港码头交货。按此术语，卖方必须安排货物运至指定进口港的运输事宜，办理海洋运输保险（包括战争险），并支付其费用；承担货物的任何灭失及/或损失的责任，直至在指定的进口港码头允许货物停留的期限届满时为止；支付产地证明书、领事发票、提单签证，或由原产地及/或装运地国家签发的，为买方在目的地国家进口货物以及必要时经另一国家过境所需的任何其他证件的费用；支付出口税及因出口而征收的其他费用；支付一切起岸费用，包括码头费、卸货费及税捐等；支付在进口国的一切报关费用、进口税和一切适用于进口的税捐。买方必须在码头规定的期限内在指定进口港码头上受领货物；如不在码头规定的期限内受领货物，负担货物的费用和风险。

美国贸易中习惯以 FOB 契约条件为基础，对 Ex Point of Origin，FAS，FOB，C&F，CIF 和 Ex dock 等六种贸易术语做了解释。值得注意的是，该定义

把 FOB 的含义分为六种，只有 FOB vessel 与国际商会解释的 FOB 含义大体相同，而其余五种 FOB 的含义则完全不同。为了具体说明买卖双方在各种贸易术语下承担的权利和义务，在此修订本所列各贸易术语之后，一般附有注解。这些注释，实际上是表明贸易术语下买卖双方各自承担的权利和义务，不仅应考虑定义本身，还应明了附加的有关贸易术语的注释。

《1941 年美国对外贸易定义修订本》也是国际贸易中具有一定影响的国际贸易惯例，但它主要在北美洲和拉丁美洲使用，是地区性较强的贸易术语惯例。

2.2.3 《2000 年国际贸易术语解释通则》

国际贸易术语解释通则是国际商会（International Chamber of Commerce, I.C.C）为统一各种贸易术语的不同解释而制定的，是当今国际贸易中应用范围最广、影响最大的一种惯例。

国际商会 1919 年在巴黎成立，1936 年该商会制定了《1936 年国际贸易术语解释通则》(INCOTERMS，1936 年)，为了适应不同时期国际贸易实践的需要，先后于 1953 年、1967 年、1976 年、1980 年和 1990 年进行了 5 次修改和补充。1999 年 7 月 1 日，国际商会在《1990 年国际贸易术语解释通则》的基础上进行第 6 次修订，即《2000 年国际贸易术语解释通则》，简称《2000 年通则》（INCOTERMS，2000 年)，并于 2000 年 1 月 1 日起生效。《2000 年通则》对 13 种价格术语进行了解释。

1.《2000 年通则》的适用范围

《2000 年通则》明确了适用范围，该《通则》仅适用于销售合同当事人权利义务中与交货有关的事项。其货物是指有形的货物，不包括无形的服务。《通则》只涉及与交货有关的事项，如货物的进口和出口通关、货物的包装、买方接受货物的义务以及提供履行各项义务的凭证等，不涉及货物所有权和其他产权的转移、违约、违约行为的后果以及某些情况的免责等。《2000 年通则》指出，该《通则》是一套国际商业术语，适用跨国境的货物销售，也可用于国内市场的货物销售合同，在此情况下，通则中有关术语的条款及任何与进出口有关的条款的规定则无作用。

2.《2000 年通则》的主要变化

总体上看，《2000 年通则》与《1990 年通则》相比，有变化，但不是很大。主要原因是《通则》在世界上已得到广泛承认，国际商会为巩固其在世界上的地位，并避免为了变化而变化。因此，在 2000 年修订中，对《1990 年通则》版本的

改变很少。

《2000 年通则》的变化主要表现在两个方面。

（1）实质性的改变。2000 年版本在两方面做了实质性改变：

一是在 FAS 和 DEQ 术语下，办理清关手续和交纳关税的义务；在 FAS 术语下，出口清关手续的办理和出口关税的交纳由买方改为卖方。在 DEQ 术语下，进口清关手续的办理和进口关税的交纳由卖方改为买方。

二是在 FCA 术语下装货和卸货的义务。《2000 年通则》规定，FCA 术语可适用于各种运输方式，包括多式联运。FCA 术语中卖方对交货地点的选择，直接影响其在该地点装货和卸货的义务。如果卖方在其货物所在地交货，卖方应负责卸货和装货；如果卖方在任何其他地点交货，则卖方不负责卸货。

另外，《2000 年通则》还对以下两方面进行了澄清。即在 DAF、DDU 和 DDP 术语下，卖方不负责卸货；托运人是指订立运输合同的人和发货人。

（2）形式上的改变。

1990 年版本对买卖双方规定各 10 项义务（卖方 A_1～A_{10}，买方 B_1～B_{10}）做逐项平列编排，左右对照，并在 10 项义务之首分别冠以“A 卖方必须”和“B 买方必须”的词句，但在其下逐条义务前省略以上词句。2000 年修订本把每种贸易术语下买卖双方的义务采用对照的方式进行编排。A 代表卖方义务，B 代表买方义务，共 10 项义务。卖方的义务用 A_1～A_{10} 表示，买方的义务用 B_1～B_{10} 表示。买卖双方的义务如表 2-1 所示。

表 2-1 《2000 年通则》卖方和买方的义务

卖方	买方
A_1 提供符合合同的货物	B_1 支付价款
A_2 许可证、核准书和手续	B_2 许可证、核准书和手续
A_3 运输和保险合同	B_3 运输和保险合同
A_4 交付货物	B_4 收取货物
A_5 风险转移	B_5 风险转移
A_6 费用划分	B_6 费用划分
A_7 通知买方	B_7 通知卖方
A_8 交货证明、运输单据或电子信息	B_8 交货证明、运输单据或电子信息
A_9 检验、包装、标记	B_9 货物检验
A_{10} 其他义务	B_{10} 其他义务

3.《2000 年通则》的四组贸易术语

《2000 年通则》的 13 种贸易术语按不同类型分为 E、F、C、D 四组：

（1）E 组（启运术语）。本组只有 EXW 一种术语，就此术语而言，卖方在自己的处所将货物提供给买方，即履行了交货义务。

（2）F 组（主要运费未付术语）。本组共有 FCA、FAS、FOB 三种术语。按

F组术语，卖方必须将货物交给由买方指定的承运人或运输工具，即完成交货义务。由买方自负费用订立运输合同并指定承运人。

(3) C组（主要运费已付术语）。本组共有CFR、CIF、CPT和CIP四种术语。按这些术语规定，卖方必须负责按通常条件订立运输合同，并支付到达合同规定的目的港或目的地的正常运费，但对货物发生灭失或损坏的风险以及货物发运后发生事故所产生的额外费用，卖方不承担责任。其中CIF和CIP术语的卖方尚须负责投保货物运输险和支付保险费。按C组术语达成的合同属装运合同(shipment contract)，在合同中规定交货期条款时，只能规定装运期或发货期，而不能规定到达目的港和目的地的日期。与其他组明显不同的特点是，该组术语买卖双方的费用划分点与风险划分点相分离。

(4) D组（到达术语）。本组共有DAF、DES、DEQ、DDU和DDP五种术语。按这些术语达成的交易，卖方必须负担将货物运至目的地国家所须的一切费用和风险。因此，用D组术语达成合同属于到达合同。在合同中规定交货期条款时，要规定货物到达目的港或目的地的期限。D组术语下，除DDP外，卖方在边境或进口国交货时无须办理进口清关手续。

表2-2给出了13种贸易术语的分类排列情况。

表2-2　《2000年通则》13种贸易术语分类排列情况

组别	国际号码	英文名称	中文名称	适用的运输方式
E组启运	EXW	Ex works	工厂交货	各种运输方式
F组主运费未付	FCA	free carrier	货交承运人	各种运输方式
	FAS	free alongside ship	装运港船边交货	海运及内河运输
	FOB	free on board	装运港船上交货	海运及内河运输
C组主运费已付	CFR	cost and freight	成本加运费	海运及内河运输
	CIF	cost, insurance and freight	成本加保险费、运费	海运及内河运输
	CPT	carriage paid to	运费付至目的地	各种运输方式
	CIP	carriage and insurance paid to	运费、保险费付至	各种运输方式
D组到达	DAF	delivered at frontier	边境交货	各种运输方式
	DES	delivered Ex-ship	目的港船上交货	海运及内河运输
	DEQ	delivered Ex-quay	目的港码头交货	海运及内河运输
	DDU	delivered duty unpaid	未完税交货	各种运输方式
	DDP	delivered duty paid	完税后交货	各种运输方式

2.3　常用六种国际贸易术语解释

在常用国际贸易术语中，FOB、CFR和CIF只适合海运及内河运输，FCA、CPT和CIP可用于任何运输方式。现把六种常用的贸易术语买卖双方的义务分述如下：

2.3.1　FOB

1. FOB的含义

FOB术语的英文全称是free on board (...named port of shipment)，中文

名称是装运港船上交货（……指定装运港）。在我国贸易实践中，也习惯称离岸价。

FOB是指卖方在约定的装运港将货物装到买方指定的船上，当货物在指定的装运港越过船舷，卖方即完成交货。这意味着买方必须从该点起承担货物灭失或损坏的一切风险。按《2000年通则》规定，此术语只能适用于海运和内河运输。

2. FOB贸易术语买卖双方的主要义务

按《2000年通则》，在FOB术语下，买卖双方的主要义务如下：

（1）卖方的主要义务。

① 卖方负责在合同规定的日期或期间内，把符合合同规定的货物运到指定的装运港，按港口惯常方式装上买方指定的船舶，并向买方发出已装船通知。

② 卖方负责办理货物出口报关手续，取得出口许可证或其他官方批准文件。

③ 卖方负担货物在装运港越过船舷之前的一切费用和风险。

④ 卖方负责提供商业发票和其他证明货物已装到船上的通常单据。如果买卖双方约定采用电子方式传递这些数据，则所有电子单据具有纸质数据的同等效力。

（2）买方的主要义务。

① 买方负责租船或订舱，支付运费，并把船名、航次、船到装运港的日期、装船地点等通知卖方。

② 买方负责办理货物进口及必要时经由另一国过境运输的一切海关手续，负责取得进口许可证或其他官方批准文件。

③ 买方承担货物在装运港越过船舷以后的一切费用和风险。

④ 买方负责办理货物运输保险手续，支付保险费。

⑤ 买方应收取卖方按合同规定交付的货物，接受与合同相符的单据，并支付货款。

3. 使用FOB术语应注意的问题

（1）费用和风险的划分界限。按《2000年通则》规定，卖方负担货物在装运港越过船舷以前的一切费用和风险，即当货物在装运港越过船舷时，货物灭失或损坏的风险就转移给买方，卖方即履行了交货任务。装运港的船舷是FOB术语下买卖双方风险和费用转移的界限。货物在装运港越过船舷之前的风险，包括在船舷以前货物跌落码头或海中所造成的损失，均由卖方承担；而货物在装运港越过船舷以后的风险，包括在起航前和在运输过程中发生的损坏或灭失，均由买方承担。但在具体业务中，FOB合同的卖方，往往根据合同规定或双方确立的

习惯做法，负责将货物在装运港实际装到船上，并提供清洁的已装船收据或提单。

(2) 关于船货衔接问题。在 FOB 合同中，买方负责租船或订舱，卖方负责装货，船货衔接就是一个重要的问题。如果船只提前或延迟到达指定的装运港，造成船等货或货等船所引起的费用损失均要由买方负担；反之，如船只按时到达而卖方迟交货，卖方也同样承担责任。因此，在 FOB 合同中，必须对船货衔接问题做明确规定并在订约后加强联系、密切配合，防止船货脱节。

在具体业务中，卖方也可接受买方的委托代为租船或订舱，但这纯属代办，如果卖方不能完成买方的委托，买方不得因此而向卖方提出任何异议或撤销合同。

(3) 关于装船费用的划分。FOB 术语下，装运港的船舷是买卖双方划分风险和费用的界限。但是装船作业的过程特点决定了装船费用很难划分。因为，在装船过程中涉及到将货物运到船边的费用，吊装上船的费用，理舱费用和平舱费用等，有些费用发生在船舷以前，有的费用则发生在船舷以后，究竟由谁承担，各国的惯例或习惯做法也不完全相同。如果采用班轮运输，船方管装管卸，装卸费包括在班轮运费内，自然由负责租船订舱的买方负担。但是如果采用租船运输，船方一般不负责装卸，这就需要在买卖双方之间明确由谁负担装船费用。

为了明确有关装船费用的划分，可以在合同中用文字做出具体规定，也可以在 FOB 术语后加列字句或缩写，即用 FOB 术语的变形来表示。常见的 FOB 术语变形有以下几种：

① FOB 班轮条件（FOB liner terms），指装船费用按照班轮的做法处理，由支付运费的一方，即买方负担。

② FOB 吊钩下交货（FOB under tackle），指卖方负责将货物交到买方指定的船只吊钩所及之处，从货物起吊开始的装船费用由买方负担。

③ FOB 理舱费在内（FOB stowed，FOBS），指卖方负担将货物装入船舱并支付包括理舱费在内的装船费用。理舱费是指货物入舱后进行安置和整理的费用。

④ FOB 平舱费在内（FOB trimmed，FOBT），指卖方负担将货物装入船舱并支付包括平舱费在内的装船费用。平舱费是对散装货而言，指对入舱的散装货物平整所产生的费用。

FOB 的上述变形，只是为了说明装船费用由谁负担，并不改变 FOB 的交货地点和风险费用划分的界限。

(4) 美国对 FOB 术语的特殊解释。《1941 年美国对外贸易定义修订本》将 FOB 术语分为六种，只有第五种“指定装运港船上交货”［FOB vessel（named

port of shipment)］与《2000年通则》解释的FOB术语相近。但该术语的出口报关责任是买方而不是卖方。所以，我国在与美国、加拿大等国家洽谈进口贸易使用FOB方式成交时，除在FOB后注明vessel外，还应明确由对方（卖方）负责办理出口清关手续。

具体来讲，《定义》与《通则》两个惯例对FOB解释的区别如下：

如果以FOB纽约成交：

① 交货地点不同。《通则》卖方交货的地点在纽约港的船上。《定义》卖方交货的地点在纽约城内某处某种运输工具上。

② 风险划分的界限不同。《通则》买卖双方风险划分的界限是装运港的船舷。《定义》买卖双方风险划分的界限是船舱。

③ 办理出口手续的费用由谁承担不同。《通则》办理出口手续的费用由卖方承担。《定义》办理出口手续所产生的费用由买方承担。

2.3.2 CIF

1. CIF的含义

CIF术语的英文全称是cost，insurance and freight（... named port of destination），中文名称是成本加保险费、运费（……指定目的港），是指卖方负责按通常的条件租船订舱，支付运费，在合同规定的装运日期内，将符合合同的货物装上船，负担货物越过船舷以前发生的一切费用和风险，负责办理从装运港到目的港的海运货物保险，支付保险费。

我国习惯上把CIF称作“到岸价”，这是不确切的，容易被误解为卖方承担货物自装运港至目的港的一切风险和费用，因此不用“到岸价”为宜。

2. CIF贸易术语买卖双方的主要义务

按照《2000年通则》，CIF术语买卖双方的主要义务如下：

(1) 卖方的主要义务：

① 卖方负责在合同规定的日期或期限内，把符合合同规定的货物运到装运港并装上船，并向买方发出已装船通知。

② 卖方负责办理货物出口报关手续，取得出口许可证或其他官方批准文件。

③ 卖方负责租船或订舱，并支付到目的港的运费。

④ 卖方负责办理货物运输保险，支付保险费。

⑤ 卖方负担货物在装运港越过船舷以前发生的一切费用和风险。

⑥ 卖方负责提供商业发票、保险单和货物运往约定目的港的通常运输单据。如果买卖双方约定采用电子方式传递这些数据，则所有电子单据具有纸质单据的同等效力。

(2) 买方的主要义务：

① 买方负责办理货物进口报关手续，取得进口许可证或其他官方批准文件。

② 买方负担货物在装运港越过船舷以后的一切费用和风险。

③ 买方收取卖方按合同规定交付的货物，接受与合同相符的单据，并支付货款。

3. 使用 CIF 术语应注意的问题

(1) 租船订舱。根据《2000 年通则》，卖方只负责按照通常条件租船或订舱，使用通常类型的轮船，经习惯行驶航线装运货物。因此，买方一般无权提出关于限制船舶的国籍、船型、船龄以及指定装载某班轮公司的船只等要求。但在出口业务中，如国外买方提出上述要求，在能够办到又不增加额外费用的情况下，我方也可考虑接受。

(2) 保险的问题。在 CIF 合同中，卖方的责任要负责办理货运保险，并须明确保险的险别。在实际业务中，若采用 CIF 术语成交，一般都在出口合同中具体规定投保险别、保险金额、适用的保险条款，以明确责任。按《2000 年通则》对 CIF 的解释，如合同中没有另外规定，卖方只须按最低责任的保险险别投保，如买方有要求，卖方应在尽可能情况下加投战争、罢工、暴动和民变险，最低保险金额应为合同规定的价款另加 10%（110%），并以合同货币投保。

有关保险责任的起讫期限与货物运输相符合，最迟自买方负担货物灭失或损坏的风险时（即自货物在装运港越过船舷时）起对买方的保障生效，直至货物到达约定的目的港为止。

(3) 卸货费用的划分。按 CIF 术语成交，卖方负担正常运输费用和保险费用，不包括在运输途中可能发生的额外费用。装船费用由卖方负担，但在目的地卸货费用如何负担仍未明确。为了明确买卖双方关于卸货费用的划分，可以在合同中用文字做具体规定，也可以采用 CIF 术语的变形来表示。CIF 术语的变形有以下几种：

① CIF 班轮条件（CIF liner terms），指卸货费用按班轮条件处理，由支付运费的一方，即卖方负担。

② CIF 卸货到岸上（CIF landed），指卖方负担卸货费，包括驳船费和码头费。

③ CIF 吊钩下交货（CIF under tackle），指卖方负责将货物从船舱吊起，卸离吊钩，如船舶靠不上码头，则应由卖方自费租用驳船，但卖方只负责将货物卸到驳船上。

④ CIF 舱底交货（CIF Ex ship's hold），指买方负担将货物从舱底吊卸到码头的费用。

—— 精细化工类专业教材

—— 广告类专业教材

—— 艺术设计类专业教材

……

（三）高职高专特色教材

——高职高专院校实训教材

——国外职业教育优秀教材

欢迎广大教师、学生在使用中提出宝贵意见，以便我们改进教材出版工作、提高质量。

中国高等职业技术教育研究会

科 学 出 版 社

二、精品与奉献

“高等职业教育人才培养创新教材”出版工程的启动，得到了教育部高等教育司高职高专处领导的认可，吸引了一批职业教育和高等教育领域的权威专家积极参与，共同打造精品教材。其实施的过程可以总结为：教育部门支持、权威专家指导、一流学校参与、学术研究推动。

国内的高等职业教育院校特别是北京联合大学、天津职业大学以及中国高等职业技术教育研究会的其他副会长、常务理事、理事单位等积极参加本教材出版工程，提供了先进的教学经验，在此基础上出版一大批特色教材。

在教材的编写过程中，得到了相关行业部委、行业协会的支持，对教材的推广起到促进作用。

先进的理念、科学的方法、有力的支持，必然导致精品的诞生。“高等职业教育人才培养创新教材”出版工程主要包括高职高专层次的基础课、公共课教材；各类紧缺专业、热门专业教材；实训教材、引进教材等特色教材；还包含部分应用型本科层次的教材。根据我们的规划，下列教材即将与读者见面：

（一）高职高专基础课、公共课教材

(1) 基础课教材系列

(2) 公共选修课教材系列

（二）高职高专专业课教材

(1) 紧缺专业教材

——软件类专业系列教材

——数控技术类专业教材

——汽车类专业教材

……

(2) 热门专业教材

——电子信息类专业教材

——交通运输类专业教材

——财经类专业教材

——旅游类专业教材

——生物技术类专业教材

——食品类专业教材

《高等职业教育人才培养创新教材》出版工程说明

一、特色与创新

随着高等教育改革的进一步深化，我国高等职业教育事业迅速发展，办学规模不断扩大，办学思路日益明确，办学形式日趋多样化，取得了显著的办学效益和社会效益。

毋庸置疑，目前已经出版的一批高等职业教育教材在主导教学方向、稳定教学秩序、提高教学质量方面起到了很好的作用。但是，有关专家也诚恳地指出，目前高等职业教育教材出版中还存在一些问题，主要是：教材建设仍然是以学校的选择为依据，以方便教师授课为标准，以理论知识为主体，以单一纸质材料为教学内容的承载方式，没有从根本上体现以应用性职业岗位需求为中心，以素质教育、创新教育为基础，以学生能力培养为本位的教育观念。

经过细致的调研，科学出版社和中国高等职业技术教育研究会共同启动了“高等职业教育人才培养创新教材”出版工程。在教材出版过程中，力求突出以下特色：

(1) 理念创新：秉承“教学改革与学科创新引路，科技进步与教材创新同步”的理念，根据新时代对高等职业教育人才的需求，策划出版一系列体现教学改革最新理念，内容领先、思路创新、突出实训、成系配套的高职高专教材。

(2) 方法创新：摒弃“借用教材、压缩内容”的滞后方法，专门开发符合高职特点的“对口教材”。在对职业岗位（群）所需的专业知识和专项能力进行科学分析的基础上，引进国外先进的课程开发方法，以确保符合职业教育的特色。

(3) 特色创新：加大实训教材的开发力度，填补空白，突出热点，积极开发紧缺专业、热门专业的教材。对于部分教材，提供“课件”、“教学资源支持库”等立体化的教学支持，方便教师教学与学生学习。对于部分专业，组织编写“双证教材”，注意将教材内容与职业资格、技能证书进行衔接。

(4) 内容创新：在教材的编写过程中，力求反映知识更新和科技发展的最新动态。将新知识、新技术、新内容、新工艺、新案例及时反映到教材中来，更能体现高职教育专业设置紧密联系生产、建设、服务、管理一线的实际要求。

内 容 简 介

本书着重介绍国际货物买卖的程序、做法以及有关的法律规定和国际贸易惯例，包括国际货物买卖合同的基本条款、贸易磋商、合同履行、贸易方式及电子商务五方面内容。每章后均附有本章小结、练习与思考、案例分析，以便读者自学。

本书适合高职高专学校财经类师生选用，也可供其他人员参考。

图书在版编目(CIP)数据

国际贸易实务/谭安萍 刘 云主编.—北京：科学出版社，2005
(高等职业教育人才培养创新教材出版工程·高职高专财经类教材系列)
ISBN 978-7-03-014994-7

Ⅰ.国… Ⅱ.①谭…②刘… Ⅲ.国际贸易-贸易实务-高等学校：技术学校-教材 Ⅳ.F740.4

中国版本图书馆 CIP 数据核字(2005)第 014686 号

责任编辑：沈力匀 王贻社 / 责任校对：包志虹
责任印制：张克忠 / 封面设计：王壮波

科学出版社 出版
北京东黄城根北街16号
邮政编码:100717
http://www.sciencep.com
双青印刷厂 印刷
科学出版社发行 各地新华书店经销
*
2005年3月第 一 版 开本：B5(720×1000)
2009年7月第六次印刷 印张：23
印数：14 001—16 000 字数：432 000

定价：32.00元

(如有印装质量问题，我社负责调换)

●高等职业教育人才培养创新教材出版工程

高职高专财经类教材系列

国际贸易实务

主　编　谭安萍　刘　云
副主编　闫红珍　孟　恬
编　委　扈晓燕　陈云琳　王　爽

科学出版社
北　京

第 4 章　商品的品质、数量、包装 …… 55
4.1　商品的品质 …… 55
4.2　商品的数量 …… 66
4.3　商品的包装 …… 71
本章小结 …… 81
练习与思考 …… 81
案例分析 …… 82
第 5 章　货物的运输 …… 83
5.1　运输方式 …… 83
5.2　装运条款 …… 99
5.3　运输单据 …… 104
本章小结 …… 110
练习与思考 …… 111
案例分析 …… 112
第 6 章　进出口货物运输保险 …… 113
6.1　海上货物运输保险中的风险和损失 …… 113
6.2　我国海运货物保险条款 …… 117
6.3　伦敦保险协会海运货物保险条款 …… 121
6.4　其他运输方式下的货物保险 …… 123
6.5　进出口货物运输保险条款及保险实务 …… 126
本章小结 …… 131
练习与思考 …… 132
案例分析 …… 132
第 7 章　进出口货款结算 …… 133
7.1　支付工具 …… 133
7.2　汇付和托收 …… 140
7.3　信用证 …… 150
7.4　银行保证书和备用信用证 …… 160
7.5　结算方式的选用 …… 168

目　录

第 1 章　绪论 …… 1
1.1　国际贸易实务的性质及特点 …… 1
1.2　经营国际贸易必须具备的条件 …… 3
1.3　国际贸易实务的主要内容 …… 4
1.4　进出口贸易的一般程序 …… 8
1.5　本课程的教学方法及要求 …… 11
本章小结 …… 12
练习与思考 …… 12
第 2 章　贸易术语 …… 13
2.1　国际贸易术语的产生和作用 …… 13
2.2　有关贸易术语的国际惯例 …… 14
2.3　常用六种国际贸易术语解释 …… 20
2.4　其他七种国际贸易术语解释 …… 32
本章小结 …… 34
练习与思考 …… 35
案例分析 …… 36
第 3 章　进出口商品价格 …… 37
3.1　作价方法和币种选择 …… 37
3.2　主要贸易术语的价格构成与换算 …… 41
3.3　佣金与折扣 …… 45
3.4　出口商品的成本核算 …… 48
3.5　买卖合同中的价格条款 …… 51
本章小结 …… 52
练习与思考 …… 53
案例分析 …… 54

前　言

随着改革开放的不断深入和加入世界贸易组织，我国对外贸易发展迅猛，对外贸易年增长额一直保持高速发展势头，越来越多的国内企业开始涉足和将要涉足国际市场和国际贸易活动，利用外资和对外投资也得到了空前的发展。面对这种新形势，目前迫切需要解决的重要问题之一，就是要抓紧培养一批能够适应社会主义市场经济体制，既有国际贸易理论基础，又有从事对外经济贸易实际工作本领的专门人才，我们热切希望本书能给经济管理类学生和各类企事业单位从事经济、贸易、管理等方面工作的广大干部、管理人员、职工以帮助和指导。

本书是高职高专财经类教材，和同类教材相比具有以下特色：

(1) 体系完整，结构合理。本书共13章，基本涵盖了经济类管理专业学生以及从事经济、贸易、管理等方面工作的干部和业务人员应掌握的国际贸易知识的各个方面。每章由学习目标、正文、本章小结、练习与思考、案例分析五部分构成。

(2) 内容丰富、新颖，突出实用性和可操作性。本书吸收近年来已有的教学、科研成果，以及我国外贸体制改革和国际贸易实践中出现的新情况、新做法，尽力做到观点明确，材料翔实，论据确凿，并侧重于从事外经贸业务所应具备的基本理论和基本技能，既有一定理论深度，更具可操作性，从而使本书具有较广泛的适应性。

(3) 写法上，坚持理论联系实际，力求简明扼要，详略得当。

本书由谭安萍副教授（九江职业技术学院）、刘云副教授（青岛职业技术学院）担任主编，闫红珍副教授（开封大学）、孟恬讲师（天津滨海职业技术学院）担任副主编。参加编写的有扈晓燕讲师（九江职业技术学院）、陈云琳经济师（九江职业技术学院）和王爽（天津滨海职业技术学院）。

全书共分13章。具体分工如下：刘云，第1、8章；闫红珍，第2、3、11章；孟恬，第4、5章；谭安萍，第6、7、10章；扈晓燕，第9章；王爽，第12章；陈云琳，第13章。

本书可作为普通高等学校和职业技术学院高职高专财经类专业的教学用书，也可作为经济、管理人员的培训教材以及各类成人教育的学习参考用书。

在本书编写过程中，参阅和借鉴了一些专家、学者的著作，在此表示衷心感谢！由于编者水平有限，书中错误和不妥之处在所难免，恳请广大师生和读者批评指正。

上述 CIF 的变形，只是为了进一步明确卸货费由何方负担的问题，交货地点和风险划分的界限，并无任何改变。

(4) 象征性交货问题。所谓象征性交货（symbolic delivery）是指卖方按合同规定在装运港将货物装船并提交全套合格单据，就算完成了交货义务，而不必保证到货。反之，如果卖方提交的单据不合乎要求，即使合格的货物安全运达，买方仍有权拒付货款。实际交货（physical delivery）是指卖方要按照合同规定的时间和地点，将符合合同规定的货物提交给买方或其指定人。

CIF 是典型的象征性交货。在这种交货方式下，卖方凭单交货，买方凭单付款。只要卖方提供的单据及时、齐全和正确，买方就必须付款；即使在付款时货物已经损坏或灭失，买方也不得拒绝付货款。反之，如果卖方提交的单据不符合要求，即使货物完好无损地运达目的港，买方也有权拒收单据并拒付货款。

在实际业务中，采用 CIF 术语成交，卖方在保证单据齐全和正确外，还应保证所交货物符合合同规定，否则，买方有权索赔。

(5) 装运合同。所谓装运合同是指卖方在合同规定的期限内，在指定的装运港将货物交至运往指定目的港的船上，即完成了交货义务。对货物运输途中发生灭失或损坏的风险及货物交运后发生的事件所产生的费用，卖方不承担责任。

CIF 合同属于装运合同。

2.3.3 CFR

1. CFR 的含义

CFR 的英文全称是 Cost and Freight (... named port of destination)，其中文含义为成本加运费（……指定目的港），是指卖方负责按通常的条件租船订舱，支付运费，在合同规定的装运日期内将货物装上运往指定目的港的船上，负担货物越过船舷以前发生的一切费用和风险，装船后及时向买方发出已装船通知。

2. CFR 贸易术语买卖双方的主要义务

(1) 卖方的主要义务：

① 卖方负责在合同规定的日期或期限内，把符合合同规定的货物运到装运港并装上船，并向买方发出已装船通知。

② 卖方负责办理货物出口报关手续，取得出口许可证或其他官方批准文件。

③ 卖方负责租船订舱，并支付到目的港的运费。

④ 卖方负担货物在装运港越过船舷以前发生的一切费用和风险。

⑤ 卖方负责提供商业发票和货物运往约定目的港的通常运输单据。如果买卖双方约定采用电子方式传递这些数据，则所有电子数据具有纸质单据的同等

效力。

(2) 买方的主要义务：

① 买方负责办理货物进口报关手续，取得进口许可证或其他官方批准文件。

② 买方负担货物在装运港越过船舷以后的一切费用和风险。

③ 买方收取卖方按合同规定交付的货物，接受与合同相符的单据，并支付货款。

④ 买方负责办理货运保险，支付保险费。

3. 使用CFR贸易术语应注意的问题

(1) 关于装船通知的问题。按CFR术语订立合同，须特别注意的是装船通知问题。在CFR术语下，卖方负责安排在装运港将货物装上船，而买方须自己在目的港办理货物运输保险，保证货物装上船（越过船舷）后可能遭成灭失或损坏的风险取得保障，因此，在货物装上船前，即风险转移到买方前，买方及时向保险公司办妥保险是CFR合同中一个至关重要的问题。《2000年通则》规定，卖方须给予买方关于货物已交至船上的充分通知，以便买方为收取货物采取必要的措施，并根据请求提供买方为办理保险所必需的信息。据此，可以理解为，若买方不提出请求，卖方没有为对方办理保险而主动发装船通知的义务。但是，某些国家法律规定，不负责办理运输保险的卖方须及时向买方发出装船通知，以便买方办理货运保险。若卖方没这样做，则货物在运输途中的风险应由卖方负担。因此，在FOB和CFR合同情况下，除非已确立了习惯做法，否则，应事先就有关装船通知问题达成约定。如未约定，也无习惯做法，还是应及时发出装船通知。

(2) 卸货费用的负担问题。在班轮运输的情况下，运输费用包括装运港的装货费用和目的港的卸货费用。但若采用租船方式运输，则需在合同中订明卸货费用由何方负担。规定方法有两种，可以在合同中用文字具体订明，也可采用CFR术语的变形来表示。

CFR术语的变形主要有以下几种：

① CFR班轮条件（CFR liner terms），指卸货费用按班轮条件处理，由船方负担，即由支付运费的一方，即卖方负担。

② CFR舱底交货（CFR Ex ship′s hold），指买方负担将货物从舱底吊卸到码头的费用。

③ CFR吊钩下交货（CFR under tackle ），指卖方将货物从舱底吊至船边卸离吊钩为止的费用。

④ CFR卸到岸上（CFR landed），指卖方负担将货物卸到目的港岸上的费用。

上述 CFR 的变形，只是为了进一步明确卸货费由何方负担的问题，交货地点和风险划分的界限，并无任何改变。

综上所述，可以看出 FOB、CFR、CIF 术语的异同点。

(1) 相同点：

① 运输方式都适用于海运或内河航运。

② 交货地点都在装运港的船上完成交货。

③ 风险划分的界限都是装运港船舷。

(2) 不同点：

① 责任不同。FOB 卖方只负责在装运港交货；CFR 卖方要办理货物出口运输手续；CIF 卖方要办理货物的出口运输和保险手续。

② 费用不同。FOB 卖方不负担出口运费、保险费；CFR 卖方负担出口运费；CIF 卖方负担出口运费和保险费。

③ 价格组成不同。FOB 为成本价；CFR 为成本加运费；CIF 为成本加运费加保险费。

2.3.4 FCA

1. FCA 的含义

FCA 的英文全称是 Free Carrier (... named place)，中文含义是货交承运人(……指定地点)，是指买方必须自费订立从指定地点装运货物的运输合同并及时通知卖方有关承运人的名称和向其交货的时间。卖方必须在买卖双方同意的期限内，在指定地或指定地点将货物交给买方指定的承运人，并承担交货前的一切费用和风险。卖方负责办理出口许可证和支付出口捐税费用。买方承担卖方交货后的一切费用和风险。

FCA 适用于各种运输方式。

2. FCA 贸易术语买卖双方的主要义务

(1) 卖方的主要义务：

① 卖方负责在合同规定的日期或期限内，把符合合同规定的货物交给买方指定的承运人，并向买方发出货物已交承运人的通知。

② 卖方承担货交承运人以前的一切费用和风险。

③ 卖方负责办理出口报关手续，取得出口许可证或其他官方批准文件。

④ 卖方负责提供商业发票和其他证明已履行交货义务的通常单据。如果买卖双方约定采用电子方式传递这些数据，则所有电子单据具有纸质单据的同等效力。

（2）买方的主要义务：

① 买方负责办理进口报关手续，取得进口许可证或其他官方批准文件。

② 买方负责安排运输，并把承运人的名称、运输方式、向承运人交货的时间地点等通知卖方，支付运费。

③ 买方负责办理货物运输保险，支付保险费。

④ 买方收取卖方按合同规定交付的货物，接受交货单据，支付货款。

⑤ 买方承担货物交承运人以后所发生的一切风险和费用。

3. 使用 FCA 贸易术语应注意的问题

（1）关于交货地点问题。如前所述，《2000 年通则》的每种贸易术语都有特定的交货地点。例如，FOB 术语的交货地点为装运港载货轮船的船舷。FCA 术语的交货地点则不能如此单一。由于 FCA 适用于各种运输方式，它的交货地点需按不同的运输方式和不同的指定交货地点而定。《2000 年通则》对此规定为：

① 若卖方在其所在地交货，则卖方应负责装货，即卖方要负责将货物装上买方指定的承运人或代表买方的其他人提供的运输工具上，交货地点是在卖方处所由承运人提供的收货运输工具上。

② 若卖方在任何其他地点交货，卖方不负责卸货，即卖方只要将装载于运输上的货物交给买方指定的承运人处置时，卖方即完成了交货义务。交货地点为指定交货地的卖方送货运输工具上。

由此可见，在以上第一种情况下，FCA 的交货点是在卖方所在处所（工厂、工场、仓库等）由承运人提供的收货运输工具上；在第二种情况下，FCA 的交货点是在买方指定的其他交货地（铁路终点站、启运机场、集装箱码头或堆场、多用途货运终点站）卖方的货运工具上。当卖方按合同规定，在卖方所在处所将货物装上承运人的收货运输工具上，或者，在其他指定交货地，在卖方的货运工具上，将货物置于承运人处置之下时，货物灭失或损坏的风险，即转移至买方。

（2）关于运输问题。FCA 合同的买方必须自负费用订立自指定地运输货物的合同，但是，如果买方提出请求，或如果按照商业惯例，在与承运人订立运输合同需要卖方提供协助的话，卖方可代为安排运输，但有关费用和风险由买方负担。反之，如卖方不愿按买方的请求或商业惯例协助买方订立运输合同的话，也必须及时通知买方，以便买方另作安排。

2.3.5 CPT

1. CPT 的含义

CPT 的英文全称是 carriage paid to（... named place of destination）的英文

缩写，中文含义是运费付至指定目的地，是指卖方必须自费订立将货物运至指定目的地的运输合同，在规定的时间和地点将货物交给指定的承运人，并提供通常的运输单据，支付运费。买方承担交货后所发生的一切费用和风险。根据《2000年通则》解释，该术语适用于各种运输方式，包括多式联运。

2. CPT贸易术语买卖双方的主要义务

CPT术语与CFR术语的基本义务是一致的。主要区别是CFR用于海运和内河运输，CPT适用于各种运输方式。CFR的风险转移地点是在装运港以船舷为界，CPT当货物交给第一承运人时风险即转移至买方，同时卖方也履行了交货义务。具体讲，CPT贸易术语下买卖双方的主要义务是：

(1) 卖方的主要义务：

① 卖方负责在合同规定的日期或期限内，把符合合同规定的货物交给承运人，并向买方发出已交承运人的通知。

② 卖方负责办理出口报关手续，取得出口许可证或其他官方批准文件。

③ 卖方负责安排运输，支付运费。

④ 卖方承担货物交给承运人以前的一切费用和风险。

⑤ 卖方负责提供商业发票和其他证明已履行交货义务的通常单据。如果买卖双方约定采用电子方式传递这些数据，则所有电子数据具有纸质单据的同等效力。

(2) 买方的主要义务：

① 买方负责办理进口报关手续，取得进口许可证或其他官方批准文件。

② 买方负责办理货物运输保险，支付保险费。

③ 买方收取卖方按合同规定交付的货物，接受交货单据，支付货款。

④ 买方承担货物交承运人以后所发生的一切风险和费用。

3. 使用CPT贸易术语应注意的问题

(1) 风险划分。根据《2000通则》的解释，CPT术语虽然要求卖方负责货物的运输并支付运费，但不要求卖方负担运输途中的风险和由此产生的额外费用。卖方只承担货物交给承运人控制之前的风险，在多式联运的情况下，承担货物交给第一承运人之前的风险。

(2) 装运通知、责任和费用划分。CPT术语实际上是CFR术语在运输方式上的延伸。两者除适用的运输方式不同外，在买卖双方义务划分原则上是完全相同的。卖方要负责订立自装运地至目的地的运输合同并支付运费，但不负担运输途中发生的风险及产生的额外费用。因此，两者都属于装运合同。与CFR术语一样，卖方要在装货后及时通知买方，以便买方投保。

2.3.6 CIP

1. CIP 的含义

CIP的英文全称是 carriage insurance paid to (... named place of destination)，中文含义是运费、保险费付至指定目的地。是指卖方自费订立运输合同并支付将货物运至目的地的运费，负责办理保险手续并支付保险费。卖方在办理货物出口报关手续后，按规定的时间和地点将货物交给指定的承运人，就算完成交货义务。买方承担受领货物后所发生的一切费用和风险。根据《2000 通则》解释，该术语适用于各种运输方式，包括多式联运。

2. CIP 贸易术语买卖双方的主要义务

(1) 卖方的主要义务：

① 卖方负责在合同规定的日期或期限内，把符合合同规定的货物交给承运人，并向买方发出已交承运人的通知。

② 卖方负责办理出口报关手续，取得出口许可证或其他官方批准文件。

③ 卖方负责安排运输，支付运费。

④ 卖方负责办理货物运输保险，支付保险费。

⑤ 卖方承担货物交给承运人以前的一切费用和风险。

⑥ 卖方负责提供商业发票和其他证明已履行交货义务的通常单据。如果买卖双方约定采用电子方式传递这些数据，则所有电子数据具有纸质单据的同等效力。

(2) 买方的主要义务：

① 买方负责办理进口报关手续，取得进口许可证或其他官方批准文件。

② 买方收取卖方按合同规定交付的货物，接受交货单据，支付货款。

③ 买方承担货物交承运人以后所发生的一切风险和费用。

3. 使用 CIP 贸易术语应注意的问题

(1) 关于保险的问题。按 CIP 术语成交，卖方负责办理货运保险并支付保险费，货物从交货地点到目的地的途中发生的风险由买方承担，卖方的投保属于代办性质。在一般情况下，CIP 术语只要求卖方投保最低限度的保险险别。按惯例，保险金额为 CIP 价格基础上加 10%。如买方需要更高的保险险别，则需要与卖方明确地达成协议，或者自行做出额外的保险安排。

(2) 关于 CIP 与 CIF 的差异问题。CIP 术语适用于各种运输方式，包括多式联运。CIF 仅适用于海运和内河航运。

买卖双方的义务划分是相同的，卖方须负责订立自装运地到目的地的运输合同，都属于装运合同。卖方还负责安排运输，办理保险，支付运费和保险费。但货物在运输途中发生的风险及产生的额外费用则由买方承担。从价格构成看，CIP 价＝CPT 价＋保险费＝FCA 价＋运费＋保险费；CIF 价＝CFR 价＋保险费＝FOB 价＋运费＋保险费。两者都包括运费和保险费。卖方在对外报价时，要认真核算运费和保险费，并要预计运费和保险费的变动趋势等情况，以免价格报低，造成损失。

2.3.7　FCA、CPT、CIP 术语的异同

（1）相同点：

① 运输方式都适用于各种运输方式，包括多式联运。

② 风险划分的界限都是货交承运人。

（2）不同点：

在责任、费用承担及价格构成方面不同：

① FCA　卖方不负责办理运输、保险，不承担相应费用，价格中不含出口运费和保险费。

② CPT　卖方负责办理运输手续，支付运费，价格中包含运费。

③ CIP　卖方负责办理运输和保险手续，支付运费和保险费，价格中包含运费和保险费。

综合本节所介绍的六种常用国际贸易术语的特点，可以做出如表 2-3 所示的对照表。

表 2-3　《2000 年通则》六种常用贸易术语对照表

标准代码	中文含义	交货地点	运输手续办理	保险手续办理	风险划分界限	出口手续	进口手续	适用运输方式	交货性质
FOB	装运港船上交货	装运港船上	买方	买方	货物越过装运港船舷	卖方	买方	海运及内河航运	象征性交货
CFR	成本加运费	装运港船上	卖方	买方	货物越过装运港船舷	卖方	买方	海运及内河航运	象征性交货
CIF	成本加运费加保险费	装运港船上	卖方	卖方	货物越过装运港船舷	卖方	买方	海运及内河航运	象征性交货
FCA	货交承运人	指定的装运地点	买方	买方	货交承运人	卖方	买方	任何运输方式	象征性交货
CPT	运费付至目的地	指定的装运地点	卖方	买方	货交承运人	卖方	买方	任何运输方式	象征性交货
CIP	运费保险费付至目的地	指定的装运地点	卖方	卖方	货交承运人	卖方	买方	任何运输方式	象征性交货

2.4 其他七种国际贸易术语解释

除2.3介绍的FOB、CFR、CIF、FCA、CPT和CIP六种主要的贸易术语外,《2000年通则》对其他七种贸易术语也分别做了解释。这些术语有其不同的含义,适用于不同的贸易情况,也是国际贸易实务中必须掌握的。现简要介绍如下。

2.4.1 EXW

EXW(Ex works... named place)工厂交货……指定地点,是指卖方只按合同规定的时间和地点将符合合同规定的货物交给买方,即履行了交货义务。除非另有约定,卖方不负担将货物装上买方备妥的运输工具的责任,也不负责出口清关。买方负担自卖方所在处所(即工厂或仓库等)提取货物至所需目的地的一切费用和风险,因此,这个贸易术语是卖方义务最小的术语。由于该术语卖方不负责出口清关,如果买方不能直接或间接办理出口手续,则不应使用EXW术语,而应使用FCA术语。根据《2000年通则》的解释,该术语适用于任何运输方式。

2.4.2 FAS

FAS(free alongside ship... named port of shipment)船边交货……指定装运港,是指卖方必须在装运港将货物交至买方指定船舶的船边,并负担货物交到船边为止的一切费用和风险,买方必须从该时起,负担一切费用和货物灭失或损坏的一切风险。卖方负责办理货物出口报关手续。

在FAS术语下,如买方所派的轮船靠不上码头,卖方需自负费用租用驳船,将货物驳运至船边,货物自码头至船边的风险由卖方承担。

根据《2000年通则》的解释,该术语只适用于海运或内河运输。

2.4.3 DAF

DAF(delivered at frontier... named place)即边境交货……指定地点,是指卖方负责在规定的时间将货物运到双方确定的两国边境的指定地点,交给买方支配,并办理出口报关手续,即完成了交货义务。买方负责在边境指定地点接货,办理进口手续和支付进口捐税,并承担货物在边境指定地点受领货物后发生的一切费用和风险。

根据《2000年通则》的解释,"边境"一词可用于任何边境,包括出口国边境。因此,在这个术语中确切地指定有关边境的交货地是极为重要的。

该术语主要用于铁路或公路货物运输,也可适用于其他任何运输方式。

2.4.4 DES

DES (delivered Ex ship... named port of destination) 即目的港船上交货……指定目的港，是指卖方将合同规定的货物运到指定的目的港，并在合同规定的交货日期内，在目的港的船上将货物交给买方，但不办理货物进口报关手续，此时卖方就即完成交货义务。卖方在交货前，要将船名和船舶预计到港时间及时通知买方。卖方承担在目的港船上卸货前的一切风险和费用。买方承担在目的港受领货物之后的一切风险、责任和费用。

该术语仅适用于海运及内河航运。

CIF 与 DES 的区别：

① 交货地点不同：CIF 在装运港的船上，DES 在目的港的船上；

② 风险划分界限不同：CIF 以装运港船舷为界，DES 以目的港船上为界；

③ 交货方式不同：CIF 是象征性交货，DES 是实际性交货；

④ 合同类型不同：CIF 是装运合同，DES 是到达合同。

另外，二者在卖方承担的义务也不同。采用 CIF 术语，卖方在装运港交货，由卖方办理的从装运港到目的港的运输和保险事项均属代办性质，卖方必须按合同规定或惯例办理，并提交合格的运输和保险单据。而采用 DES 术语时，卖方在目的港交货，所办理的从装运港到目的港的运输和保险事项是为自己的利益而办理的，卖方必须保证按时在目的港提交合格的货物，至于是否办理保险事项，则由卖方自己决定。

2.4.5 DEQ

DEQ (delivered Ex quay... named port of destination) 即目的港码头交货……指定目的港，是指卖方将合同规定的货物运到指定目的港码头，将货物交给买方处置，不办理进口清关手续，即完成交货义务。卖方承担将货物运至指定目的港并卸至码头的一切风险和费用。卖方在目的港交货前，要将船名和船舶预计、到港时间及时通知买方，以便买方能够为受领货物而采取措施。买方要承担卖方在目的港码头交货后的一切风险、责任和费用，负责办理进口报关手续，支付关税及其他费用。这与《1990 年通则》的规定相反，《1990 年通则》要求卖方办理进口清关手续。

该术语在货物经由海运及内河航运在目的港码头交货时才能使用。

2.4.6 DDU

DDU (delivered duty unpaid... named place of destination) 即未完税交货……指定目的地，是指卖方在指定目的地将货物交给买方，不办理进口手续，也不从交货的运输工具上将货物卸下，即完成交货。卖方应承担货物运至指定目的地的一切费用和风险，不包括办理海关手续时发生的费用和风险。买方承担因其未能及时办理货物进口清关手续而引起的费用和风险。

该术语适用于各种运输方式，但当货物在目的港船上或码头交货时，应使用DES或DEQ术语。

2.4.7 DDP

DDP（delivered duty paid... named place of destination）即完税后交货……指定目的地，是指卖方负责将货物运至合同规定的进口国指定目的地，办理进口报关手续，将在交货运输工具上尚未卸下的货物交与买方，完成交货义务。卖方必须承担将货物运至目的地的一切风险和费用，包括在需要办理海关手续时在目的地应交纳的任何进口"税费"（包括办理一切海关手续、交纳海关手续费、关税、税款和其他费用的责任和风险）。与EXW相反，DDP术语是《2000年通则》13种术语中，卖方承担义务最大的术语，它适用于各种运输方式。

综合本节所介绍的内容，可以做出其他七种贸易术语的对照表（表2-4）。

表2-4 《2000年通则》其他七种贸易术语对照表

标准代码	中文含义	交货地点	运输手续办理	保险手续办理	风险划分界限	出口手续	进口手续	适用运输方式	交货性质
EXW	工厂交货	商品生产或储存地	买方	买方	商品生产或储存地	买方	买方	任何运输方式	实际性交货
FAS	装运港船边交货	装运港船边	买方	买方	装运港船边	卖方	买方	海运及内河航运	实际性交货
DAF	边境交货	边境指定地点	卖方	卖方	边境指定地点	卖方	买方	任何运输方式	实际性交货
DES	目的港船上交货	目的港船上	卖方	卖方	目的港船上	卖方	买方	海运及内河航运	实际性交货
DEQ	目的港码头交货	目的港码头	卖方	卖方	目的港码头	卖方	买方	海运及内河航运	实际性交货
DDU	未完税交货	指定目的地	卖方	卖方	指定目的地	卖方	买方	任何运输方式	实际性交货
DDP	完税后交货	指定目的地	卖方	卖方	指定目的地	卖方	卖方	任何运输方式	实际性交货

本章小结

贸易术语是在长期的国际贸易实践中产生的，用来表明商品的价格构成，说明货物交接过程中有关风险、责任和费用划分问题的专门用语。有关贸易术语的国际贸易惯例主要有三种，即《1932年华沙-牛津规则》、《1941年美国对外贸易定义修订本》和《2000年国际贸易术语解释通则》。其中使用最广泛的是国际商会新修订的《2000年国际贸易术语解释通则》，该惯例于2000年1月1日起正式生效，共有13种贸易术语，按卖方承担的义务不同分为E、F、C、D四组。13种贸易术语中运用较多的是FOB、CFR、CIF、FCA、CPT和CIP。

FOB、CFR和CIF三种贸易术语的相同点是：①运输方式都适用于海运或内河航运。②交货地点都在装运港的船上完成交货。③风险划分的界限都是装运港船舷。不同点：①责任不同：FOB卖方只负责在装运港交货；CFR卖方要办理货物出口运输手续；CIF卖方要办理货物的出口运输和保险手续。②费用不同：FOB卖方不负担出口运费、保险费；CFR卖方负担出口运费；CIF卖方负担出口运费和保险费。③价格组成不同：FOB为成本价；CFR为成本加运费；CIF为成本加运费加保险费。

FCA、CPT和CIP三种贸易术语的相同点是：①都适用于各种运输方式，包括多式联运。②风险划分的界限都是货交承运人。不同点：在责任、费用承担及价格构成方面不同：FCA，卖方不负责办理运输、保险，不承担相应费用，价格中不含出口运费和保险费。CPT，卖方负责办理运输手续，支付运费，价格中包含运费。CIP，卖方负责办理运输和保险手续，支付运费和保险费，价格中包含运费和保险费。

练习与思考

1. 什么是贸易术语？在国际贸易中为什么要使用贸易术语？
2. 试述FOB、CFR和CIF三种贸易术语的变形及其含义。
3. 举例说明贸易术语变形的意义。
4. 试述FOB、CFR和CIF三种贸易术语的异同。
5. 试述FOB、CFR、CIF和FCA、CPT、CIP两组贸易术语的主要区别。
6. CIF贸易术语和DES贸易术语有哪些区别？
7. 比较在集装箱海运的出口贸易中使用FOB术语和FCA术语成交，哪一种术语对卖方更有利？
8. 区别下列贸易术语：

(1) FOB Shanghai 和 FOBST Shanghai

(2) FOB N. Y. 和 FOB vessel N. Y.

(3) CIF London 和 CIF London Ex-ship's hold

(4) CIF Hamburg 和 CIF landed Hamburg

9. 在我国进口贸易中，通常以FOB价格条件成交，为什么？
10. 如果我方出口鲜货一批，采用何种运输方式和贸易术语最佳？假如出口大宗货物一批，采用何种运输方式和贸易术语呢？
11. 一集装箱在吊装上船过程中，因吊钩脱落砸在船舷以后掉入海中。谁应为此损失负责？如果掉落在船上呢？

12. 根据《2000年通则》的规定，填制下列表格。

贸易术语	谁承担装船后的风险	谁办理租船订舱	谁办理保险	谁支付到目的港的运费	谁支付保险费
FOB					
CFR					
CIF					

案例分析

1. 我国北京A公司拟向美国纽约B公司出口某商品50 000箱，B公司提出按FOB新港条件成交，而A公司则提出采用FCA北京的条件。试分析A公司和B公司各自提出上述成交的原因。

2. 我某出口公司与外商按CIF landed London条件成交出口一批货物，合同规定，商品的数量为500箱，以信用证方式付款，5月份装运。买方按合同规定的开证时间将信用证开抵卖方。货物顺利装运完毕后，卖方在信用证规定的交单期内办好了议付手续并收回货款。不久，卖方收到买方寄来的货物在伦敦港的卸货费和进口报关费的收据，要求我方按收据金额将款项支付给买方。问：我方是否需要支付这笔费用，为什么？

3. 我方与荷兰某客商以CIF条件成交一笔交易，合同规定以信用证为付款方式。卖方收到买方开来的信用证后，及时办理了装运手续，并制作好一整套结汇单据。在卖方准备到银行办理议付手续时，收到买方来电，得知载货船只在航海运途中遭意外事故，大部分货物受损。据此，买方表示将等到具体货损情况确定以后，才同意银行向卖方支付货款。问：①卖方可否及时收回货款，为什么？②买方应如何处理此事？

4. 我某进出口公司向新加坡某贸易有限公司出口香料15吨，对外报价为每吨2 500美元FOB湛江，装运期为10月份，集装箱装运。我方10月16日收到买方的装运通知，为及时装船，公司业务员于10月17日将货物存于湛江码头仓库，不料货物因当夜仓库发生火灾而全部灭失，以致货物损失由我方承担。问：在该笔业务中，我方的做法有何不当之处？

第 3 章

进出口商品价格

［学习目标］

1. 了解我国对外作价方法和计价货币选择；

2. 理解和掌握主要贸易术语的价格换算方法和佣金及折扣的计算方法；

3. 熟悉国际货物买卖合同中价格条款的规定方法及出口盈亏率、出口换汇成本的计算。

3.1 作价方法和币种选择

在国际贸易中，价格是买卖双方共同关心的一个重要问题。因此，买卖双方在洽商交易和订立合同时，都非常重视商品的作价问题。

国际市场上的商品价格是千变万化的，它既受价值规律的支配，又受市场供求变化的影响。为了正确制定商品价格，必须合理使用各种作价方法，选用适当的计价货币。

3.1.1 作价方法

在进出口贸易中，价格的规定方法较多，常见的主要有固定作价、暂不固定价格、暂定价格和浮动价格等作价方法。

1. 固定价格

固定价格是指在合同价格条款中明确规定的价格。合同订立后，即使市场价格发生很大变化，除非经双方当事人同意，任何一方不得随意变更，买卖双方必须按照该价格进行结算货款。

固定价格在国际货物买卖中是一种常规做法，具有明确、具体和便于核算的特点，但是，在这种方式下，当事人要承担从签约到交货付款乃至转卖时价格波动的风险。因此，该方法适用于交货期较短的交易。

固定作价的具体做法是：交易双方通过协商就计量单位、计价货币、单位价格金额和使用的贸易术语达成一致，在合同中以单价条款的形式规定下来，例如：

USD 58.50 per dozen ClF London（每箱 58.50 美元 CIF 伦敦）

其中 USD（美元）为计价货币，58.50 为单位价格金额，“per dozen”为计量单位，“CIF London”为贸易术语。

2. 暂不固定价格

暂不固定价格又称“活价”，指合同中对价格不做明确具体的规定，双方仅规定作价的方法和期限。暂不固定价格的使用，主要因为某些货物的国际市场价格变动频繁，并且变动幅度较大，或交货期较远，买卖双方对市场难以预测，但又确有订约的意图，则可采用暂不固定价格，仅约定确定价格的方法，留待将来某个时间来商定。例如：

Within 10 days before shipment，both parties should negotiate and finalize price according to local and international market price.（在装船前10天内，参照当地及国际市场价格水平，双方协商议定价格。）

The price should be set according to international market price in the day that bill of lading is issued.（按提单日期的国际市场确定。）

按此作价方法，买卖双方都不承担市场价格变动的风险。但是，也由于合同未订明价格而容易造成履约的困难，甚至无法履约。因此，这种方法往往只在长期交往的贸易伙伴间使用。

3. 浮动价格

浮动价格又称滑动价格，指买卖双方先在合同中规定一个基础价格，交货时或交货前按工资、原材料价格变动的指数做一定调整，以确定最后价格。例如，成套设备、大型机械交易，从合同订立到履行交货需要的时间较长，为了避免原材料和工资的变动带来的风险，可采用此方法。

合同中浮动价格的规定方法如下：

“以上基础价格按下列调整公式根据某机构公布的20××年××月的工资指数和物价指数予以调整。[The above basic price will be adjusted according to the following formula based on the wage and price indexes published by the×××(organization) as of ××（month)，20××.]

调整公式（adjustment formula)：

$$P_1 = P_0 \times \left(a + b\frac{M_1}{M_0} + c\frac{W_1}{W_0}\right)$$

式中，P_1 表示调整后价格，P_0 表示基础价格，M_1 表示交货时的原材料价格，M_0 表示原材料的基础价格，W_1 表示交货时的工资，W_0 表示基础工资，a 表示管理费在价格中所占的比重，b 表示原材料在价格中所占的比重，c 表示工资在价格中所占的比重。a、b、c 三者之和应为100%。

这种价格制定方法的实质是出口商转嫁国内通货膨胀的风险，确保自己所得的利润。目前，该做法已被联合国欧洲经济委员会纳入其所制定的某些“标准合同”之中，并且，其应用范围已从原来的机械设备扩展到一些初级产品的贸易中因而具有一定的普遍性。

4. 暂定价格

暂定价格是买卖双方先在合同规定一个暂定价格，在交货前的一定时间，再由双方按照当时市价商定最后价格。在出口业务中，有时与信用可靠、业务关系密切的客商洽谈大宗货物的远期交易时，偶尔也采用这种暂定价格的做法。例如：

USD 100 per ton CFR New York.

Remarks：The price is estimated by average price of 3-month futures in shipment month plus USD 8，and used for issuing credit.

(每吨 100 美元 CFR 纽约。备注：该价格以装船月的 3 个月期货平均价加 8 美元计算，并以此开立信用证。)

这种做法，因缺乏明确的定价依据，双方在商定最后价格时可能各持已见不能取得协议而导致无法履行合同。所以，订有“暂定价格”的合同有较大的不确定性，一般不宜采用。

3.1.2 币种选择

1. 计价货币和支付货币

计价货币（money of account）是买卖双方用来计算债权债务的货币。在合同中，也就是用来计算价格的货币。支付货币（money of payment）是买卖双方用来清偿债权债务的货币。在合同中，也就是双方约定；可用来清偿按计价货币表示的货款的等值货币。

在国际贸易中，计价货币通常与支付货币为同一种货币，但也可以是不同货币。这两种货币可以是出口国货币或进口国货币，也可以是双方同意的第三国货币，具体选择由买卖双方协商确定。一般而言，计价货币和支付货币应该是可自由兑换的货币。

合同中的价格若只用一种货币来表示，没有规定其他支付货币，则这种货币既是计价货币，也是支付货币；若在规定计价货币的同时，还规定了支付货币，则支付货币和计价货币就为两种不同的货币。在后一种情况下，就要考虑用什么汇率将计价货币折成等值的支付货币。按惯例，一般按付款日计价货币和支付货币两种货币的汇率，将计价货币表示的价款折成等值的支付货币来支付。除非买卖双方另有规定。

2. 计价货币和支付货币的选择

在进出口业务中，选择何种货币计价和支付，首先考虑使用可自由兑换并且汇率相对稳定的货币。使用可自由兑换的货币，有利于调拨和运用，也有助于在必要时转移货币汇价风险。但对那些已与我国签订协定并限定使用某种货币的国家，则应使用协定规定的货币。对可自由兑换货币，还须考虑其稳定性。在出口业务中，尽可能争取硬币，在进口业务中，尽可能争取使用软币。所谓硬币是指从成交至收汇这段时期内汇价比较稳定且趋势上浮的货币。所谓软币是指从成交至付汇这段时期内汇价比较疲软且趋势下浮的货币。在实际业务中，以哪种货币作为计价和支付货币，要从买卖双方在谈判中的地位、汇价的动态变化、企业的经营意图、国际市场供需情况和价格水平等情况，做全面综合的分析。

如果为了达成交易而采用对我方不利的货币，则应采用一定方法予以补救，尽量减少外汇风险。在外贸实践中减少外汇风险的方法是：

(1) 压低进口价格或提高出口价格。进口贸易中，若采用硬币支付时，应尽量压低进口商品价格；出口贸易中，若采用软币支付时，应尽可能提高出口价格。

(2) 进行价格调整。即在合同中规定，根据所使用的货币币值变动幅度来确定价格的调整幅度。这种方法在一定程度上可以抵消货币币值变动的影响。这意味着支付的价款金额是可以变动的。

(3) 软硬币结合使用。如果合同中支付的价款金额是确定不变的，那么，可以规定一部分价款用某种货币支付，一部分价款用另一种币值具有相反变化趋势的货币支付。也可以说，一部分价款用“软”币支付，另一部分价款用“硬”币支付。货币的“软”和“硬”是相对的，是有时间性的。在一个时期是“软”币，在另一个时期则可能是“硬”币。在应用时，要注意使用的必须是两种币值具有相反变化趋势的货币。采用这种方法时，需要按订约时的汇率，用两种货币计价。然后，确定两种货币在支付时各占的百分比，如各占50%。

(4) 订立外汇保值条款。在出口合同中，计立外汇保值条款可以采用以下两种方法：

其一，确定订约时计价货币与另一货币（其币值与计价货币具有相反变化趋势）的汇率，支付时按当日汇率把币值具有相反变化趋势的货币折算成原计价货币支付。例如：“本合同项下的法国法朗金额，按合同成立日中国银行公布的法国法朗和瑞士法朗买进牌价之间的比例折算，等于××瑞士法朗。在议付之日，按中国银行当天公布的法国法朗和瑞士法朗买进牌价之间的比例，将应付全部或部分瑞士法朗折合成法国法朗支付。”

其二，确定订约时计价货币与一揽子货币的平均汇率，支付时按当日的计价货币与一揽子货币的平均汇率把一揽子货币折算成原计价货币支付。例如：“本合同项下的美元币值，系按×年×月×日中国银行公布的瑞士法朗、德国马克、法国法朗对美元买卖中间价的算术平均汇率所确定的。所确定的算术平均汇率作为调整的基数。本合同项下的货款支付，将按上述算术平均汇率的实际变动作比例调整。买方所开出的有关信用证须对此做出明确规定。"

（5）外汇保值交易，是指在出口或进口中，按订约时的外汇汇率确定远期货款支付。订约后，为了防止远期支付时由于汇率变动而带来损失，即刻在外汇市场上对出口做一笔买进支付货币的交易，对进口做一笔卖出支付货币的交易。这种为了消除货物买卖中支付货币的汇率变动风险，而在外汇市场上所做的外汇交易，称为外汇保值交易。外汇保值交易一般采用远期外汇保值的方法。

所谓远期外汇保值是指出口或进口成交后，如果预期将要收入或支付的货币汇率有不利的变动，即刻在外汇市场上做一笔卖出或买进该货币的远期交易。例如，英国某出口公司向美国出口一批货物，价值为 10 万美元。2 个月后收款。签约时，英国外汇市场上英镑对美元的汇率如下：

SPOT	1MTH	2MTH	3MTH	6MTH	12MTH
1.6960/70	90/92	157/160	228/231	410/415	693/703

由此可以看出，2 个月的远期汇率美元有贴水，即远期 STG/USD＝1.7117/1.7130。如果到期美元升值，出口方有利；如果美元贬值，则对出口方不利。若要固定贸易收入不变，可在外汇市场上做保值交易。在签订贸易合同后，立即向银行卖出 2 个月的远期 10 万美元。这样，就可以消除美元贬值的风险，当然也放弃了美元升值带来的额外收益的可能性。

3.2　主要贸易术语的价格构成与换算

在国际贸易中，不同的贸易术语表示其价格构成因素不同，即包括不同的从属费用。例如：FOB 术语中不包括从装运港至目的港的运费和保险费；CFR 术语中则包括从装运港至目的港的通常运费；CIF 术语中则包括从装运港至目的港的通常运费外，还包括保险费。在对外洽商交易过程中，当一方报出某种贸易术语价格希望以此来成交时，对方则要求改报成其他贸易术语所表示的价格。例如 FOB 价改报为 CFR 价，或 FCA 价改报为 CPT 价等，这就涉及价格的换算问题。现将最常用的 FOB、CFR 和 CIF 三种贸易术语价格以及正在推广使用的 FCA、CPT 和 CIP 三种贸易术语价格之间的换算方法及公式介绍如下。

3.2.1　主要贸易术语的价格构成

1. FOB、CFR、CIF 三种贸易术语的价格构成

在我国进出口业务中，最常用的贸易术语是 FOB、CFR 和 CIF 三种。这三种术语在价格构成中，通常包括三方面的内容：进货成本、费用和利润。其中，费用的核算最为复杂，它通常包括国内费用和国外费用两部分。

国内费用包括：进货费用和商品流通费两部分。

进货费用（本币）包括：

(1) 加工整理费用；

(2) 保管费（仓储/租、火险等）；

(3) 保险费；

(4) 运输费；

(5) 请客送礼费等。

商品流通费（本币）包括：

(1) 国内运输费用（至码头）；

(2) 包装费用；

(3) 预计损耗（耗损、短损、漏损、破损、变质等）；

(4) 报关费；

(5) 认证费用（包括商检费、公证费、领事签证费、产地证费、许可证费、保管费等）；

(6) 装船费（装船、起吊费和驳船费等）；

(7) 银行费用（贴现利息、手续费等）；

(8) 邮电费（电报、电话、电传、电子邮件等费用）；

(9) 捐税。

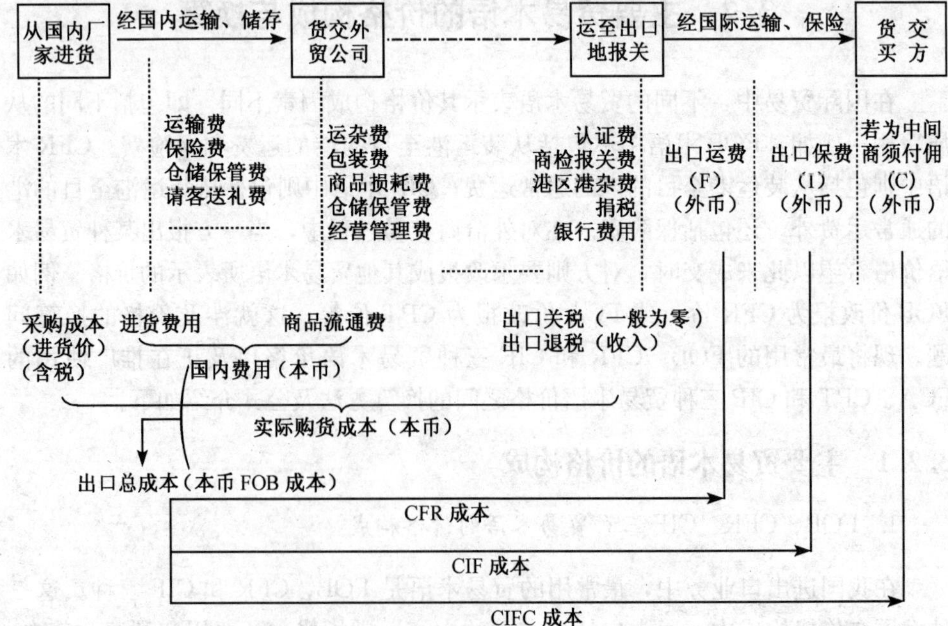

图 3-1　出口交易的成本、费用示意图

国外费用（外币）主要有：

(1) 国外运费（装运港至目的港的海上运输费用）；

(2) 国外保险费（海上货物运输保险）；

(3) 支付给中间商的佣金等。

FOB、CFR 和 CIF 三种贸易术语的价格构成及计算公式。

FOB 价＝进货成本价＋国内费用＋净利润
　　　＝FOB 成本＋净利润

CFR 价＝进货成本价＋国内费用＋国外运费＋净利润
　　　＝FOB 成本＋国外运费＋净利润
　　　＝FOB 价＋国外运费

CIF 价＝进货成本价＋国内费用＋国外运费＋国外保险费＋净利润
　　　＝FOB 成本＋国外运费＋国外保险费＋净利润
　　　＝FOB 价＋国外运费＋国外保险费
　　　＝CFR 价＋国外保险费

2. FCA、CPT 和 CIP 三种贸易术语的价格构成

FCA、CPT 和 CIP 三种贸易术语，是国际商会为适应国际贸易的新发展而制定的。它们使用任何运输方式，其价格构成也有三部分：进货成本、费用和净利润。由于采用的运输方式不同，交货地点和交货方式不同，有关费用也有所不同。

FCA、CPT 和 CIP 三种贸易术语涉及的国内费用通常包括以下几种：

(1) 加工整理费；

(2) 包装费；

(3) 保管费；

(4) 国内运输费用（仓库至码头、车站、集装箱运输站、集装箱堆场）；

(5) 拼箱费（如果货物不够装一整箱）；

(6) 认证费用；

(7) 银行费用；

(8) 预计损耗；

(9) 邮电费等。

国外费用主要有：

(1) 国外运费（自出口国内陆启运至国外目的地的运输费）；

(2) 国外保险费；

(3) 支付给中间商的佣金等。

FCA、CPT 和 CIP 三种贸易术语的价格构成的计算公式如下：

FCA 价＝进货成本价＋国内费用＋净利润

＝FCA 成本＋净利润

CPT 价＝进货成本价＋国内费用＋国外运费＋净利润

＝FCA 价＋国外运费

CIP ＝进货成本价＋国内费用＋国外运费＋国外保险费＋净利润

＝CPT 价＋国外保险费

3.2.2 主要贸易术语的价格换算

1. FOB、CFR 和 CIF 三种价格的换算

(1) FOB 价换算为 CFR 价和 CIF 价。

$$\text{CFR 价}=\text{FOB 价}+\text{国外运费}$$

$$\text{CIF 价}=\frac{\text{FOB 价}+\text{国外运费}}{1-\text{投保加成}\times\text{保险费率}}$$

或

$$\begin{aligned}\text{CIF}&=\text{FOB}+\text{运费}+\text{保险费}\\&=\text{FOB}+\text{运费}+\text{CIF}\times(1+\text{投保加成率})\times\text{保险费率}\end{aligned}$$

$$\text{CIF}=\frac{\text{FOB}+\text{运费}}{1-\text{保险费率}\times(1+\text{投保加成率})}$$

$$=\frac{\text{CFR}}{1-\text{保险费率}\times(1+\text{投保加成率})}$$

［例 3-1］我某进出口公司外销某种商品，对外报价为每箱 450 美元 FOB 大连，后外商要求改报 CIF 汉堡。问我方报价应改为多少？（运费每箱 50 美元，保险费率 0.8%，投保加成率 10%）

解：计算公式为

$$\text{CIF 价}=\frac{\text{FOB}+\text{运费}}{1-\text{保险费率}\times(1+\text{投保加成率})}$$

$$=\frac{450+50}{1-110\%\times0.8\%}=504.4\text{ 美元}$$

我方改报价为每箱 504.4 美元 CIF 汉堡

(2) CFR 价换算为 FOB 价和 CIF 价。

$$\text{FOB 价}=\text{CFR 价}-\text{运费}$$

$$\text{CIF 价}=\frac{\text{CFR 价}}{1-\text{投保加成}\times\text{保险费率}}$$

(3) CIF 价换算为 FOB 价和 CFR 价。

$$\text{FOB 价}=\text{CIF 价}\times(1-\text{投保加成}\times\text{保险费率})-\text{国外运费}$$

$$\text{CFR 价}=\text{CIF 价}\times(1-\text{投保加成}\times\text{保险费率})$$

2. FCA、CPT 和 CIP 三种价格的换算

(1) FCA 价换算为 CPT 价和 CIP 价。

$$\text{CPT 价}=\text{FCA 价}+\text{国外运费}$$

$$\text{CIP 价}=\frac{\text{FCA 价}+\text{国外运费}}{1-\text{投保加成}\times\text{保险费率}}$$

［例 3-2］我某外贸公司以每 10000 英镑 CIP 伦敦（按一成投保，保险费率为 1%），向英商报盘出售一批工业产品，该外商拟自行投保，要求改报 CPT 价，问应报多少?

解：代入公式

$$\text{CIP}=\frac{\text{CPT}}{1-\text{保险费率}\times(1+\text{投保加成率})}$$

$$10000=\frac{\text{CPT}}{1-(1+10\%)\times 1\%}$$

$$\text{CPT}=10000\times(1-110\%\times 1\%)$$

$$=9890\text{（英镑）}$$

(2) CPT 价换算为 FCA 价和 CIP 价。

$$\text{FCA 价}=\text{CPT 价}-\text{运费}$$

$$\text{CIP 价}=\frac{\text{CPT 价}}{1-\text{投保加成}\times\text{保险费率}}$$

(3) CIP 价换算为 FCA 价和 CPT 价。

$$\text{FCA 价}=\text{CIP 价}\times(1-\text{投保加成}\times\text{保险费率})-\text{国外运费}$$

$$\text{CPT 价}=\text{CIP 价}\times(1-\text{投保加成}\times\text{保险费率})$$

3.3　佣金与折扣

在价格条款中，有时会涉及佣金或折扣的规定。价格条款中所规定的价格，可分为含佣价、含折扣价和净价。实务中把含有佣金的价格称为“含佣价”，把含有折扣的价格称为“含折扣价”，把不包含佣金和折扣的价格称为“净价”。

3.3.1　佣金

1. 佣金的含义和作用

佣金（commission）是代理人或经纪人为委托人介绍生意或代买代卖而收取的报酬。在国际货物买卖中，往往表现为出口商付给销售代理人、进口商付给购买代理人的酬金。根据佣金是否在价格条款中表明，可分为“明佣”和“暗佣”。

明确表示佣金的称为“明佣”；不在价格条款中表示出来，由当事人按约定另付，称为“暗佣”。如果中间商从买卖双方处都获得佣金，称为“双头佣”。

我国的外贸实践表明，灵活地运用佣金，调动中间商推销和经营我方出口货物的积极性，就能扩大销售。

2. 佣金的表示方法

(1) 用文字表示。

例如：USD 335 per metric ton CIF New York including 2% commission

每公吨 335 美元 CIF 纽约包含 2%的佣金。

(2) 在贸易术语上加注佣金的缩写英文字母“C”和佣金的百分比来表示。

例如：USD 335 per metric ton CIFC2% New York

每公吨 335 美元 CIFC2% 纽约

(3) 用绝对数表示。

例如：每箱支付佣金 10 美元。

3. 佣金的计算方法

计算佣金，一般按成交金额约定的百分比来计算。成交金额通常采用含佣价，以此作为计算佣金的基数。按此规则计算佣金额的公式为

$$\text{佣金}=\text{含佣价}\times\text{佣金率}$$

$$\text{净价}=\text{含佣价}-\text{佣金}=\text{含佣价}\times(1-\text{佣金率})$$

所以

$$\text{含佣价}=\frac{\text{净价}}{1-\text{佣金率}}$$

［例 3-3］我某公司对某商品对外报价为 CIF 价 850 美元，外商要求改报含佣价 CIFC4%。问我方报价应为多少?

解：$\text{含佣价}=\frac{\text{净价}}{1-\text{佣金率}}=\frac{850}{1-4\%}=885.4\text{ 美元}$

其中

885.4 美元×4%＝35.42 美元为佣金

885.4 美元×96%＝850 美元为净价

4. 佣金的支付方法

佣金的支付方法有两种：一种是在交易达成时向中间商支付；另一种是卖方在收到全部货款后，再另行支付佣金。在前一种情况下，虽交易已达成，但万一合同无法履行，委托人仍要向中间商支付佣金。而后一种情况对委托人比较有利。为了避免和防止误解，除要明确规定委托人与中间商之间的权利与义务之外，委托人最好事先与佣金商达成书面协议，明确规定出支付佣金的方法。通常

佣金可在合同履行后逐笔支付，也可按月、按季、按半年，甚至一年汇总支付。

3.3.2　折扣

1. 折扣的含义和作用

折扣（discount）是指卖方按原价给予买方一定百分比的价格减让。即在原价基础上给予适当的优惠。

国际贸易中使用的折扣名目较多，除一般折扣外，还有为扩大销售而使用的数量折扣（quantity discount），为某种特殊目的而给予的特殊折扣（special discount）以及年终回扣（turnover bonus）等。

折扣与佣金一样，有“明扣”和“暗扣”之分。明扣在价格条款中明确表示出来，如：“USD 280.00 per M/T CIF bombay less 3% discount”。暗扣在价格条款中不明确表示，仅由交易双方另行约定。

正确运用折扣，有利于刺激买方的积极性，扩大销售。在国际贸易中，折扣是一种加强对外竞销的手段。

2. 折扣的表示方法

（1）用文字表示。折扣的规定方法一般用文字说明。例如：每打 200 美元 CIF 纽约减 3%折扣（USD 200 per dozen CIF New York Less 3% discount）。

（2）用绝对数表示。例如：每打折扣 10 美元。

（3）用在贸易术语上加注折扣的英文缩写字母“D”和折扣的百分比来表示。例如：USD 100 per M/T CIFD3% London.（每公吨 100 美元 CIFD3% 伦敦）。

3. 折扣的计算方法

折扣通常是以成交额或发票全额为基础乘以约定的折扣百分比。

计算公式为

$$折扣额=原价\times折扣率$$

［例 3-4］某笔交易中，我向外商报价为每公吨 780 美元 CFR 香港，含 2%的折扣，该笔交易的数量为 200 公吨，试求我方扣除折扣后的总收入是多少？

解：卖方扣除折扣后的总收入＝（含折扣价－单位货物的折扣额）×200

＝（780－780×2%）×200＝152 880 美元

所以，卖方扣除折扣后的总收入是 152 880 美元。

4. 折扣的支付方法

折扣额一般在买方付款时预先扣除。折扣也可以不从货价中扣除，而由卖方按协议另行支付给买方，这种做法通常在给"暗扣"或"回扣"时采用。

3.4 出口商品的成本核算

盈亏是考核外贸企业经营水平的重要指标。为了控制亏损、增加盈利，外贸企业在对外报价或磋商交易前，都必须对出口的商品进行成本核算。所谓"成本核算"，是将对出口商品所做的投入与通过出口该商品所创造的FOB外汇净收入，或兑换成人民币总额相比较，可求得出口盈利额或亏损额。总之，外贸企业在每笔出口交易中，应做到其出口商品的换汇成本应不高于单位外汇收入的兑换率（银行外汇买入价），即可以得盈利。

3.4.1 出口商品总成本

出口商品总成本指出口企业从生产或供货单位购进准备出口货物的进货成本价，加上货物运至口岸，加工整理、包装，直至交到装运地点的码头、车站或机场所发生的一切费用总和。

其公式为

出口商品总成本（退税前）＝进货成本价（含增值税）＋国内费用

出口商品总成本（退税后）＝进货成本价（含增值税）＋国内费用－出口退税收入

出口退税是根据国际惯例，为增强本国商品出口竞争力，由税务部门对已报关离境的出口货物所含的在出口前各环节（生产和流通）已经缴纳的国内增值税或消费税等间接税税款，退还给出口企业的一项税收制度。其目的是使出口商品以不含税价格进入国际市场，参与国际竞争，从而促进该国家和地区的对外出口贸易。

出口退税机制作为一项财政激励机制，已被WTO诸多成员广泛应用。按照WTO规则，出口退税最大力度不能超过"零税率"，否则将被视为对出口产品的政府补贴，受到制裁。但一国可根据自己的政治、经济目标和财政承受能力，从实际出发，在法定征税税率以内，确定适当的出口退税水平，既可选择退税和不退税，也可以选择多退税和少退税。

我国自1985年开始实施出口退税政策以来，先后在1994年、1999年和2003年进行三次出口退税政策调整。新的出口退税政策于自2004年1月1日执行。

外贸企业出口货物应退增值税的计算公式为

应退税额＝出口货物的进货金额×出口退税率

［例3-5］某公司拟出口一批玩具，已知玩具的出口退税率是9%，玩具供货

商报出的价格和数量如表 3-1，已知增值税率为 17%，试计算公司出口该批玩具可以获得的退税总额为多少元人民币?

表 3-1　某公司玩具出口情况表

货　号	品　名	供货价格（人民币）	数　量
ABC2464	长颈鹿	每只 32 元	5 000 只
ABC3584	恐　龙	每打 165 元	700 打
ABC2001	黑猩猩	每只 28 元	900 只
ABC2659	沙皮狗	每打 180 元	1 000 打

解：(1) 长颈鹿：

应退税额＝出口货物的进货金额×出口退税率

＝32×5 000÷（1＋17%）×9%＝12 307.69 人民币元

(2) 恐龙：

应退税额＝出口货物的进货金额×出口退税率

＝165×700÷（1＋17%）×9%＝8 884.62 人民币元

(3) 黑猩猩：

应退税额＝出口货物的进货金额×出口退税率

＝28×900÷（1＋17%）×9%＝1 938.46 人民币元

(4) 沙皮狗：

应退税额＝出口货物的进货金额×出口退税率

＝180×1 000÷（1＋17%）×9%＝13 846.25 人民币元

3.4.2　出口商品盈亏率的核算

出口商品盈亏率是指一定时期内的出口盈亏额与出口总成本之比。是衡量企业经营出口业务效益的指标。其计算公式为

出口商品盈亏率＝出口商品盈亏额/出口商品总成本×100%

其中，出口盈亏额等于出口外汇净收入减去出口总成本。计算结果正数为盈余，负数为亏损。其计算公式为

出口商品盈亏额＝（FOB 出口外汇净收入×银行外汇买入价）－出口商品总成本（退税后）

出口销售外汇净收入是指出口商品按 FOB 价所得的外汇收入。

出口销售人民币净收入是指出口商品按 FOB 价所得的外汇收入按当时外汇牌价折算成人民币的数额。

[例 3-6] 我某公司向荷兰某商出口货物 100 箱，每箱 60 美元 CIF 鹿特丹，按 CIF 加一成投保一切险，保险费率为 0.6%，总运费为 1 000 美元。已知该货

退税后的出口总成本为 3 万元人民币，结汇时银行买入价为 1USD＝8.35RMB￥。试计算该出口商品的盈亏率。

解：(1) FOB＝CIF－I－F

或 FOB＝CIF×（1－投保加成×保险费率）－F

＝60×（1－110％×0.6％）－1 000÷100＝49.60USD

(2) 出口盈亏率＝(出口销售人民币净收入－出口总成本)÷出口总成本×100％

＝（49.60×8.35－30 000÷100）÷（30 000÷100）×100％

＝38％

所以，该出口商品的盈亏率为 38％。

3.4.3 出口商品换汇成本的核算

出口商品换汇成本又称出口换汇率，指需要多少本国货币的出口商品才能换回一个单位外币的比率。在我国，目前一般是指商品出口后净收入每 1 美元所耗费的人民币成本。通过这个指标，可以反映出出口商品换取外汇的能力。

其计算公式为

出口商品换汇成本＝出口商品总成本（RMB￥）÷FOB 出口外汇净收入(USD)

[例 3-7] 我某公司向国外出口一批商品，国内收购价每千克 1.1 人民币元，另加其他费用 10％。外销价为每吨 146 美元 FOB 大连，含佣金 2％。试计算该商品的出口换汇成本。

解：(1) 出口总成本＝1.1×（1＋10％）×1 000＝1 210 人民币元

(2) 出口外汇净收入：

净价＝含佣价×（1－佣金率）＝146×（1－2％）

＝143.08 美元

(3) 出口换汇成本＝1 210÷143.08＝8.46 人民币元/美元

所以，该商品的出口换汇成本是 8.46 人民币元/美元。

3.4.4 外汇增值率的核算

1. 出口商品外汇增值率

出口商品外汇增值率又称创汇率，指外汇增值额与原材料外汇成本的比率，反映把进口的材料加工制成品新增加外汇的幅度。

其计算公式为

外汇增值率＝（成品出口外汇净收入－进口原材料的外汇成本）÷进口原材料的外汇成本

2. 出口商品外汇增值额

外汇增值额又称创汇额，指把原材料加工后以成品出口所增加的外汇收入数额。这里加工所使用的原材料一般指进口的材料。

其计算公式为

外汇增值额＝成品出口外汇净收入－进口原材料的外汇支出

上式中所列的外汇支出，应以 CIF 到岸价计算，即应包括进口原材料的所有实际外汇支出。

［例 3-8］某公司欲做一笔进料加工业务，需要支付进料外汇 60 万美元 CIF 中国口岸，预计可加工成品出口 16 万件，出口价每件 5.15 美元 CIF 西雅图，应支付海运运费 7 200 美元，保险费 6 800 美元，试计算这笔业务的外汇增值率。

解：成品出口外汇净收入＝5.15×16－0.72－0.68＝81 万美元

进口原材料外汇支出＝60 万美元

外汇增值率＝（81－60）÷60×100％＝35％

所以，该笔业务的外汇增值率为 35％。

3.5 买卖合同中的价格条款

买卖合同中的价格条款，一般包括两大部分内容：商品的单价和总值。

3.5.1 单价

单价（unit price）由四部分组成：计量单位、单位价格金额、计价货币和贸易术语。例如：每公吨 1 200 美元 CIF 马德拉斯港［USD 1 200 per M/T CIF madras（印度）］。其中，计量单位是“公吨”，单位价格金额是“1 200”，计价货币是“美元”，贸易术语是“CIF 马德拉斯港”。

在制订价格条款时，还应注意以下几点。

1. 计价货币

同一货币名称，在不同的国家和地区，代表的币值不同。因此，在合同中，必须将有关货币的国别或地区写完整。如“元”，应写明美元、日元、加元、人民币元和港元等。

2. 计量单位

国际上使用的度量衡制度有四种：公制、英制、美制和国际单位制。不同国家采用的度量衡制度不同，合同中价格条款的计量单位必须写清楚。如以吨为计量单位，应写明是公吨、短吨或长吨。

3. 贸易术语后面的港口或地名

FOB、FCA术语后面需写明装运港名称，CIF、CPT和CIP术语后面须写明目的港名称。如贸易术语中的地名有同名，应加注国名或地区名称，以免误会。

3.5.2 总值

总值（total amount）也称为总价，是合同中货物的全部金额。总值使用的货币应与单价使用的货币一致，计算总值时如果品质、数量在合同中有机动幅度，在机动幅度内一般按原有单价计价，在机动幅度外的应在合同中写明计价方法。另外，总值必须用大小写同时表示。

例如：total amount：USD123 478.00（Say US dollars one hundred twenty three thousand four hundred and seventy eight only.）

合同中常见的价格条款举例。

例1　每箱22美元CFR青岛（USD 22 per case CFR Qingtao）

例2　每公吨1 300港元CIF香港（HKD 1300 per M/T CIF HongKong）

例3　每纸箱200日元FOB东京（JP¥ 200 per carton FOB Tokyo）

本章小结

在国际贸易中，价格是买卖双方共同关心的一个重要问题。因此，买卖双方在洽商交易和订立合同时，都非常重视商品的作价问题。买卖双方往往从各自利益出发，在考虑主要贸易术语的价格构成和换算方法等问题的基础上确定合同的价格条款。

进出口合同中，价格的规定方法较多，常见的主要有固定作价、暂不固定价格、暂定价格和浮动价格等。关于计价和支付货币的选择，一般情况下，出口业务尽可能争取硬币，进口业务尽可能争取软币。当然，在实际业务中，以哪种货币作为计价和支付货币，要从买卖双方在谈判中的地位、汇价的动态变化、结合企业的经营意图、国际市场供需情况和价格水平等情况做全面综合的分析。

佣金是代理人或经纪人为委托人介绍生意或代买代卖而收取的报酬。在国际货物买卖中，往往表现为出口商付给销售代理人、进口商付给购买代理人的酬金。其可用文字表示，或用绝对数表示，或在贸易术语上加注佣金的缩写英文字母“C”和佣金的百分比表示。佣金的计算，一般按成交金额约定的百分比来计算。成交金额通常采用含佣价，以此作为计算佣金的基数。按此规则计算佣金额的公式为

佣金＝含佣价×佣金率

净价＝含佣价－佣金＝含佣价×（1－佣金率）

佣金的支付方法有两种：其一是在交易达成时向中间商支付；其二是卖方在收到全部货款后，再另行支付佣金。在前一种情况下，虽交易已达成，但万一合同无法履行，委托人仍要向中间商支付佣金。而后一种情况对委托人比较有利。

折扣是卖方按原价给予买方一定百分比的价格减让。即在原价基础上给予适当的优惠。折扣与佣金一样，有“明扣”和“暗扣”之分。明扣在价格条款中明确表示出来，暗扣在价格条款中不明确表示，仅由交易双方另行约定。折扣可以用文字表示，或用绝对数表示，或在贸易术语上加注折扣的英文缩写字母“D”和折扣的百分比来表示。折扣通常是以成交额或发票全额为基础乘以约定的折扣百分比。即

折扣额＝原价×折扣率

折扣额一般在买方付款时预先扣除，也可以不从货价中扣除，而由卖方按协议另行支付给买方。

盈亏是考核外贸企业经营水平的重要指标。为了控制亏损、增加盈利，外贸企业在对外报价或磋商交易前，都必须对出口的商品进行成本核算。常用的指标有出口商品盈亏率、出口商品换汇成本和外汇增值率。

进出口合同中的价格条款，一般包括商品的单价和总值两项基本内容，单价通常由四部分组成，即包括计量单位、单位价格金额、计价货币和贸易术语。总值是单价和数量的乘积，也就是一笔交易的总金额。

练习与思考

1. 简述定价的方法有哪些？
2. 简述如何选择计价货币及支付货币？
3. 试述出口商品总成本是由哪些部分构成？
4. 试述国际贸易中佣金和折扣的含义与作用？
5. 佣金的计算方法有几种？佣金一般如何支付？
6. 草拟包括佣金和折扣的单价条款各一例。
7. 我出口某商品，原报价为350美元/桶CIF纽约，现外商要求将价格改报为CFRC5%。已知保险费率为0.6%，试求我方应将价格改报为多少？
8. 我出口某商品对外报价为480美元/吨FOB湛江，现外商要求将价格改报CIF旧金山，试求我方的报价应为多少才使FOB净值不变？（设运费是FOB价的3%，保险费为FOB价的0.8%）
9. 某商品卖方报价为每打60美元CIF香港，若该商品的运费是CIF价的2%，保险费是CIF价的1%，现外商要求将价格改报为FOBC3%。问：

FOBC3%应报多少？设卖方国内进货价为每打 380 元人民币，出口前的费用和税金共 15 元人民币/打，试求该商品的出口销售换汇成本和盈亏率各是多少？

10. 某公司向香港客户报水果罐头 200 箱，每箱 132.6 港元 CIF 香港，客户要求改报 CFR 香港含 5%佣金价。假定保险费相当于 CIF 价的 2%，在保持原报价格不变的情况下，试求：(1) CFRC5%香港价应报多少？(2) 出口 200 箱应付给客户多少佣金？(3) 某公司出口 200 箱可收回多少外汇？

11. 我外贸公司出口某商品 1 000 箱，该货每箱收购价人民币 100 元，国内费用为收购价的 15%，出口后每箱可退税人民币 7 元，外销价每箱 19.00 美元 CFR 曼谷，每箱货应付海运运费 1.20 美元，试计算该商品的换汇成本。

12. 下列我方出口单价的写法是否正确？如有错或不完整，请予以更正。

① 3.50 $ CIFC HongKong；

② ￥500 per case CFR USA；

③ USD per ton FOB London；

④ F.F. 98.70 per doz. FOBD1%；

⑤ DM 45.34 CIFC2% ShangHai.

案例分析

我国某出口公司拟出口化妆品去中东某国。正好该国某佣金商主动来函与该出口公司联系，表示愿意为推销化妆品提供服务，并要求按每笔交易的成交金额给予 5%的佣金。不久，经过该佣金商中介，与当地进口商达成 CIFC5%、总金额为 5 万美元的交易，装运期为订约后 2 个月内从中国港口装运，并签订了销售合同。合同签订后，该佣金商即来电要求我国该出口公司立即支付佣金 2 500 美元。出口公司复电称，佣金需待货物装运并收到全部货款后才能支付。于是，双方发生了争议。

请分析：争议发生的原因是什么？我国该出口公司应该接受什么教训？

第 4 章

商品的品质、数量、包装

[学习目的]

1. 掌握表示商品品质的方法和计量方法；

2. 学会订立品质数量条款；

3. 掌握运输包装、销售包装及运输标志；

4. 了解计量单位、出口包装的分类、包装设计的要求、忌讳的商标图案、中性包装和定牌的作用。

4.1 商品的品质

4.1.1 商品质量的含义和要求

1. 商品质量的含义

商品的质量（quality of goods）是指商品的外观形态和内在质量的综合。其外观形态是指商品的造型、款式、色泽、光洁度、透明度和气味等，它是通过人的感觉器官直接获取的。内在质量是指商品的物理性能、机械性能、化学成分、生物特征和技术指标等，一般需借助各种仪器、设备经过分析测试才能获得。例如服装和纺织品的断裂强度、回潮率、缩水率、甲醛含量、pH、染色牢度、纤维成分等。

商品的质量是买卖双方进行交易磋商的首要条件。商品质量的优劣不仅直接影响到商品的使用价值和市场价格，而且关系到商品生产企业的信誉和生产国的形象，反映商品出口国的科学技术水平和在国际市场的竞争能力。随着各国消费水平和消费结构的变化，消费者对商品质量的要求越来越高，因此，在当前国际市场竞争空前激烈的条件下，提高商品质量、以质取胜，是加强对外竞销的重要手段。此外，根据 WTO《技术性贸易壁垒协议》的有关规定，WTO 成员有权制定和实施旨在保护国家或地区安全利益、保障人类、动物或植物的生命或健康、保护环境等的技术法规、标准。这些严格的技术法规、标准已经成为我国对外贸易最严重的贸易壁垒，而提高商品质量也已成为许多生产厂商冲破贸易壁垒，扩大出口的途径。在党中央和国务院的要求下，从 1999 年开始由原外经贸部会同海关总署、质检总局等八部门共同组织实施了科技兴贸战略，其核心就是大力促进高新技术产品出口和利用高新技术改造传统产业，优化出口商品结构，提高出口商品的质量、档次和附加值，增强国际竞争力。

2. 对进出口商品质量的基本要求

1）对出口商品质量的要求

由于商品的质量关系到用户的切身利益，因此在国际市场上用户不仅要对质量进行评价，而且还要对生产企业的质量体系进行评价，这已经成为国际贸易中的惯常做法。目前，开展产品质量认证是许多国家保证产品质量的通行做法。经过认证的产品不仅在本国受到欢迎而且在国际上也享有较高的信誉，特别是实行国际认证的产品将得到各成员国的普遍认可并可享有一定的优惠待遇。另外，许多政府部门在采购招标时或保险机构受理产品保险时，都把制造商是否具备产品认证证书和体系认证证书作为购买产品的先决条件。因此企业一旦获得产品和体系认证证书，就在国内外市场上树立了良好形象，取得了产品走向世界的“通行证”。

为了促进贸易参加国产品质量的提高，完善企业质量管理体系，保护消费者利益，国际标准化组织（International Organization for Standardization，ISO）先后推出了ISO9000“质量管理和质量保证”系列标准及ISO14000“环境管理”系列标准。ISO9000系列标准是ISO第176技术委员会（ISO/TC176）制定的。第一版即1987年版的ISO9000系列标准只有6个，称为“ISO9000系列标准”。从1990年开始，TC176又颁布了一些质量管理和保证标准，并于1994年进行了第一次修订，使ISO9000系列标准达到了16个。1994年以后ISO9000系列标准继续扩大，形成了22个标准和2个技术报告，2000年TC176再次对ISO9000进行了修订，并规定了4个核心标准。通常所说的ISO9000认证即是根据ISO9001、ISO9002、ISO9003三个外部质量保证标准进行的。

ISO14000“环境管理”系列标准是ISO第207技术委员会（ISO/TC207）制定的，1996年10月1日ISO/TC207颁布了ISO14001、ISO14004、ISO14010、ISO14011、ISO14012五个正式的国际标准。其中ISO14001是系列标准的核心，也是唯一可用于第三方认证的标准。1998年ISO/TC207又发布了一个环境管理方面的国际标准即ISO14050—1998环境管理术语，使ISO14000系列标准增加为6个。ISO14000标准通过在企业内部建立一个有效的环境管理体系，来规范企业的环境行为，控制和减少企业的生产经营活动对环境造成的破坏，鼓励和推动企业生产环保产品，以满足社会对环境保护及其他相关利益的需求。符合ISO14000系列标准的企业称为绿色企业，其生产的产品经认可成为环保产品，因此该标准被称为21世纪绿色通行证。

我国是ISO的理事国，我国技术监督局在1992年将ISO系列标准等效转化为中国国家标准 GB/T19000 系列，以双编号的形式标明，即 GB/T19000－ISO9000 系列，根据自愿原则在我国开展企业质量体系认证工作。我国政府一贯重视标准化和认证认可工作，经国务院批准，中国国家认证认可监督管理委员会（简称认监委）于 2001 年 8 月 29 日正式成立。认监委根据国务院的授权，统一管理、监督和综合协调全国认证认可工作，在提高企业管理水平和产品质量，促进出口，引导消费，保证安全，保护环境等方面发挥了十分重要的作用。从 2002 年 4 月开始，国家质检总局和国家认监委对原有内部机构进行了调整，成立了新的中国合格评定国家认可中心，将原中国质量体系认证机构国家认可委员会（CNACR）、原中国国家进出口企业认证机构认可委员会（CNAB）和原中国产品质量认证机构国家认可委员会（CNACP）整合为中国认证机构国家认可委员会（CNAB）；将原中国实验室国家认可委员会（CNACL）和中国国家出入境检验检疫实验室认可委员会（CCIBLAC）整合为中国实验室国家认可委员会（CNAL）；将原中国认证人员国家注册委员会（CRBA）和 CNAB 人员注册部合并成立中国认证人员与培训机构国家认可委员会（CNAT）。建立集中统一的国家认可制度是完善我国认证认可体系的基础，也是我国加入世贸组织后与国际接轨，参与国际经济合作与竞争，以及打破国外技术壁垒的重要途径。中国合格评定国家认可中心的主要任务是在质检总局和认监委的领导下，对全国的认证机构、认证人员和培训机构实施资格认可；对校准、检测、检验检查机构及实验室实施统一的资格认定。

国际认证是一把“双刃剑”，它不仅可以被发达国家用作技术壁垒来保护国内市场、阻止国外产品进入，也是产品进入国际市场的桥梁以及打破技术壁垒的有效手段。国家可通过实行认证制度来提高本国产品质量，提高企业质量保证能力。推广认证工作是国家用来发展经济、扩大出口的一项行之有效的措施。

贸易大国以量取胜，贸易强国以质取胜，这是一条铁的定律。我们应本着“以质取胜”的原则，重视科技开发，不断促进生产、技术资源与外贸品牌、市场资源的优化整合，提高商品的科技含量和附加值，为此，必须做好以下几方面的工作：

（1）严把出口商品质量关，强化企业质量和环境管理体系。本着精益求精的精神，不断改进、提高出口商品质量，凡质量不稳定或不过关的商品，不宜轻易出口，以免败坏出口企业的信誉；建立严格的检验检疫制度，以确保出口商品符合进口国家或地区的要求；建立健全质量管理体系和环境管理体系，以获得国际市场的准入资格。

（2）生产适销对路的出口商品。由于世界经济发展不平衡，各国人民的生活习惯、消费水平和消费结构、购买力和偏好存在差异，因此出口企业应重视对不同目标市场的调研，把握不同层次消费需求的特点和变化趋势，使出口商品的质量、规格、款式等适应市场多元化的需要。

(3) 实行出口商品质量许可制度。为保证出口商品质量，我国对机电、陶瓷、服装、纺织品、畜产、煤炭、玩具等10类76种出口商品实施出口质量许可制度。对于符合产品标准、技术要求的出口商品颁发出口商品质量许可证，对生产出口商品的企业进行监督检查，不符合出口标准的企业严禁其产品出口。出口商品质量许可制度的实施，对提高我国产品质量总体水平和国际市场上的竞争力，维护国家经济利益和国家信誉起到了积极的作用。

(4) 出口商品质量应适应进口国的有关法令规定和要求。各国对进口商品的质量都规定了严格的管理办法，凡质量不符合法令规定的商品，一律不准进口，有的甚至被就地销毁，并由贸易商来承担由此引起的各种损失和费用。因此，必须充分了解和熟悉各国对进口商品的法令规定和管理制度，以便使我国出口商品能顺利进入国际市场。

2) 对进口商品质量的要求

进口商品质量的优劣，直接关系到国内用户和消费者的切身利益。凡质量、规格不符合要求的商品，不应进口。对于国内生产建设、科学研究和人民生活急需的商品，进口时要货比三家，切实把好质量关，使进口商品的质量顺应国内经济和国防建设、科研、人民消费、安全卫生及环保的要求。选购进口商品时，还应考虑国内的实际消费水平，不应盲目追求高档次和高质量而造成不必要的浪费。在货物到达进口口岸时，应实行严格的检验检疫制度，杜绝不符合合同质量的商品进入国门。我国已从2002年5月1日起开始实施新的强制性产品认证制度（即CCC，简称“3C”制度）。《第一批实施强制性产品认证的产品目录》包括：电线电缆、电路开关及保护或连接用电器装置、低压电器、小功率电动机、电动工具、电焊机、家用和类似用途设备、音视频设备类（不包括广播级音响设备和汽车音响设备）、信息技术设备、照明设备、电信终端设备、机动车辆及安全附件、机动车辆轮胎、安全玻璃、农机产品、乳胶制品、医疗器械产品、消防产品、安全技术防范产品共19大类产品。自2003年8月1日起，所有《目录》中的产品，未经“3C”认证，将不允许出厂、进口和销售。出入境检验检疫机构负责进口产品的口岸验证，凡列入《目录》内的进口商品，未经认证或未加贴认证标志的，不准进口。此后3C认证又进一步扩展，自2004年5月1日起，家庭装修装饰等其他与消费者健康与生命安全休戚相关的产品，也被纳入强制认证。强制性产品认证制度是国家为保护广大消费者人身和动植物生命安全，保护环境，保护国家安全，根据国际惯例，依照国家法律法规而实施的一种产品市场准入制度。此外根据我国法律有关规定，国家禁止进口破坏臭氧层的物质以及属于世界濒危物种管理范畴的珍稀动物及制品；对于涉及生产安全、人身安全、环境保护的部分旧机电产品以及危及环境的13种固体废物国家也禁止进口。

4.1.2 表示品质的方法

在国际贸易中，由于交易的商品种类繁多、特点各异，故表示品质的方法也多种多样。概括起来，主要分为以实物表示和凭文字说明表示两大类。

1. 以实物表示商品品质

(1) 看货买卖。通常由买方或其代理人在卖方所在地验看货物，达成交易后，卖方应以验看过的货物进行交付，买方不得对此提出异议。在国际贸易中，由于买卖双方相距遥远，买方亲自到出口国去验看货物既浪费时间，又增加交易成本，因此这种方法在贸易中较少采用，多见于寄售、拍卖和展卖业务中。

(2) 凭样品交易。样品是指从一批商品中抽取出来的或由生产、使用部门设计、加工出来的足以反映和代表整批商品品质的少量实物。以样品表示商品品质并作为日后交货品质依据的，称为凭样品买卖（sales by sample）。凭样品交易通常是针对某些商品没有国际标准和国家标准而又无法用规格指标表示品质的情况而采用的，如工艺品、服装、铸铁件等产品通常凭样品来表示其品质。在贸易中单纯凭样品成交并不常见，而且样品往往仅作为表示商品某个方面质量指标的依据。例如：有代表商品形状的款式样品（pattern sample），有表示商品颜色的色样（color sample）等等。

按照样品提供者的不同，凭样品交易可分为两种情况：

① 凭卖方样品交易（quality as per seller′s sample）。以卖方提供的样品进行交易磋商并作为日后交货品质的依据，称为凭卖方样品交易。卖方应注意所提供的样品应具有代表性（representative），即挑选中等货物作为样品。如果选择较好的产品作为样品寄出，就会给以后的纠纷埋下伏笔。日后大批量交货时，很可能因批量生产达不到样品的质量水平而遭致买方索赔。相反如果卖方提交的样品质量过低，又会在价格上吃亏。因此，当卖方对出口商品品质无绝对把握时，应在合同中加入宽容条款。例如：“品质与样品大致相符”（quality shall be about equal to the seller′s sample）或“品质与样品相似”（quality is nearly same as the sample）。当然，如果卖方交货品质与样品差距较大，买方仍有权拒收货物。

此外，当卖方需要对外寄送样品时，应留存一份或数份同样的样品作为复样（duplicate sample），以备将来组织生产、交货和处理品质争议时作核对之用。必要时还可以采取封样（sealed sample），即由买卖双方或公证机构（如检验检疫局）在一批商品中抽取同样品质的样品若干份，以火漆、铅丸或封条等各种方法封存，由买卖双方和公证机构分别留存。

② 凭买方样品交易（quality as per buyer′s sample)。以买方提供的样品进行交易磋商和签订合同，并且卖方日后以买方样品作为交货依据，称为凭买方样品交易。在我国也称为“来样成交”或“来样加工”。按照买方来样进行加工制造可以提高商品的适销性，但谨慎的卖方在接受该种交易条件之前往往要考虑原材料供应、加工技术、设备和生产安排的可行性。如果卖方认为按买方来样供货没有切实把握，则可根据买方来样加工复制一个类似的样品交买方确认，这种经过确认的样品，称为“对等样品”（counter sample）或“回样”（return sample)，对等样品即成为卖方日后交货品质的依据。这样交易的性质就由凭买方样品交易转化为凭卖方样品交易，卖方从而掌握了主动权。

凭样品交易，卖方交货品质应与样品完全一致。买方应有合理的机会对卖方交付的货物进行比较，如有货样不符，买方既可拒收货物、撤销合同，又可提出索赔。因此，凭样品交易容易导致双方在履约过程中产生纠纷，所以不能滥用这种表示品质的方法。凡能用科学的指标表示商品品质的，就不宜采用这种方法。

2. *以文字说明表示商品品质*

在国际货物买卖中，大多数商品是采用文字说明（sales by description）来表示品质。这种方式主要是通过文字、图片、图表等方式来说明商品品质。具体分为以下几种：

1）凭规格买卖（sales by specification)

商品的规格是用来反映商品质量的主要指标，如化学成分、含量、纯度、性能、容量、强度、长短、粗细等。买卖双方在交易洽商时，可以通过提供规格来说明一种商品的基本品质。商品不同，表示商品品质的指标亦不相同，即使是同一种商品，也会因用途不同而对规格的要求有所差异。

例：活性小麦面筋粉，水分最高10%，蛋白质最低75%，灰分最高2%，吸水性最低150%。

Vital wheat gluten，moisture max 10%，protein min 75%，ash max 2%，water absorption min 150%.

用规格表示商品品质的方法，简单易行、明确具体，在国际贸易中其应用也最为广泛。

2）凭等级买卖（sales by grade)

商品的等级是指同一类商品按照其规格的差异分为品质优劣不同的若干级别，如：特级（special grade)、一级（first grade)、二级（second grade)；大(large)、中（medium)、小（small)；A、B、C等。

例：中国绿茶　特珍眉特级　货号41022
　　　　　　　特珍眉一级　货号9317

特珍眉二级　货号 9307

Chinese Green Tea　Special chunmee special grade art. No. 41022
Special chunmee grade 1 art No. 9317
Special chunmee grade 2 art No. 9307

商品的等级一般是出口商或制造商根据长期的出口和生产经验，在掌握其品质规律的基础上制定出来的。由于不同等级的商品有不同的规格，而每一级别的规格是固定的，因此如果各方均了解某种级别的具体规格，只须在合同中明确等级即可。这种方法对简化交易手续和体现按质论价都有一定的作用。

3）凭标准买卖（sales by standard）

标准是将商品的规格予以标准化。商品的标准一般由标准化组织、政府机关、同行业工会、商品交易所等确定并予以公布。在国际贸易中，有些商品习惯于凭标准买卖，标准成为评定和说明商品品质的依据。

例 1：利福平（甲哌利福霉素）英国药典 1993 年版

Rifampicin B. P.（British Pharmacopoeia）1993

例 2：母水貂皮串刀长大衣 中国标准 胸围身长 120 厘米×115 厘米

Female mink overcoat full let out made，Chinese standard，body length 120cm×115cm

在标准的制定上，除国际组织如国际标准化组织（ISO）、国际电工技术委员会（IEC）和国际电信联盟（ITU）等制定的国际标准外，各国均有自己的国家标准，例如美国的 UL（保险人试验所 Underwriter Laboratories Inc. 的简写）安全标准、ANSI（美国国家标准学会 American National Standard Institute 名称缩写）、ASTM（美国材料实验协会 American Society of Testing Materials 名称缩写）等；日本的 JIS（Japanese Industrial Standards 日本工业标准）、JAC（Japanese Agricultural Standard 日本农业标准）等；加拿大的 CSA（加拿大标准协会 Canadian Standards Association 的简称）；德国的 DIN、英国的 BS、法国的 NF 等；此外，进入欧盟市场的产品必须至少达到三个条件之一，即：

（1）符合欧洲标准 EN，取得欧洲标准化委员会 CEN 认证标志；

（2）与人身安全有关的产品，要取得欧盟安全认证标志 CE（法文 ConformitéE u ropéene)；

（3）产品制造商要取得 ISO 9000 合格证书。

在国际贸易中，对于某些品质变化较大而难以规定统一标准的农副产品，往往采用以下两种标准：

（1）良好平均品质（Fair Average Quality，F. A. Q.）。指由同业公会或检验机构从一定时期或者季节、装运地装船的各批货物中分别抽样，然后综合起来取中作为该季节同类商品质量的比较标准。这种表示品质的方法非常笼统，实际上并不代表固定、具体的品质规格。我国出口的某些农产品所使用的 F. A. Q. 一般指大路货，是和“精选货”（selected goods）相对而言的，采用这种方法时，为了避免争议，在合同中除了表明大路货之外，还应订有具体规定。例如：

中国桐油　良好平均品质（2004 年），游离脂肪酸不超过 4%。

Chinese Tung Oil，F. A. Q.（2004），F. F. A. 4% max.

（2）上好可销品质（Good Merchantable Quality，或 G. M. Q.）。指卖方交货品质只需要保证为上好的，适合于销售即可。从法律上讲，货物是否可销，通常还要考虑其价格水平。如果商品以某种价格成交，而此后只能以低于合同的价格出售（不考虑其他因素），则一般会认为该货物不具有可销性。由于这种规定含混不清，容易引起争议，所以 G. M. Q. 一般仅仅适用于木材或者冷冻鱼类等，在我国对外贸易中很少使用。

4）凭说明书和图样买卖（sales by descriptions and illustrations）

在工业制成品特别是技术、资本密集型产品如机器、电器、仪器、大型成套设备、交通工具等商品交易中，由于其结构及功能复杂，安装、使用、调试、维修均须按一定的程序办理，很难用几项简单的指标来表明其品质。因此在这类商品的交易中，一般以说明书、设计安装图纸、技术图表、照片、化验分析书等方式来表示商品性能及结构特点。按这种方式进行交易，称为凭说明书和图样买卖。如合同中规定：品质和技术数据必须与卖方所提供的产品说明书严格相符。（Quality and technical data to be strictly in conformity with the descriptions submitted by the seller.）

5）凭牌号和商标买卖（sales by brand or trade mark）

牌号，又称为品牌，是指生产商或销售商用以识别其商品不同于其他商品的标志，它可以由文字、字母、图形、图案等组成。商标是品牌部分或全部经向政府有关部门登记注册后受法律保护的专用权。牌号与商标的区别就在于是否受法律保护。

在国际贸易中，商品的质量及售后服务是品牌和商标的物质基础和保证。一些在国际上久负盛名的名牌产品，都因其品质优良稳定，独具特色以及完善的售后服务而获得消费者的喜爱和信赖。因此品牌及商标本身就是一种品质象征。买卖双方在签订合同时可只凭品牌和商标来进行交易，无须对商品的质量提出详细要求。

例：梅林牌糖水橘子

Maling Brand Mandarin Oranges in Light Syrup

例：金星牌彩电，型号 SC374

Golden Star Brand Color TV Set Model：SC374

著名的品牌和商标能够刺激消费者的购买欲，降低消费者对价格的敏感程度，因此著名品牌的拥有者应注意维护品牌声誉。在凭品牌和商标交易时，如果同一种品牌的商品具有多种不同规格和型号，为了明确起见，应在规定品牌的同时，规定具体型号和规格。

6) 凭产地名称或地理标志买卖（Sales by origin or sales by geographical indication）

在国际贸易中，有些产品，特别是农副土特产品，因受产地自然条件、传统加工工艺的影响，在品质方面具有其他地区产品所不具备的特殊风格和特色，对于这类产品，也可以用产地名称来表示其品质，如四川涪陵榨菜（Shichuan Fuling Preserved Vegetable）、绍兴花雕酒（Shaoxin Hua Tiao Chiew）景德镇陶瓷、庐山云雾茶等。如有必要，卖方在交货时可提交产地证明以保证其品质。

原产地的另一个名称就是"地理标志"，地理标志是用于具有特定地理来源的商品的标记。近年来，世界各国对地理标志保护都十分重视，主要是由于地理标志产品一般都是各国长期以来形成的特色农产品。关贸总协定的《与贸易有关的知识产权协议》（TRIPS 协议）第 22 条第 1 款规定："本协议的地理标志，系指下列标志：其标示出某种商品来源于某成员地域内，或来源于该地域中的某地区或某地方，该商品的特定质量、信誉或其他特征，主要与该地理来源相关联。"在世贸组织新一轮谈判中，加强地理标志保护是其中一项重要内容。

1999 年原国家技术监督局发布了《原产地域产品保护规定》。2001 年，原国家出入境检验检疫局颁布了《原产地标记管理规定》及其实施办法，对我国地理标志的申请、注册、使用和监督管理都做了详细规定。这些法规的出台正式启动了中国地理标志注册保护工作，为进一步扩大中国名优特产品出口创汇、提升产品国际竞争力、突破发达国家的贸易壁垒等发挥了巨大作用。

上述各种表示商品品质的方法不仅可以单独使用，也可以根据货物的特点和贸易习惯结合起来使用。一般而言，能用一种方法清楚地描述商品品质的，就不要用过多的方法，以免使卖方在交货时承担较重的责任。在合同中究竟采用何种表示品质的方法，应视商品特性而定。凡能用科学的指标表示其品质的商品，则适于凭规格、等级或标准买卖；对于品质优良且独具特色的名牌产品，则适于凭商标或牌号买卖；某些性能复杂的机器、仪器、仪表和电器，适于凭说明书和图样买卖；凡具有地方特色的产品则可凭产地名称和地理标志买卖。在交易洽商和签订品质条款时，正确运用各种表示品质的方法对于卖方顺利履行交货义务具有重要意义。

4.1.3　合同中的品质条款

1. 品质条款的基本内容

品质条款的内容因商品不同而各异。品质条款一般列有：商品的名称、规格或等级、标准，以及商标或牌号，产地名称等内容。如果凭样品交易，合同中除了列明样品编号以外，还应注明寄送日期（例：所交货物须与卖方×年×月第××号样品大致相等。The goods to be delivered shall be about equal to the sample No. 5560 submitted by the seller on Jul. 15.）。以说明书和图样表示商品品质时，还应在合同中列明说明书及图样的名称和份数。现举例如下：

例1：9371 中国绿茶特珍眉一级 品质与2004年6月20日航寄的样品相同。

9371 Chinese Green Tea Special Chunmee Grade 1，Quality same as sample airmailed on Jun. 20，2004.

例2：雀巢牌婴儿营养米粉

Nestle Brand Infant Rice Cereal

例3：漂白棉布 30×36 支 72×69 35/36 英寸×42 码

Bleached Cotton Shirting 30S×36S 72×69 35/36×42yds

例4：柠檬酸钠 规格：（1）符合1980年版英国药典标准

（2）纯度：不低于99%

Sodium Citrate Specification：（1）In conformity with B. P. 1980

（2）Purity：Not less than 99%

例5：母黄狼整只皮裙子 规格24英寸，28英寸，一级品

Female Weasel Skin Plates Whole Made 24″，28″ First Grade

例6：1515A型多梭箱织机，详细规格如所附文字说明及图样

Multi-shuttle Box loom Model 1515A，Detail Specification as per attached descriptions and illustration.

合同中的品质条款是买卖双方交接货物的品质依据，卖方的义务是提交符合合同规定的货物，否则要承担违约的法律责任。因此，双方订立品质条款要本着明确具体、科学、灵活的原则，避免笼统含糊。卖方也要注意避免将合同订得过于烦琐和各项指标要求过高，以免影响履约。

2. 品质机动幅度与品质公差

在实践中，由于商品特性、生产加工条件、运输条件和自然条件的影响，卖方要做到所交货物的品质与合同规定完全一致并非易事，特别是一些初级产品质量不稳定，为了使交易顺利进行，可在合同中采取一些变通做法，常见的是加列品质机动幅度和品质公差条款。

1）品质机动幅度

品质机动幅度是指允许卖方所交货物的品质在一定幅度内保持机动。只要卖方所交货物的品质在规定的范围内，即认为与合同规定相符，买方无权拒收货物

或提出索赔。规定品质机动幅度的方法有三种：

(1) 规定范围，即对品质指标规定允许有一定的差异范围。

例 1：色织条格布　宽度 41″/42″

Yarn-dyed Gingham Width 41″/42″

例 2：B601 番茄酱 28/30 浓缩度

B601 Tomato Paste 28/30 Concentration

(2) 规定极限，即对所交货物的品质规格，规定上下限。如最大、最高、最多、最少、最低、最小等。

例 1：大米碎粒最高 35%，水分最高 15%，杂质最高 1%。

Rice，broken grains 35% max.，moisture 15% max.，admixtures 1% max.

例 2：薄荷油中薄荷脑的含量最少 50%。

Peppermint oil，menthol content 50% min.

(3) 规定一定比例的上下差异，即规定某一具体指标的同时，规定上下变化幅度。

例：　灰鸭毛，含绒量 18%，上下 1%。

Grey duck feather，down Content 18%，1% more or less.

2) 品质公差 (quality tolerance)

品质公差是指国际上公认的产品品质的误差。在工业制成品的生产过程中，产品的质量指标出现一定误差是在所难免的，如手表走时误差每天若干秒；某一圆形物体的直径误差若干毫米。这种公认的误差，即使合同中没有规定，只要卖方交货品质在公差范围内，也不能视为违约。但为了明确起见，还是应在合同品质条款中确定公差的幅度，例如［尺码或重量允许有±（3%～5%）的合理公差］。凡在品质公差范围内的货物，买方不得拒收或要求调整价格。

不论是品质机动幅度还是品质公差，一般只对影响商品价格和使用价值的主要指标做具体规定。在规定的范围内，交货品质如有上下，一般都不另行计算增减价，即按照合同价格计收货款。但是有的货物，经买卖双方协商同意，也可按比例计算增减价格，并在合同中订立“增减价条款”。

例：中国芝麻　水分（最高）8%；杂质（最高）2%；含油量（湿态、乙醚浸出物）以 52%为基础。如实际装运货物的含油量高或低 1%，价格相应增减 1%，不足整数部分，按比例计算。

Chinese sesame seed moisture (max) 8%；admixture (max) 2%；Oil content (wet basis ethyl ether extract) 52% basis. Should the oil content of the goods actually shipped be 1% higher or lower，the price will be accordingly increased or decreased by 1%，and any fraction will proportionally calculated.

4.2　商品的数量

商品的数量是指以一定的度量衡制度表示的商品的重量、个数、长度、面积、容积等的量。商品数量是国际货物买卖合同中不可缺少的主要条件之一，卖方交货数量必须与合同规定相符，否则买方有权提出索赔，甚至拒收货物。《联合国国际货物销售合同公约》52条第2款规定："如果卖方交付的货物大于合同规定的数量，买方可以收取也可以拒绝收取多交部分的货物。如果买方收取多交部分货物的全部或一部分，他必须按合同价格付款。如果卖方交货少于合同规定的数量，卖方应该在规定的交货期届满前补交，但不得使买方遭受不合理的不便或承担不合理的开支，即便如此，买方也保留要求卖方损害赔偿的权利。"英国《货物买卖法》第30条2款也规定："如卖方交付买方货物的数量多于约定的数量时，买方可以只接受约定部分而拒收超过部分，他也可以全部拒收。"

数量的重要性在于：

（1）表示了商品的成交量，是买卖双方交接货物的依据。

（2）计算货物总值的依据，而总值又是计算佣金和折扣的基础。

（3）实际发运的数量是计算运费的依据。

（4）实际发运的数量是海关监管的内容之一。

因此在对外贸易业务中，应正确掌握商品成交量，合理制订合同中的数量条款。

4.2.1　数量的计算

1. 计量单位

计量单位是表示商品数量的方法，在国际贸易中，商品的种类、特性不同，计量单位和计量方法也不同。各国采用的度量衡制度不同，计量单位的名称和它们代表的实际数量也各异。了解各种度量衡制度，熟悉各种计量单位的含义特点和计量方法，是国际贸易从业人员必须具备的基本常识和技能。

(1) 重量（weight）单位。

按重量计算是贸易中广泛采用的一种方法。

适用范围：羊毛、谷物、矿砂、焦炭、钢铁、水泥等都按重量计算。

常用的计量单位：千克（kilogram，kg.）、公吨（metric ton，m/t）、长吨（long ton，l/t）、短吨（short ton，s/t）、公担（quintal，q.）、千克（kilogram，kg.）、克（gram，g.）、磅（pound，lb.）、盎司（ounce，oz.）。

对黄金、白银等贵重商品，通常采用克或盎司来计量。钻石类商品，则采用克拉作为计量单位。

(2) 个数（number）单位。

适用范围：工业制成品，尤其是日用消费品、轻工业品、机械产品以及一部分土特产品。如：文具、纸张、玩具、成衣、车辆、拖拉机、活牲畜等。

常用的计量单位：件（piece，pc.）、双（pair）、台、套（set）、打（dozen，doz.）、箩（gross，gr.）、令（ream，rm.）、卷（roll，coil）、辆（unit）、头（head）。有些商品则按箱（carton，case）、包（bale）、桶（barrel，drum）、袋（bag）等包装数计算。

(3) 长度（length）单位。

适用范围：金属绳索、钢管、电线电缆、丝绸、纺织品等。

常用的计量单位：米（meter，m.）、厘米（centimeter，cm.）、码（yard，yd.）、英尺（foot，ft.）、英寸（inch，in.）等。

(4) 面积（area）单位。

适用范围：玻璃板、地毯、皮革、铁丝网、塑料篷布等。

常用的计量单位：平方米（square meter，m^2）、平方码（square yard，sq. yd 或 yd^2）、平方英尺（square foot，sq. ft 或 ft^2）、平方英寸（square inch，sq. in 或 in^2）等。

(5) 体积（volume）单位。

适用范围：木材、天然气、化学气体等。

常用的计量单位：立方米（cubic meter，m^3）、立方码（cubic yard，yd^3）、立方英尺（cubic ft，ft^3）、立方英寸（cubic in，in^3）等。

(6) 容积（capacity）单位。

适用范围：各类谷物和流体货物如：小麦、玉米、大豆、煤油、汽油、柴油、酒精、啤酒等。

常用的计量单位：公升（litre，l）、加仑（gallon，gal.）、品脱（pint）、夸脱（quart）、蒲式耳（bushel）等。其中蒲式耳是美国专门用来计量谷物的容积单位。因蒲式耳是容积单位，所以每蒲式耳所代表的重量，因谷物不同而各有差异。例如：每蒲式耳亚麻籽为56磅、燕麦为32磅、大豆和小麦为60磅。公升、加仑等单位则用于酒类、油类商品。

2. 常用的度量衡制度

由于世界各国的度量衡制度不同，导致同一计量单位所表示的数量不一样。目前国际贸易中，常用的度量衡制度有四种：公制（The Metric System）、英制（The British System）、美制（The U. S. System）和国际标准计量组织在公制基础上颁布的国际单位制（The International System of Unit，SI）。国际标准计量组织大会在1960年通过，在公制基础上发展起来的国际单位制，已为越来越多的国家所采用，它有利于计量单位的统一，标志着计量制度的日趋国际化和标准化，从而对国际贸易的发展起到推动作用。《中华人民共和国计量法》第三条明确规定："国家采用国际单位制。国际单位制计量单位和国家选定的其他计量单位，为国家法定计量单位。"我国出口商品，除照顾对方国家贸易习惯采用公制、英制、美制等计量单位外，应使用我国法定计量单位。一般不进口非法定计量单位的仪器设备。如确有特殊需要，也必须经有关标准计量管理机构的批准，才能使用非法定计量单位。

上述不同的度量衡制度常导致同一计量单位所表示的数量有差异。例如：就表示重量的吨而言，实行公制的国家一般采用公吨，每公吨为1 000千克；实行英制的国家一般采用长吨，每长吨为1 016千克；实行美制的国家一般采用短吨，每短吨为907千克。此外，对于出口棉花，许多国家都习惯以包（bale）为计量单位，但每包的含量却不一样。如美国棉花每包净重480磅，巴西棉花每包净重为396.8磅，埃及棉花每包为730磅。又如糖类，有些国家习惯采用袋装，古巴每袋糖重为133千克，巴西每袋糖重为60千克等。因此，了解不同度量衡制度下各计量单位的含量及换算关系，是十分必要的。

3. 重量的计算方法

在国际贸易中，很多商品都以重量计量，如矿石、羊毛、盐和石油等，重量的计算方法通常有以下几种：

(1) 按毛重计算。

毛重（gross weight）指商品本身的重量加上包装的重量。这种方法适合于低值商品。

(2) 按净重计算。

净重（net weight）是指商品本身的重量，即除去包装后的商品实际重量。净重是国际贸易中最常见的计重方法。不过有些单位价值不高的商品经常采用按毛重计量的方法，即以毛重当作净重计算合同的总金额，在实务中，此种方法称"以毛作净"。如合同规定：蚕豆100公吨，单层新麻袋包装，以毛作净。《联合国国际货物销售合同公约》第56条明确规定，"如果价格是按货物重量规定的，如有疑问，应按净重确定。"可见，如果采用上述方法来计算商品的重量，一定要在合同中标明："以毛作净（gross for net）"，否则，按照国际惯例解释，还应以净重计算。

在采用净重计重时，对于包装重量（皮重）的计算，国际上有下列几种方法：

① 按实际皮重（actual tare 或 real tare）计算。

实际皮重是指包装的实际重量，它是指将整批商品的包装逐一过磅，算出每件包装的重量和总重量。

② 按平均皮重（average tare）计算。

从全部商品中抽取几件，称其包装的重量并除以抽取的件数，得出平均数，再乘以总件数，算出全部包装的重量。近年来，随着包装技术的发展及包装材料的标准化，用平均皮重计算包装重量的方法已经日益普及。

③ 按习惯皮重（customary tare）计算。

某些商品的包装材料及规格比较固定，皮重已为市场所公认。因此，在计算其皮重时，按公认的皮重乘以总件数即可。

④ 按约定皮重（computed tare）计算。

以买卖双方事先约定的皮重作为计算的基础。

(3) 按公量（conditioned weight）计算。

有些商品，如羊毛、棉花、生丝等有较强的吸水性，其所含水分易受环境的影响，因此这类商品的重量极不稳定。为了准确计算这类商品的重量，国际上通常采用按公量计算的办法。公量是指用科学的方法抽去商品中所含的水分，再加标准含水量所求得的重量。公量的计算公式有下列两种：

① 公量＝商品干量×（1＋ 标准回潮率）

② 公量＝商品净重×（1＋标准回潮率）÷（1＋实际回潮率）

(4) 按理论重量（theoretical weight）计算。

对于有固定规格和固定尺寸的商品，如马口铁、钢板、只要其规格、尺寸一致，每件重量大致相等，就可以根据其件数推算总重量。

(5) 按法定重量（legal weight）和实物净重（net net weight）计算。

法定重量是指商品重量加上直接接触商品的包装材料（如销售包装）的重量。按照一些国家海关法的规定，在征收从量税时，商品的重量是以法定重量计算的。法定重量扣除内包装重量以及其他杂物（如水分、尘芥）的重量，称为实物净重，也称为净净重。

4.2.2　合同中的数量条款

1. 数量条款的基本内容

合同中的数量条款主要包括：成交商品的数量和计量单位。按重量成交的商品，还须订明计算重量的方法。数量条款是合同中的重要内容之一，卖方有义务提交符合合同规定数量的货物，溢交或短交均属违约行为。为了便于履约及避免争议，合同中的数量条款应当具体明确。例如："男士长袖衬衣 10 000 打"；"中国东北大豆 1 000 公吨，单层麻袋包装，以毛作净"等。应避免使用大约、近似、左右（about，circa，approximate）等词语来修饰数量，尽管这类词语可以使交货数量有一定的灵活性，但各国及各行业对这类词语的解释是不同的，容易引起争议。根据《跟单信用证统一惯例》规定：“信用证项下如以‘约’字表示货物数量，应解释为允许有不超过10%的增减幅度”。此外，《跟单信用证统一惯例》第39条b款还规定：“除非信用证规定所列货物数量不得有所增减，在支取金额不超过信用证金额条件下，即使不准分批装运，货物数量也允许有5%的伸缩。但信用证规定的货物数量如按包装单位或个体计数时，此项伸缩则不适用。”因此这一规定的主要适用对象是大米、矿砂等散装货物。

2. 数量机动幅度

在矿砂、谷物、化肥、粮食等大宗散货的交易中，由于受到商品特性、船舱容量、装运技术和运输条件的限制，卖方要做到严格按合同规定数量交货有一定困难，即常常出现实际交货不足或超过合同规定数量的现象。为了使交货数量具有一定的灵活性、便于履行合同，买卖双方可在合同中合理规定数量机动幅度。只要卖方交货数量在约定的增减幅度内，就算按合同规定数量交货，买方也不得以交货数量与合同规定不符为由而拒绝收货或提出索赔。这种数量机动幅度一般被称为溢短装条款（more or less clause）。

所谓溢短装条款是指在规定具体数量的同时，在合同中规定允许多装或少装的百分比。例如：数量2000公吨，卖方可溢交或短交5%（quantity 2000M/T，5% more or less at seller′s option.）。按此规定，卖方交货数量可控制在1900～2100M/T，买方不得提出异议。

在合同中订立了溢短装条款的条件下，一般都由履行交货义务的一方即卖方来行使这种机动幅度的选择权（at seller′s option）。但是在海洋运输的情况下，交货量的多少与承载货物的船只舱容密切相关，因此交货的机动幅度一般是由负责安排船只的一方（如FOB的买方）选择（at buyer′s option），或是干脆由船长根据船只舱容和装载情况做出选择（at carrier′s option 或 at ship′s option）。总之，机动幅度的选择权可以根据不同情况，由卖方行使，也可以由买方或船方行使。为明确起见，最好在合同中明确规定。

在数量机动幅度内，溢短装部分的货物仍按合同价格结算，这是比较常见的做法。但是，数量是计算货款的基础，数量上的溢短装在一定条件下关系到买卖双方的切身利益。在按照合同价格计价的条件下，如交货时市场价格下跌，多装对卖方有利；反之如交货时市场价格上涨，则多装对买方有利。因此，为防止在市场价格波动时享有溢短装选择权的一方故意多装或少装以获取额外好处，双方可在合同中规定，多装或少装部分按装船时市场价格计算，以体现公平合理的原则。

4.3　商品的包装

4.3.1　包装的意义和作用

在国际贸易中，除了少数无须包装，可直接装入运输工具中的散装货（cargo in bulk）和自成件数，形状相似只须略加捆扎即可装运的裸装货（nude cargo）以外，其他绝大多数商品都需要包装。由于商品种类繁多，性质、特点各异，因此它们对包装的要求也各不相同。包装是商品生产的继续，凡需要包装的商品，只有通过包装才能进入流通领域和消费领域，才能实现商品的使用价值和价值。因为，包装是保护商品品质完好和数量完整的重要措施。包装的作用主要体现在以下几个方面。

1. 保护商品，便于装运

保护商品是包装最基本的作用。适当的包装，不仅能使货物便于装卸、搬运、长距离运输、储存、保管、清点、陈列和携带，而且能满足商品对耐压性、耐摩擦性、防腐蚀、防潮、防偷盗、防虫害、防霉变、防水、防止受热受冷等特殊要求，使商品在销往国外的过程中不受损、不变质、不散失。

2. 美化宣传，促进销售

随着商品市场的发展，包装的导购作用越来越引起生产商的广泛重视。根据"杜邦定律"，在激烈的市场竞争中，有 63%的消费者是根据商品的包装（装潢与标识）来选购商品的。良好的包装可以刺激消费者的购买欲望、促进销售，并在一定程度上体现一个国家的生产和科学技术水平以及文化艺术成就。

3. 传递信息，方便消费

消费者通过察看包装标识可以了解有关产品的各项信息，如：产品名称、制造商名称、地址、生产日期、数量、容量、批号、产品主要成分、使用方法和保存方法等，从而决定自己的消费行为。

随着商品市场竞争的日趋激烈，各国除了努力提高产品质量和降低成本外，还不断地研究和改进包装材料和包装方式，以新颖、美观大方的包装作为扩大商品销路、占领市场的手段。

为了保证我国产品顺利进入国际市场，生产企业还应了解并掌握各国对进口商品包装的要求。各国对商品包装的严格要求已经演变成为一种非关税壁垒。如美国食品药物管理局规定，所有医疗、健身及美容药品的包装，都应具备能防止掺假、掺毒等防污染的能力；欧盟规定，接触食物的氯乙烯容器及材料，其氯乙烯单体的最大含量为每千克不超过 1 毫克（成品含量），转移到食品中的最大值为每千克不超过 0.01 毫克。在包装材料上，美国政府规定，来自中国的木制包装材料，必须进行热处理，熏蒸消毒或根据植物保护和检疫措施手册中的有关处理程序用防腐剂进行处理。如果检查员认为从中国进口的货物携带有植物害虫，或者木制包装材料未经上述处理，那么检查员可以拒绝全部货物进入美国。新西兰农渔部农业检疫所规定，进口商品包装严禁使用以下材料：土壤、泥灰、干草、稻草、麦草、谷壳或糠、生苔物、用过的旧麻袋及其他废料。此外，许多国家的港口对进口货物的包装也有一些具体规定。如沙特阿拉伯港务局规定，所有运往该国港埠的建材类海运包装（卫生浴具设备、瓷砖、木制家具、厨房及浴室设备），凡采用集装箱运输的，必须先组装托盘，以适应堆高机械的装卸，且每件重量不得超过 2 公吨；凡运往该国的袋装货物，每袋重量均不得超过 50 千克，否则不提供仓储便利，除非这些袋装货附有托盘或具有可供机械提货和卸货的悬吊装置。伊朗港口规定，进口茶叶、化工品、食品、水泥、生橡胶、建材、原木等，必须以托盘形式，或体积不小于 1 立方米或重量 1 公吨的集装箱包装。

目前，国际上还没有通行的包装标准，只有认真调查分析，严格遵守进口国关于商品包装的有关规定，采用新材料、新工艺，搞好出口商品的包装，才能使我们的产品顺利地进入国际市场。检验检疫部门应加强对各国包装规定的研究，采取相应的措施，帮助企业把好出口关，减少因包装不符合进口国要求可能造成的损失。

商品包装的分类方法很多。通常根据包装在流通领域中的作用不同，包装可分为运输包装和销售包装两大类。前者的主要作用在于保护商品、方便储运、防止出现货损货差；后者除了对商品起保护作用外，还有促销的功能。

4.3.2 运输包装

运输包装（transport packing）又称大包装、外包装（outer packing），它是为了满足货物运输、装卸和储存的要求而对货物进行的包装。科学合理的运输包装应能够有效地保护商品，最大限度地避免长途运输中各种外界因素对商品可能产生的不良影响，而且还有利于检验、计数和分拨等各项工作的进行，并可以节省舱容、降低运输成本。

1. 运输包装的分类

根据包装方式的不同，运输包装可分为单件运输包装和集合运输包装。

(1) 单件运输包装。指货物在运输过程中作为一个计件单位的包装。按照包装的造型来分类，可分为箱（case）、桶（drum，cask）、袋（bag）、包（bale）

等。按照包装的质地来分类，可分为软性包装、半硬性包装和硬性包装。软性包装容易变形，有利于节约舱容；半硬性包装不易变形，同时经堆储后体积可略有压缩；硬性包装不能压缩。按照包装材料来分类，常见的有纸质（papery）包装、金属（metallic）包装、木质（ligneous）包装、塑料（plastic）包装、棉麻制品包装、玻璃制品（vitreous）包装、陶瓷（ceramic）包装，此外还有竹、柳、草制品包装等。采用单件运输包装时，买卖双方在合同中除了规定包装造型外，还要对包装材料做出规定，如：木箱（wooden case）、板条箱（crate）、纸箱（carton）、瓦楞纸箱（corrugated carton）、木桶（wooden drum）、铁桶（iron drum）、塑料桶（plastic cask）、麻袋（gunny bag）、布袋（cloth bag）、纸袋（paper bag）、塑料袋（plastic bag）等。

(2) 集合运输包装。指将若干单件运输包装组合成一件大包装。集合包装可以提高港口装卸速度，减轻装卸搬运的劳动强度，降低运输成本，节省运费，并且更好地保护商品的质量和数量，促进包装的标准化。目前常见的集合运输包装有：

① 集装箱（container）。集装箱一般由钢板、铝板等金属材料制成，多为长方形，具有足够的强度和耐磨性能，密封性较好，可反复多次使用。它既是货物的运输包装，又是运输工具的组成部分。根据不同商品的需要，集装箱可分为密封式、通风式、冷藏式、保温式、板架式等多种类型。使用集装箱运输，需要有专用的船舶、码头，并配备一定的机械和设施。目前国际上最常用的海运集装箱规格为 8 英尺×8 英尺×20 英尺和 8 英尺×8 英尺×40 英尺两种。

② 托盘（pallet）。托盘是使用木材、金属等材料按一定规格制成的单层或双层平板式载货工具。平板上可堆放货物，为防止货物散落，需要用厚箱板纸、收缩薄膜、拉伸薄膜或金属绳索将货物牢固包扎在托盘上，组合成一件"托盘包装"。平板下有可供铲车插入的插口，以便装卸或搬运。每一托盘的装载量一般为 1～1.5 吨。

③ 集装包、集装袋（flexible container）。集装包是用合成纤维或复合材料编制成的抽口式的包，适于装载已经包装好的桶装和袋装的多件商品。每包一般可容纳 1～1.5 吨重的货物。集装袋是用合成纤维或复合材料编制成的圆形或方形大口袋，适于承装粉末状、颗粒状的化工产品、矿产品，每袋一般可容纳 1～4 吨重的货物。

2. 运输包装的标志

为了便于装卸、运输、仓储、检验和货物交接工作的顺利进行，防止发生错发错运和损坏货物与伤害人身的事故，以保证货物能够安全、迅速、准确地运交收货人，在商品的外包装上用不易脱落的油墨或油漆刷制简单的图形和文字，以供识别并提醒人们在操作时应引起注意。运输包装上的标志按其用途可分为运输标志、指示性标志、警告性标志、原产地标志以及重量、体积标志等。

(1) 运输标志（shipping mark）。

运输标志，习惯上称为唛头，它通常是由一个简单的几何图形和一些字母、数字及简单的文字组成，通常印刷在运输包装的明显位置，便于在运输过程中识别货物，防止遗失和错发错运，便于运输、仓储等部门顺利地交接货物。运输标志的主要内容包括：

① 收货人或发货人的名称，通常是以英文缩写或代号加几何图形来表示；

② 目的地的名称或代号；

③ 件号、批号，即每件货物的顺序号和该批货物的总件数；

④ 参考号，如合同号、发票号、运单号和信用证号等。

有的运输标志还包括原产地、重量（毛重与净重）及体积等内容。在国际贸易中，通常由卖方来决定唛头，但有时为了符合货物进口需要也可接收买方指定的唛头。不过必须在合同中加以确定。鉴于各国运输标志的内容差异较大，不适应货运量增加、运输方式变革和电子计算机在运输及单据流转方面应用的需要，联合国欧洲经委会简化国际贸易程序工作组，在国际标准化组织和国际货物装卸协会的支持下，制定了一套运输标志向各国推荐使用。该标准唛头主要包括：a. 收货人或买方名称的英文缩写或简称；b. 参考号；c. 目的地；d. 件号。需要指出的是，为了便于刻唛、刷唛，节省时间和费用，便于在制单及其信息传递过程中使用电讯手段，国际标准化组织推荐的标准运输标志不使用几何图形或其他图形。

以下是一些常见的运输标志示例：

例 1：标准化运输标志

TMCO	（收货人）
NEW YORK	（目的地或目的港）
2003/C No. 56	（合同、订单、发票号码）
No. 1—30	（件号）

例 2：

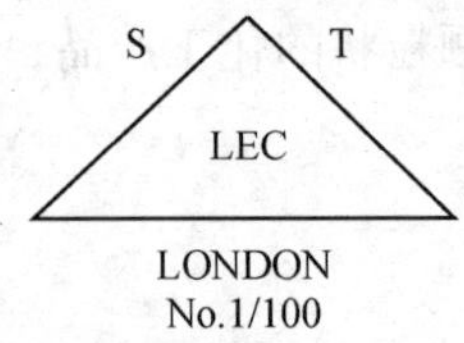

(2) 指示性标志（indicative mark）。

指示性标志是根据商品的特性，用简单的图形和文字对一些容易破碎、残损、变质的商品提示搬运、装卸、仓储等各环节的工作人员如何进行安全操作及应注意的事项。指示性标志通常被刷制在货物外包装上，以防止货物在储运过程中遭受损害。

图 4-1 中列举的是一些常见的指示性标志。

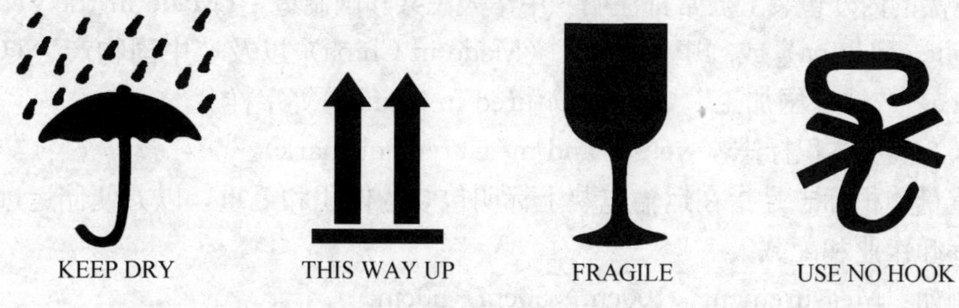

图 4-1　常用的指示性标志

（3）警告性标志（warning mark）。

警告性标志又称为危险品标志（dangerous cargo mark）。凡在运输包装内装有爆炸品、易燃物品、有毒物品、腐蚀物品、氧化剂和放射性物品等危险货物时，都必须在运输包装上刷制警告性标志，使有关人员在货物的搬运、装卸、仓储过程中，根据货物的性质，采取相应的防护措施，以保护货物和人身安全。图 4-2 中列举了《国际海上危险货物运输规则》（简称《国际危规》）所规定的一些危险品标志。

图 4-2　危险品标志示例

(4) 原产地标志（origin mark）。

原产地标志是指在货物的包装上注明货物的原产地。它是海关统计和征税的重要依据，许多国家的海关对进口货物都要求标明原产地，否则不准进口。我国出口商品的内外包装上通常都注明“中华人民共和国制造”（Made in the People′s Republic of China）或“中国制造”（Made in China）以及“中国物产”（China Produce）或“中国加工”（Manufactured in China）等字样。

(5) 重量体积标志（weight and measurement mark）。

重量体积标志是指在运输包装上标明包装的体积和毛重，以方便储运过程中安排装卸作业和配载。

例如：Measurement　100cm×50cm×50cm

Gross Weight　180kgs

Net Weight　165kgs

Tare Weight　15kgs

我国对运输包装标志的要求，以及使用的文字、符号和图形，已在我国颁布的《包装储运指示标志》和《危险货物包装标志》中做了具体规定，应当按照国家标准执行。此外，联合国政府间海事协商组织也规定了一套《国际海运危险品标志》，世界上许多国家都已采用这套规定。在出运危险品时，应同时在外包装上刷写我国和国际海运危险品规章规定的两套危险品标志，以防止我出口危险品到国外港口不准靠岸卸货、移泊、绕航等问题。

包装标志应文字简洁，图案清楚，大小适中，让人一目了然。除了必要的文字标志外，不要加上任何广告性质的宣传文字或图案，以免同包装标志混杂，难以辨认。另外，所有的包装标志都应刷制在装卸搬运时容易看见的部位，如箱形包装的侧壁，桶型包装的桶身及桶盖等。制作标志所使用的颜料都应具有耐温、耐晒、耐摩擦的性能，以免标志发生褪色和脱落的现象。

4.3.3 销售包装

销售包装（selling packing），又称小包装（small packing）、内包装（inner packing）。它是直接接触商品并随商品进入流通领域和消费者见面的包装。销售包装除了保护商品之外，还有美化宣传、便于陈列展示、促进销售和方便消费者识别、选购、携带和使用等作用。

1. 销售包装的种类

根据商品的特性和形状，销售包装可采用不同的包装材料和不同的造型结构与款式。常见的销售包装有以下几种：

(1) 挂式包装。可在货架上悬挂展示的包装。这类包装上设有吊钩、吊带、挂孔等悬挂结构，以便充分利用空间陈列展销商品。

(2) 堆叠式包装。这类包装的顶部或底部设有吻合部分，使商品在上下堆叠过程中相互咬合具有较强的稳定性并可节省货位。主要用于罐装、瓶装及盒装的商品。

(3) 便携式包装。即在包装上附有提手便于消费者携带的包装。

(4) 易开包装。包装上有严密的封口，并有特定的开启部位，不需专用工具即可开启的包装，如易拉罐等。

(5) 喷雾包装。有些流体商品包装本身带有自动喷出的装置，打开阀门或按下按钮时，内部流体在推进的压力下可以喷射出来。如：喷雾香水、空气清新剂、杀虫剂等包装。

(6) 配套包装。某些商品在消费上具有相关性或可以搭配使用，为了方便消费者，将这些不同品种和规格的商品装入同一包装内即成为配套包装。如：工具箱、化妆盒等。

(7) 礼品包装。作为礼品的包装。其造型应美观大方，有较高的艺术性，能够体现礼品的名贵。

(8) 一次用量包装。这类包装容量较少，仅够一次消费使用。如为了便于消费者携带和出游而推出的一次用量药品、饮料、日用化学品等。

2. 销售包装的装潢和文字说明

销售包装上的装潢和文字说明，是美化宣传商品、吸引消费者和引导消费的必要手段。

销售包装上的装潢画面是不同图案与色彩的组合，装潢应美观大方，富于艺术吸引力，并突出商品的特色，同时还应适应进口国家和地区的民族习惯和爱好。如阿拉伯国家规定进口商品的包装禁用六角星图案，因为六角星与以色列国旗中的图案相似，阿拉伯国家对有六角星图案的物品非常反感和忌讳；利比亚禁止进口商品的包装使用猪和女性人体图案；德国禁止进口商品的包装采用类似纳粹军团符号标志。日本忌用荷花作图案，认为荷花是不吉祥的象征等等。

在销售包装上还应有必要的文字说明，如商标、品牌、商品名称、原产地、数量、规格、原料、用途、使用方法、保质期等。文字说明应与包装装潢紧密结合，相互衬托，以达到树立产品及企业形象，促进销售的目的。出口企业应注意销售包装上的文字说明和标签也应符合进口国的有关规定。例如：各国都要求进口商品包装标签使用本国通用的文种和规范的字体。加拿大、澳大利亚等国政府规定，进口商品的包装标签，必须用英文标明，食品包装的标签也必须采用标准的英文字体，文字应鲜明易认，色彩与背景色具有反差；日本规定，药品和食品，其内容和用法都必须用日文说明，所有进口食品包括糖果和口香糖必须用日文说明是否有人工色素或防腐剂，并说明进口者的姓名和地址；韩国规定，进口食品包装上及所有标签的文字说明必须用韩文书写、印刷，并在标签上注明以下内容：产品名称、生产厂名称、地址、生产日期、数量、容量、批号、产品成分、使用方法和保存方法，标签上还应注明营业许可证号码及在发现产品有质量问题时的申诉程序。

3. 条形码

条形码（bar code）是由一组宽窄不等、黑白相间的平行线条和相应的数字组成，利用光电扫描阅读设备输入计算机系统，即可读出该商品的生产国别、生产厂家、品种规格和售价等产品信息。如图 4-3 所示。

图 4-3 商品条形码

目前国际上通用的条码种类主要有两种：一种是美国统一代码委员会（Universal Code Council-UCC）编制的 UPC 码（Universal Product Code），另一种是由欧洲 12 国成立的欧洲物品编码协会（European Article Number Association）编制，该组织后改名为国际物品编码协会（International Article Number Association），其使用的物品标识为 EAN 码（European Article Number）。EAN 码通用于世界各地，是目前国际上使用最广泛的一种商品条码。我国目前在国内推行使用的也是这种商品条码。EAN 商品条码分为 EAN-13（标准版）和 EAN-8（缩短版）两种。

EAN-13 商品条码一般由前缀部分（前 3 位）、厂商代码（中间 4 位）、产品代码（后 5 位）和 1 位校验码组成。商品条码中的前缀码用来标识商品的原产地，赋码权在国际物品编码协会，如 00～09 代表美国、加拿大，30～37 代表法国，45～49 代表日本，50 代表英国，400～440 代表德国，460～469 代表俄联邦，690～692 代表中国，471 代表中国台湾地区，489 代表中国香港地区。厂商代码的赋予权在各个国家或地区的物品编码组织，我国由中国物品编码中心（为了适应国际市场的需要和扩大出口，国务院于 1988 年批准成立了中国物品编码中心，该中心于 1991 年代表中国加入国际物品编码协会）赋予厂商代码。产品代码是用来标识商品种类的代码，赋码权由厂商自行行使，厂商按照规定条件自行决定在商品上使用哪些阿拉伯数字作为产品条码。商品条码最后 1 位的校验码用来校验左起 1～12 位代码的正确性。

商品条码的编制遵循唯一性原则，以保证商品条码在全世界范围内不重复，即一个商品项目只能对应一个代码。不同规格、不同包装、不同品种的商品对应的商品代码是不同的。

EAN-8 商品条码是指用于标识的数字代码为 8 位商品条码，由 7 位数字表示的商品项目代码和 1 位数字表示的校验符组成。

条码技术已被世界上绝大多数国家所采用，如果商品包装上没有条形码，即使是名优产品，也不能进入对方国家的超级市场。有的国家甚至规定商品包装上没有条形码不予进口。因此，条形码是商品进入国际市场的通用语言。

为了加强我国商品条码的管理，使之标准化、规范化、法制化，国家技术监督局在 1998 年 9 月颁布了《商品条码管理办法》，该办法于同年 12 月 1 日正式施行。《办法》规定，凡依法取得营业执照的生产者、销售者均可申请注册厂商识别代码。获准注册厂商识别代码的申请者，由中国物品编码中心发给《中国商品条码系统成员证书》，取得中国商品条码系统成员资格。系统成员对其注册的厂商识别代码和相应的商品条码享有专用权，不得擅自转让他人使用。任何单位或个人不得冒用他人注册的厂商识别代码。截至 2003 年底，我国申请注册商品条码的企业已超过 10 万家，居世界第三位，仅次于美国、日本。目前国内已有超过 100 万种产品包装上印有商品条码，应用条码技术进行自动扫描结算与管理的各类商业超市、配送中心已达上万家。全国形成了由上千家企业组成的从事条码及自动识别技术装备研发、生产、销售和应用系统集成的产业队伍，条码及自动识别技术产业在我国初具规模。

4.3.4　中性包装和定牌

1. 中性包装

中性包装（neutral packing）是指在商品的内外包装上不注明生产国别、地名和制造商的名称的一种特殊包装。中性包装又分为定牌中性包装和无牌中性包装两种。前者是指在商品或其包装上使用买方指定的商标或牌号，但不注明生产国别和制造商的名称；后者是指在商品或其包装上均不使用任何商标或牌号，也不注明生产国别和制造商的名称。

中性包装是国际贸易中的一种习惯做法，其目的在于打破进口国家或地区的贸易壁垒以适应交易的特殊需要（如转口贸易等），它是出口商扩大出口的一种手段。

2. 定牌

定牌（specific）是指卖方按要求在出口商品或包装上标明买方指定的商标或牌号。在实际业务中采用定牌的目的是为了利用买主的企业信誉和名牌声誉，以提高商品售价和扩大销售量。应注意的是采用定牌生产来扩大出口只能满足一时之需，中国企业应努力创造自己的品牌特别是名牌，立足长远发展，实施品牌经营。

4.3.5 合同中的包装条款

包装条款是买卖合同中的一项重要条款。如果卖方未能按合同规定对货物进行包装，即构成违约，对此买方有权拒收货物并提出损害赔偿。包装条款一般包括：包装材料、包装方式、包装规格、包装标志和包装费用等内容。以下是一些包装条款的实例：

用木箱装，外面用两根金属线加固。

Goods to be packed in wooden cases，externally secured with two metal wires.

纸箱或空格木箱装，每箱净重约 12 千克，每颗包纸。

In cartons or crates of about 12kg net，each fruit wrapped with paper.

货物须用防水纸箱包装，每箱 50 件，每件用塑料袋包装。

The goods must be packed in waterproof cartons，each containing 50 pieces wrapped in polygene bag.

铁桶装，每桶净重 185～190 千克。

In iron drums of 185～190 kg net each.

单层新麻袋，每袋约 50 千克。

In new single gunny bags of about 50kg each.

布袋装，内衬聚乙烯袋，每袋净重 25 千克。

In cloth bags，lined with polythene bags of 25kg net each.

每台装一个出口纸箱，810 纸箱装 1 只 40 英尺集装箱运送。

Each set packed in one export carton，each 810 cartons transported in one 40ft container.

如上所列，约定包装条款应明确具体，切忌笼统含糊。除非买卖双方由于长期的业务交往已取得一致认识，否则不宜采用“适合海运包装”（seaworthy packing）和“习惯包装”（customary packing）之类的术语，因为此类术语缺乏统一解释，容易引起争议。

按照国际惯例，唛头一般由卖方决定，并不在合同中做具体规定。如买方要求由他来指定唛头，卖方也可接受，但应在合同中规定买方指定唛头的最迟期限，或明确如未收到有关唛头通知，卖方可自行决定。

包装费用一般包括在货价内，不另行支付。如买方要求特殊包装，除非事先有约定，否则超出的费用应由买方负担，同时在合同中规定具体金额和支付办法。另外，如果双方约定包装材料由买方提供，则合同中应规定包装材料到达卖方的最迟期限以及逾期到达的责任，并且该最迟期限应与合同中的装运期相衔接。

本章小结

商品质量是国际货物买卖合同的首要交易条件，商品质量的优劣不仅关系到商品的使用效能，影响成交价格，而且关系到商品信誉、企业信誉及出口国家的形象。由于国际贸易商品种类繁多，表示商品质量的方法也多种多样。归纳起来主要分为两大类：用实物来表示品质及用文字说明来表示品质。表示品质的方法不同，合同中的品质条款内容也各不相同。为了使卖方顺利履行交货义务，品质条款中一般加列品质机动幅度和品质公差条款。

合同中的数量条款是双方交接货物的数量依据，数量条款主要包括具体数量和计量单位。国际贸易从业人员应了解贸易中常用的计量单位和度量衡制度，由于很多商品采用重量计量，因此熟悉重量的计量方法是非常必要的。在散装货物的交易中，为了便于履行合同，买卖双方通常要在合同中规定溢短装条款，以便使卖方在一定范围内灵活掌握交货数量。

按照合同规定的包装来提交货物是卖方的基本义务。商品包装是保护商品的必要手段，销售包装还具有宣传促销作用。为了方便货物交接、防止错发错运，在商品的外包装上应标明运输包装的标志。为了利用买主的企业信誉和名牌的声誉扩大出口，或利用转口贸易扩大出口，定牌或中性包装成为国际贸易中的惯常做法。

练习与思考

1. 合同中规定商品质量的方法有哪几种？
2. 凭买方样品买卖时，应注意哪些问题？
3. 目前国际上有哪几种常用的度量衡制度？我国《计量法》中对我国进出口商品所使用的计量单位是如何规定的？
4. 何谓“以毛作净”？
5. 何谓“溢短装条款”？溢短装的选择权如何确定？
6. 计算重量的方法有哪几种？
7. 进出口商品的包装有哪几种？它们的主要作用是什么？

8. 出口商品的外包装上一般有哪些标志?

9. 标准的运输标志有哪几项内容?

10. 何谓商品条形码?它具有什么作用?

11. 什么是定牌和中性包装?在进出口业务中采用这两种包装方式的目的是什么?

案例分析

1. 我某出口商与德国一公司签订了出口合同，数量为 100 长吨，单价为每长吨 CIF 不来梅 80 英镑，品质规格为：水分最高 15%、杂质不超过 3%，交货品质以中国商品检验局品质检验证书为最后依据。但在成交前我方公司曾向对方寄送样品，合同签订后又电告对方，确认成交货物与样品相似。货物装运前经中国商品检验局检验并签发了品质检验合格证书。货物运抵德国后，进口商提出虽有商检局出具的品质合格证书，但货物的品质却比样品低，卖方应有责任交付与样品一致的货物，因此要求每长吨减价 6 英镑。我出口商以合同中并未规定凭样品交货，而仅规定了凭规格交货为理由，认为所交货物符合合同规定，因此不同意减价。于是，进口商请德国某检验公司进行检验，出具了所交货物平均品质比样品低 7%的检验证明，并据此向我公司索赔 600 英镑。我出口商仍坚持原来理由拒赔。进口商拟提请国外仲裁机构仲裁，但因合同未规定仲裁条款，双方就仲裁又未能达成协议，进口商遂请求中国国际贸易仲裁委员会协助解决此案。此时，我出口商进一步陈述说，这批商品在交货时是经过挑选的，因系农产品，不可能做到品质与样品完全相符，但也不至于比样品低 7%。由于我方留存的样品已遗失，对自己的陈述无法加以证明，我仲裁机构也难助一臂之力，最后只好赔付了一笔品质差价而结案。

试分析我出口公司应该吸取一些什么教训?

2. 我某公司与巴基斯坦商人按每公吨 150 美元 CIF 卡拉奇成交某化工产品 100 公吨，总值为 15 000 美元。合同规定数量可增减 10%，事后，对方经巴基斯坦银行开来信用证，该信用证声明受《跟单信用证统一惯例》的约束，数量规定为 about 100 metric tons（约 100 公吨），但总金额前未注明“about”字样。我方凭该信用证实际装运 110 公吨，为求得单证相符，我方按数量 100 公吨，总值 15 000 美元缮制发票，并在发票上注明实际装运 110 公吨，多装之 10 公吨另开一张 1 500 美元的汇票交银行光票托收。

试问我方公司做法是否妥当，为什么?

第 5 章

货物的运输

[学习目标]

1. 了解各种国际货物运输方式的特点及其在国际贸易中的地位；
2. 理解班轮运输与租船运输的区别；
3. 理解各种货运单据的作用及其异同点；
4. 掌握班轮运输的特点，班轮运费的计算方法；
5. 掌握海运提单的主要类型、内容及缮制方法，装运条款的主要内容及订立方法。

5.1 运输方式

国际货物贸易涉及货物的跨国流动，必然需要一定的运输工具来运送货物。根据运输工具的不同，国际货物运输分为海洋运输、铁路运输、航空运输、公路运输、内河运输、邮包运输、集装箱运输以及在集装箱运输基础上发展起来的国际多式联运。

5.1.1 海洋运输

1. 海洋运输的特点

海洋运输是指以船舶为工具，通过海上航道运送旅客或货物的一种运输方式。海洋运输历史悠久，是国际贸易中最主要的运输方式，国际贸易货物有$\frac{2}{3}$以上是通过海洋运输方式运送的。海洋运输与其他各种运输方式相比具有下列特点：

(1) 通过能力强。海洋占地球表面积的71%，而且船舶不必像火车、汽车那样受铁轨和道路的限制，可以借助四通八达的天然航道航行于世界各地。当政治、经济、自然条件发生变化时，可随时改变已有的航线，完成运输任务。

(2) 运输量大。船舶的运载能力远远大于铁路和公路运输。规模经济规律导致船舶不断趋于大型化。万吨轮船的载重量相当于250～300个车皮，超大型矿砂轮可达20万～25万吨，而超大型油轮可达65万吨。目前世界最大的集装箱船——中海集装箱运输公司的“中海亚洲”号可承载8500TEU，被称为海上集装箱运输的航空母舰。据预测，不久的将来，可装载 10 000 个集装箱的巨轮会在欧洲问世。

(3) 运费低。海洋航道天然形成，港口设备一般均为政府修建，加之运量大，航程远，分摊于单位货物的运输成本相对较低。据统计，海运运费一般为铁路运费的$\frac{1}{5}$、公路运费的$\frac{1}{10}$、航空运费的$\frac{1}{30}$。

(4) 速度慢。由于船舶体积大，水流阻力大，因此与其他运输方式相比船舶航行速度较慢。一般货轮为每小时 15 节左右，集装箱船的航速也不超过 30 节。

(5) 风险大。商船在海上航行，易受自然条件和季节的影响，如海上出现暴风巨浪，船舶遇险的可能性很大。冬季港口被冰封冻，枯水期水位变低，难以保证全年通航。同时，海上运输还面临着一些社会风险，如战争、罢工、贸易禁运等。

海洋运输具有的上述特点，决定了它最适宜承担运量大、运距长、对时间要求不太高、运费负担能力相对较低的货运任务。

2. 海洋运输船舶经营方式

海运船舶的营运方式可分为班轮运输与租船运输两种。

1) 班轮运输（liner transport）

班轮运输又称为定期船运输，是指按照预定的船期表（liner schedule）在固定的航线上各既定港口之间往返运送货物，并按照事先公布的费率收取运费的一种运输方式。最早的班轮运输以运送杂货为主，20 世纪 60 年代后期，随着集装箱运输的发展，班轮运输中出现了以集装箱为运输单元的集装箱班轮运输形式。由于集装箱运输具有运送速度快、装卸方便、机械化程度高等特点，到 20 世纪 90 年代后期，集装箱班轮已逐渐取代了传统的杂货班轮。

(1) 班轮运输的特点。

具有“四固定”的特点：即固定的航线、固定的船期表、固定的港口、相对固定的运费率。

船方负责包括装卸和理舱在内的作业和费用，装卸费用包括在运费中，船货双方亦不计滞期费和速遣费。

在杂货班轮运输的情况下，船方对货物承担责任的区间是从货物挂上吊钩时起，至货物卸离吊钩为止，即“船舷至船舷”(rail to rail）或“钩至钩”（tackle to tackle)。在集装箱班轮运输情况下，船方的责任区间是“堆场至堆场”（CY to CY）或“货运站至货运站”（CFS to CFS)。

在货物装船之前双方通常不签署书面的运输合同，船方责任以船公司或其代理人收货后签发的提单为依据。

在国际贸易中，除了大宗商品利用租船运输外，零星成交、批次多、到港分散的货物，只要有航班和舱位，不论数量多少，也不论直达或转船，班轮公司一般都愿意承运。班轮运输有固定的船期和挂港，所以买卖双方可按船期表商定装运期和停靠港。

班轮公司能够提供比较好的货运质量，他们所追求的目标是保证船期、提高竞争力、吸引货载。班轮公司的船舶一般性能较好，设备齐全，船员技术水平较高，且有着严格的管理制度。在班轮停靠的港口，一般都有自己的专用码头、仓库和装卸设备，所以货运质量较有保证。班轮运输已成为国际货物运输的主要方式，在我国占海运总量 70%以上的进出口货物都是通过班轮来运输的。

(2) 班轮运价。

运费（freight）是承运人根据运输契约完成货物运输后从托运人处取得的报酬。运价（freight rate）是承运单位货物而获取的报酬。班轮运价视杂货班轮和集装箱班轮而有所不同。我们这里只讨论杂货班轮的运价。班轮运价应包括货物从装运港船边或吊钩至目的港船边或吊钩的全部费用，如燃油费、物料费、装卸费、港口使用费、船员工资、伙食、船舶保养费、修理费、保险费以及公司的管理费用等。班轮运价由班轮公司预先以运价表的形式予以公布，它具有相对的稳定性。按运价制定形式不同，运价表（liner's freight tariff）可分为等级费率表和列明费率表。列明费率表也称单项费率表，其中的运价是根据商品名称来确定的，对各种不同货物在不同航线上逐一确定运价。

等级费率表中的运价是按照商品等级来确定的。首先将货物按照价格分为若干等级（一般为 1～20 个等级），然后确定不同等级的货物在不同航线或港口间的不同运价及计费标准。同一等级的货物在同一航线或港口间运输时，使用相同的运价。这种运价表附有商品分级表（scale of commodity classification），每种商品都按英文字母顺序排列。在计算运费时，首先根据商品的名称在“商品分级表”中查找该商品所属的等级和计费标准，再从“等级费率表”（scale of rates）中查到所须航线及运抵港口的基本费率。在实际业务中，各班轮公司大都采用等级费率表。

班轮运费由基本运费与附加费构成，上述从装运港至目的港的各项费用都属于基本运费。班轮运价表中规定了各种不同商品的计费标准，一般有以下几种：

按货物的毛重计收。也可称为按重量吨计收（weight ton），适合于重量大、体积小价值不高的货物，如钢筋、电焊条等。在运价表中，以“W”（Weight）表示。一般以 1 公吨为计算单位，也有按长吨（1 016 千克）或短吨（907 千克）计算的。

按货物的体积计收。也可称为按尺码吨计收（measurement ton），适合于体积大、重量轻价值不高的货物，如棉花、家具等。在运价表中，以“M”（measurement）表示。一般以 1 立方米（35. 314 立方英尺）为计算单位。但也有按 40

立方英尺（1.1328立方米）为1尺码吨计算的。

按货物的毛重或体积择高计收。在运价表中以“W/M”表示。按惯例凡一重量吨货物的体积超过1立方米或40立方英尺，即按体积计收。1重量吨货物其体积不足1立方米或40立方英尺者，按毛重计收。

按货物的价格计收。又称从价运费。在运价表中以“ad val”（拉丁文*ad valorem*的缩写）表示。一般按商品FOB价格的百分比计算运费。从价计收运费的货物一般为高值货物，如黄金、白银、宝石、贵重金属、绘画、手工艺品等。从价计收运费的货物发生货损时，船方并不照价赔偿，只有当托运人另外支付一定比例（通常为1%）的保值附加费时，船方才会承担赔偿责任。

按货物重量或体积或价值三者中最高的一种计收。在运价表中以“W/M or ad val”表示。

按货物重量或体积择高计收，然后再加收一定百分比的从价运费。在运价表中以“W/M plus ad val”表示。

按货物的件数计收。如汽车按辆（per unit），活牲畜按头（per head），大型机车按台计收。

临时议价。运价表中以open rate表示。对于粮食、大豆、煤炭、矿砂等大宗货物在订舱时，由托运人和船公司临时洽商议定。

附加费是根据商品本身的特点以及在运输过程中的一切突发事件而另外加收的，名目繁多。

超重附加费（over weight surcharge）。单件货物的重量（毛重）达到或超过规定标准时，该货物即为超重货物。通常船公司会规定单件货物超过5公吨就要征收超重附加费。超重货物在装卸、配载等方面会增加额外劳动和费用，故船公司要加收超重附加费。

超长附加费（over lenth surcharge）。单件货物的长度达到或超过规定的标准（通常为9米）即为超长货物。超长货物同样会增加装卸和运输的难度，如需特别捆绑、铺垫等，还会导致亏舱增加甚至影响船期。因此，托运人要支付超长附加费。

上述货物如需转船，则每转船一次，就加收一次超长或超重附加费。如果一件货物既超长又超重，则按高者收费。

洗舱费（cleaning charge）。船舶装载了污染货物，或者有些货物外包装破损，内容物外泄，为不影响下一程货运质量，船公司必须在卸货完毕后清洗船舱，为此向托运人加收的费用。

选卸港附加费（additional for optional destination）。由于贸易上的原因，托运人在办理托运时尚不能确定具体卸货港，待船舶启航后在预先指定的卸货港范围内选定对自己最为有利的卸货港。选港货会增加船方配载的难度，甚至会浪费舱容，为此而加收的费用称为选卸港附加费。托运人必须在该航次船舶抵达第一卸货港 48 小时前向船方宣布选定的卸货港，否则船方有权将货物卸在所选港口中的任何一个。选卸港只限于航次规定的挂港或航区内，并按所列选择港中收费较高者计算。

直航附加费（direct additional）。当托运人交运的货物多达一定数量时，如我国远洋班轮规定近洋直航需够 2 000 公吨，远洋直航需够 5 000 公吨时，托运人可要求将这批货物不经转船而直接运抵航线上非基本港口卸货，班轮公司为此加收的费用称为直航附加费。选择直航一般以直航后产生的额外费用小于原来的转运费用为原则。

转船附加费（transshipment surcharge）。对运往非基本港口的货物，需在中途港转运至目的港，船公司必须在转船港口办理换装和转船手续，由于上述原因所加收的费用。

除上述各种附加费外，船公司有时还根据各种不同情况临时决定增收某项费用，常见的临时附加费有：

燃油附加费（bunker adjustment factor，BAF；or bunker surcharge，BS）。因燃油价格上涨，班轮公司为弥补营运成本增加而加收的费用。当燃油价格回落后，该项附加费亦会调整直至取消。燃油价格长期上涨所带来的营运成本增加会在一定时期内的基本运价调整中得到体现，而燃油附加费只是为了应付短期的燃油价格变动。

港口拥挤附加费（port congestion surcharge）。指由于港口拥挤，船舶须长时间等泊，为弥补船期损失，而收取的附加费。该项附加费随港口拥挤程度的变化而调整，如港口恢复正常，该项附加费随即取消，所以变动性很大。

币值附加费（currency adjustment factor，CAF）。指为弥补计收运费的货币贬值造成的经济损失而收取的费用。随着货币贬值的幅度按基本费率的百分比而收取。

2）租船运输（shipping by chartering）

租船运输又称为不定期船运输（tramp shipping），是指租船人在租船市场上通过洽商、签约向船东或二船东租赁船舶以完成特定的货运任务，船舶所有权仍属船东。它与班轮运输不同，船舶没有预定的船期表、航线和港口。船期、航线和港口均按租船人（charterer）和船东（shipowner）双方签订的租船合同（charter party）条款行事，也就是说，根据租船合同，船东将船舶出租给租船人使用，以完成特定的货运任务，并按商定的运价收取运费。与班轮运输不同，租船运输的运价或租金主要受租船市场供求关系的制约，是竞争性价格，一般低于班轮运价，因此租船运输以承运低值大宗货物为主，如：粮食、饲料、矿砂、煤炭、石油、化肥、水泥等。

目前国际上使用较为广泛的租船方式主要有以下几种：

(1) 定程租船（voyage charter）。定程租船又称为航次租船、程租船或程租，是以航程为基础的租船方式。租船人根据租船合同的规定提交货物，支付运费。船方负责按规定的航线将货运至目的港，并承担船舶的经营管理以及航行中的一切费用开支。因此，程租船与班轮运输一样，都是以承揽货物运输为目的的运输方式。

根据租船人对货物运输的需要，定程租船有以下几种具体方式：

· 单航次租船（single voyage charter）。即所租船舶只装运一个航次，船舶所有人负责将指定货物从装运港运往目的港，航程结束时租船合同即告终止。

· 来回程租船（round trip charter）。租船合同规定在完成一个航次任务后接着再装运一个回程货载的运输形式。

· 连续单程租船（consecutive trip charter）。这种租船方式要求船舶在同一去向的航线上连续完成几个单航次运输，主要应用于某些货主拥有数量较大的货载，一个航次难以运完的情况。

· 包运合同租船（contract of affreightment）。船东在约定的期限内，派若干条船，将规定的一批货物，按照同样的租船条件，由甲地运至乙地，至于航程次数则不做具体规定。

程租船的特点主要表现在：

· 船方负责船舶的经营管理，配备和管理船员，并负担船舶营运的所有开支。

· 规定一定的航线和装卸港口以及装运货物的种类、名称、数量。

· 船方除对船舶航行，驾驶和管理负责外，还应对货物运输负责。

· 规定一定的装卸期限和装卸率，并计算滞期费和速遣费。

· 船租双方的责任、义务以及豁免以租船合同为准。

· 运费按照实际装船的货物数量计算或整船包干计收运费。

(2) 定期租船（time charter）。定期租船简称为期租船或期租。它是船舶所有人按照租船合同的约定，将船舶租给租船人使用一段时间的一种租船方式。它以租赁时间长短为基础，而非以完成航次多少来计算。在租赁期内，租船人利用租赁的船舶既可以进行定程租船运输，也可以投入班轮运输，还可以将船舶转租，以取得运费收入或谋取租金的差额。与定程租船相比期租船有以下特点：

· 租赁期内，租船人负责船舶的经营管理，并承担在整个租赁期内的运营费用，包括燃油费、港口使费、引水费、货物的装卸、搬运、理舱和平舱费等。

· 不规定船舶航次和装卸港口，只规定船舶航行区域。因此租船人可以根据货运需要选择航线，挂靠港口。

· 不规定装运的货物。租船人可装载任何合法的货物。

· 船舶所有人负责配备船员，并负担其工资和伙食。

· 船舶所有人负责船舶的维护、修理，保证船舶的适航性并负担船舶维修费、润滑油费、保险费、船检费等。

· 不规定装卸期限或装卸率，不计算滞期费和速遣费。与程租船不同，船舶在租期内能安排多少航次对船舶所有人无关紧要，但对租船人来说，尽可能在租期内增加航次，提高船舶周转率至关重要，因此没有必要规定装卸期限。

· 租金按照每月每载重吨计算，一般为预付。

在期租的情况下，租船人应了解船舶性能和船舶规范等，特别是船舶的装卸设备及货舱的结构和布局是否适合装货，船舶航行速度和耗油量是否符合经济指标。同时租船人还要具备营运知识、航油知识、配载技术，要了解航行动态，审查航行日志、机房日志等，以维护船舶运输安全，因此工作非常繁重。期租不如程租简单，货主一般都不采用期租方式租船，主要是一些承运人以期租形式满足自己运力不足的需要。

(3) 光船租船（bare boat charter）。光船租船属于期租的一种，但与一般期租不同的是，船舶所有人所提供的只是一艘空船。船员的配备、营运管理、物料供应，以及一切固定或变动的营运费用均由租船人负担。租船人有权在约定的范围内自行决定船舶的航次和运送的货物。就性质而言，光船租船属于财产租赁，租船人在租赁期内，成为事实上的船东。

近年来，国际上又发展起来一种介于程租和期租之间的租船方式，即“航次期租”。这种方式以完成航次运输为目的，按实际租用天数和约定的日租金率计算租金，费用和风险则按期租方式处理。这种方式减少了船舶所有人因各种原因造成的航次时间延长所带来的船期损失，而将风险转嫁给租船人。

5.1.2　铁路运输

铁路运输（rail transport）是我国对外贸易运输中又一重要方式。与其他运输方式相比，铁路运输具有显著特点，如运输量较大，运输速度快，运输成本低，具有较高的连贯性和准确性，一般不受气候的影响。但铁路运输初始投资较大，修铁路、架桥梁、开凿隧道的工程量也较大。

铁路运输在我国国民经济中占有重要地位，在我国对外贸易中更是起着非同一般的作用。

① 通过铁路运输把欧亚大陆连成一片，从而为发展我国与亚洲、欧洲各国之间的经济贸易提供了有利的条件。

② 铁路也是我国大陆与港澳地区进行贸易的主要方式。

③ 铁路运输在进出口货物的集散和各省之间外贸物资的调拨方面发挥着重

要的作用。

我国铁路运输可分为国际铁路货物联运和国内铁路运输两部分。

1. 国际铁路货物联运

凡使用一份统一的国际铁路联运票据，由铁路部门经过两国或两国以上铁路全程运输，在由一国铁路向另一国铁路移交货物时，不需收、发货人参与，这种运输方式称为国际铁路货物联运。它通常是依据有关的国际条约进行的。

1)《国际货约》与《国际货协》

欧洲国家的铁路联运工作开始较早。19 世纪后半期，欧洲各国之间即已开办了国际铁路货物联运。1890 年，在瑞士首都伯尔尼，欧洲各国外交代表举行会议，制定了《国际铁路货物运送规则》，即《伯尔尼公约》。该公约经各国政府批准后，于 1893 年 1 月 1 日起实行。该公约在 1934 年伯尔尼会议上又被重新修订，并改称为《国际铁路货物运送公约》，简称《国际货约》，于 1938 年 10 月 1 日开始实行。

在《国际货约》实施 13 年以后，即 1951 年 11 月，苏联、阿尔巴尼亚和已经参加《国际货约》的保加利亚、匈牙利、罗马尼亚、波兰、捷克斯洛伐克和民主德国八个国家签订了《国际铁路货物联运协定》(简称为《国际货协》)，办理国与国之间的货物运送。1953 年 7 月，中国、朝鲜、蒙古国也参加了《国际货协》，越南于 1955 年也参加了这一协定。

2) 国际铁路货物联运的范围

(1) 同参加《国际货协》和未参加《国际货协》但采用《国际货协》规定的铁路间的货物运送，铁路从发站以一份运送票据负责运送至最终到站交付给收货人。

(2) 同未参加《国际货协》铁路间的货物运送，发货人在发送站用国际货协运送票据办理至参加《国际货协》的最后一个过境路的出口国境站，由该站站长或收货人、发货人委托的收转人转运至最终到站。

(3) 通过过境铁路港口站的货物运送。从参加《国际货协》铁路的国家，通过参加《国际货协》的过境铁路港口，向其他国家(不论这些国家的铁路是否参加《国际货协》)或者相反方向运送货物时，用国际货协运送票据只能办理至过境铁路港口站止或者从这个站起开始办理，由港口站的收转人办理转发送。

3) 国际铁路货物联运的类别

国际铁路货物联运类别分为整车、零担和大吨位集装箱货物。

(1) 整车，是指按一份运单托运的按其体积或种类需要单独车辆运送的货物。

(2) 零担，是指按一份运单托运的一批货物，重量不超过 5 000 千克，按其体积或种类不需要单独车辆运送的货物。

但下列货物只限按整车办理，不得按零担运送：需要冷藏、保温或加温运输的货物；限按整车办理的危险货物；易于污染其他货物的污秽品；蜂蜜；未装容器的活动物；不易计算件数的货物；一件重量超过 2000 千克、体积超过 3 立方米或长度超过 9 米的货物。

(3) 大吨位集装箱，是指按一份运单托运的，用大吨位集装箱运送的货物或空的大吨位集装箱。

2. 国内铁路运输

我国出口货物经铁路运到港口装船外运，进口货物在港口卸货后经铁路运往各地的收货地点，均属于国内铁路运输的范围。此外，我国对香港地区的铁路运输也属于国内铁路运输的范围，但它又与一般的国内铁路运输存在区别。

对香港地区的铁路运输，不同于国际联运，也不同于一般的国内运输，而是一种特殊的运送方式。它的全过程由两部分组成，即内地铁路运输和港段铁路运输，由深圳外运公司和香港中国旅行社联合组织进行。其具体做法是：

(1) 发货地的外贸公司或委托当地外运公司向当地铁路局办理货发深圳北站的国内铁路运输的托运手续，填写国内铁路运单。

(2) 发货地的外贸公司或外运公司在货物发运前，向深圳外运公司寄送“委托书”、“出口货物报关单”以及其他单证，委托深圳外运公司办理接货、报关、查验、过轨等中转手续。若发货地具备报关条件，也可在当地报关。货物发运后 24 小时内，发货地外贸公司或外运公司向深圳外运公司拍发起运电报。

(3) 深圳外运公司接到铁路的到车预告后，抽出事先已分类编制的有关单证加以核对，并抄送香港中旅社以备接车。

(4) 货车到达深圳北站后，深圳外运公司与铁路进行票据交接，如单证齐全无误，则向铁路编制过轨计划；准备过轨的火车，由深圳外运公司将出口货物报关单或监管货物的关封连同货物运单送海关申报，经海关检查无误，即会同联检单位对过轨货车进行联检，联检通过后，海关即放行。

(5) 香港中旅社作为港段收货代理人向港段海关报关，并在罗湖车站向九广铁路公司办理起票手续，港段铁路将过轨货车运至九龙车站交中旅社卸货。

由于去香港的货物，以鲜活冷冻商品为主，为争取时间，并按规定配额发运，外贸与铁路双方协作，先后开辟有“751”、“753”、“755”三次快运货物列车，分别由湖北、上海、郑州发车，直达深圳，从而加快了运送速度，保证了商品质量，并有利于对香港市场的均衡供应，达到“优质、适量、均衡、及时”的要求。

5.1.3 航空运输

航空运输 (air transport) 是一种现代化的运输方式。它虽然起步较晚，但发展异常迅速，因为它具有许多其他运输方式所不能比拟的优点：运送速度快，货运质量高，节约包装、保险、仓储等费用，准确方便等。当然，航空运输也存在局限性，主要表现在航空运费较高，飞机舱容有限，飞行安全容易受到恶劣气候的影响等。航空运输主要适合于鲜活易腐商品、季节性商品、贵重商品等。

1. 国际航空货物运输方式

(1) 班机运输 (scheduled airline)。所谓班机运输是指在固定航线上定期航行的航班。即固定始发站、到达站和经停站的飞机。但目前为止由于国际贸易中经由航空运输承运的货物数量有限，所以全货机 (cargo carrier) 航班运输只能由某些规模较大的航空货运公司在货运量较为集中的航线开辟。一般的航空公司采用客货混合型飞机 (combination carrier)，在搭乘旅客的同时也承揽小批量货物的运输。

(2) 包机运输 (chartered carrier)。由于班机运输形式下货物舱位常常有限，因此当货物批量较大时，包机运输就成为重要方式，包机运输通常可分为整架包机和部分包机。所谓整架包机是指航空公司或包机代理公司按照合同中双方事先约定的条件和运价将整架飞机租给租机人，从一个或几个航空港装运货物至指定目的地的运输方式。部分包机则是指由几家航空货运代理公司（或发运人）联合包租一架飞机，或者由包机公司把一架飞机的舱位分别租给几家航空货运代理公司的货物运输形式。相对而言，部分包机适合于运送 1 吨以上但货量不足整机的货物，在这种形式下货物运费较班机运费低，但由于需要等待其他货主备妥货物，因此有时飞机不能按时起飞，延长了运送时间。其次，各国政府为了保护本国航空公司的利益，常常对从事包机运输业务的外国航空公司实行各种限制，导致包机的活动范围比较狭窄。

(3) 集中托运 (consolidation transport)。集中托运是指航空货运代理公司把若干批单独发运的货物组成一整批，采用一份航空总运单集中发运到同一目的地，由航空货运代理公司在目的站的代理人负责收货、报关，并将货物分别拨交给实际收货人。

由于航空公司是按照不同的重量标准确定不同的运费率，因此货运量越大，费率越低。这样航空货运代理公司把不同发货人的小件货物集中起来办理托运，就可以享受到航空公司更为低廉的运费率。例如：有 10 批货物（每批 20 千克）空运至美国，如单批发运，运价为 19.34CNY/KG，这 10 批货物的运费共计 3 868元。如果将 10 批货物集中托运，使用一张运单，则运价仅为 13.69CNY/KG，总运费为 2 738 元，可节省 1 130 元。

(4) 航空快递 (air express)。所谓航空快递是指具有独立法人资格的企业将进出境的货物或物品从发件人所在地通过自身或代理的网络运达收件人的一种快速运输方式。它适用于急需的药品、医疗器械、贵重物品、图纸资料、货样及单证等的传送。航空快递的主要形式是桌到桌（desk to desk）服务，既由快运公司派人到发货人办公室取货，送至机场交航空公司，或到目的地机场后由当地快运公司（或其代理）将货送到收货人手中。

航空快递业务产生于 20 世纪 60 年代末，到现在为止，在全世界形成规模的，即能在 200 个国家和地区以上有网络并能作业的共有 6 家公司，即敦豪速递(DHL)、联邦快递（FedEx)、联合包裹（UPS)、天地快件（TNT)、日本新闻普及株式会社（OCS）和依靠万国邮政联盟为基础各国邮局，即邮政速递(EMS)。

2. 国际航空运输的承运人

(1) 航空运输公司。航空运输公司是航空货物运输业务的实际承运人，负责办理从启运机场至到达机场的货物运输，并对全程运输负责。

(2) 航空货运代理公司。航空公司一般只负责空中运输，即从一个机场至另一个机场的运输，而货物在始发机场交给航空公司之前的揽货、接货、报关、订舱以及在目的机场从航空公司手中接货、报关及送货上门等业务，则是由航空货运代理公司办理。航空货运代理公司既可以是航空公司的代理，又可以是货主的代理。作为双重代理人，它负责接收货物并以航空承运人的身份签发航空运单，对全程运输负责。

中国对外贸易运输总公司是我国目前最大的国际货运代理公司，它既是中国民航的代理，又是各进出口公司的货运代理。

3. 航空运价

航空运价是航空承运人为完成货物运输所收取的报酬。它是货物从始发机场到目的机场的运价，不包括提货、报关、仓储等其他费用，而且只适用于单一的方向。航空运价是按照货物的实际毛重（千克）和体积重量（每 6 000 立方厘米或每 366 立方英寸折合 1 千克）两者之中较高者计算。针对货物的不同性质与种类，航空公司分别制定了一般货物运价、特种货物运价、等级货物运价和集装箱货物运价等不同的计价方法。

5.1.4　公路、内河和邮包运输

1. 公路运输

公路运输（road transportation）是现代运输的主要方式之一，它与铁路运输共同构成了陆上运输的两种基本方式。公路运输具有机动灵活、简便快捷的特

点。它不仅可以直接运送进出口货物，还可以在短途货物集散转运中发挥巨大的作用，实现"门至门"运输。公路运输也有不足之处，如运输成本高，载重量小，不适宜长途运输，污染环境，容易造成货损事故等。但随着科技的进步，这些缺陷在不断得到改善。

在我国对外贸易中，公路运输占有重要地位。我国同朝鲜、蒙古国、俄罗斯、哈萨克斯坦、缅甸、老挝、越南、巴基斯坦、尼泊尔等周边国家都有公路相通，我国同这些国家的进出口货物，可以经国境公路运输。此外，我国内地同港、澳地区的部分进出口货物，也是通过公路运输的。

2. 内河运输

内河运输（inland water transportation）是水上运输的重要组成部分，同时也是连接内陆腹地和沿海地区的纽带，在运输和集散进出口货物中发挥着重要作用。内河运输具有运量大、投资少、成本低、能耗小的特点，它对一个国家的国民经济和工业布局起着重要作用，世界各国无不重视本国内河运输系统的建设。

我国有 5 000 多条大小河流和众多湖泊，具有发展内河运输的便利条件。我国长江、珠江等主要河流中的一些港口如南京、南通、镇江、武汉等已对外开放，我国同一些邻国还有国际河流相连通，这就为我国发展对外贸易内河运输提供了有利的条件。

3. 邮包运输

邮包运输（parcel post transportation）是通过邮局来运送国际贸易货物的一种手续简便快捷的运输方式。邮政业务一般由国家办理，各国邮政部门之间订有协定和公约，通过这些协定和公约，邮件包裹可以相互传递，畅通无阻、四通八达，形成全球性的邮政运输网。

邮包运输一般具有国际多式联运和门至门运输的性质。托运人只须向当地邮局办理一次托运，一次付清足额邮资，并取得一张邮包收据（parcel post receipt），交货手续即告完成。邮包到达目的地后，收件人可凭邮局到件通知向附近邮局提取邮件。邮包运输与其他运输方式的主要区别在于它是以沟通和加强各国人民之间的联系，促进相互之间在政治、经济和文化方面的交流为目的，而不存在一般运输方式中的货物大规模移动。邮包运输对邮件重量和体积均有限制，每件包裹重量不得超过 20 千克，长度不得超过 1 米，所以邮包运输只适于重量轻、体积小的商品，如精密仪器、机器零件、金银首饰、药品、样品等。

世界上最大的国际邮政运输组织是万国邮政联盟（Universal Postal Union），简称邮联。其宗旨是根据邮联组织法规定，组成一个国际间邮政领域，以便相互交换邮件，组织和改善国际邮政业务，以利于国际合作的发展；推广先进经验，给予会员国邮政技术援助。“邮联”是联合国的专门机构，参加该联盟可以在运送时间上享有以同种运输的最快邮路运送权。我国于 1972 年恢复并加入万国邮政联盟。

5.1.5　集装箱运输

集装箱运输（container transportation）是以集装箱为运输单元进行货物运输的一种现代化运输方式，它可适用于海洋运输、铁路运输、航空运输、公路运输、内河运输以及多式联合运输。目前我国和世界上许多国家都已普遍采用这种运输方式。最早的海上集装箱运输开始于美国。1956 年 4 月，美国海陆运输公司（Sealand Shipping Co. 其前身为大西洋轮船公司），将一艘 T-2 型油轮进行改装，在其甲板上设置了一个可装载 16 个 35 英尺长集装箱的平台，在纽约至休斯敦航线上试航了 3 个月。稍后，美国的马托松（Matson）航运公司在太平洋地区也开展了集装箱运输。这两个公司所获得的巨大经济效益，引起了世界各国的广泛关注，许多国家纷纷效仿，集装箱运输从此进入到迅速发展阶段。目前，集装箱海运已经成为国际主要班轮航线上占有支配地位的运输方式。

1. 集装箱的定义

集装箱（container）在我国台湾、香港等地被称为“货柜”、“货箱”，其英文原义是容器，具有一定的强度和刚度，专供周转使用并便于机械操作和运输的大型货物容器。因其外形像一个箱子，又可以集装成组货物，故称“集装箱”。国际标准化组织根据集装箱在装卸、堆放和运输时的安全需要，提出了作为一种运输工具的集装箱的基本条件，即：

(1) 具有足够的强度，能长期反复使用；

(2) 途中转运不需移动箱内货物，可以直接换装；

(3) 设有便于快速装卸的装置，并可从一种运输工具直接方便地换装到另一种运输工具；

(4) 便于货物的装满或卸空；

(5) 具有 1 立方米（35.32 立方英尺）及以上的内容积。

为了使集装箱的规格在世界范围内取得统一，国际标准化组织 104 技术委员会（International Organization for Standardization Technical Committee 104，简称 ISO/TC104）先后制定了 3 个系列 13 种集装箱标准规格，在国际航运中最为常见的是 20 英尺和 40 英尺两种，即 1A 型 $8'\times8'\times40'$和 1C 型 $8'\times8'\times20'$。按照用途不同，集装箱还可分为杂货集装箱（dry container）、冷藏集装箱（refrigerated container）、散货集装箱（solid bulk container）、开顶集装箱（open top container)、框架集装箱（flat rack container)、罐装集装箱（fank container）等。

2. 集装箱运输的优越性

集装箱运输之所以发展迅猛，是因为它具有传统运输方式所不能比拟的优越性：

(1) 提高装卸效率，降低货运成本，减轻劳动强度；

(2) 提高货运质量，减少货损货差；

(3) 缩短货物在途时间，加速车船周转；

(4) 节省包装费用，减少运杂费；

(5) 有利于组织多式联运，实现“门至门”运输。

3. 集装箱的装箱及交接方式

根据流转形态，集装箱货物可分为以下两种类型：

(1) 整箱货（full container load，FCL)。指由货方自行装箱、计数并加封志的集装箱货物。这种情况是货主有足以装满一个或一个以上整箱的货源时采用的方式。如果承运人在箱体完好封志完整的情况下接受集装箱，则他应承担在相同状况下交付整箱货的责任。

整箱货的交接方式主要有：

①门至门（door to door)，即承运人在发货人的工厂或仓库接受货物，负责将货物送至进口国收货人工厂或仓库交货。

②堆场至堆场（container yard to container yard，CY to CY)，即承运人在码头或内陆集装箱堆场接受货物，并负责运至卸货港码头或内陆堆场，将货物交给收货人。

(2) 拼箱货（less than container load，LCL)。指承运人接受货主托运的数量不足整箱的小票货物后，根据货物性质和目的地进行分类整理，把去往同一目的地的货物拼装成箱。拼箱货的分类、整理、集中、装箱（拆箱)、交货等工作均在承运人的集装箱货运站进行。承运人负责在箱内单件货物外表状况良好的情况下接受并在相同的状况下交付拼箱货。

拼箱货的交接方式常见的是站至站（CFS to CFS)，即由发货人把货物送交承运人设在装运港的集装箱货运站（container freight station，CFS)，经承运人拼装后运往目的地集装箱货运站，由承运人拆箱，把货物分别交给有关的收货人。

4. 集装箱运输的运费

海运集装箱运费包括基本运费与附加费。其基本运费的计算方法有两种：

(1) 采用与计算普通杂货班轮运输基本运费相同的方法，对具体的航线按货物的等级和不同计费标准来计算基本运费。

在采用这种方法计算运费时，承运人通常还规定最低运费与最高运费。

最低运费（minimun freight）是指在货物由托运人自行装箱的情况下，一箱货物的运费应按照集装箱的最低运费吨计算运费。如果箱内所装货物没有达到规定的最低装箱标准亦即最低运费吨时，其亏损部分，由托运人支付“亏箱运费”。

最高运费（maximum freight）是指承运人为鼓励托运人采用整箱托运货物，并能最大限度地利用集装箱的内容积而使用的一种运费计算方法。各种规格集装箱都对应一个按其内容积折算的最高运费吨。例如 20ft 箱的最高运费吨为 31 立方米，40ft 箱的最高运费吨为 67 立方米。实际装入箱内的货物体积超过规定的最高运费吨时，仍按最高运费吨计收运费。

(2) 对具体航线按货物等级及箱型、尺寸制定的包箱费率（box rate），或仅按箱型、尺寸制定包箱费率，而不考虑货物的种类和级别。包箱费率指对单位集装箱计收的运费。

5.1.6　国际多式联运

1. 国际多式联合运输

国际多式联运（international multimodal transport，international combined transport）是在集装箱运输的基础上产生并发展起来的一种综合连贯运输。它打破了过去海、陆、空等单一运输方式互不联贯的传统做法，而是以集装箱为媒介将海洋、铁路、公路、航空等单一运输方式有机结合起来联为一体，构成一种跨国（地区）的联贯运输方式，被喻为运输业的一次革命。它不仅是实现门至门运输的有效方式，也是符合客观经济规律，取得较好经济效益的运输方式。

《联合国国际多式联合运输公约》对国际多式联运做了如下定义：“国际多式联合运输是指按照多式联运合同，以至少两种不同的运输方式，由多式联运经营人将货物从一国境内运至另一国境内指定地点。”该定义明确了国际多式联合运输应具备的条件：

(1) 必须有一个多式联运合同，明确规定多式联运经营人（承运人）和托运人之间的权利、义务、责任、豁免的合同关系和多式联运的性质。

(2) 必须使用一份全程多式联运单据，即证明多式联运合同及证明多式联运经营人已接管货物并负责按合同规定交付货物所签发的单据。

(3) 必须是至少两种不同运输方式的连贯运输。这是确定一票货运是否属于多式联运的最重要的特征。

(4) 必须是国际间的货物运输。这是区别于国内运输和是否适用国际运输法规的限制条件。

(5) 必须有一个多式联运经营人，对全程运输负责。这是多式联运的一个重要特征。多式联运经营人作为多式联运合同的当事人和多式联运单据的签发人负有履行运输合同的义务。他可以充当实际承运人，办理全程或部分运输业务，也可以是无船公共承运人（non-vessel operating common carrier，NVOCC），即将全程运输交由各段实际承运人来完成。

(6) 必须对货主实行全程单一运费率。多式联运经营人在对托运人负全程运输责任的基础上，制定一个货物发运地至目的地全程单一费率并以包干形式一次向货主收取。

国际多式联运较之传统单一运输方式具有手续简便、安全准确、运送迅速、货运质量高、节省包装、提早收汇等优点。目前，我国已经开办了可到达欧、美、澳、非洲和亚洲其他国家的多式联运线路，形式多种多样。办理此项业务的地区由原来仅限于沿海港口城市发展到内地各省市及周边地区。这为我国内地省市出口货物的按时装运和及时结汇提供了极为有利的条件。

2. 大陆桥运输

大陆桥运输（land bridge transport）是指以符合 ISO 规定的标准集装箱为媒介，利用横贯大陆的铁路或公路运输系统为中间桥梁，将其与大陆两边的海上运输连接起来而形成的国际集装箱连贯运输。它的基本形式是海-陆-海（sea-land-sea）连贯运输方式。大陆桥运输属于国际多式联运的一种。

目前世界上主要有三条大陆桥：西伯利亚大陆桥、新亚欧大陆桥、美国大陆桥。

(1) 西伯利亚大陆桥（Siberian Land Bridge——SLB）。西伯利亚大陆桥东起海参崴的纳霍德卡港，横贯欧亚大陆，西至莫斯科，利用俄罗斯西伯利亚铁路把太平洋远东地区与波罗的海和黑海沿岸以及西欧大西洋口岸联起来，是全球最重要的大陆桥运输线路。这条大陆桥运输线具有三个明显的优势：①缩短运输距离。从远东到西欧，经西伯利亚大陆桥的路程是 1.3 万公里，比绕道好望角航程缩短约$\frac{1}{2}$，比经苏伊士运河的航程缩短$\frac{1}{3}$。②货物在途时间短。采用该条线路，一般比全程海运可提前 15～35 天。③降低运输成本。其运输成本比全程海运便宜 20%～30%。此条大陆桥也存在一些局限性：如冬季严寒，使运力受到影响以及来回运力不平衡等等。

(2) 北美大陆桥。北美大陆桥主要指美国大陆桥和加拿大大陆桥。

加拿大大陆桥是从太平洋口岸的温哥华（Vancouver）及美国西雅图（Seattle）横贯北美大陆到达大西洋口岸的蒙特利尔（Montreal）。美国有两条大陆桥运输线，一条是从西部太平洋口岸至东部大西洋口岸的铁路（公路）运输系统，全长约 3 200 公里，另一条是西部太平洋口岸至南部墨西哥口岸的铁路（公路）运输系统，长 500～1 000 公里。

(3) 新亚欧大陆桥。1990 年 9 月 1 日，我国兰新铁路乌鲁木齐至阿拉山口段胜利完成铺轨任务，9 月 12 日，阿拉山口中苏铁路正式接轨。至此，东起我国沿海城市连云港，途经陇海线、兰新线，西至中哈边境站阿拉山口与原苏联土西铁路接轨，再与东西欧铁路连接直至世界著名大港荷兰鹿特丹，新亚欧大陆桥全线贯通。它全长10 900 公里，其中在中国境内 4 132 公里。这条线路的开通极大地缩短了货物的运输时间，如从日本、韩国至欧洲的货物运输，通过新亚欧大陆桥运输，水路全程仅为 12 000 公里，比经苏伊士运河的海上运输少 8 000 公里，比经巴拿马运河少 11 000 公里，比绕道好望角少 15 000 公里。运往中西亚的货物，与走西伯利亚大陆桥相比，路上运输可缩短 3 345 公里。因为陆桥运输实行一票到底制，实行门至门运输，手续简便，责任明确，加上路上运输安全可靠，集装箱运输货损货差小，一直受到国际运输及贸易界的广泛重视。在中国对外开放进一步发展的形势下，新亚欧大陆桥必将对我国的经济发展，特别是中西部的经济发展，对中国与世界各国的经济合作，发挥重大的作用。

5.2 装运条款

在国际货物买卖中，为确保货物安全及时地交付，买卖双方必须就交货时间、交货地点、能否分批、能否转运以及有关滞期速遣条款做出明确规定。装运条款的内容与贸易术语的选用及所采用的运输方式有着密切的关系。在我国的进出口业务中，FOB、CFR、CIF 仍是最常见的贸易术语。在使用上述三种术语达成交易时，卖方在装运港把经过出口清关的货物装上船就算完成交货义务。因此，上述合同的装运条款应包括装运时间、装运港、目的港、分批装运与转船以及滞期、速遣条款。

5.2.1 装运时间

装运时间（time of shipment）又称装运期，是合同中的主要条件，如果卖方违反这一条件，买方有权撤销合同，并要求损害赔偿。装运时间的规定方法通常有下列几种。

1. 明确规定装运时间

装运时间一般不规定在某一个具体日期上，而是确定在一段时间内，这样既明确具体，避免双方在交货时间上产生分歧，又便于履行合同。因此，在买卖合同中应用较为广泛。

（1）规定某月装运。如：七月份装运。(shipment during July)

（2）规定跨月装运。如：二三月份装运。(shipment during Feb. /Mar.)

（3）规定在某日期前装运。如：六月底以前装运。（shipment on or before the end of June）

2．规定在收到信用证后若干天装运

例：收到信用证后 30 天内发货（shipment within 30 days after receipt of L/C)。

采用这种方法卖方可在收到信用证之后，安排生产、包装和装运，收汇相对有保证。但是由于卖方交货是以买方开证为前提，合同中应规定信用证的开到日期，以避免由于买方拖延或拒不开证使卖方处于无法交货的被动局面。如："The L/C must reach the seller not later than Nov. 15th，2004.

3．规定近期装运

如："立即装运"（immediate shipment)；"即刻装运"（prompt shipment)；"尽快装运"(shipment as soon as possible)。

对于这类术语，各国各行业并无统一的解释。《跟单信用证统一惯例》(UCP500）第 46 条规定："不应使用诸如'迅即'、'立即'、'尽可能快'及类似词语，如使用这类词语，银行将不予理会。"鉴于这类术语含义模糊，买卖双方在合同中应尽量避免使用。

5.2.2　装运港和目的港

装运港（port of shipment）和目的港（port of destination）是国际贸易术语的重要组成部分。在 FOB、CFR、CIF 贸易术语下，卖方只要将合同规定的货物交至装运港船上，并取得清洁提单，即完成交货任务。买方可凭正本提单在指定目的港提货。确定装运港和目的港不仅关系到货物的成交价格，还涉及双方所承担的运输责任。装运港一般由卖方提出，经买方同意后确定；目的港一般由买方提出，经卖方同意后确定。

1．装运港和目的港的规定方法

（1）只规定一个装运港和目的港。如：

装运港：中国青岛。(port of shipment：Qingdao，China.)

目的港：荷兰鹿特丹。(port of destination：Rotterdam，the Netherlands.)

（2）同时规定两个或以上的港口，这种方法适用于成交量大，货源分散的情况。如：port of shipment：Qingdao/Dalian.

(3) 采用选择港。如果在交易洽商时明确规定装运港或目的港有困难，可以采用选择港（optional port）的办法。如：伦敦/利物浦/曼彻斯特（CIF London/Liverpool/Manchester）。选择港一般不超过三个，所选港口应在同一航线上。还可以笼统规定某一航区，如：渤海湾主要港口（Bohai Gulf main ports），波罗的海主要港口（baltic sea main ports）等。卖方应注意，由目的港选港所增加的运费、附加费应由买方承担，对此合同中应明确规定，如"optional charges for buyer's account"。

2. 确定装运港和目的港的注意事项

(1) 对装运港和目的港的规定应力求具体明确，尽量避免使用笼统的规定方法，如：欧洲主要港口（European main ports），非洲主要港口（African main ports）等。这不仅是因为国际上对此在认识上的存在差别，而且各港口装卸条件、运杂费不一样，容易发生纠纷。

(2) 不能去目前与我没有建立外交关系国家的港口。

(3) 不能接受内陆城市作为目的港。卖方必须注意买方所提目的港是否为沿海港口，特别是同内陆国家进行贸易时，一定要选择我方能安排运输的港口。否则，我方就要承担从沿海港口到内陆城市的运费和风险。

(4) 目的港必须是安全港口。应力求避免把正在发生战争或有政治动乱或正在流行瘟疫的港口作为目的港。

(5) 注意港口的重名问题。全世界大约有 78 个重名港口，如：智利的首都是 Sandiego，西班牙也有叫 Sandiego 的城市。世界上共有 12 个叫维多利亚（Victoria）的港口。美国、加拿大、澳大利亚各有一个叫 Kingston（金斯敦）的港口，它同时还是牙买加的首都。因此应在规定装运港目的港的同时规定该港口所在的国家或地区。

此外还应注意港口的具体条件，如有无直达班轮航线、码头泊位的数量和吃水深度、有无冰封期、港口使费的高低等。

5.2.3　分批装运和转船

分批装运（partial shipment）是指一份合同项下的货物，可以分若干批于不同航次装运。造成分批装运的原因是多方面的，常见的有：运输工具的限制；目的港装卸条件差；船源紧张；市场销售的需要；一次备货有困难等。

《跟单信用证统一惯例》（UCP500）规定：除非信用证另有规定，允许分批支款和/或装运。按此惯例规定，除非信用证明示不准分批装运，否则卖方有权分批装运。该惯例还规定：同一船只、同一航次中多次装运货物，即使提单表示了不同装运港和不同装运日期，也不视为分批装运。在实际业务中，双方不仅在合同中订明是否分批，往往还就分批的方法做出规定，如："3～6月，平均分四批装运（shipment during March/June in four equal monthly lots)"。卖方应严格履行约定的分批装运条款，其中任何一批没有按时、按量装运，就可作为违反合同论处。UCP500规定：如果信用证规定在指定时期内分期支款/或装运，其中任何一期未按期支款/装运时，则该期及以后各期均告失效。当然如果合同并未规定分批方法，卖方则可根据货源及运输条件，在合同规定的装运期内灵活掌握。

在远洋运输中，没有直达轮或一时没有适合的船舶到达目的港，装运后允许在中途港将货物换装其他船舶，这就是转船（transshipment)。《跟单信用证统一惯例》规定：除非信用证有相反规定，准许转船。之所以作这样的规定，主要是因为近年来随着运输技术和贸易的发展，转运在很多情况下是难以避免的。

总之，分批和转船条款关系到买卖双方的切身利益，是合同中的重要条款。一般来说，允许分批装运和转船，对卖方来说比较主动，对买方则风险较大。为避免争议，确保安全收汇，在出口合同中应争取订立"允许分批和转船（partial shipment and Transshipment to be allowed)"条款。

5.2.4 装卸时间、装卸率和滞期、速遣条款

在程租船情况下，船舶的时间损失由船东承担，船东总是期望能尽量缩短每个航次的时间，以提高船舶的营运效率。装卸时间是整个航次时间的重要组成部分，涉及到船东的切身利益，在租船人承担装卸任务的情况下，租船合同中规定装卸时间条款是非常必要的。如果租船人未能在合同规定的装卸时间内完成装卸作业，延长了船舶在港口的停泊时间，对船东来说既增加了港口费用支出，又降低了船舶周转率，营运收入将受到影响。相反，如果租船人在约定时间内提前完成装卸作业，对船东是十分有利的。因此，在程租船合同中，船方要求明确订立装卸时间、装卸率，并规定相应的奖惩办法，以约束租船人。

由于实际业务中，负责装卸货物的一方不一定是租船人，而是买卖合同的另一方，如FOB合同的卖方或CIF合同的买方。因此，负责租船的一方为了促使对方及时完成装卸任务，也要相应地在合同中规定装卸时间、装卸率以及滞期、速遣条款。

1. 装卸时间（lay time）和装卸率

所谓装卸时间，是指允许买方或卖方完成装卸任务所规定的时间。装卸时间一般用若干天或若干小时表示。装卸率是指每日装卸货物的数量。这两者都可以起到约束当事人快速装卸的作用。装卸时间的长短或装卸率定额的高低因货物种类、船舶舱口数、港口作业习惯和装卸效率的不同而异，双方当事人在商定装卸

时间和装卸率时应充分考虑这些因素。

有关装卸时间及装卸率的规定方法通常有以下几种：

(1) 规定装卸天数或小时数，或者规定船舶装卸定额。

① 规定装货或卸货若干日（小时）[laytime ×× days (hours) for loading or discharging]；

② 规定每日每舱口装货或卸货若干吨（cargo to be loading or discharging at the rate of ×× tons per hatch per day)；采用这种规定方法时，一般以实际装货量除以装卸率，得到装卸时间再与实际使用时间相比较，以确定是否滞期。

(2) 规定按港口习惯快速装卸（cargo to be loaded and discharged according to the customary quick despatch-C. Q. D.)。这种方法较为笼统，容易引起争议，买卖双方应慎重采用。

当装卸时间以“日”计算时，对“日”的含义在合同中亦应加以明确。实际业务中，“日”的算法有下面几种：

① 日（days）或连续日（running or consecutive days)。即从开始装卸计时起，时钟走1小时算1小时，连续24小时算一日，不做任何扣除。这种方式对负责装卸货物的一方很不利。

② 工作日（working days)。指按港口习惯作业时间计算装卸时间，非工作日进行的装卸不计入装卸时间。

③ 良好天气工作日（weather working days—— W. W. D.)。指除去休息日和法定节假日不算装卸时间外，因天气原因不能进行装卸作业的时间也不能计入装卸时间。这里的良好天气是指：不影响货物正常装卸作业的天气。

装卸时间条款中还有另一细节就是装卸时间的起算。通常的做法是自船长或船东的代理人向租船人或其代理人递交“准备就绪通知书”（notice of readiness-NOR）后的12小时或24小时开始计算装卸时间。船舶准备就绪必须满足两个条件：第一，船舶必须到达合同所规定的港口或泊位。第二，船舶在各方面均已做好装卸货物的准备。例如在技术上船舶的吊杆或吊车、起货机及其他装卸工具已处于随时供使用的状态，在法律上船舶已经完成港口法律要求办理的海关、边防检查、卫生检疫等各项手续并取得相应证书。

2. 滞期费和速遣费

所谓滞期费（demurrage）是指非由于船东的原因，租船人未能在合同规定的装卸时间内完成装卸作业，对因此产生的船期延误，按合同规定向船东支付的罚款。与滞期费相对应的就是速遣费（despatch)，即在合同规定的装卸时间届满以前，租船人提前完成装卸作业，使船舶可以提前离港并使船东节省在港费用，船东按合同规定向租船人支付的一笔奖金。

滞期费等于滞期时间与合同规定的滞期费率的乘积。滞期时间等于实用装卸时间与合同规定的装卸时间之差。速遣费等于速遣时间与速遣费率的乘积。速遣费率通常为滞期费率的一半或$\frac{1}{3}$。

5.3 运输单据

5.3.1 海运提单

1. 定义及作用

《联合国1978年海上货物运输公约》给海运提单（Bill of Lading，B/L）下了一个被普遍接受的定义：B/L是船方或其代理人在收到其承运的货物时签发给托运人的货物收据，它证明货物已由承运人接管或装船，承运人保证凭此交付货物的单据。

B/L的定义显示了其三种主要作用：

(1) B/L是承运人或其代理人签发给托运人的货物收据（evidence of receipt for the goods），证明已经按B/L所列内容如数收到货物。

(2) B/L是海上货物运输合同的证明（evidence of the contract of carriage）。

(3) B/L是承运人船舶所载货物的物权凭证（document of title）。

2. 提单的种类

(1) 根据货物是否已装船，分为已装船提单和备运提单。

已装船提单（on board B/L；shipped B/L），指货物装上指定船舶后，由承运人或其代理所签发的提单。这种提单除载明一般事项外，还须注明装载货物的船舶名称及装船日期。在信用证业务中，银行一般要求受益人提供已装船提单。

备运提单（received for shipment B/L），又称为收货待运提单。这种提单是指承运人虽已收到货物但尚未装船，应托运人要求而向其签发的提单。由于备运提单上没有明确的船名和装船日期，因此在信用证业务下，银行一般不予接受。当货物装船后，承运人在备运提单上加注船名及装船日期，备运提单便可转化为已装船提单。

(2) 根据提单上是否有货物外表不良状况的批注，可分为清洁提单和不清洁提单。

清洁提单（clean B/L），指货物装船时表面状况良好（in apparent good order and condition），没有任何反映货物受损或包装不良的批注的提单。

提单上都印有“外表状况良好”的字样。若承运人或其代理人在签发提单时未加任何相反的批注，即表明承运人确认货物装船时外表状况良好，他必须在目的港将同样良好的货物交付给收货人。“外表状况良好”仅指承运人凭肉眼观察到的货物状况，但并不排除货物存在内在的或肉眼无法看到的缺陷。

不清洁提单（unclean B/L；foul B/L），指承运人在提单上加注有货物及包装状况不良或存在缺陷，如包装箱破损、渗漏、钩损等批注的提单。承运人通过批注，声明货物系在外表状况不良的情况下装船，在目的港交货时，在批注指明的范围内承运人可免责，从而对抗收货人可能提出的索赔。在信用证业务中，银行将拒绝受益人以不清洁提单办理结汇手续。

(3) 根据提单的抬头不同，可分为记名提单、不记名提单和指示提单。

记名提单（straight B/L），指提单收货人（consignee）一栏明确填写特定收货人名称的提单。记名提单，不能转让。承运人只能将货物交给提单上指定的收货人，避免了提单转让带来的风险，但同时也失去了其代表物权可转让流通的便利。

不记名提单（open B/L；blank B/L；bearer B/L），指在收货人一栏不具体填写收货人名称，只填写“给持有人”（to bearer/holder）或空白。不记名提单，无须背书，即可交付转让。谁持有提单，谁就可以提货，但承运人难以区分提单的非法获得者和善意受让人，容易造成货物丢失，因此不记名提单的风险很大，目前国际贸易中很少使用。

指示提单（order B/L），指收货人一栏内填写“凭指定”（to order）或“凭××指定”（to order of ××）字样的提单。前者一般被称为托运人指示提单，转让时由托运人进行背书。后者被称为记名指示提单，这种提单由记名的指示人背书转让提单。记名的指示人（××）可以是托运人、收货人或开证行。指示提单经过记名或不记名背书转让，因此在国际贸易中使用得最为广泛。

(4) 根据运输方式不同，分为直达提单、转船提单和联运提单。

直达提单（direct B/L），指由承运人签发的，货物从装运港装船后，中途不经过转船而直接运抵卸货港的提单。凡信用证规定不得转船的，受益人结汇时必须使用直达提单。

转船提单（transshipment B/L），指在装运港装运的货物不能直接运往目的港，需要在中途换装其他船舶转运至目的港时承运人签发的提单。转船提单一般由负责第一程船的承运人签发并且在提单上加转船批注（transshipment Via...）。

联运提单（through B/L），指经由海运与其他运输方式联合运输时由第一程承运人所出具的覆盖全程的提单。联运提单虽包括全程运输，但签发联运提单的承运人一般都在提单中规定，只承担他负责承运的一段航程内的货损责任。

(5) 其他种类的提单，主要包括倒签提单、预借提单、过期提单和舱面提单等。

倒签提单（anti-dated B/L），指货物装船完毕后，应托运人的要求，承运人签发的早于货物实际装船日期的提单。对于已装船提单，提单的签单时间应为货物装船完毕的时间。

现实中，由于种种原因导致货物未能在信用证规定的装运时间内装运，为使提单签发日期与信用证规定的装运期相符，以便顺利结汇，托运人就会要求承运人倒签装船日期。从法律上说，承运人倒签提单的行为掩盖了事实真相，将给收货人造成损失，因此要承担由此产生的风险责任。

预借提单（advanced B/L），预借提单是指在货物装船前或装船完毕前，应托运人要求而由承运人或其代理提前签发的已装船提单。

与倒签提单相似，预借提单也是托运人因故未能及时备货装船，为顺利结汇而采取的一种变通办法。签发预借提单也是既违约又违法的行为，许多国家法律规定一旦货物遭受损坏，承运人不但要负责赔偿，而且还将丧失享受责任限制和援用免责条款的权利。

过期提单（stale B/L），是指错过规定的交单日期或者晚于货物到达目的港的提单。前者是由于航线较短或银行单据流转速度过慢造成的收货人提货受阻，有些国家试着采用海运单或应用电子提单来替代海运提单，以加快货物的流转。后者则是由于出口商在取得提单后未能及时到银行议付形成的。《跟单信用证统一惯例》第 43 条规定，“如信用证未规定交单的特定期限，银行将不予接受迟于装运日期后 21 天提交的单据。但无论如何，交单不得迟于信用证有效期。”

舱面提单（on deck B/L），是指将货物积载于船舶露天甲板，并在提单上记载“on deck”字样的提单。货物装在甲板上，除易受日晒雨淋影响外，还可能因海上风浪过大被卷入海中，因此承运人不得随意将货物积载于舱面运输。装于舱面的货物一般有三种情况：按照商业惯例允许装于舱面的货物；法律规定必须装于舱面的货物，如危险品；经过承运人和托运人协商同意，可装于舱面的货物。承运人一般不承担舱面货损的责任。银行也不乐于接受舱面提单。

由于集装箱船的特殊结构，通常 1/3 以上的集装箱装于甲板，所以不论集装箱是否装于舱面，提单上一般都不记载“on deck”字样，商业上的这种做法已为各有关当事人所接受。

3. 海运提单的内容

(1) 提单正面的内容。提单的格式很多，每个承运人都有自己的提单格式，但基本内容大致相同。根据中国《海商法》第 73 条的规定，提单内容，包括下列事项：

① 货物名称（description of goods）、标志和号码（marks and numbers）、件数（number of package or container）、毛重（gross weight）、尺码（measurement），以及运输危险货物时对危险货物性质的说明；

② 承运人名称（name of the carrier）和主营业所；

③ 船舶名称（name of the vessel）；

④ 托运人（shipper）；

⑤ 收货人（consignee）；

⑥ 装货港（port of loading）及在装运港接受货物的日期；

⑦ 卸货港（port of discharge）；

⑧ 多式联运提单增列接受货物地点（place of receipt）和交付货物地点（place of delivery）；

⑨ 提单的签发日期、地点（place and date of issue）及份数（number of Original）；

⑩ 运费的支付（payment of freight）；

⑪ 承运人或其代理的签字。

除上述需托运人或承运人记载的事项之外，提单正面还有一些印就的文字条款，包括外表状况良好条款、内容不知条款以及承认接受条款等。提单正面内容可参见图 5-1。

(2) 提单背面条款。提单背面都是印就的条款，主要规定了承运人和托运人之间的权利、义务和责任豁免。这些规定在双方出现争议时将成为重要的法律依据。提单的背面条款主要包括：定义条款（definition），首要条款（paramount clause），承运人责任条款（carrier's responsibility），承运人责任期间条款（duration of liability），承运人赔偿责任限额条款（limit of liability），包装和标志条款（package and marks），运费和其他费用条款（freight and other charges），自由转船条款（trans-shipment clause），托运人错误申报条款（inaccuracy in particulars furnished by shipper），危险品、违禁品条款（dangerous, contraband goods），共同海损（general average），留置权条款（lien clause）等。

国际上为了统一提单背面条款的内容，曾先后签署了有关提单的国际公约，主要有：

① 1924 年签署的《关于统一提单的若干法律规则的国际公约》，简称《海牙规则》(The Hague Rules)；

② 1968 年签署的《布鲁塞尔议定书》，简称《海牙-维斯比规则》（The Hague——Visby Rules)；

③ 1978 年签署的《联合国海上货物运输公约》，简称《汉堡规则》（The Hamburg Rules)。海运提单的样式如图 5-1。

中國遠洋運輸公司

CHINA OCEAN SHIPPING COMPANY

总公司 HEAD OFFICE: 北京 PEKING　广州 GUANGZHOU

分公司 BRANCH OFFICE: 上海 SHANGHAI　天津 TIANJIN

电报挂号CABLE ADDRESS. "COSCO"

正本 ORIGINAL

提单
BILL OF LADING
直运或转船
DIRECT OR WITH TRANSHIPMENT

托运人
Shipper

收货人 Consignee　　或承受人 or assigns

通知
Notify

船名 Vessel	航次 Voy.	装货单号 S/O No.	提单号 B/L No.
装货港 Port of Loading	卸货港 Port of Discharge		
国籍 Nationality	中华人民共和国 THE PEOPLE'S REPUBLIC OF CHINA	运费在 Freight payable at	支付

托运人所提供的详细情况
Particulars furnished by the Shipper

标志和号数 Marks and Numbers	件数 No.of Packages	货名 Description of Goods	毛重 Gross Weight	尺码 Measurement

合计件数（大写）
Total Packages (in words)

上列外表情况良好的货物(另有说明者除外)已装在上列船上并应在上列卸货港或该船所能安全到达并保持浮泊的附近地点卸货。
Shipped on board the vessel named above in apparent good order and condition (unless otherwise indicated)the goods or packages specified herein and to be discharged at the above mentioned port of discharge or as near thereto as the vessel may safely get and be always afloat

重量、尺码、标志、号数、品质、内容和价值是托运人所提供的，承运人在装船时并未核对。
The weight,measure,marks,numbers,quality,contents and value,being particulars furnished by the shipper,are not checked by the Carrier on loading.

托运人、收货人和本提单的持有人兹明白表示接受并同意本提单和它背面所载的一切印刷、书写或打印的规定、免责事项和条件
The Shipper,Consignee and the Holder of this Bill of Lading hereby expressly accept and agree to all printed,written or stamped provisions, exceptions and conditions of this Bill of Lading.including those on the back hereof.

运费和其他费用
Freight and Charges:

为证明以上各节，承运人或其代理人已签署本提单一式份，其中一份需完成提货手续后，其余各份失效。
In witness whereof,the carrier of his Agents has signed Bills of Lading all of this tenor and date,one of which being accomplished, the others to stand vold.

请托运人特别注意本提单内与该货保险效力有关的免责事项和条件。
Shippers are requested to note particularly the exceptions and coditions of this Bill of Lading with reference to the validity of the insurance upon their goods.

签单日期 Dated ---------------- 在 at ----------------

船长
----------------For the Master

请阅背面条款 See Clauses on the Back.

图 5-1　海运提单样式

5.3.2　铁路运输单据

铁路运输可分为国际铁路联运和国内铁路运输两种方式，前者使用国际铁路联运运单，后者使用国内铁路运单。通过铁路对港澳地区出口的货物，由于国内铁路运单不能作为对外结汇的凭证，故使用承运货物收据这种特定性质和格式的单据。现分别介绍如下。

1. 国际铁路联运单据

国际铁路联运单据是参加联运的铁路与发货人、收货人之间缔结的运输合同。它体现了参加联运的各国铁路和发货人、收货人之间在货物运送上的权利、义务、责任和豁免，对铁路和发货人、收货人都具有法律效力。当发货人向始发站提交全部货物，并付清一切费用，经始发站在运单正本和运单副本上加盖承运日期戳记，证明货物已被收妥承运后，即认为运输合同已经生效。国际铁路联运单据一式五联，分别是运单正本、运单副本、运行报单、货物交付单、货物到达通知单。运单正本随货同行，在到达站连同货物到达通知单及货物一并交给收货人，作为交接货物和结算费用的依据。运单副本交给发货人，作为向收货人证明货物已经发运并凭以结算货款的依据。货物交收货人时，收货人在货物交付单上签收，作为收妥货物的收据，退车站备查。运行报单是参加联运的各铁路部门办理货物交接、划分责任、清算运费、统计运量和运费收入的原始依据，随同货物至到达站，由铁路留存。

2. 承运货物收据

由于国内铁路部门与香港九龙铁路当局没有货运直接通车运输协议，各地铁路发往香港的货物，不能一票直达香港，银行不同意用国内铁路运单作为对外结汇的凭证。有鉴于此，为了适应各外贸公司结汇的需要，各地外运公司以承运人的身份向外贸公司提供经深圳口岸中转至香港的“承运货物收据”（cargo receipt），作为向银行结汇的重要凭证和香港收货人提货的凭证。外运公司要对该批货物的全程运输负责。

5.3.3　航空运输单据

航空运单（air waybill）是承运人或其代理人签发的已接受货物的证明，是承运人与托运人之间缔结的运输合同，其内容对双方均具有约束力。航空运单还可以作为承运人核收运费的依据及通关查验的重要单证。如果承运人承办保险或托运人要求承运人代办保险，则航空运单也可作为保险证书。但是航空运单不是物权凭证，不能通过背书转让，目的地收货人是凭承运人到货通知提取货物的。

目前航空公司使用的都是统一的一式 12 份的航空运单。其中 1～3 联是正本（original），其余是副本（copy）。正本每份都印有背面条款，其中一份交发货人，是承运人或其代理人接收货物的依据，第二份由承运人留存，作为记账凭证，最后一份随货物同行，当货物到达目的地交给收货人时作为核收货物的收据。4～9 联副本分别交给有关的运输部门。10～12 联为附加副本（extra copy），在有特殊需要时使用。

航空运单依签发人的不同可分为航空主运单（MAWB，master air waybill）和航空分运单（HAWB，house air waybill）。凡由航空公司签发的航空运单就称为主运单，每一批航空运输货物都有相应的航空主运单。航空货运代理签发的航空运单被称作航空分运单。两者的内容和法律效力基本相同。在集中托运的情况下，由航空公司向航空货代公司签发主运单作为二者之间的运输合同，航空货代还要向托运人签发航空分运单作为航空货代公司与托运人之间的货物运输合同，托运人与航空公司没有直接的契约关系。

5.3.4 邮包收据

邮包收据（parcel post receipt）是邮包运输的主要单据，它既是邮局收到寄件人的邮包后签发的凭证，也是收件人提取邮件的凭证，当邮包发生损坏或灭失时，它还可以作为索赔和理赔的依据。但邮包收据不是物权凭证。

5.3.5 多式联合运输单据

多式联运单据（multimodal transport document）是证明多式联运合同以及证明多式联运经营人已经接管货物并负责按照合同条款交付货物所签发的单证。根据《联合国国际货物多式联运公约》及国际商会《联合运输单证统一规则》规定，多式联运单据与提单一样可作为物权凭证并具有流通性，两者在记载内容、流转及提交方面的规定亦基本相同；如信用证无特殊规定，银行可接受多式联运经营人签发的多式联运单证。《跟单信用证统一惯例》（UCP500）第二十三条规定：除非信用证另有规定，银行将接受多式联运经营人或其代理签发的单证。

本章小结

本章介绍的是我国目前对外贸易中采用的主要运输方式。海洋运输是国际贸易中最重要的运输方式，它主要分为班轮运输与租船运输两种。铁路运输具有运量大、安全可靠、连续性强等优点，它是我国对香港及澳门特别行政区以及我国参与国际铁路货物联运的主要方式。航空运输具有交货迅速、节省包装、保证货运质量等优点，主要包括班机运输、包机运输、集中托运和航空急件等方式。集装箱运输是以集装箱为媒介的一种现代化运方式。随着国际贸易与运输技术的发展，在集装箱运输的基础上出现了国际多式联运和大陆桥运输等新型的运输方式。

在国际货物买卖中，为确保货物安全及时地交付，买卖双方必须就交货时间、交货地点、能否分批、能否转运以及有关滞期、速遣条款做出明确规定。在使用 FOB、CFR、CIF 三种术语达成交易时，装运条款应包括装运时间、装运港、目的港、分批装运与转船以及滞期、速遣条款。

海运提单具有货物收据、运输契约的证明以及物权凭证的作用，它是进出口业务结算中最重要的单据之一。本章对其他运输单据的性质作用及使用过程也做了简要介绍。

练习与思考

1. 航次租船由谁负责船舶营运管理（　）。
   A. 买方　B. 卖方　C. 船东　D. 租船人
2. 航次租船合同中由谁“宣载”（　）。
   A. 托运人　B. 收货人　C. 船长　D. 大副
3. 在出口业务中，卖方可凭以结汇的运输单据有（　）。
   A. 海运提单　B. 铁路运单正本　C. 承运货物收据　D. 大副收据
4. 海上货物运输中，如果单件货物既超长又超重，计收附加费时，按（　）。
   A. 超长附加费计收　B. 超重附加费计收
   C. 两者中择高计收　D. 两者相加计收
5. 出口商在货物装船取得提单后未能及时到银行议付，该提单将成为（　）。
   A. 顺签提单　B. 过期提单　C. 待运提单　D. 预借提单
6. 多式联运单据的签发人是（　）。
   A. 多式联运经营人　B. 船公司　C. 货主　D. 收货人
7. 对香港地区采用铁路运输时，对外结汇的凭证是（　）。
   A. 国内铁路运单　B. 港段铁路运单
   C. 承运货物收据　D. 国际铁路联运运单
8. 海运提单收货人栏内显示“TO ORDER”表示该提单（　）。
   A. 不可转让　B. 经背书后可以转让
   C. 不经背书即可转让　D. 可以由持有人提货

9. 某公司出口落地式电风扇 3 000 台，共装 30 箱，从广州运到伦敦，每箱毛重 125 千克，每箱尺码为 60cm×57cm×120cm。查外轮代理公司运费表，该商品为 10 等级，按 W/M 标准计收运费，基本运费率为人民币 94 元，燃油附加费 28%，港口附加费 10%，问应付运费多少？

10. 某轮从广州港装载杂货——人造纤维，体积为 20 立方米、毛重为 17.8 公吨，运往欧洲某港口，托运人要求选择卸货港 Rotterdam 或 Hamburg，Rotterdam 和 Hamburg 都是基本港口，基本运费率为 USD80.0/FT，3 个以内选卸港的附加费率为每运费吨加收 USD3.0，“W/M”。请问：

（1）该托运人应支付多少运费？（以美元计）

（2）如果改用集装箱运输，运费的基本费率为 USD1100.0/TEU，货币贬值附加费 10%，燃油附加费 10%。改用集装箱运输时，该托运人应支付多少运费？（以美元计）

（3）若不计杂货运输和集装箱运输两种方式的其他费用，托运人从节省运费考虑，是否应选择改用集装箱运输？

案 例 分 析

我外贸公司 A 与欧洲 B 商订立供应某商品 500 公吨出口合同，规定 1 月至 4 月由中国港口装上海轮运往欧洲某港口，允许卖方交货数量可增减 5%。后 B 商按时开立信用证，其装运条款为 1 月 100 公吨、2 月 150 公吨、3 月 150 公吨、4 月 100 公吨，每月内不得分批。A 公司审查信用证后认为可以接受，遂于 1、2 月份分别按信用证规定如期将货物装船并顺利收到货款。后由于货源不足，经商同船公司同意，于 3 月 10 日先在青岛港装运 70 公吨，俟该轮续航烟台时，于 3 月 18 日在烟台再装 75 公吨。A 公司向议付行办理议付时提交了分别于青岛和烟台签发的共计 145 公吨两套提单。当议付行将单据寄往开证行索偿时，遭到开证行拒付。理由是：信用证规定 3 月应装 150 公吨，不准分批，而现在仅装了 145 公吨，而且分别在青岛和烟台两地装运，与信用证规定不相符。

试分析：开证行的拒付是否合理？

第 6 章

进出口货物运输保险

[学习目标]

1. 掌握海上货物运输保险的险别；
2. 熟练掌握保险金额、保险费的计算方法；
3. 了解保险人、被保险人的权利与义务。

在国际贸易中，货物一般都要经过长途运输、装卸和储存等环节，遇到各种风险而遭受损失的可能性较大。为了在货物遭受损失时能得到经济补偿，就须办理货物运输保险。

国际货物运输保险一般是货主（投保人）在货物发运以前，估定一定的投保金额，向保险人，即保险公司投保运输险。投保人按投保金额、投保险别及保险费率，向保险公司支付保险费并取得保险单（保险合同）。保险公司负责对投保货物在运输过程中遭受投保险别责任范围内的损失时，按投保金额及损失程度赔偿给保险单证的持有人。

国际货物运输保险的种类很多，包括海上货物运输保险、陆上货物运输保险、航空货物运输保险和邮包运输保险，其中以海上货物运输保险起源最早，历史最悠久。陆上、航空等货物运输保险都是在海上货物运输保险的基础上发展起来的，其基本原则、保险公司保障的范围等基本一致。因此，本章以介绍海上货物运输保险为主，对其他货物保险仅做简要说明。

6.1 海上货物运输保险中的风险和损失

风险是造成损失的起因，风险不同，造成的损失也不同。但保险公司并不是对所有的风险都予承保，也不是对一切损失都予以补偿，保险公司只是按照投保人投保的不同险别所包括的风险所造成的损失承担赔偿责任。在保险业务中，风险、损失和险别三者之间有着紧密的联系：风险是造成损失的起因，险别则是保险公司对风险与损失的承保责任范围。因此，要了解各种险别的内容，就不能不对风险和损失有正确的理解。

在各种货物运输保险中，海运保险不仅起源最早，而且也是以后发展起来的其他运输方式和货物保险的基础。不同运输方式的货物保险，保险公司承保的责任有所不同，但所保障的范围都是相似的。因此，准确掌握海上运输货物保险保障的风险、损失以及不同险别的责任范围、保险期限等基本概念，不仅对于在国际贸易中正确处理海运货物投保和保险索赔事宜是必要的，而且对于理解和掌握其他各种运输方式下的货物运输保险也具有重要的意义。

货物在海洋运输过程中可能遇到的风险与损失很多，但可从保险得到保障的范围只限于保险合同约定的风险与损失，其中包括可保障的风险、可补偿的损失和可为保险公司承担的费用三个方面。

6.1.1 风险

对于海上货物运输，保险公司承保的风险有两类：海上风险和外来风险。

1. 海上风险（perils of the sea）

海上风险又称海难，是指船舶在海上航行过程中所遇到的危险，包括海上发生的自然灾害和意外事故。

(1) 自然灾害（natural calamity）。这是指由于自然界的变异引起破坏力量所造成的现象，如恶劣气候、雷电、海啸、地震、洪水、火山爆发等人力不可抗拒的灾害。

(2) 意外事故（fortuitous accidents）。这是指由于船舶搁浅、触礁、沉没、互撞、失踪或与其他固体物如流冰、码头碰撞，以及失火、爆炸等意外原因造成的事故或其他类似事故，而且泛指由于偶然的非意料中的原因所造成的一切事故。

2. 外来风险（extraneous risks）

外来风险一般是指海上风险以外的其他外来原因所造成的风险。所谓外来原因，是指事先难以预料的、致使货物受损的某些外部因素。货物由于自身内部缺陷和自然属性而引起的自然损耗或变质等属于必然损失，不属于外来风险范围。外来风险可分为一般外来风险与特殊外来风险两种。

(1) 一般外来风险指被保险货物在运输途中由于偷窃、雨淋、串味、破损、钩损、锈损、渗漏、沾污、受潮受热、短量、包装破裂等外来原因所造成的风险。

(2) 特殊外来风险指由于军事、政治、国家政策法令和行政措施等以及其他特殊原因造成的风险，如罢工、交货不到、被拒绝进口或没收等。

6.1.2 损失

海上损失是指被保险货物在海运途中，因遭受海上风险而产生的损失。在保险业务中，一般还包括与海运相连接的陆上运输和内河运输过程中所发生的损失。按损失程度的不同，海上损失可分为全部损失（total loss）和部分损失（partial loss）。

1. 全部损失（total loss）

全部损失又称全损，是指被保险货物全部遭受损失。按损失情况的不同，全部损失可分为实际全损（actual total loss）和推定全损（constructive total loss）。

实际全损是指被保险货物完全灭失、完全变质或不可能归还被保险人等。如船舶触礁后船货同时沉入海底；水泥被海水浸泡结块丧失使用价值；货物被敌方扣押；船舶失踪已达半年仍无消息等。

推定全损是指被保险货物受损后并未全部灭失，但实际全损已经不可避免；或者进行施救、整理和恢复原状所需的费用，以及连续运至目的地的费用总和估计要超过货物在目的地的完好状态的价值；或者被保险的货物遭受保险责任范围内事故，使被保险人失去货物所有权，而收回此所有权所须支出的费用将超过收回的标的价值，均为推定全损。总之，由于保险责任范围内的原因造成货物的损失虽未达到全部程度，但为挽回损失采取的措施支出大于全部损失，即得不偿失时，被保险人可以要求保险公司按保险金额全额赔偿。

2. 部分损失（partial loss）

部分损失是指被保险货物遭受损失，但未达到全部损失的程度。部分损失按损失的性质可分为共同海损（general average）和单独海损（particular average）。

（1）共同海损（general average，缩写为 G. A.）。指运输船舶在航运途中遭遇自然灾害或意外事故而威胁到船、货等各方面的共同安全时，船方为了维护船舶和所有货物的共同安全，或者为了使航程能继续完成而有意识地、合理地采取挽救措施所造成的某些特殊牺牲或支出的额外费用。例如船舶发生搁浅，为了减轻船舶的负荷，使船舶起浮脱浅而将一部分货物抛入海中；或者雇佣他船前来拖拽，使船只脱离搁浅地点而向他船支付的特殊费用。前者即为共同海损牺牲，后者即为共同海损费用，二者统称“共同海损”。对于共同海损的牺牲和费用，通常由有利害关系的船方、货方及运费收入方各按获救财产价值或获益大小比例分摊。

构成共同海损应具备的条件如下：

① 必须确实遭遇危难，即必须有真实的危难存在，不能主观臆测可能有危险发生而采取措施。例如，船舶在航行途中发现船舱内有冒烟的现象，未经查实便认为舱内已发生火灾并引海水灌入舱内，开舱以后如查明并无其事，则有关损

失不能列为共同海损。

② 措施必须是自动的有意识的。即共同海损的牺牲必须是有意识行为的结果，而不是一种意外的损失。例如船舶在航行中遭遇特大风浪，船舶面临倾翻沉没的危险，船长下令将船舱内的部分货物抛入海中，以保持船舶平衡，避免倾翻沉没，使船与货转危为安。这种有意识的抛货而造成的损失，应算作共同海损。

③ 措施必须合理。即在采取挽救行为时，必须符合当时情况的需要。例如，船舶搁浅抛货，抛到相当程度使船舶能浮起时，即应停止。如果不考虑实际需要，继续作不必要的抛货，这部分损失就不能列为共同海损。

④ 必须是为了共同安全。船方所采取的措施必须是为了船、货各方面的共同安全，而不是单独为了船的安全或货的安全。例如，一艘承运冷冻货物的船舶，由于冷冻设备发生故障，被迫进港检修，其目的只是为了防止冷冻货物腐烂变质。因此，由此所产生的费用，不应算作共同海损。

⑤ 牺牲或费用的支出必须是额外的。即凡是经营运输业务中的一般费用及履行运输合同所发生的一般损失都不能列为共同海损。例如，船舶搁浅后，船长命令强行开动，致使轮机损坏，应按共同海损处理。反之，如船舶未遭遇特殊情况，仅因轮机长粗枝大叶造成轮机损坏，不应算作共同海损。

⑥ 损失必须是共同海损行为的直接结果。例如，载货船舶在航行中发生大火，为了共同安全引海水入舱灭火，以至货物遭受海水渍。凡无火烧或烟熏痕迹而仅受海水浸湿的货物，其损失应列为共同海损。凡有火烧或烟熏痕迹的货物，其损失即不能算作共同海损。

(2) 单独海损。指由于承保范围内的风险直接导致的、除共同海损以外的部分损失。该部分损失不是由船、货各方共同分摊，而是由各受损者单独负担。例如，载有花生仁等物品的船舶，在航行途中遇到暴风雨，海水浸入船舱，使花生仁受水泡变质，这种损失是由于承保范围内的风险直接导致的，不是船方有意识地采取措施的结果，因此属于单独海损。

单独海损与共同海损的主要区别在于：

①前者是风险直接导致的损失；后者是为了解除或减轻这些风险而人为造成的损失。

②前者由受损方自己承担，后者由受益方按获救财产价值的多少，按比例共同分摊。

③前者的损失，一般是被保险的货物，而共同海损的损失，除被保险货物外，还包括支出的特殊费用。

6.1.3 费用

费用是指被保险货物遇险时，为防止损失的扩大而采取抢救措施所支出的费用。海上费用主要包括：施救费用（sue and labor expenses）、救助费用（salvage charges）和特别费用（special charges）。施救费用是指保险标的物遇到保险责任范围内的灾害事故时，被保险人或其代表、雇用人员和保险单证受让人等为抢救货物，以防止其损失扩大所采取的措施而支出的费用；救助费用是指保险标的物遇到上述灾害事故时，由保险人和被保险人以外的第三者采取救助行为而向其支付的费用。特别费用是指运输工具遭受海难后在避难港卸货所引起的费用，以及由于卸货、存仓，运送货物所发生的费用。特别费用的支出必须是合理的。

6.2　我国海运货物保险条款

中国人民保险公司根据保险业务的实际需要并参照国际保险市场的习惯做法，分别制定了各种不同运输方式的货物运输保险条款以及适用于不同运输方式的各种附加险条款，总称“中国保险条款”（China Insurance Clause，简称 C. I. C. ）。我国的货物运输险别，按照能否单独投保，可分为基本险和附加险两类。基本险可以单独投保，承保海上风险（自然灾害和意外事故）和一般外来风险所造成的损失。附加险不能独立投保，只有在投保某一种基本险的基础上才能加保附加险，承保由于外来风险造成的损失。

6.2.1　基本险

保险险别是指保险人（即保险公司）对风险和损失的承保责任范围。按照中国人民保险公司 1981 年 1 月 1 日修订的《海洋运输货物保险条款》规定，海洋运输保险的基本险别有三种：平安险、水渍险和一切险。

1. 平安险（free from particular average，简称 FPA）

平安险一词是我国保险业的习惯叫法，其英文含义是单独海损不赔。当前我国保险公司对平安险的承保责任范围如下：

在运输过程中，由于自然灾害和运输工具发生意外事故，造成整批货物的实际全损或推定全损。被保险货物用驳船运往或运离海轮的，每一驳船所装的货物可视作一个整批。

由于运输工具遭受搁浅、触礁、沉没、互撞、与流冰或其他物体碰撞以及失火、爆炸等意外事故造成被保险货物的全部或部分损失。

在运输工具遭受搁浅、触礁、沉没、焚毁等意外事故的情况下，货物在此前后又在海上遭遇恶劣气候、雷电、海啸等自然灾害所造成的部分损失。

在装卸或转船过程中，由于一件或数件落海造成的全部损失或部分损失。

被保险人对遭受承保责任内危险的货物采取抢救、防止或减少货损的措施而支付的合理费用，但以不超过该批被救货物的保险金额为限。

运输工具遭遇自然灾害或意外事故，在避难港由于卸货所引起的损失以及在中途港、避难港由于卸货、存仓以及运送货物所产生的特殊费用。

共同海损的牺牲、分摊的救助费用。

运输契约订有“船舶互撞责任条款”，按该条款规定应由货方偿还船方的损失。

2. 水渍险（with particular average，简称 WA 或 WPA）

水渍险也是我国保险业沿用已久的名称，其英文含义是负责单独海损。保险公司对水渍险的责任范围除了包括上述平安险的各项责任外，还负责被保险货物由于恶劣气候、雷电、海啸、地震、洪水自然灾害所造成的部分损失。

对水渍险和平安险的承保责任细加比较，可以发现二者差异不大，只有在发生部分损失的情况下，二者才有所不同。然而，水渍险虽然对单独损负责，但对锈损、碰碎、破损以及散装货物的部分损失是不负责的。

此外，需要特别指出的是，平安险和水渍险只对海水所致的各种损失赔偿责任，而被保险货物直接由于淡水、雨淋、冰雪融化所造成的损失，不包括在这两种险别的承保责任范围当中。

3. 一切险（all risks）

一切险的责任范围除了包括平安险和水渍险的各项责任外，还负责被保险货物在运输途中由于一般外来风险所致的全部损失和部分损失。换句话说，一切险是平安险、水渍险和一般附加险的总和。

上述三种基本险别，被保险人根据需要可以从中任选一种。

6.2.2 附加险

附加险是对基本险的补充和扩大。投保人只能在投保基本险的基础上才可加保一种或数种附加险。附加险有一般附加险和特殊附加险之分。前者承保由于一般外来风险造成的全部或部分损失；后者承保由于特殊外来风险造成的全部或部分损失。

1. 一般附加险（general additional risk）

一般附加险有下列 11 种险：

偷窃、提货不着险（theft，pilferage and non-delivery，简称 TPND）；

淡水雨淋险（fresh water & /or rain damage）；

短量险（shortage）；

混杂、沾污险（intermixture and contamination）；

渗漏险（leakage）；

碰损、破碎险（clash and breakage）；

串味险（taint of odour）；

受潮受热险（sweat and heating）；

钩损险（hook damage）；

包装破裂险（breakage of packing）；

锈损险（rust）。

由于保险公司对一般附加险的承保责任范围均已包括在一切险的承保责任范围内，因此，投保人如已投保了一切险，就不需再加保一般附加险。

2. 特殊附加险（special additional risk）

特殊附加险有下列 8 种：

战争险（war risk）；

罢工险（strikes risk）；

舱面险（on deck risk）；

进口关税险（import duty risk）；

拒收险（rejection risk）；

黄曲霉素险（aflatoxin risk）；

交货不到险（failure to deliver risk）；

货物出口到香港（包括九龙）或澳门存仓火险责任扩展条款（fire risk extension clause for storage of cargo at destination HongKong，including Kowloon or Macao，简称 FREC）。

特殊附加险不能独立投保，而只能在一种基本险的基础上加保。

6.2.3　承保责任的起讫期限和除外责任

1. 基本险承保责任的起讫期限

中国人民保险公司的《海洋运输货物保险条款》规定的责任起讫期限或称保险期限，是采用国际保险业务中惯用的“仓至仓条款”（warehorse to warehouse，简称 W/W clause），即保险责任自被保险货物运离保险单所载明的起运地仓库或储存处所开始时生效，包括正常运输过程中的海上、陆上、内河和驳船运输在内，直到该项货物到达保险单所载明的收货人的最后仓库或储存处所或被保险人用作分配、分派或非正常运输的其他储存处所为止。如未抵达上述仓库或储存处所，则以被保险货物在最后卸载港全部卸离海轮后满 60 天为止。在上述

60 天内被保险货物需转运至非保险单所载明的目的地时，则以该项货物开始转运时终止。

但是，在国际货物运输保险标的物具有保险利益（insurance interest），即具有法律上承认的利益。一般来说，对保险标的物拥有所有权的人，他才有保险利益。但国际货运保险仅要求在保险标的发生损失时必须具有保险利益。例如，在国际贸易中，买卖双方分处两国，如以 FOB、FCA、CFR、CPT 术语成交的合同，货物风险转移以在装运港越过船舷或出口国发货地或启运地交承运人为界。显然，货物在越过船舷或货交承运人风险转移之前，仅卖方有保险利益，而买方并无保险利益。如果硬性规定被保险人在投保时就必须有保险利益，则按这些条件达成的合同，买方便无法在货物装船或货交承运人之前对该货物办理保险了。因此，在实际业务中，保险人可视为买方具有预期的保险利益而应予承保。以 FOB、CFR、FCA、CPT 等条件成交的合同，由买方自行投保，保险公司的实际责任仅从货物在装运港装上海轮或在发货地承运人接管货物时才开始，即只能实现“港至舱或船至舱”，不能实现“仓至仓”。

2. 基本险的除外责任

保险公司对上述三种基本险别有以下除外责任：

（1）被保险人的故意行为或过失所造成的损失；

（2）属于发货人责任所引起的损失；

（3）被保险货物的自然消耗、本质缺陷、特性以及市价跌落、运输延迟所引起的损失或费用；

（4）在保险责任开始前，被保险货物已存在的品质不良或数量短差所造成的损失；

（5）由于战争、工人罢工或运输延迟所造成的损失等。

3. 战争险、罢工险的责任起讫期限

战争险的承保责任起讫是以水上危险或运输工具上的危险为限，不采用仓至仓条款，即货物自保险单所载明的装运港装上海轮或驳船时开始，直至保险单所载明的目的港卸离海轮或驳船为止。如果货物不卸离海轮或驳船，则保险责任最长延至货物到达目的港之日午夜起 15 天止。如在中途港转船，则不论货物在当地卸载与否，保险责任以海轮到达该港或卸货地点的当日午夜起算满 15 天为止，待再装上续运的海轮时，保险公司仍继续负责。

罢工险的承保责任起讫与其他海运货物保险险别一样，采取“仓至仓”的原则，即保险人对货物从卖方仓库到买方仓库的整个运输期间负责。

4. 战争险、罢工险的除外责任

战争险对下列原因造成的损失不负责赔偿：

(1) 由于敌对行为使用原子或热核武器造成被保险货物的损失和费用；

(2) 由于执政者、当权者或其他武装集团的扣押、拘留引起的承保运程的丧失或挫折所致的损失。

罢工险负责的损失都必须是直接损失，对于间接的损失不负赔偿责任。因此，凡在罢工期间由于劳动力短缺或无法使用所造成的被保险货物的损失，或由此所造成的费用损失，保险公司均不予负责。例如，由于罢工而引起的运力或燃料匮乏，使冷藏机停止工作造成冷藏货物化冻变质的损失，或由于罢工缺少劳动力搬运，致使货物堆积在码头遭受雨水淋湿的损失，或因港口工人罢工无法在原定港口卸货，改运其他港口卸货而增加的运输费用损失等，保险公司均不负赔偿责任。

6.3　伦敦保险协会海运货物保险条款

6.3.1　协会货物保险条款

在世界航运业中，英国具有悠久的历史。它所制定的保险规章制度，特别是保险单格式和保险条款，对世界各国的保险业务有着广泛和深远的影响。目前世界上很多国家，在海上保险业务中，直接采用英国伦敦保险业协会所制定的《协会货物条款》(Institute Cargo Clause，简称 I. C. C.)，或者在制定本国保险条款时参考或部分参考了上述条款。目前我国保险公司货运险条款的责任范围都不小于国际上的同类条款。按 CIF、CIP 条件成交的交易，外商有时要求采用协会货物条款，我出口企业和保险公司一般均可接受。

《协会货物条款》最早制定于 1912 年。为了适应不同时期国际贸易、航运法律等方面的变化和发展，该条款先后进行过多次补充和修订。最后一次修改完成于 1982 年，并于 1983 年 4 月 1 日起正式实行。旧条款所规定的内容，除个别地方外，和中国人民保险公司海洋运输货物保险条款的内容基本相同。旧条款中也分为三种险别：F·P·A、W·A、All Risks。新条款不再使用旧条款的三种险别，而分别为 ICC (A)、ICC (B) 和 ICC (C)。它们的责任范围，除 ICC (A) 与旧条款的一切险的责任范围相比无变化外，ICC (C) 与 F·P·A 相比，前者的承保责任范围缩小了，ICC (B) 与 W·A 也有些区别。

1. ICC 新条款基本险的责任范围

(1) ICC (C) 的责任范围

① 标的物的灭失或损坏如合理归因于：

· 火灾或爆炸；
· 船舶或驳船遭受搁浅、触礁、沉没或倾覆；
· 陆上承运工具的倾覆或出轨；
· 船舶、驳船或运输工具同除水以外的任何物体碰撞；
· 在避难港卸货。

② 由下列情况引起保险标的物的损失：
· 共同海损的牺牲；
· 抛货。

③ 共同海损和救助费用以及根据运输合同中“船舶互撞责任”条款应由货方偿还船方的损失。

(2) ICC（B）的责任范围。除包括上列的各项责任外，ICC（B）还负责由于下列情况引起保险标的的损失：

① 浪击落海；

② 海水、湖水或河水进入船舶、驳船、运输工具、集装箱、大型海运箱或储存处所；

③ 货物在船舶或驳船装卸时落海或跌落造成任何整件的全损。

(3) ICC（A）的责任范围。除包括上列 ICC（B）的各项责任外，ICC（A）还负责由于下列情况引起保险标的的损失或费用：

① 由于保险人以外的其他人（船长、船员等）的故意不法行为所造成的损失或费用；

② 海盗行为；

③ 由于一般外来原因所引起的一般风险而造成的各种损失。

2. ICC 新条款的除外责任

ICC 新条款规定了一般除外责任条款，其内容主要包括：

(1) 被保险人故意行为所造成的损失和费用；

(2) 保险标的自然渗漏，重量或容量的自然损耗或自然磨损；

(3) 由于保险标的的包装或准备不足或不当造成的损失或费用；

(4) 由于保险标的本质缺陷或特性造成的损失和费用；

(5) 直接由延迟引起的损失或费用，即使延迟是由于所承保风险引起的；

(6) 由于船舶所有人、经理、租船人或经营人破产或不履行债务造成的损失或费用；

(7) 由于任何人或数人非法行动故意损坏或故意破坏保险标的或其任何部分[该条在 ICC（A）中未做规定]；

(8) 由于使用任何原子或热核裂变和（或）核聚变或其他类似反应或放射性

作用物质的战争武器造成的损失或费用。

6.3.2　协会战争险条款及其他附加险条款

1. 协会战争险条款（institute war Clause）

协会战争险承保的责任范围主要是：由于战争、类似战争行动、敌对行动、内战、革命、叛乱、暴乱或民众斗争等行为，以及因船只被捕捉、扣押、拘留、禁制等事故所造成的损失，或者由于水雷、鱼雷、炸弹或其他武器所造成的损失，以及由于上述原因引起的共同海损和救助费用，均负责赔偿。但对原子或核裂变、核聚变或其他类似反应或放射性武器所造成的损失不负赔偿责任。

协会战争险的责任起讫与中国人民保险公司战争险责任的起讫期限基本相同。但针对当前各国港口拥挤，船舶在卸货港等候泊位时间往往很长的情况，自1976 年起，将保险公司在卸货港保险责任终止期限的计算方法做了修改，主要规定：船舶在卸货港不管已否停靠码头，保险公司的保险责任是从船舶达到卸货港第一次抛锚停泊时起算满 15 天为限。

协会战争险亦属特殊附加险。但协会特殊附加险还包括罢工、民变险（strikes riots and civil commotions，简写为 S. R. C. C）。根据国际保险业务的习惯，罢工、暴动、民变险一般都和战争险同时承保，保险费已合并计收。因此，已经投保了战争险的加保这种险时，不另外加收保险费用，仅需在保单上说明包括罢工险并附贴罢工险条款。

罢工、暴动、民变险系指由于罢工、被迫停工、工潮、暴动或民变所引起的损失，保险公司负责赔偿。

2. 协会一般附加险条款

协会一般附加险的种类及其承保责任，与中国人民保险公司的规定大致相同。

6.4　其他运输方式下的货物保险

在国际贸易中，不仅海上运输货物需要保险，陆上运输、航空运输、邮包运输的货物也都需要办理保险。特别是随着国际贸易的发展、科学技术的进步，其他国际货物运输方式的使用越来越多，陆上、航空、邮包运输货物业务均得到充分发展，并脱离海洋运输货物保险，自成一体。为此，保险公司订立了相应的专门条款。

6.4.1 陆上运输货物保险险别与条款

根据中国人民保险公司《陆上运输货物保险条款》的规定，陆上运输货物保险的险别分为陆运险和陆运一切险两种。附加险与海运货物保险一样，分为一般附加险和特殊附加险。此外还有适用于陆运冷藏货物的专门保险—陆上运输冷藏货物险（也属基本险性质）。

1. 陆运险和陆运一切险

陆运险（overland transportation risks）的承保责任范围与海运货物保险条款中的“水渍险”相似。保险公司负责赔偿被保险货物在运输途中遭受暴风、雷电、地震、洪水等自然灾害，或由于陆上运输工具（主要是指火车、汽车）遭受碰撞、倾覆或出轨，或在驳运过程中，驳运工具搁浅、触礁、沉没或由于遭受隧道坍塌、崖崩或火灾、爆炸等意外事故所造成的全部损失或部分损失。此外，被保险人对遭受承保责任范围内危险货物采取抢救、防止或减少货损的措施而支付的合理费用，保险公司也负责赔偿，但以不超过该批被救货物的保险金额为限。在投保陆运险的情况下，被保险人可根据需要加保一种或数种附加险。

陆运一切险（overland transportation all risks）的承保责任范围与海运货物保险条款中的“一切险”相似。保险公司承担上述陆运险的赔偿责任外，还负责被保险货物在运输途中由于一般外来原因造成的短少、短量、偷窃、渗漏、碰损、破碎、雨淋、生锈、受潮、受热、发霉、串味、沾污等全部或部分损失。

以上责任范围均适用于火车和汽车运输，并以此为限。

陆运险和陆运一切险的除外责任与海洋运输货物险的除外责任相同。

陆上运输货物险的责任也采用“仓至仓”条款。保险人负责从被保险货物运离保险单所载明的起运地发货人仓库或储存外所开始运输时生效，包括正常运输过程中的陆上和与其有关的水上驳运在内，直到该项货物运交保险单所载明的目的地收货人的最后仓库或储存处所，则以被保险货物运抵最后卸载的车站满 60 天为止。

陆上运输货物险的索赔时效为：从被保险货物在最后目的地车站全部卸离车辆后起算，最多不超过 2 年。

2. 陆上运输冷藏货物险

陆上运输冷藏货物险（overland transportation insurance—frozen products）是陆上运输货物险中的一种专门险。其主要责任范围除负责陆运险所列举的自然灾害和意外事故所造成的全部或部分损失外，还负责赔偿由于冷藏机器隔温设备在运输途中损坏所造成的被保险货物解冻溶化而腐败的损失。但对于因战争、工人罢工或运输延迟而造成的被保险冷藏货物的腐败或损失以及被保险冷藏货物在保险责任开始时未能保持良好状况、整理、包扎不妥或冷冻不合规格所造成的损失则除外。一般的除外责任条款也适用本险别。

陆上运输冷藏货物险的责任自被保险货物运离保险单所载起运地点的冷藏仓库装入运送工具时生效，包括正常陆运和与其有关的水上驳运在内，直到货物到达目的地收货人仓库为止。但是以被保险货物到达目的地车站后 10 天为限。

3. 陆上运输货物战争险（火车）

陆上运输货物战争险（overland transportation cargo war risk—by train）是陆上运输货物保险的特殊附加险，只有在投保了陆运险或陆运一切险的基础上方可加保。

加保陆运战争险后，保险公司负责赔偿在火车运输途中由于战争、类似战争行为和敌对行为、武装冲突所致的损失，以及各种常规武器包括地雷、炸弹所致的损失。但是，由于敌对行为使用原子弹或核武器所致的损失和费用，以及由于执政者、当权者或其他武装集团的扣押、拘留引起的承保运程的丧失和挫折而造成的损失除外。

陆运战争险的责任起始以货物置于运输工具时为限，即自被保险货物装上保险单所载起运地的火车时开始，到保险单所载目的地卸离火车时为止。如果被保险货物不卸离火车，则以火车到达目的地的当日午夜起计算，满 48 小时为止；如在运输中途转车，不论货物在当地卸载与否，保险责任以火车到达该中途站的当日午夜起满 10 天为止。如货物在此期限内重新装车续运，仍恢复有效。

陆上运输货物保险可以加保罢工险。与海洋运输货物保险相同，在投保战争险前提下，加保罢工险不另收费。如仅要求加保罢工险，则按战争险费率收费。陆运罢工险的承保责任范围与海运罢工险的责任范围相同。

6.4.2　航空运输货物保险险别与条款

航空运输货物保险也分为航空运输险（air transportation risks）和航空运输一切险（air transportation all risks）两种。另外还有一种附加险，即航空运输货物战争险。

航空运输险的承保责任范围与海运水渍险大体相同。保险公司负责赔偿保险货物在运输途中遭受雷电、火灾、爆炸或由于飞机遭受恶劣气候或其他危难灾害和意外事故所造成的全部或部分损失。

航空运输一切险的承保责任范围除包括上述航空运输险的责任外，对被保险货物在运输途中由于一般外来原因，包括被偷窃、短少等所造成的全部或部分损失也负赔偿责任。

航空险和航空一切险的除外责任与海运险的除外责任基本相同。

航空运输货物险的保险责任也采用“仓到仓”条款，但与海洋运输险的“仓至仓”责任条款不同的是：如货物运达保险单所载明的目的地而未运抵保险单所载明的收货人仓库或储存处所，则以被保险货物在最后卸离飞机后满 30 天保险责任即告终止。如在 30 天内被保险货物需转送到非保险单所载明的目的地时，则以该项货物开始转运时终止。

与陆运货物保险一样，被保险货物在投保航空运输险和航空运输一切险后，还可加保航空运输货物战争险等附加险。

6.4.3 邮政包裹运输保险险别与条款

邮政包裹运输保险承保邮包在运输途中因自然灾害、意外事故和外来原因所造成的损失。邮包保险包括邮包险（parcel post risks）和邮包一切险（parcel post all risks）两种基本险别。在投保这两种基本险别之一的基础上，还可酌情加保一种或若干种附加险。

邮包险的承保责任范围是承保被保险邮包在运输途中因自然灾害、意外事故所造成的全部或部分损失，以及被保险人对遭受承保责任内危险的货物采取抢救、防止减少货损的措施而支付的合理费用，但以不超过该批货物的保险金额为限。

邮包一切险的承保责任范围除了包括上述邮包险的全部责任外，还负责被保险邮包在运输途中由于外来原因所造成的全部或部分损失。

邮包险和邮包一切险的保险责任是自被保险邮包离开保险单所载起运地点寄件人的处所运往邮局时开始生效，直至被保险邮包运达保险单所载明的目的地邮局，自邮局签发到货通知书当日午夜起满 15 天为止。但在此期间，邮包一经递交至收件人的处所时，保险责任即行终止。

6.5 进出口货物运输保险条款及保险实务

6.5.1 进出口合同中的保险条款

买卖双方在磋商和签订进出口合同时，一般都订立有关货物运输保险条款。保险条款的具体内容，应视不同种类的合同而有所区别。一般情况下，如保险不涉及双方当事人利益，保险条款就比较简单。例如常用的 FOB 和 CFR 合同，买方承担货物在运输途中的风险，并负责办理投保、支付保险费，不涉及卖方利益，合同中的保险条款只要明确由买方办理即可，“保险由买方自理”（insurance to be effected by the buyers）。如果一方当事人承担货物在运输途中的风险，而另一方当事人负责办理有关保险事项，例如 CIF 合同，卖方负责办理投保并支付保险费，但运输途中的风险由买方承担，卖方对运输途中的货物没有可保权益，这样，保险涉及买卖双方利益，合同中的保险条款就应详细、明确订定，以便顺利履行合同。

CIF 合同中的保险条款，应包括保险责任、保险金额、投保险别和适用条款四个内容。例如，"由卖方按发票金额×××%投保××险按 1981 年 1 月 1 日中国人民保险公司海洋运输货物保险条款。"（insurance to be effected by the sellers for ×××% of invoice value against ×× as per ocean marine cargo clauses of The People′s Insurance Company of China dated Jan. 1，1981）

FOB 或 CFR 合同，如果买方委托卖方代办保险，可订为"由买方委托卖方按发票金额×××%代为投保××险按 1981 年 1 月 1 日中国人民保险公司海运货物保险条款负责，保险费由买方负担"（insurance to be effected by the sellers on behalf of the Buyers for ×××% of invoice value against ... Risks as per ocean marine cargo clauses of The People′s Insurance Company of China dated Jan. 1，1981. Premium to be for buyer′s account）。

6.5.2 货物运输保险实务

进出口货物自起运地运往目的地时，应由卖方还是买方向保险人办理货物运输保险，一般决定于贸易合同中所使用的贸易术语。但无论由何方投保，均涉及选择险别、确定保险金额、交纳保险费以及办理有关手续等问题。

1. 保险险别的选择

保险险别中关于保险人与被保险人间的权利与义务的规定，是保险公司确定所负赔偿责任的主要依据。险别不同，保险公司的责任也不同，收取的保险费也不同。因此，如何选择适当的险别是个非常重要的问题。一般说来，对保险险别的选择，必须根据货物的性质、包装、运输、装载、季节、气候及安全等具体情况全面考虑，做到既要使货物得到充分的保险保障，又要注意保险费用的合理负担。例如，易碎的玻璃器皿宜保一切险；而笨重、不易短缺、损坏的钢铁制品就不必保一切险；散装的粮食等要保短量险等。

保险险别如系海运保险，可从中国保险款（CIC）的三种基本险（平安险、水渍险和一切险）中选择一种险别进行投保。如采用多式联运，则应按所使用的不同方式分别选择各方式适用的险别一起投保。

2. 确定保险金额

保险金额（insured amount）是保险人赔偿的最高金额，也是计算保险费的基础。保险金额是根据保险价值（insurable value）确定的。保险价值一般包括货价、运费、保险费以及预期利润等。在国际货物买卖中，凡按 CIF、CIP 条件达成的合同一般均规定保险金额，而且，保险金额通常还须在发票金额的基础上增加一定的百分率，即所谓"保险加成"，这是由国际贸易的特定需要决定的。如合同对此未做规定，按《2000 年通则》和《跟单信用证统一惯例》规定，卖方有义务按 CIF、CIP 价的总值另加 10%作为保险金额。这部分增加的保险金额就是买方进行这笔交易所支付的费用和预期利润。如国外客户要求提高加成率，也可接受，但由此而增加的保险费在原则上应由买方承担。

保险金额保留整数，不设辅币，且小数点后零以上的数都应进位。例如：USD 545.01，应写成 USD 546。

保险金额的计算公式为

$$\text{保险金额}=\text{CIF 价或 CIP 价}\times(1+\text{投保加成率})$$

保险金额一般是按 CIF 价或 CIP 价为基础加成确定的，如我方报 CFR 价或 CPT 价，客户要求改报 CIF 价或 CIP 价，则 CIF 价或 CIP 价可按下列公式换算：

$$\text{CIF 价或 CIP 价}=\frac{\text{CFR 价或 CPT 价}}{1-[\text{保险费率}\times(1+\text{投保加成率})]}$$

为简化计算程序，中国人民保险公司制定了一份保险费率常用表。将 CFR 价或 CPT 价直接乘以表内所列常数，便可算出 CIF 价或 CIP 价。

进口货物的保险金额，原则上也按进口货物的 CIF 价或 CIP 价计算，但目前进口合同大都采用 FOB 或 FCA 条件，为简化手续，方便计算，一些外贸企业和具有进口经营权的企业与保险公司签订预约保险合同，共同议定平均运费率（也可按实际运费计算）和平均保险费率。其保险金额的计算公式如下：

$$\text{保险金额}=\text{FOB 价或 FCA 价}\times(1+\text{平均运费率}+\text{平均保险费率})$$

这里的保险金额即估算的 CIF 价或 CIP 价而不另加成。如投保人要求在 CIF 价或 CIP 价基础上加成投保，保险公司也可接受。

3. 办理投保和交付保险费

出口合同采用 CIF 或 CIP 条件时，保险由卖方办理。卖方在向保险公司办理投保手续时，应根据买卖合同或信用证规定，在备妥货物并确定装运日期和运输工具后，填制保险单，具体列明被保险人名称、被保险货物名称、数量、包装及标志、保险金额、起讫地点、运输工具名称、投保险别等，送交保险公司投保，并交付保险费。

保险费（premium）是保险公司向被保险人收取的费用。是保险人经营业务的基本收入，也是保险人所掌握的保险基金（即损失赔偿基金）的主要来源。

保险费率（premium rate）是计算保险费的依据，一般由保险公司规定或者由保险双方商定。

保险费的计算公式为

保险费＝保险金额×保险费率

如按 CIF 价或 CIP 价加成投保，上述公式可改为

保险费＝CIF 价或 CIP 价×(1＋投保加成率)×保险费率

4. 取得保险单证

保险单据是保险人与被保险人之间订立保险合同的证明文件，也是保险公司出具的承保证明，是被保险人凭以向保险公司索赔和保险公司理赔的依据。常用的保险单据有：保险单（insurance policy）、保险凭证（insurance certificate）、联合凭证（combined certificate）、预约保险单（open policy）

保险单和保险凭证可以经背书或其他方式进行转让。在 CIF 或 CIP 条件下，保险单据的形式和内容，必须符合信用证的有关规定。保险单据的出单日期不得迟于运输单据的签发日期。因此，办理投保手续的日期也不得迟于货物装运日期。

5. 保险索赔

进出口货物在保险责任有效期内发生属于保险责任范围内的损失，被保险人按照保险单的有关规定向保险公司提出赔偿要求，称为保险索赔。在索赔工作中，被保险人应做好下列工作：

(1) 损失通知。

保险货物遭受损失时被保险人应立即通知保险公司或保险单上载明的保险公司在当地的检验、理赔代理人，并申请检验。

(2) 向承运人等有关方面提出索赔。

除向保险公司报损外，被保险人还应立即向承运人或有关当局（如海关、港务当局等）索取货损货差证明。如货损货差涉及承运人等方面责任的，还应及时以书面形式向有关责任方提出索赔。

(3) 采取合理的施救、整理措施。

被保险货物受损后，被保险人应迅速对受损货物采取必要合理的施救、整理措施，以防止损失的扩大。

(4) 备妥索赔单证。

提出索赔时，除应提供检验报告外，还须提供其他单证，如保险单或保险凭证正本、运输单据、发票、装箱单或重量单、货损货差证明等。

(5) 代位追偿。

在保险业务中，为了防止被保险人双重获益，保险人在履行全损赔偿或部分

损失赔偿后，在其赔付金额内，要求被保险人转让其对造成损失的第三者责任方要求全损赔偿或相应部分赔偿的权利。这种权利称为代位追偿权（right of subrogation），或称代位权。在实际业务中，保险人需首先向被保险人进行赔付，才能取得代位追偿权。其具体做法是：被保险人在获得赔偿的同时签署一份权益转让书，作为保险人取得代位权的证明。保险人便可向第三者责任方进行追偿。

6.5.3 海运保险单据

保险单据既是保险公司对被保险人的承保证明，又是双方之间权利和义务的契约，在被保险货物遭受损失时，它是被保险人索赔的主要依据，也是保险公司理赔的主要依据。此外，各进出口单位通过银行结汇时，它还是重要单据之一。

1. 海运保险单据的种类

（1）保险单（insurance policy）。保险单俗称大保单或正式保险单，是使用最多的普通保险单。它承保在保险单内所指定的，经由指定船舶和航次承运的货物在运输途中的风险。这种保险单是保险人根据投保人逐笔投保逐笔签发的。

保险单除载明被保险人名称、被保险货物名称、数量、标记、运输工具种类和名称、险别、起讫地点或保险期限、保险金额等项目外，并在保险单背面附有关于保险公司的责任范围以及保险公司和被保险人的权利和义务等方面的详细条款。

（2）保险凭证（insurance certificate）。保险凭证俗称小保单，是一种简化的保险契约。它同正式保单的区别在于，保险凭证背面没有列入关于保险公司的责任范围以及保险公司和被保险人的权利和义务等方面的详细条款，仅表明："承保货物按照正式保险单所载全部条款及本承保凭证所特定的条款办理，两者如有抵触，以本承保凭证的特定条款为准。"目前世界各国除个别国家外，一般都承认保险凭证同保险单具有同等效力。但是，如果信用证内规定提交的是保险单时，一般不能以保险凭证代替。

（3）联合凭证（combined certificate）。联合凭证是我国对港澳地区出口使用的一种形式更为简化的保险单据。保险公司仅将承保险别和保险金额以及保险编号加注在我国进出口公司开具的出口货物发票上，即作为已经保险的证据。至于其他条件，均以发票上所列内容为准。这是发票与保险单相结合的一种凭证，是最简单的保险单据。

（4）预约保险单（open policy）。预约保险单是一种长期性的保险单。保险公司与被保险人在保险单内事先约定，在一定时期内，保险公司统一承保约定的货物种类范围内的保险，一般不规定总保险金额。被保险人于每次货物发运后，通知保险公司有关货物名称、数量、包装、载货船舶、启运地、保险金额等，保险公司则按约定自动承保。保险费一般是按事先约定的费率标准定期支付。

这种预约保险单目前在我国仅适用于以FOB或CFR术语成交的进口货物以及出国展销品。

2. 保险单的批改和转让

(1) 保险单的批改。保险单签发后，在有效期内，其内容一般不做变更为宜。但在实际业务中，由于种种原因，例如投保人在向保险人申报时陈述错误或遗漏；承运人根据运输合同所赋予的权力改变航行路线或转船等。这些错漏或变化要求对原保险单内容及时进行变更或修改，以便保险标的获得与实际情况相结合的保险保障。

投保人如果需要对保险单内容进行变更或修改，应以书面形式向保险人申请批改。通常只要不超过保险条款规定允许的内容，保险人都会接受。保险人批改保险单一般采用签发批单（endorsement）的方式进行。该批单应贴在原保险单上，构成原保险单上的一个组成部分，对双方当事人均有约束力。

(2) 保险单的转让。保险单的转让是指保险单权利的转让，就是被保险人将保险单所赋予的要求损失赔偿权利以及相应的诉讼权利转让给受让人。这种权利的转让同保险货物本身所有权的转让是两种不同的法律行为。买卖双方交接货物，转移货物所有权利，并不能自动转移保险单的权利。

货物运输保险单保障的是运输途中的货物，谁承担运输途中的风险，理应由谁办理投保，掌握保险单。但是买卖双方如果按CIF术语成交，按惯例，货物在运输途中的风险由买方承担，而由卖方办理投保。卖方在履行完毕交货义务，将货物所有权转移出去之后，对运输途中的货物就不再拥有可保权益，需将保险单随同提单和其他单据一起转交买方，实现保险单权利转让。货物抵目的港如发生保险责任范围内的损失，买方作为保险单受让人或合法持有人，便可行使被保险人的权利，向保险人要求赔偿。

转让保险单，一般采用空白背书的方式办理。按照国际货物运输保险习惯，被保险人转让保险单，可以在保险货物发生损失之前办理，也可以在发生损失之后办理，均不影响保险效力，而且事前事后无需通知保险人。

本章小结

保险是国际货物买卖的交易条件之一。在国际货物买卖中，货物由卖方所在地运到买方所在地的整个运输、装卸和储存过程中，可能会遇到各种难以预料的风险从而遭受损失。为了在货物遭受损失时能得到一定的经济补偿，买方或卖方就需要事先办理货物运输保险。

货物在海洋运输中遭遇到的风险和损失很多，但可从保险公司得到保障的范围只限于保险合同约定的风险、损失和费用。风险包括船舶在海上航行过程中所遇到的危险，即海上风险，也包括海上风险以外其他原因所造成的风险，即外来风险。损失则有全部损失和部分损失之分。费用包括施救费用、救助费用和特别费用。

我国海洋运输货物保险险别主要有基本险和附加险。基本险包括平安险、水渍险和一切险三种。附加险则包括一般附加险和特殊附加险。在国际贸易中，不仅海上运输货物需要保险，陆上运输、航空运输、邮包运输的货物也需要办理保险。伦敦保险业协会海运货物保险条款有（A）、（B）、（C）三种条款。三种险别的区别，主要反映在风险条款中。

在进出口货物运输保险业务中，被保险人在选择确定投保的险别后通常涉及的工作还有：确定保险金额、办理投保并支付保险费、领取保险单证以及在货损时办理保险索赔。

练习与思考

1. 什么叫共同海损？在什么情况下才能构成共同海损？

2. 实际全损和推定全损有什么区别？

3. 简述平安险、水渍险和一切险的主要区别。

4. 什么叫作“仓至仓”条款？

5. 如何理解海运战争险的保险责任起讫只限于“水面危险”？

6. 出口合同中的保险条款应包括哪些内容？

7. 一批出口货物 CFR 价为 19 800 美元，现客户要求按 CIF 价加成 20%投保海运一切险，我方同意照办，如保险费率为 1%，我方应向对方补收保险费若干？

案例分析

1. 某货轮从上海港驶往新加坡，在航行中触礁，造成船底撞穿、海水涌入，部分货物遭水浸，船长为避免船舶沉没，令船强行搁浅，又使船货发生损失，由于船舶受损严重，无法继续航行，于是船长决定雇佣拖轮将货船拖往附近港口修理，检验后重新驶往新加坡。事后调查，这次事件造成的损失有：（1）1 000 箱货物由于船舶触礁而被水湿；（2）600 箱货物由于船舶搁浅而遭水渍；（3）船底因触礁而受损；（4）船底因搁浅而受损；（5）拖船费用；（6）额外增加的燃料和船长、船员工资。

上述各项损失从性质上看，哪些属于单独海损？哪些属于共同海损？为什么？

2. 我方以 CFR 贸易术语出口货物一批，在从出口公司仓库运到码头待运过程中，货物发生了损失，该损失应由何方负责？如买方已经向保险公司办理了保险，保险公司对该项损失是否给予赔偿？并说明理由。

第 7 章

进出口货款结算

［学习目标］

1. 全面掌握各种支付方式的优缺点、信用证的国际统一规则；

2. 学会在不同条件下选择适当的支付方式。

支付条件是国际货物买卖的主要交易条件，支付条款是买卖合同中的一个重要组成部分。根据各国法律和《联合国国际货物销售合同公约》，按照合同规定支付货款是买方的基本义务，收取货款则是卖方的主要权利。货款的收付直接影响双方的资金周转和融通，以及各种金融风险和费用的负担，这是关系买卖双方利益的问题。我国进出口贸易的进口和出口通常是通过外汇的收付来结算货款的。结算货款主要涉及支付工具、付款时间、付款地点及支付方式等问题，买卖双方必须对此取得一致意见，并在合同中做出明确的规定。

7.1 支付工具

进出口贸易货款的结算基本上都采用票据作为结算工具，现金结算占极小的比重，而且仅限于小量交易。票据是国际通行的结算和信贷工具，是可以流通转让的债权凭证。国际贸易中使用的票据有汇票、本票及支票，其中以使用汇票为主。

7.1.1 汇票

1. 汇票（bill of exchange，draft）的含义和基本内容

我国《票据法》第 19 条规定：汇票是出票人签发的，委托付款人在见票时或者在指定日期无条件支付确定的金额给收款人或持票人的票据。

按照各国广泛引用或参照的《英国票据法》的规定，汇票是："一个人（出票人 drawer）向另一个人（受票人/付款人 drawee/payer）签发的、要求该受票人在见票时或将来可确定的时间或将来特定日期对某人或其指定人或持票人（受款人 payee）支付一定金额的无条件的书面支付命令。"

汇票必须要式齐全。所谓要式齐全，即应当具备必要的内容。我国《票据法》第 22 条明确规定：汇票必须记载下列事项：

① 应表明“汇票”字样；

② 无条件支付命令；

③ 确定的金额；

④ 付款人名称、地址；

⑤ 收款人名称；

⑥ 出票日期；

⑦ 出票人签章。

未记载上述规定事项之一的汇票无效。

在实际业务中，汇票通常尚需列明付款日期、付款地点和出票地点等内容。对此，我国《票据法》第 23 条也做了下述具体规定：“汇票上记载付款日期、付款地、出票地等事项的，应当清楚、明确。汇票上未记载付款日期的，为见票即付。汇票上未记载付款地的，以付款人的营业场所、住所或者经常居住地为付款地。汇票上未记载出票地的，出票人的营业场所、住所或经常居住地为出票地。”

上述基本内容，一般为汇票的要项，但并不是汇票的全部内容。按照各国票据法的规定，汇票的要项必须齐全，否则受票人有权拒付。

此外，汇票还可以有一些票据法允许的其他内容记载，例如，利息和利率、付一不付二、禁止转让、免除做成拒绝证书、汇票编号、出票条款等。

2. 汇票的种类

汇票从不同的角度可分为以下几种：

(1) 按出票人不同，汇票可分为银行汇票（banker′s draft）和商业汇票(commercial draft)。前者的出票人是银行，受票人也是银行，性质与银行本票相同，即无条件的支付承诺，它必须有两位被授权人手签方能生效；后者的出票人是商号或个人，付款人可以是商号、个人，也可以是银行。

(2) 按有无随附货运单据，汇票可分为光票（clean bill）和跟单汇票（documentary bill)。前者不附带货运单据，后者附带货运单据。银行汇票多为光票，商业汇票多为跟单汇票。

(3) 按付款时间的不同，汇票可分为即期汇票（sight draft）和远期汇票(time bill or usance bill)。前者见票即付，后者在见票后一定期限或特定日期付款。

远期汇票的付款时间，有以下几种规定办法：

① 见票后若干天付款（at ... days after sight)；

② 出票后若干天付款（at ... days after date)；

③ 提单签发日后若干天付款（at... days after sight of B/L)；

④ 指定日期付款（at a fixed date in future)。

(4) 按承兑人的不同，可分为商业企业或个人承兑汇票（commercial ac-

ceptance draft）和银行承兑汇票（banker's acceptance draft）。前者由工商企业或个人承兑远期汇票，后者由银行承兑远期商业汇票。

一张汇票往往可以同时具备几种性质，例如一张商业汇票同时又可以是即期跟单汇票，一张远期的商业跟单汇票，同时又是银行承兑汇票。

3. 汇票的使用

汇票的使用即期汇票的使用须经出票、提示和付款三个程序。远期汇票的使用须经出票、提示、承兑和付款四个程序。如须转让，通常经过背书行为转让。汇票遭到拒付时，还要涉及做成拒绝证书和行使追索权等法律权利。

（1）出票（to draw a draft）。即填写汇票内容，签章并交付给收款人。在出票时，对收款人通常有三种填写方式：

① 限制性抬头。例如，“仅付 ×× 公司”（pay ×× Co. only），不以背书转让，只能由指定公司收取票款。

② 指示性抬头。例如，“付 ×× 公司指定人”（pay to the order of ×× Co.），持票人背书后才能转让。

③ 来人抬头。例如，“付给来人”（pay to bearer），无需背书，仅凭交付即可转让。

出票人承担保证该票必然会被承兑或付款的责任。汇票通常一式两份，分别寄发，以防遗失（银行汇票只签发一份），但只对其中一份承兑或付款，汇票上都写明“付一不付二”或“付二不付一”字样，以防重复承兑或付款。

（2）提示（presentation）。即收款人或持票人将汇票提交给付款人要求承兑或付款。付款人看到汇票，即为见票（sight）。

（3）承兑（acceptance）。指付款人承诺在汇票到期日支付票款，即在汇票正面写上“承兑”（accepted）字样，注明承兑日期，并由承兑人签名，交还持票人。

（4）付款（payment）。即付款人将票款支付给持票人。即期汇票见票即付，远期汇票到期再付。

（5）背书（endorsement）。即持票人在汇票的背面签上自己的名字（空白背书），或再加上受让人（transferee），即被背书人的名称（记名背书），将汇票交给受让人。

（6）拒付（dishonour）。即拒绝付款或拒绝承兑。汇票一旦被拒付，持票人可向前手追索票款。

7.1.2 本票

1. 本票（promissory note）的含义与主要内容

根据我国《票据法》第 37 条规定，本票是出票人签发的，承诺自己在见票时无条件支付确定的金额给收款人或持票人的票据。第 74 条又规定，本票的出票人必须具有支付本票金额的可靠资金来源，并保证支付。

根据《英国票据法》规定，本票是一个人向另一个人签发的，保证于见票时或定期或在可以确定将来的时间，对某人或其指定人或持票人支付一定金额的无条件的书面承诺。简言之，本票是出票人对受款人承诺无条件支付一定金额的票据。

各国票据法对本票内容规定各不相同。我国《票据法》规定，本票必须记载下列事项：表明“本票”字样；无条件的支付承诺；确定的金额；收款人的名称；出票日期；出票人签字。

本票上未记载上述事项之一的，视为无效。

2. 本票的种类

本票可分为商业本票和银行本票。由工商企业或个人签发的称为商业本票或一般本票，由银行签发的称为银行本票。商业本票有即期和远期之分，银行本票则都是即期的。按我国《票据法》第 79 条规定，我国允许开立自出票日起，付款期限不超过 2 个月的银行本票。在国际贸易结算中使用的本票，有的银行发行见票即付、不记载收款人的本票或是来人抬头的本票，它的流通性与纸币相似。银行本票同样须有两位被授权人亲手签名。

3. 本票与汇票的区别

(1) 当事人。汇票有三个基本当事人，即出票人、付款人和收款人；本票(和银行汇票)只有两个基本当事人，即出票人和收款人，因本票和银行汇票的付款人就是出票人自己。

(2) 份数。汇票能够列出一式多份（银行汇票除外）；而本票只能一式一份。

(3) 承兑。远期汇票都要经付款人承兑。规定有具体付款日期的汇票，经承兑后，就使付款人做了进一步的付款保证；见票后才定付款日期的汇票，只有在承兑后才能把付款到期日定下来；而本票的出票人就是付款人，远期本票由他签发，就等于承诺在本票到期日付款，因此无须承兑。

(4) 责任。汇票在承兑前由出票人负责，承兑后则由承兑人负主要责任，出票人负次要责任；而本票则全由出票人负责，其出票人是绝对的主债务人。

7.1.3 支票

1. 支票（cheque 或 check）的含义与主要内容

我国《票据法》第 82 条规定，支票是出票人签发的，委托办理支票存款业务的银行或者其他金融机构在见票时无条件支付确定金额给收款人或持票人的票据。

按《英国票据法》规定，支票是以银行为付款人的即期汇票，即存款人对银行无条件支付一定金额的委托或命令。出票人在支票上签发一定的金额，要求受票的银行于见票时立即支付一定金额给特定人或持票人。

出票人在签发支票后，应负票据上的责任和法律上的责任。前者是指出票人担保支票的付款；后者是指出票人签发支票时，应在付款银行存有不低于票面金额的存款。如存款不足，支票持有人在向付款银行提示支票要求付款时，就会遭到拒付。这种支票叫做空头支票。开出空头支票的出票人要负法律上的责任。

支票必须记载下列事项：表明"支票"字样；无条件的支付委托；确定的金额；付款人名称；出票日期；出票人签字。

支票人未记载规定事项之一的，视为无效。

2. 支票的种类

按我国《票据法》，支票可分为现金支票和转账支票两种。用支票支取现金或是转账，均应分别在支票正面注明。现金支票只能用于支取现金；转账支票只能用于通过银行或其他金融机构转账结算。但支票一经划线就只能通过银行转账，而不能直接支取现金。因此，就有"划线支票"（crossed check）和"未划线支票"之分。划线支票通常都在其左上角划两道平行线，注明"A/C payee only"。视需要，支票既可由出票人，也可由收款人或银行划线。对于未划线支票，收款人既可通过自己的往来银行代向付款行收款，存入自己的账户，也可径自到付款银行提取现款。

按各国票据法，支票可由付款银行加"保付"（certified to pay）字样并签字而成为保付支票。付款银行保付后就必须付款，支票经过保付身价提高，有利于流通。

3. 支票的使用

支票的使用有一定的有效期，由于支票是代替现金的即期支付工具，所以有效期较短。我国《票据法》规定，支票的持票人应当自出票日起 10 日内提示付款；异地使用的支票，其提示付款的期限由中国人民银行另行规定。超过提示付款期限的，付款人可以不予付款；付款人不予付款的，出票人仍应对持票人承担票据责任。

4. 支票与汇票、本票的区别

支票与汇票、本票虽均具有票据的一般特性，但也存在明显差异。主要表现在以下几个方面：

(1) 当事人。汇票和支票均有三个基本当事人，即出票人、付款人和收款人；而本票的基本当事人只有两个，即出票人和收款人。本票的付款人即是出票人自己。

(2) 证券的性质。汇票与支票均是委托他人付款的证券，故属委托支付证券；而本票是由出票人自己付款的票据，故属自付证券或承诺证券。

(3) 到期日。支票均为见票即付；而汇票和本票除见票即付外，还可做出不同到期日的记载，如定日付款、出票后定期付款和见票后定期付款。在进出口货款结算中使用的跟单汇票，还有运输单据出单日期后定期付款记载。

(4) 承兑。远期汇票需要付款人履行承兑手续；本票由于出票人就负有担保付款的责任，因此无须提示承兑，但见票后定期付款的必须经出票人见票才能确定到期日，因此又有提示见票即“签见”的必要；支票均为即期，故也无须承兑。

(5) 出票人与付款人的关系。汇票的出票人对付款人没有法律上的约束，付款人是否愿意承兑或付款，是付款人自己的独立行为，但一经承兑，承兑人就应承担到期付款的绝对责任；本票的付款人即出票人自己，一经出票，出票人即应承担付款责任；支票的付款人只有出票人在付款人处有足以支付支票金额存款的条件下才负有付款义务。

7.1.4 跟单汇票的缮制

汇票一般一式两份，具有同等效力，其中一份付讫，另一份自动失效。汇票的缮制应注意以下几个问题：

1. 出票日期和地点

出票日期一般为议付日期，不能早于其他所有单据的出单日期，更不得迟于信用证的有效期及最迟交单期，否则视为不符。

信用证规定一个有效期（即最迟交单期），并规定一个在装运日后若干天必须交单的特定期限，如果信用证未规定一个在装运日后必须交单的特定期限，则银行将不接受迟于装运日期后 21 天提交的单据。无论如何，出口人必须在信用证规定交单期内交单议付，但同时必须在信用证的有效期内；有效到期日若逢银行休假日，则顺延至下一个营业日。出票地点一般为出口议付地点。

2. 付款期限

应按信用证的规定填写。如果是即期汇票，则填见票即付（at sight)；如果是远期汇票，则应按信用证的规定填写，通常有 4 种规定方式：①见票后若干天付款（at... days after sight）；②出票后若干天付款（at... days after date of draft）；③提单签发日后若干天付款（at... days after date of B/L）；④指定日期付款（at a fixed date in future）。

3. 收款人（payee）

一般为出口地议付行。在汇票上填总行名称即可，不必再填分行名称，如：pay to the order of Bank of China。

4. 汇票金额

汇票金额不得超过信用证规定金额。具体应注意以下几点：①如果信用证金额前有“大约”（about 或 approximate）字样，则金额伸缩幅度为 10%；②汇票金额的大小写必须一致；③汇票上的货币名称与金额原则上应与发票一致；④发票金额如果超过信用证的金额，则汇票应做成两份，一份是信用证项下的汇票（开列信用证金额），一份是托收项下的汇票（开列超过部分的金额，以买方为付款人，称为证外托收）；⑤如果信用证规定“佣金另作贷记通知单（credit note)”，则“汇票金额”＝“发票金额”－“贷记通知单金额”；如果信用证规定“佣金在议付时扣除”，则“汇票金额”＝“发票总额”（毛额）（发票上应列出总额、佣金额和净额），但是，银行在寄单通知书上应列出议付金额（即汇票金额）和从议付金额扣除佣金后的索汇金额。

5. 出票条款

出票条款表明汇票是根据某号信用证开出的，包括开证行名、信用证号码、开证日期三项。

6. 利息条款

汇票上的利息条款有明确的利率和利息的起讫日期，是开证行向进口方算收利息的依据，与出口方无关。出票时，必须按照信用证的规定将利息条款在汇票上列明，但是，如果信用证未规定利息条款，则汇票上无须加注利息条款。

7. 号码

填写汇票的具体编号。

8. 付款人（payer，drawee）

付款人也称受票人，指接受支付命令付款的人。如果信用证规定“draft drawn on us 或 issuing bank”，即付款人填开证行。SWIFT 传递的信用证，有一栏为 Drawee，《UCP500》规定为开证行。如果信用证指定有偿付行，则应按信用证规定缮制两套汇票，一套汇票的付款人为开证行，连同整套货运单据寄交开证行审核；而另一套汇票的付款人则为开证行指定的偿付行，光票寄偿付行索汇。

9. 出票人（drawer）签字或盖章

一般是信用证的受益人，即出口人。但也有例外，如：可转让信用证经转让后，其汇票的出票人可能不是原证的受益人。在我国出口业务中，习惯做法是在汇票的右下角盖法人章（出口企业英文条章及法人代表的手签印章）。

7.2 汇付和托收

汇付和托收都是由买卖双方根据合同互相提供信用。汇付属于顺汇法，也称汇付法，即资金的流向与支付工具的传递方向是一致的；托收属于逆汇法，也称出票法，即资金的流向与支付工具的传递方向是相反的。

7.2.1 汇付

汇付（remittance），又称“汇款”，即付款人主动通过银行或其他途径将款项汇给收款人，是最简单的结算方式。

1. 汇付的当事人

(1) 汇款人（remitter），即付款人，通常为进口商。

(2) 收款人（payee），又称“受益人”（beneficiary），通常为出口商。

(3) 汇出行（remitting bank），是指受汇款人委托汇出款项的银行，通常是进口商所在地的银行。

(4) 汇入行（receiving bank），又称解付行（paying bank），是指受汇出行的委托，解付款项给收款人的银行，通常为汇出行的代理行。

2. 汇付的种类及其业务程序

按汇出行给汇入行发解付授权书的方式，可分为三种：

(1) 信汇（mail transfer，M/T）。信汇是进口人将货款交进口人所在地银行，进口地银行再以信函（mail）方式通知其在出口人所在地分支行或代理行支付货款给出口人的过程。费用较低，但收款时间较慢。

(2) 电汇（telegraphic transfer，T/T）。电汇是进口方向当地银行申请以电汇方式付款并将货款交给银行，该进口地银行根据申请，用电报向进口地银行发出委托书，委托其向出口方付款，待出口地银行付款后，进口地银行再将款项转账至出口地银行。

电汇方式与信汇方式类似，其区别在于进口地银行委托通知出口地银行付款时，电汇方式使用了比信汇中的信件方式更快的电讯方式。电汇方式可使出口方更快得到货款，但其费用也相对较高。电汇与信汇的业务程序如图7-1所示。

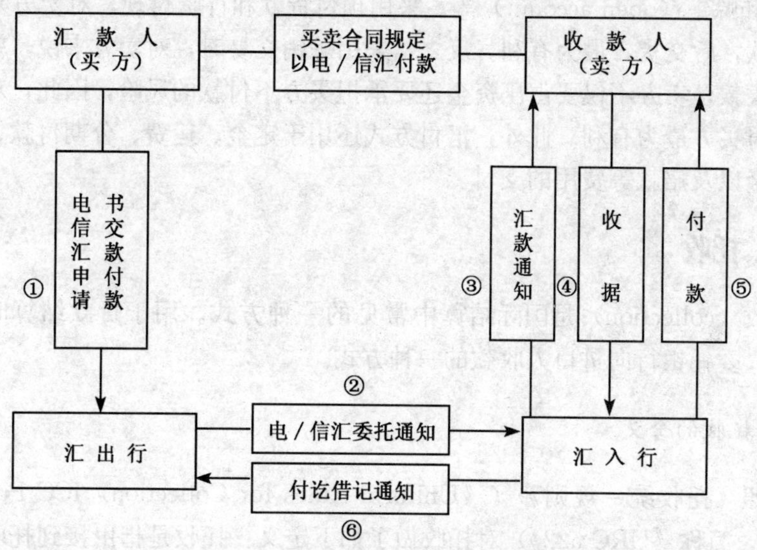

图7-1　电/信汇业务程序示意图

（3）票汇（demand draft，D/D）。票汇是进口方向当地银行购买银行汇票，自行寄给出口方，出口方凭此汇票向汇票指定的付款银行取款。票汇的授权方式是开立银行即期汇票、银行本票等。票汇与电汇、信汇的不同之处在于，票汇的汇入行无须通知收款人取款，而由收款人持票登门取款，如图7-2所示。

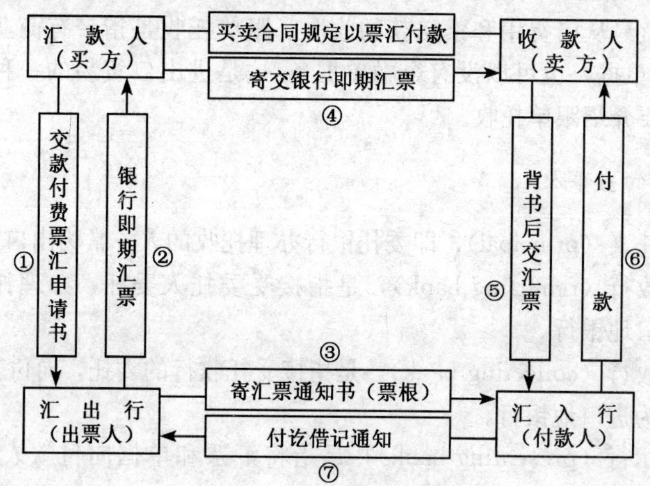

图7-2　票汇业务程序示意图

3. 汇付在进出口贸易中的运用

汇付方式通常用于预付货款（payment in advance）、订货付现（cash with order）和赊销（open account）等。采用预付货款和订货付现，对卖方来说，就是先收款，后交货，最为有利。反之，采用赊销交易时，对卖方来说，就是先交货，后收款，卖方不仅要占压资金还要承担买方不付款的风险，因此，对卖方不利，而对买方最为有利。此外，汇付方式还用于定金、运费、分期付款、货款尾数、佣金以及赔款等费用的支付。

7.2.2 托收

托收（collection）是国际结算中常见的一种方式。用于货款结算时，托收是出口人委托银行向进口人收款的一种方式。

1. 托收的含义

按照《托收统一规则》（《Uniform Rules for Collection》ICC Publication No. 522，简称《URC 522》）对托收做了如下定义：托收是指由接到托收指示的银行根据所收到的指示处理金融单据和/或商业单据以便取得付款或承兑，或凭付款或承兑交出商业单据，或凭其他条款或条件交出单据。金融单据（fianncial documents）是指发票、运输单据、物权单据或其他类似单据，或除金融单据以外的其他单据。

托收分为光票托收和跟单托收两种。光票托收是指金融单据不附带商业单据的托收，即仅以金融单据委托银行代为收款。光票托收可以用于货款尾数、小额交易货款、贸易从属费用和索赔款的收取。跟单托收是指带有商业单据的托收（可以有金融单据，也可以没有金融单据）。这是进出口贸易的一种专门支付方式。以下主要介绍跟单托收。

2. 托收的当事人

（1）委托人（principal），即委托银行办理托收的人，常为出口方。

（2）托收行（remitting bank），是指接受委托人委托，办理托收业务的银行，常为出口地银行。

（3）代收行（collecting bank），是指接受托收行的委托，向付款人收取票款的银行，常为进口地银行。

（4）提示行（presenting bank），是指将汇票和单据向付款人提示的银行，常由代收行兼任。

(5) 付款人（drawee/payer），是指根据托收指示做出付款的人，通常为进口方。

(6) 需要时代理委托人的代表（principal's representative in case of need），是委托人指定在付款地代为处理货物存仓、转售、运回或改变交单条件等事宜的代理人。根据《托收统一规则》规定，委托人应在托收指示中注明“需要时代理”及其权限，否则银行不接受“需要时代理”的指示。

按照一般国家的银行做法，委托人在委托银行办理托收时，须附加一份托收委托书，在委托书中明确提出各种指示。银行接受委托后，则按照委托书的指示内容办理托收。

3. 跟单托收的种类

国际贸易中货款的收取大多采用跟单托收。根据交单条件的不同，分为付款交单和承兑交单两种。

(1) 付款交单（documents against payment，D/P）。付款交单是指卖方的交单以买方的付款为条件。其基本做法是：卖方根据买卖合同先行发货，取得货运单据，然后将汇票连同整套商业单据交给银行办理托收，并指示银行只有在进口商付清货款时才能交出货运单据。按付款时间的不同，付款交单又可分为即期付款交单（documents against payment at sight，D/P sight）和远期付款交单（documents against payment after sight，D/P after sight）两种。

① 即期付款交单是由出口人按照买卖合同发运货物后开具即期汇票连同货运单据，通过银行向进口人提示时，进口人在审核无误后，即须全数付款，进口人在付清货款后向银行领取货运单据。这种票款和单据两讫的手续，就进口人来说，称付款赎单。

② 远期付款交单是由出口人在发货后开具远期汇票，连同货运单据通过银行向进口人提示，进口人在审核无误后先在汇票上承兑，于汇票到期日付清货款后再领取货运单据。

(2) 承兑交单（documents against acceptance，D/A）。承兑交单是指代收行的交单以进口方在汇票上承兑为条件，即出口方在装运货物后开具远期汇票，连同商业单据，通过银行向进口方提示，进口方承兑汇票后，代收行即将商业单据交给进口方，在汇票到期时，方履行付款义务。承兑交单方式只适用于远期汇票的托收。由于承兑交单是进口人只要在汇票上办理承兑之后，即可取得商业单据，凭以提取货物，也就是说，进口方在付款前就可以取得单据，凭以提货，出口人先交出商业单据，其收款的保障完全依赖进口人的信用，一旦进口人到期不付款，出口人便会遭到货物与货款全部落空的损失，因此采用 D/A 方式时应谨慎。

4. 跟单托收的一般业务程序

由于使用的结算工具（托收指示书和汇票）的传送方向与资金的流转方向相反，所以，托收方式属逆汇法。托收业务一般按照以下程序进行：

(1) 出口人按照合同规定发货后取得货运单据，即连同汇票及发票等商业单据，填写托收申请书一并交托收行，委托代收货款。

(2) 托收行根据出口人的指示，向代收行发出托收委托书，连同汇票、单据寄交代收行，要求按照申请书的指示代收货款。

(3) 代收行收到汇票和单据后，应及时向进口人做付款或承兑提示。如为即期汇票，进口人应立即付清货款，取得全套货运单据。如为远期汇票，进口人应立即承兑汇票，倘属付款交单方式，代收行保留汇票及单据，待汇票到期再通知付款赎单；倘属承兑交单方式，则进口人在承兑汇票后即可从代收行取得全套单据。

(4) 代收行收到货款后，应立即将货款拨付托收行。

(5) 托收行收到货款应立即转交出口人。

即期付款交单、远期付款交单和承兑交单一般业务程序如图 7-3、图 7-4、图 7-5 所示。

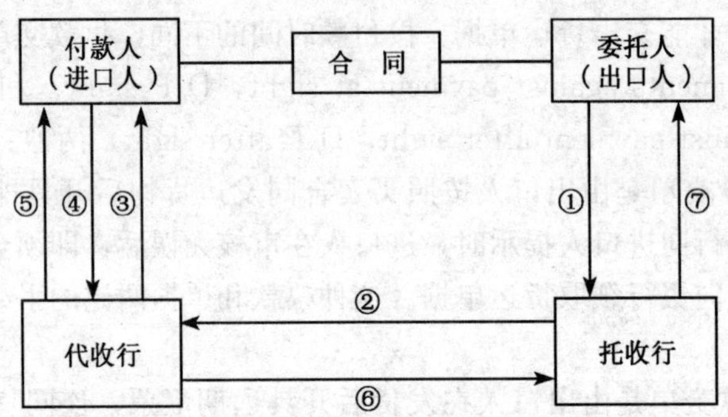

图 7-3 即期付款交单一般业务程序示意图（1）

说明：

① 出口人按合同规定装货后，填写托收申请书，开立即期汇票，连同货运单据交托收行，委托代收货款。

② 托收行在审查托收申请书和单据无误后出立回单给出口人，作为接受委托和收到汇票、单据的凭证；并根据托收申请书缮制托收委托书连同汇票，货运单据寄交进口地代收行委托代收。

③ 代收行按照委托书的指示向买方提示汇票与单据。

④ 进口人验单无误后付清货款。

⑤ 代收行交单。

⑥ 代收行办理转账并通知托收行款已收妥。

⑦ 托收行将货款交给出口人。

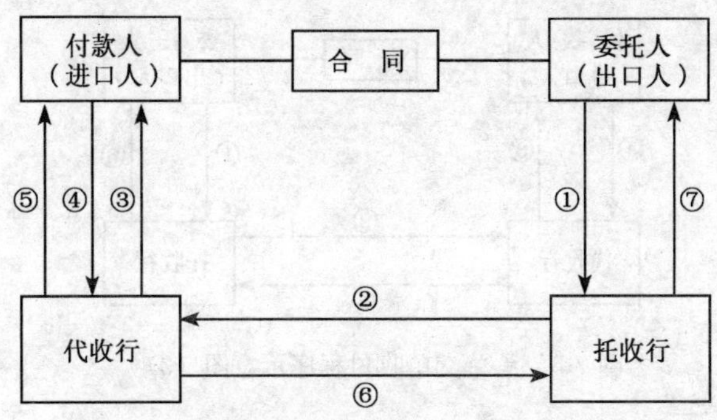

图 7-4 远期付款交单一般业务程序示意图（2）

说明：

① 出口人按合同规定装货后，填写托收申请书，开立远期汇票，连同货运单据交托收行，委托代收货款。

② 托收行在审查托收申请书和单据无误后出立回单给出口人，作为接受委托和收到汇票、单据的凭证；并根据托收申请书缮制托收委托书连同汇票，货运单据寄交进口地代收行委托代收。

③ 代收行按照委托书的指示向进口人提示汇票与单据，进口人经审核无误在汇票上承兑后，代收行收回汇票与单据。

④ 进口人到期付款。

⑤ 代收行交单。

⑥ 代收行办理转账，并通知托收行款已收妥。

⑦ 托收行向出口人交款。

无论是即期付款交单还是远期付款交单，进口商必须在付清货款后，才能取得货运单据，提取或转售货物。在远期付款交单条件下，如果付款日期和实际到货日期基本一致，仍不失为对买方的一种资金融通，进口商可以不必在到货之前提前付款。但如果付款日期晚于到货日期，买方为了抓住有利行市，不失时机地转售货物，可采取两种做法：一是在付款到期日之前提前付款赎单，扣除提前付款日至原付款到期日之间的利息，作为买方享受的一种提前付款的现金折扣。另一种做法，即代收行对于资信较好的进口商，允许其凭信托收据（trust receipt，T/R）借取货运单据，先行提货。货物售出后所得的货款，应于汇票到期日交银行。这是代收行自己向进口商提供的信用便利，与出口商无关。因此，如代收行借出单据，到期不能收到货款，则代收行应对委托人负全部责任。但如系出口方指示代收行借单，就是出口方主动授权银行凭信托收据借单给进口人，即所谓“远期付款交单凭信托收据借单”（D/P · T/R），那么进口人在承兑汇票后可以凭信托收据先行借单提货。日后如果进口人在汇票到期时拒付，则与银行无关，应由出口人自己承担风险。这种做法的性质与承兑交单差不多，因此，使用时须谨慎。

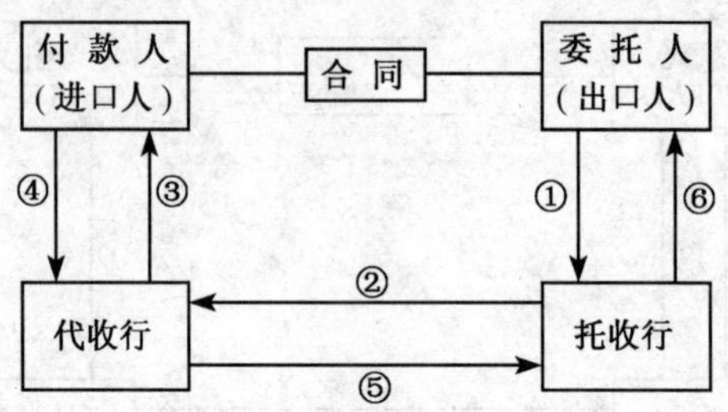

图 7-5 承兑交单收付程序示意图（3）

说明：

① 出口人按合同规定装货后，填写托收申请书，开立汇票，连同货运单据交托收行，委托代收货款。

② 托收行在审查托收申请书和单据无误后出立回单给出口人，作为接受委托和收到汇票、单据的凭证；并根据托收申请书缮制托收委托书连同汇票，货运单据寄交进口地代收行委托代收。

③ 代收行按照委托书的指示向进口人提示汇票与单据，进口人经审核无误在汇票上承兑后，代收行在收回汇票与单据的同时，将货运单据交给进口人。

④ 进口人到期付款。

⑤ 代收行办理转账并通知托收行款已收妥。

⑥ 托收行向出口人交款。

5. 托收统一规则

在托收业务中，银行与委托人之间的关系，往往由于各方对权利、义务和责任的解释有分歧，加上不同银行的具体做法也有差异，从而导致误会、纠纷以至争议。国际商会为了协调各有关当事人在托收业务中发生的矛盾，以利于业务的开展，曾于 1958 年草拟并于 1967 年作为国际商会第 254 号出版物公布了《商业单据托收统一规则》（Uniform Rules Collection For Of Commercial Paper），从而在银行托收业务中取得了统一的术语、定义、程序和原则，也为出口人在委托代收货款时有所依据和参考，以后，又根据国际贸易的发展，吸取了实践中的经验，国际商会于 1978 年对该规则做了修改，并改名为《托收统一规则》（Uniform Rules For Collections），作为国际商会第 322 号出版物公布，于 1979 年起实施。该规则公布以来，已被许多国家的银行采纳，并据以处理托收业务中各方的纠纷和争议。我国银行在接受托收业务时，原则上也按此规则办理。

《托收统一规则》分《总则和定义》与《义务和责任》两部分。其中特别值得注意的有以下四方面内容：

（1）银行除核实所收到的单据在表面上与托收指示书所列是否一致外，对单据并无审核的责任。但如发现任何一种单据有遗漏，应立即通知发出指示书的一方。

(2) 除非事先已征得银行同意，货物不应直接运交银行或以银行为收货人。否则此项货物的风险和责任由发货方承担。

(3) 跟单托收中使用远期汇票时，有关托收指示书中必须明确指出，在承兑后抑或在付款后将商业单据交给受票人。否则，银行只能在受票人付款后方可将商业单据交出。

(4) 托收银行在收到汇票被拒付的通知后，必须在合理时间内对代收银行做出进一步处理有关单据的指示。如在送出拒付通知 90 天内仍未接到该项指示时，代收银行可将单据退回托收银行。

除了以上内容外，《托收统一规则》还规定了根据外国法律或惯例对银行规定的义务和责任，委托人应受其约束，并对银行承担这种义务和责任，负赔偿的责任；银行的工作应以“善意和合理的谨慎”行事；对由于任何通知、信件或单据在寄送途中发生延误和/或丢失所造成的后果，或对电报、电传、电子传送系统在传送中发生延误、残缺或其他错误，或由于专门性术语在翻译或解释上的错误，以及由于天灾、暴动、战争、或银行本身无法控制的任何其他原因，或由于罢工或停工致使银行营业间断所造成的一切后果，与托收有关的银行不承担义务或责任。

此外，该规定还对提示、付款、承兑的程序，在什么情况下应做成拒付证书、需要时的代理的权限、货物的保护、托收结果的通知，以及利息、托收手续费和费用等也做了具体规定。

由于《托收统一规则》是一项国际惯例，没有强制性，只有在托收指示书中明确列明以该规则为准时，才对各有关当事人有约束力。倘若指示书的内容与该规则不一致时，就应按托收指示书的规定办理。

6. 托收在进出口贸易中的运用

托收属于商业信用，对出口商有一定风险，但对进口商比较有利。实质上，这是出口商对进口商的资金融通，可加速其资金周转，减少费用。因此，托收方式是一种有效的非价格竞争手段，有利于调动进口商的积极性，提高出口商品在国际上的竞争力。

按照《托收统一规则》(《URC 522》) 的解释，银行在托收业务中只提供服务，不提供信用。银行只以委托人的代理人行事，既无保证付款人必然付款的责任，也无检查审核货运单据是否齐全、是否符合买卖合同要求的义务；在进口商不付款赎单的情况下，代收行也无代为提货、办理进口手续和存仓保管的义务。所以，托收方式与汇付方式一样，也属商业信用性质。能否收取货款，全靠进口商的信用。而且，由于货物已先期出运，一旦遭到拒付，就会使出口商陷于极为被动的境地。

《URC 522》不提倡 D/P 远期。第 7 条规定：托收不应含有远期汇票而又同时规定商业单据要在付款后才交付。如果托收含有远期汇票，托收指示书应明确注明商业单据是凭承兑交单交付付款人还是凭付款交单交付付款人。如无此注明，商业单据仅能凭付款交单，代收行对因迟交单产生的任何后果不负责任。各国银行对远期付款交单的理解不一，操作存在差异，有些国家的银行则将远期付款交单按承兑交单处理。

为了确保收汇安全，出口方在办理托收时，应注意以下几点：

(1) 认真调查进口商的资信状况、经营能力和经营作风，成交金额应妥善掌握，不宜超出其信用额度。一般采用 D/P，对 D/A 应从严把握。

(2) 了解进口国的贸易管制和外汇管制情况，以免货到目的地后，由于不准进口或收不到货款而造成损失。

(3) 了解进口国商业习惯，区别情况，妥善处理。如拉美国家银行习惯上将远期 D/P 按 D/A 处理。

(4) 应争取按 CIF、CIP 条件成交，由出口人办理运输保险，或投保出口信用险。在采用 CFR、CPT、FOB、FCA 等贸易术语时，应投保“卖方利益险”，以便当货物遇险、买方不付款时，卖方可向保险公司索赔。

(5) 运输单据一般应做成“空白指示抬头”，如须做代收行抬头时，应先与银行联系并经认可后办理。被通知方一栏，必须详列进口方名称和地址，以便承运人到货时及时通知。

(6) 严格按照合同装运货物、制作单据，以防被买方找到借口拒付货款。

总之，在托收业务中，出口人的风险较大，资金负担也较重，所以，在出口业务中决定采用托收方式收款时必须谨慎，切实注意以上几点。此外，出口企业应建立健全信用管理制度，控制信用额度，定期检查，做好催收工作，发现问题及时采取措施，避免或减少可能发生的损失，以保证和提高企业的经济效益。

7.2.3 国际保理

在出口业务中采用赊账或托收方式结算货款时，出口人均需要承担较大的风险，出口人为避免或减少收汇风险，可以使用国际保理。

国际保理的全称是国际保付代理业务，简称保理或出口保理，也有称为保付代收或承购应收账款业务。它是国际贸易中在以托收、赊账等方式结算货款的情况下，保理商向出口商提供的一项包括对买方资信调查、百分之百的风险担保、催收应收账款、财务管理以及融资等综合性财务业务。

进行此项业务时，需要担保收款的出口人在与外国进口人订立买卖合同前，必须先与出口地保理商联系，将准备达成的买卖合同内容和进口人的名称地址告知保理商，在得到其认可并与其签订保理协议后，方可在协议规定的额度内与进口人正式订立买卖合同。买卖合同订立后，出口人就可按照买卖合同规定发运货物，并向出口保理商提交发票、汇票、提单等有关单据，再由出口保理商通过在进口地的保理商向进口人收款。进口地保理商则应随时通过出口地保理商向出口人报告收款情况，并将收到的货款及时拨交出口人。如进口人不能按时付款或拒付，保理商应负责追偿和索赔，并负责按协议约定的时间向出口人支付。此项支付是无追索权的。

出口保理商为保证自身安全，在与出口人签订保理协议前，需对出口人和进口人的资信情况和经营作风进行全面了解，对资信好的，视具体情况给予出口人一定的信用额度，在此额度内可给予资金融通，保理商与出口人之间，可视情况选择不同做法。出口人既可只要求保收服务，也可要求同时取得资金融通。如只要求保收服务，通常是保理商代按经推算的平均收款天数确定付款给出口人的日期，出口人按期向保理商取得全部有保证的款项。由于保理商对出口人是在无追索权的基础上付款的，从而排除了出口人在一般托收方式下可能收不到款的风险。如果出口人要求保理商在提供保收服务外，还提供资金融通，保理商可在出口人提交单据时给出口人预支，预支金额一般为全部货款的80%至90%，个别的也有全额预支的。有的经营季节性商品的出口企业，每年出口业务交易时间相对集中，为减少人员开支还委托保理商代办会计处理手续。

保理商在履行协议规定义务后，视事务繁简及承担风险程度，向出口人收取总额1%～2%的手续费。如还提供资金融通，则尚需增收融资利息，利率一般要较通常利率高1.5%～2%。

综上所述，国际保理业务内容广泛，包括对进口商的资信调查和担保，应收账款的催收和追偿，财务管理和资金融通。采用保理对出口人来说作用明显，不仅有助于识别客户资信，可以放手成交，增加交易机会，而且还有利于加速资金周转。而最主要的好处是收款没有风险，只要出口人认真履行合同，就没有后顾之忧。至于出口人在保理业务中增加的保理费和利息支出，由于进口人免去了开立信用证的费用，也可以通过适当提高售价，全部或部分地转嫁给进口商。因此，这种业务自最初在英国被使用后，很快成为国际贸易结算方式的一种有益补充，近年来已经逐渐成为国际货物买卖的一种支付方式而被广泛使用。

但是，采用保理方式的出口企业，必须注意严格按照合同规定交付货物提交单据，如有因与合同不符情形而发生被进口人迟延或拒付货款时，保理商将不予担保；再者，保理商只承担协议规定的信用额度的风险，超额度发货的部分也不予担保。

随着国际保理业务的迅猛发展，一种专门提供风险担保的保理公司，作为银行的全资附属机构在全世界相继成立，遍布 35 个国家与地区的国际保理商联合会（Factors Chain International，简称 FCI）也于 1968 年宣告成立。继 1958 年 5 月我国政府派出代表参加了在加拿大渥太华举行的国际保付代理规则会议后，中国银行与总部设在荷兰的国际保理商联合会一直保持着密切的联系，并已与美国、德国、新加坡、香港、瑞典等保理商签订了保理协议。1993 年 2 月，中国银行作为中资银行首家正式加入了该联合会。

目前，中国银行开展的国际保理业务可以向出口企业提供服务的内容，与上述一般的国际保理业务大体相同。其具体做法是：需要采用保理方式的出口企业，可与中国银行承办保理业务的部门签订保理合同，并报送信用额度申请表，列明进口商名称地址等情况，申请表由银行转送进口国保理商，进口国保理商对于申请表上所列客户的资信情况进行调查，并在接到申请表后的 14 天内将是否批准意见通知中国银行转告出口企业。出口企业可在批准额度内用托收或其他赊账方式与该进口商成交，有关全部出口单据包括债权转让书交中国银行承办部门，如在付款日期 90 天尚未收到客户付款，中国银行承办部门当在第 90 天向出口企业按发票金额全部保付。

采用保理方式成交的出口合同，出口企业可通过三种办法从中国银行获得融资便利：①出口合同抵押贷款，银行在不超过信用额度条件下，按合同金额 70%～80%核货；②出口企业凭运输单据可向银行申请按发票金额 80%预垫货款；③出口企业凭汇票和运输单据向银行申请按发票金额贴现（扣除贴现费后付款）。上述三种融资方式出口企业均须承担相应的融资利息。

7.3 信　用　证

7.3.1 信用证的含义

信用证（letter of credit，L/C）是开证行根据申请人的要求，向受益人开立的一种有条件的书面付款保证。开证行保证在收到受益人交付全部符合信用证规定的单据的条件下，向受益人或其指定人履行付款的责任。简言之，信用证是一种银行开立的有条件的承诺付款的书面文件。

7.3.2 信用证的当事人

信用证业务涉及申请人、开证行和受益人等三个基本当事人以及与信用证有关的通知行、议付行、付款行、偿付行和保兑行等其他当事人。

（1）开证申请人（applicant）。向银行申请开立信用证的人，通常为进口方。

（2）开证行（issuing bank）。接受申请人委托开立信用证的银行，开证行承担保证付款的责任。开证行一般是进口人所在地银行。

(3) 受益人 (beneficiary)。信用证指定的有权使用该证的人，即出口人或实际供货人。

(4) 通知行 (advising bank)。指接受开证行的委托，将信用证转交出口人的银行。它只证明信用证的真实性，并不承担其他义务。通知行一般是出口人所在地银行。

(5) 议付行 (negotiating bank)。指愿意买入受益人交来跟单汇票的银行。它可以是指定银行，也可以是非指定银行，由信用证的条款来决定。

(6) 付款行 (paying bank)。即信用证上指定付款的银行。付款行通常是汇票的受票人，故也称受票行 (drawee bank)。开证行一般兼为付款行，但付款行也可以是开证行指定代为付款的另一家银行，根据信用证条款来决定。付款行如同一般的汇票受票人，一经付款，对收款人无追索权。故付款行的付款是终局性的。

(7) 偿付行 (reimbursing bank)。又称清算行 (clearing bank)，是指受开证行指示或授权，对有关议付行的索偿予以照付的银行。它是开证行的偿付代理人，有开证行的存款账户。此偿付不视作开证行终局性的付款。因偿付行并不审核单据，不负单证不符之责。偿付费由开证行承担。

(8) 保兑行 (confirming bank)。指应开证行请求在信用证上加具保兑的银行，它具有与开证行相同的责任和地位。保兑行对受益人独立负责，承担必须付款或议付的责任。在已经付款或议付后，无论开证行倒闭或无理拒付，都不能向受益人追索。保兑行通常由通知行兼任，也可由其他银行加具保兑。

7.3.3 信用证支付的程序

采用信用证方式结算货款，从进口人向银行申请开证，一直到开证行付款后又向进口人收回垫款，经过许多道环节，并须办理各种手续。加上信用证种类不同，信用证条款也有不同规定，这些环节和手续也有简有繁，但其基本收付程序如下：

(1) 进出口人在贸易合同中，规定使用信用证方式支付。

(2) 进口人向当地银行提出开证申请，填写开证申请书，并交纳押金或提供其他保证。

(3) 开证行根据申请书内容，向出口人（受益人）开出信用证，并传达（电开信用证）或寄交（信开信用证）出口人所在地分行或代理行（通知行）。

(4) 通知行核对密押（电开信用证）或印鉴（信开信用证）无误后，将信用证交予出口人。

(5) 出口人审核信用证与合同相符后，按信用证规定装运货物，并备齐各项货运单据，开出汇票，在信用证有效期及交单期内，送交当地银行（议付行）议付。议付行按信用证条款审核单据无误后，按照汇票金额扣除利息，把货款垫付给出口人（议付/押汇）。

（6）议付行将汇票和货运单据寄开证行（或其指定的付款行）索偿。

（7）开证行（或其指定的付款行）核对单据无误后（偿付行不审单），付款给议付行。

（8）开证行通知进口人付款赎单。

不可撤销跟单议付信用证收付程序示意图（图 7-6）。

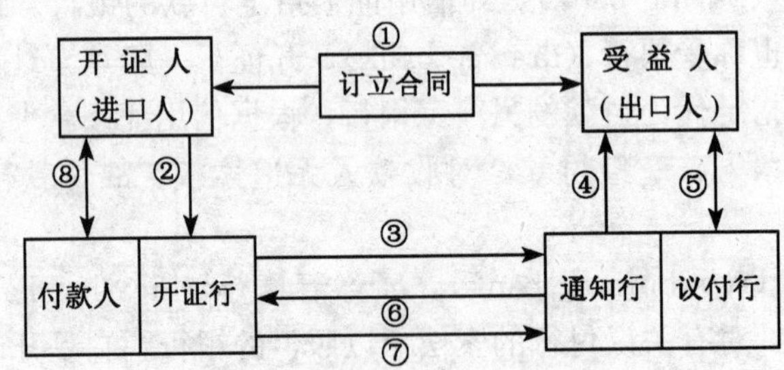

图 7-6　不可撤销跟单议付信用证收付程序示意图

7.3.4　信用证的格式与内容

1. 信用证的格式

目前最新的格式是根据国际商会制定的电文信用证格式、利用 SWIFT 系统所设计的特殊格式。

SWIFT 的全称是 Society for Worldwide Interbank Financial Telecommunication，即环球银行金融电讯协会。该组织于 1973 年在比利时成立，是国际银行间非营利合作组织，专门从事传递各国之间非公开的国际金融电讯业务，其中包括外汇买卖、证券交易、开立信用证、办理信用证项下的汇票业务和托收等，同时还兼理国际间的账务清算和银行间的资金调拨。该组织的总部设在布鲁塞尔，并在荷兰的阿姆斯特丹和美国的纽约分别设立交换中心（swifting center），以及为各参加国开设集线中心（national concerntration），为国际金融业务提供快捷、准确、优良的服务。目前已有 1 000 多家不同国家和地区的银行参加该协会并采用该协会电讯业务的信息系统。这些银行的国际结算业务通过 SWIFT 收发报，并在 SWIFT 网络上处理业务。采用 SWIFT 信用证，必须遵守 SWIFT 使用手册的规定，否则会被自动拒绝。

SWIFT 用统一的字母和数字来规范电文内容，比如 MT100 代表私人汇款业务，MT400 代表托收业务，MT700、701 代表信用证业务。这样做使得 SWIFT 交换信息非常方便，不容易出错，而且安全可靠。

SWIFT 系统具有以下特点：

(1) 可以十分便利地直接同用户及其他会员进行（可以是本国的，也可以是外国的）联系。SWIFT 协会提供了连接全球 2 000 多家银行的途径与方法。SWIFT 协会的服务项目全天 24 小时都可利用，在正常的工作时间内可以进行各种业务交易，而不限在何地理位置。

(2) 降低了业务费用。SWIFT 协会的通讯服务费用仅为其他的电报用户、电话用户做相同业务所消耗的通信费用中很小一部分。

(3) 业务交易能够立刻完成。在 SWIFT 系统中，银行间的交易指令可以立即在各会员行之间传递。由于 SWIFT 系统的控制程序具备了快速核实的功能，因此交易可即刻开始进行而不需要其他核实手续。

(4) 提高工作效率。由于 SWIFT 协会内的各会员行的通信格式都采用统一的 ISO 标准格式，因此会员行的业务交易——收入和付出，能够自动处理，这样就可以降低业务处理的时间消耗，从而省去了部分银行业务人员的一些日常工作。

(5) 资金得到更有效的管理。从各会员行传送来的财务报表和结算报表等银行原始数据，经过系统的处理能够快速地、准确地公布，从而满足了各会员行对各种债务信息及流通的需要。其中，系统的查询交易功能能够快速查出某账目的一些信息。

(6) 减少风险差错。SWIFT 系统提供了 ISO 标准化格式进行通信，从而避免了各会员行之间由于语言及翻译问题所产生的障碍。

(7) 安全保密。由于系统软件、硬件的容错性，应用软件采用多重保密控制，从而保障了系统网络的安全，避免了外在因素的干扰。

2. 信用证的内容

信用证的内容就是构成信用证基本条款、文句和事项的书面文字，主要有以下几个方面：

(1) 信用证本身的说明，如信用证的性质种类、信用证号、开证行名、开证日期、有效期和到期地点等。

(2) 信用证当事人，即开证行、受益人、申请人、通知行等，有的信用证还有指定议付行、付款行、偿付行等。

(3) 汇票条款，包括汇票的种类、出票人、付款期限、汇票金额等。

(4) 装运条款，如装运港或发货地、卸货港或目的地、装运期限、可否分批和中途可否转运等。

(5) 货物条款，商品名称、品质、规格、数量（或重量）、包装、价格、金额、运输唛头等。

(6) 单据条款，①货物单据：商业发票、装箱单或重量单、商检证书、产地证（certificate of origin 或 GSP form A)；②运输单据：海运提单（B/L)、航空运单（AWB)、承运货物收据（cargo receipt)；③保险单据；④随附单据：受益人证明、邮政收据、装船通知副本等。

(7) 附加条款，根据每一具体交易的需要加列，如船龄要求在 15 年以内、要求通知行加保兑等。

(8) 开证行责任文句，开证行对受益人及汇票持有人保证付款的责任条款。

(9) 开证行指示文句，对议付行的指示，要求议付行如何寄单给开证行、索偿货款等。

(10) 适用《跟单信用证统一惯例》规定的声明等。用 SWIFT 传递信用证时，如未标明，表示适用《UCP500》。信开信用证必须由开证行两人手签或盖章，电开信用证加密押。

7.3.5 信用证的作用和特点

1. 信用证的作用

采用信用证支付方式，给进出口双方以及银行都带来一定的好处。主要表现在以下几个方面：

(1) 安全保证作用。一方面，保证出口方凭单取得货款。信用证支付的原则是单证严格相符，出口商交货后提交的单据，只要做到与信用证规定相符，“单证一致、单单一致”，银行就保证支付货款。出口商不必担心进口商到时不付款，因为由银行承担付款责任，这种银行信用要比商业信用可靠。因此，信用证支付方式为出口商收取货款提供了较为安全的保障。

另一方面，保证进口商按时、按质、按量收到货物。进口商可通过控制信用证条款来约束出口方交货的时间、交货的品质和数量，如在信用证中规定最迟装期以及要求出口商提交由信誉良好的公证机构出具的品质、数量或重量证明书等，保证进口商收货的时间和按质、按量收到货物。

(2) 资金融通作用。进口商在申请开证时只需交纳部分开证保证金，单据到达后再付款；如果是远期信用证，进口方可凭信托收据向开证行借单提货，到期再向开证行付款，这就为进口商提供了资金融通的便利。出口方收到信用证后可向银行申请打包贷款（packing credit)，用以收购、加工、生产出口货物和打包装船；出货后向银行提交汇票和单据，叙做押汇（即通常所说的议付)，提前取得全部货款，有利于资金周转，扩大出口。

(3) 对银行的作用。信用证以银行信用代替了商业信用，进口商在申请开证时要向银行交付一定比例的保证金或物业担保品，为银行利用资金提供便利。此外，在信用证业务中，银行每做一项服务均可取得各种收益，如开证费、通知费、议付费、保兑费等各种收入。

2. 信用证的特点

(1) 信用证是一种银行信用。开证行以自己的信用做出付款保证，开证行负第一性的付款责任。即使开证申请人事后失去偿付能力，只要受益人提交的单据符合信用证的规定，开证行也要负责付款。

(2) 信用证是一项自足的文件。信用证的开立以买卖合同为依据，但是，信用证一经开出就成为独立于买卖合同外的另一种契约。信用证的各当事人都按信用证条款办事，而不受买卖合同的约束。受益人提交的单据即使符合买卖合同，但若与信用证的条款不一致，仍会遭银行拒付。

(3) 信用证是一种单据交易。在信用证方式下，实行的是凭单付款，银行处理的是单据，而不是与单据有关的货物、服务和/或其他履约行为。只要受益人提交的单据表面上与信用证规定相符，银行就得付款。银行对任何单据的格式、完整性、准确性、真实性、伪造或法律效力、或单据上规定的或附加的一般和/或特殊条件，一概不负责；对于任何单据所代表的货物的描述、数量、重量、品质、状态、包装、交货、价值或存在，或货物发货人、承运人、运输商、收货人或保险人或其他任何人的诚信或行为和/或疏漏、清偿能力、履行能力或资信情况，也不负责。所以受益人提交的单据必须做到“单、证一致”和“单、单一致”。

7.3.6 信用证的种类

信用证根据其性质、期限、流通方式特点，可分为以下几种。

1. 跟单信用证和光票信用证

(1) 跟单信用证（documentary L/C），是开证行凭跟单汇票或仅凭单据付款的信用证。国际贸易中使用的信用证绝大部分是跟单信用证。

(2) 光票信用证（clean L/C），是开证行仅凭不附单据的汇票付款的信用证。光票信用证主要用于预付货款等。

2. 不可撤销信用证和可撤销信用证

(1) 不可撤销信用证（irrevocable L/C）。信用证一经开出，在有效期内，未经受益人及有关当事人的同意，开证行不得片面修改和撤销，只要受益人提供的单据符合信用证规定，开证行必须履行付款义务，这种信用证对受益人较有保障。《UCP500》规定，如信用证中未注明“不可撤销”或“可撤销”的字样，应视作“不可撤销”信用证。

(2) 可撤销信用证 (revocable L/C)。开证行对所开信用证不必征得受益人或有关当事人的同意有权随时撤销的信用证。这种信用证对出口人极为不利。因此，出口人一般不接受这种信用证。按《UCP500》规定，只要受益人依信用证条款规定已得到了议付、承兑或延期付款保证时，该信用证即不能被撤销或修改。也就是说，只要可撤销信用证已被受益人使用，该信用证就不能被撤销或修改。

3. 保兑信用证和不保兑信用证

(1) 保兑信用证 (confirmed L/C)，是指开证行开出的信用证，由另一银行保证对符合信用证条款规定的单据履行付款义务。

信用证的“不可撤销”是指开证行对信用证的付款责任。“保兑”则是指开证行以外的银行对信用证的付款责任。不可撤销的保兑的信用证，则意味着该信用证不但有开证行不可撤销的付款保证，而且又有保兑行的兑付保证。保兑行与开证行一样负第一性的付款责任。所以这种有双重保证的信用证对出口商最为有利。保兑行的付款责任，是以规定的单据在到期日或以前向保兑行提交并符合信用证的条款为条件。保兑行付款后对受益人或其他前手无追索权。

(2) 不保兑信用证 (unconfirmed L/C)，是指开证行开出的信用证没有经另一家银行保兑。当开证行资信好和成交金额不大时，一般都使用这种不保兑的信用证。

4. 即期信用证和远期信用证

(1) 即期信用证 (sight L/C)，是指开证行或付款行收到符合信用证条款的跟单汇票及装运单据后，立即履行付款义务的信用证。出口人收汇迅速安全，有利于资金周转。

(2) 远期信用证 (usance L/C)，是指开证行或付款行收到信用证的单据后，在规定期限内履行付款义务的信用证。远期信用证主要包括承兑信用证 (acceptance L/C) 和延期付款信用证 (deferred payment L/C)。

(3) 假远期信用证 (usance L/C payable at sight)。其特点是：信用证规定受益人开立远期汇票，由付款行负责贴现，并规定一切利息和费用由进口人负担。这种信用证表面上看是远期信用证，但从上述条款规定来看，出口人却可以即期收到十足的货款，所以对出口人而言，实际上仍属即期收款，但对进口人来说，则待远期汇票到期时才付款给付款行。故又称之为买方远期信用证。

5. 付款信用证、承兑信用证与议付信用证

(1) 付款信用证（payment L/C），即指定某一银行付款的信用证，一般不要求受益人开具汇票，而仅凭受益人提交的单据付款。付款行一经付款，对受益人均无追索权。付款信用证有即期付款信用证和延期付款信用证。

(2) 承兑信用证（acceptance L/C），指定某一银行承兑的信用证，即当受益人向指定银行开具远期汇票并提示时，指定银行即行承兑，待汇票到期日再行付款。

(3) 议付信用证（negotiation L/C），指开证行允许受益人向某一指定银行或任何银行交单议付的信用证。议付是指由议付行对汇票和（或）单据付出对价，只审单据而不付对价，不能构成议付。外贸业务中使用的信用证，大部分为议付信用证。

议付信用证又分为公开议付信用证和限制议付信用证。公开议付信用证（open negotiation L/C）又称自由议付信用证（freely negotiation L/C），即受益人可到任何银行办理议付。限制议付信用证（restricted negotiation L/C）是指开证行指定某一银行或开证行自己进行议付的信用证。公开议付信用证和限制议付信用证的到期地点都在议付行所在地。这种信用证经议付后，如因故不能向开证行索得票款，议付行有权对受益人行使追索权。

6. 可转让信用证和不可转让信用证

(1) 可转让信用证（transferable L/C），是指信用证的受益人（第一受益人）可以要求授权付款、承担延期付款责任、承兑或议付的银行（统称“转让银行”），或当信用证是自由议付时，可以要求信用证中特别授权的转让银行，将信用证全部或部分转让给一个或数个受益人（第二受益人）使用的信用证。信用证中明确注明“可转让”（transferable）字样，信用证方可转让。如信用证注明“可分割”、“可分开”、“可让渡”或“可转移”等，银行可以不予理会。

可转让信用证只能转让一次，即只能由第一受益人转让给第二受益人，第二受益人不得要求将信用证转让给其后的第三受益人。但是，再转让给第一受益人，不属于被禁止转让的范畴。如果信用证不禁止分批装运，在总和不超过信用证金额的前提下，可分别按若干部分办理转让，该项转让的总和，将被认为只构成信用证的一次转让。

信用证只能按原证规定条款转让，但信用证金额、商品单价、到期日、交单日及最迟装期可以减少或提前，投保加成可增加，开证申请人可以变动。信用证在转让后，第一受益人有权以自身的发票和汇票替换第二受益人的发票的汇票，

其余额不得超过信用证规定的原金额。如信用证规定了单价，应按原单价开立。在替换发票和汇票时，第一受益人可在信用证项下取得自身发票和第二受益人发票之间的差额。

要求开立可转让信用证的第一受益人，通常是中间商。为了赚取差额利润，中间商可将信用证转让给实际供货人，由供货人办理出运手续。但信用证的转让并不等于买卖合同的转让，如第二受益人不能按时交货或单据有问题，第一受益人仍要负买卖合同上的卖方责任。

(2) 不可转让信用证（non-transferable L/C)，指受益人不能将信用证的权利转让给他人的信用证。凡信用证中未注明“可转让”者，就是不可转让信用证。

7. 循环信用证

循环信用证（revolving L/C)，指在一定时间内信用证被全部或部分使用后，能够重新恢复信用证原金额并再度使用，周而复始，直至达到该证规定的次数或累计总金额用完为止。循环信用证适用于分批等装的长期供货合同。其优点是：进口方可以不必多次开证从而节省开证费用，同时也可简化出口方的审证、改证等手续，有利于合同的履行。循环信用证又可分为按时间循环信用证和按金额循环信用证。

8. 对开信用证

对开信用证（reciprocal L/C）是易货贸易或进料加工和补偿贸易业务中采用的一种结算方式。因交易的双方都担心对方凭第一张信用证出口或进口后，另外一方不履行进口或出口的义务，于是就采用这种互相联系、互为条件的开证办法，彼此得以约束。其特点是：第一张信用证的受益人（出口人）和开证申请人（进口人）是第二张回头信用证的开证申请人和受益人，第一张信用证的开证行和通知行分别是第二张信用证的通知行开证行。两张信用证的金额可以相等，也可以不相等。两证可以同时互开、同时生效，也可以先后开立、先后生效。

9. 对背信用证

对背信用证（back to back L/C)，又称转开信用证，指受益人要求原证的通知行或其他银行以原证为基础，另开一张内容相似的新证。对背信用证的受益人可以是国外的，也可以是国内的。对背信用证主要用于以下几种情况：中间商转售他人货物，从中图利；两国不能直接办理进出口贸易而需要通过第三国沟通贸易；原证是不可转让的；原证受益人不提供全部规定货物等。

对背信用证的内容除开证人、受益人、金额、单价、装运期限、有效期限等可有变动外，其他条款一般与原证相同。由于对背信用证的条款修改时，新证开证人需得到原证开证人的同意，所以，修改比较困难，而且所需时间也较长。对背信用证与可转让信用证的根本区别在于：可转让信用证的新证是同一个开证行保证付款；对背信用证的对背证与原证是两个信用证，由两个不同银行分别保证付款。

10. 预支信用证

预支信用证（anticipatory L/C），指开证行授权代付行（通常是通知行）向受益人预付信用证的全部或一部分，由开证行保证偿付并负担利息的信用证。预支信用证与远期信用证相反，开证人付款在先，受益人交单在后。预支信用证可分全部预支或部分预支。预支信用证凭出口人的光票或一份负责补交信用证规定单据的声明书付款。如出口人以后不交单，开证行的代付行并不承担责任。当货运单据交到后，代付行在付给剩余货款时，将扣除预支货款的利息。最为引人注目的是，这种预支货款的条款常用红字，故习称“红条款信用证”。但现今信用证的预支条款并非都用红色表示，但效力相同。

7.3.7 《跟单信用证统一惯例》

1. 信用证的规范

随着国际贸易的发展，信用证方式逐渐成为国际贸易中通常使用的一种支付方式。但因缺乏统一的解释和公认的准则，争议和纠纷经常发生。国际商会为了减少因解释或习惯不同而引起的争端，制定了《商业跟单信用证统一惯例》(Uniform Customs and Practice for Commercial Documentary credits)，于 1933 年正式公布，并于 1951 年、1962 年、1974 年、1983 年、1993 年进行了五次修改。自 1962 年第二次修订本起，改称为《跟单信用证统一惯例》(Uniform Customs and Practice for Documentary Credits，简称 UCP)。目前使用的是 1993 年的修订本，称为《国际商会第 500 号出版物》（International Chamber of Commerce Publication No. 500)，即《UCP500》，1994 年 1 月 1 日起正式实施。目前世界上已有 160 多个国家的银行采用了《跟单信用证统一惯例》，各国法院几乎都把《跟单信用证统一惯例》作为裁决跨国信用证纠纷的“法律准则”。但《跟单信用证统一惯例》毕竟不是一个国际性的法律规章，只是一项国际贸易惯例，因此，要得到这个“法律准则”的保护，必须在信用证上注明根据《跟单信用证统一惯例》某号出版物开立。

2. 《UCP500》的适用

(1) 适用依据。《UCP500》是对国际贸易有关习惯做法的编纂，体现了信用证交易中的一般原则。它是国际惯例，获得了世界范围的普遍采用，但它没有强制性，只有在当事人同意适用时，才对该当事人有约束力。一般在信用证中注明“按 UCP500 办理”，如“This credit is subject to Uniform Customs and Practice for Documentary Credits 1993 Revision，ICC Publication No. 500”。SWIFT 网络传送和开列的每个信用证都自动适用 UCP；如果当事人不愿用 UCP，则须在 SWIFT 信息中明确宣称“信用证不适用统一惯例”。当信证条款与《UCP500》有冲突时，一般采用信用证条款的规定。如果《UCP500》与国家法律冲突，则以国家法律为准。

（2）适用范围。《UCP500》适用于跟单信用证和备用信用证。

3.《UCP500》的基本内容

（1）总则与定义。规定了《UCP500》的适用范围、信用证的定义、信用证与合同的关系、单据与货物/服务/行为关系、开立或修改信用证指示的规则，强调了信用证交易的独立抽象性原则。

（2）信用证的形式与通知。规定了信用证的形式、种类，明确了通知行、开证行与保兑行的责任，阐述了信用证的撤销及处理电讯传递与预先通知信用证、不完整或不清楚指示的规则。

（3）责任与义务。规定了开证行等审核单据的义务及做法，银行的免责事项，向偿付行索偿的问题。

（4）单据。从总体上规定了受理单据的一般原则，又分别对运输单据、保险单据、商业发票及其他单据的受理原则做了规定。

（5）杂项规定。除了对信用证的到期日和单据提交期限做出规定外，着重阐明一些用语的含义。

（6）可转让信用证。对可转让信用证的基本制度及信用证货款的转让问题进行了规定。

4. 学习和掌握《UCP500》的方法

（1）系统的方法。《UCP500》的各条款之间是相互制约、相互补充的，学习时必须前后联系、整体把握，而不能局限于某一条款。

（2）原则性和灵活性相结合的方法。对《UCP500》规定得十分明确的问题，要精确理解、认真掌握、坚决执行、不打折扣；对《UCP500》没有规定或规定不明的问题，要在不违反《UCP500》原则的基础上，具体分析、灵活处理。

7.4 银行保证书和备用信用证

在国际经济贸易中，交易双方往往缺乏了解和信用，因而给达成交易和履行合同造成一定障碍。当一方担心对方不履行合同义务，需要银行出具保证文件而又不宜使用信用证方式时，往往要求对方通过银行或其他金融机构开具银行保证书和备用信用证。担保人保证申请人履行双方签订的有关商务合同或其他经济合同项下的某种责任和义务，从而有利于交易的顺利进行。

银行保证书和备信用证都是银行开立的保证文件，因此，也属银行信用。这两种凭证通常使用于履行期限较长、交易条件比较复杂的交易。它们不仅适用于货物买卖，也适用于承包工程、融资等一切有关国际经济合作的业务中。

7.4.1 银行保证书

1. 银行保证书的含义

银行保证书（letter of guarantee，简称 L/G)，又称银行保函，是银行、保险公司、担保公司或个人（保证人）应申请人的请求，向第三方（受益人）开立的书面信用担保凭证，保证在申请人未能按双方协议履行其责任或义务时，由担保人代其履行一定金额、一定期限内的某种支付责任或经济赔偿责任。其内容根据交易的不同而不同；在形式和条款方面也无一定格式；对有关当事人的权利和义务主要以文件本身条文进行解释和处理。

2. 银行保证书的当事人

银行保证书的基本当事人有三个，即委托人、保证人和受益人。另外，有时还可以有转递行、保兑行和转开行。

委托人（principal)，又称申请人，即要求银行开立保证书的一方，是与受益人订立合同的执行人和债务人。在投标保证书项下为投标人；在出口保证书项下为出口商；在进口保证书项下为进口商；在还款保证书项下为定金和预付款的收受人。

保证人（guarantor)，也称担保人，即开立保证书的银行，有时也可能是其他金融机构。保证人根据委托人的申请，并在委托人提供一定担保的条件下向受益人开具保证书。

受益人（beneficiary)，即为收到保证书并凭以要求银行担保的一方，是与委托人订立合同的执行人和债权人。

转递行（transmitting bank)，即根据开立保证书的银行的要求将保证书转递给受益人的银行。

保兑行（confirming bank)，即在保证书上加具保兑的银行。受益人可得到双重担保。

转开行（reissuing bank)，即接受保证银行的要求，向受益人开出保证书的银行。这种保函发生赔付时，受益人只能向转开行要求赔付。

3. 银行保证书的主要内容

银行保证书并无统一的格式，内容因具体交易不同而异，但主要有以下各项：

(1) 基本栏目，包括保证书的编号；开立日期；各当事人的名称、地址、国家名称；有关合约或标的的编号、日期；有关工程项目或其他标的物的名称等。

(2) 责任条款，即开立保证书的银行在保证书中承诺的责任条款，这是银行保证书最主要的内容。

(3) 保证金额，保证金额是出具保证书的银行所承担责任的最高金额。可以是一具体金额，也可以是有关合同金额的某个百分率。如果保证人可以按委托人履行合同的程度减免责任，则必须做出具体说明。

(4) 有效期，即最迟索赔期限，或称到期日。它可以是一个具体日期，也可以是在有关某一行为发生后的一定时期到期，例如在交货后 3 个月或 6 个月、工程结束后 30 天等。

(5) 索偿方式，即索偿条件，是指受益人在何种情况下方可向保证人提出索赔。对此，国际上有两种不同说法：一种是无条件的或称"见索即偿"保证书 (first demand guarantee)；另一种认为银行保证书应是附有某些条件的保证书 (accessary guarantee)。但事实上完全无条件的保证书是没有的，只是条件的多少、宽严程度不同而已。如按国际商会《见索即付保函统一规则》的规定，索偿时，受益人也要递交一份声明书。因此，银行保证书通常均按不同情况，规定不同的索偿条件。

4. 银行保证书的种类

银行保证书根据不同的用途可分为许多种，但概括起来，主要有投标保证书和履约保证书两种。

(1) 投标保证书 (tender guarantee)，是银行（保证人）根据投标人（委托人）的申请向招标人（受益人）开立的保证书。保证投标人在开标前不中途撤标或片面修改投标条件，中标后不拒绝签约和不拒绝交付履约金。否则，银行负责赔偿招标人的损失。投标保函的支付金额一般为项目金额的 2%～5%。

(2) 履约保证书 (performance guarantee)。是银行（保证人）应货物买卖、劳务合作或其他经济合同当事人（委托人）的申请向合同的另一方当事人（受益人）开出的保证书，保证如果委托人不履行其与受益人之间订立的合同义务，对受益人支付一定金额限度内的款项。履约保证书的支付金额一般为项目金额的 10%～15%。

用于进出口贸易的履约保证书，又可分为进口保证书和出口保证书两种。

① 进口保证书（import L/C），是指银行（保证人）应进口商（委托人）的申请，开给出口商的信用文件。如出口商按合同交货后，进口商未能按期付款，由银行负责偿付。

② 出口保证书（export L/C），是指银行（保证人）应出口商（委托人）的申请，开给进口商（受益人）的信用文件。如出口商未能按期交货，银行负责赔偿进口商的损失。

(3) 还款保证书（re-payment guarantee），又称预付款保证书（advance payment guarantee）或退还预付款保证书（refundment guarantee for the advance payment），是银行应供货人或承包商的委托向买方或业主开出的保证书。保证在委托人未能按合同规定发货或未能按合同规定使用预付款时，由银行退还受益人已经支付全部或部分预付款本息。

(4) 付款保证书（payment guarantee），是指外国贷款人要求借款人提供的到期一定还款的保证书；或在凭货物付款而不是凭单付款的交易中，进口方向出口方提供的银行担保，保证在出口方交货后、或货到后、或货到目的地经买方检验与合同相符后，进口方一定付款，如买方不付，担保行一定付款；或在技术交易中，买方向卖方提供银行担保，保证在收到与合同相符的技术资料后，买方一定付款，如买方不付，担保行代为付款。上述三种银行保证书的金额即合同金额。

(5) 特殊贸易保证书。指担保人为特殊形式的贸易活动出具的保证书。如补偿贸易保证书、融资租赁保证书以及用于进出口成套设备用的保留款保证书。这些贸易的特点主要在于合同的一方获得对方商品形式的融资，而偿还大多不以现金支付为形式，比如来料加工、来件装配、来样加工和补偿贸易的偿还，均以产品或加工品等实物形式。

5. 银行保证书的特点

(1) 以银行信用为基础的担保文件。担保人的责任可以是第一性的，如无条件见索即付保函，担保人的付款责任往往就是第一性的；也可以是第二性的，如进口付款保函、借款保函等，只有在和委托人不支付、不履行其债务时，担保人才支付。

(2) 保证书担保的是委托人的履约能力、信用，并非为了支付。

(3) 担保人只有在委托人不履行合同义务时才发生支付。对于委托人来说，进口付款保证书、借款保证书必然发生支付；而投标保证书、履约保证书则不一定发生支付。只要认真履约即可避免。

(4) 独立的文件。对银行保证书的处理，应完全按保证书上的记载事项为准，不受基础合同的约束和影响。同时，也可避免担保人卷入基础合同的纠纷之中。

6. 银行保证书与信用证的异同

银行保证书和信用证同属银行信用，但两者有很大区别，主要表现在以下三个方面：

（1）付款责任。信用证的开证行承担的是第一性的付款责任，信用证一旦生效，开证行负有首要付款责任，受益人或其指定人要求付款时应该向开证行或其指定银行交单，而不是向开证申请人交单；而在使用银行保证书时，应该先由委托人（有关合同的债务人）向受益人（有关合同的债权人）付款，只有在委托人不付款时，受益人才可凭保证书向保证银行要求付款。因此保证银行的付款责任是第二性的。当受益人索偿时，保证行通常要经过调查，证实委托人确未付款后才予支付。但是，见索即偿保函（on demand guarantee），又称无条件保证书，是指在第一次索偿时，担保银行就必须按保证书规定的条件支付款项，受益人只要按保证书规定提出付款或提交规定的声明或凭证即可，所以，相对于一般保证书具有补充性和从属性两个特性而言，见索即偿保证书则具有独立性与非从属性两个特性。因此，这种保证书的银行付款责任也是第一性的，与信用证开证行的付款责任几乎相同。总之，保证书的保证行付款责任的性质，须按保函所规定的索偿条件来确定。

（2）使用情况。信用证是于正常履行国际货物买卖合同的情况下使用的，当卖方装运货物后，提交符合信用证条款的单据向银行支款。所以，采用信用证方式结算时，只要交易正常进行，这种支款是必然要发生的。但是，银行保证书却不然，当交易正常进行，有关方均按合同规定严格履行各自义务，保证书就不必使用。而只有在委托人违反合同或不履行合同义务又未按合同规定向债权人赔偿时，受益人才会凭保证书向保证行索偿，因此，凭保证书支款，不是每笔交易必然会发生的。简言之，信用证用于履约，而保证书则在产生违约情况时才予使用。

（3）付款依据。信用证只凭符合信用证条款规定的单据付款，而与凭以订立的合同无关。但当受益人凭保证书向保证行索偿时，大多则须经调查证实委托人违反合同而又不予赔偿时才进行偿付。对此，如在调查证实过程中，受益人与委托人意见不一，保证银行就会被扯进交易各方的合同纠纷中去。

对于银行保证书，国际商会曾于 1978 年 6 月 20 日颁布了《合同保证统一规则》（Uniform Rules for Contract Guarantees），即国际商会第 325 号出版物，简称“URCG325”。以后鉴于见索即偿保证书的使用日益增多，国际商会于 1992 年 4 月专门制定并颁布了《见索即偿保证书统一规则》（Uniform Rules for Demand Guarantees），即国际商会第 458 号出版物，简称 URDG458。但由于过于原则，有关当事人的责任和义务不够具体和明确，迄今几乎没有什么银行在开立的保证书中明确注明按该规则开立。所以，在实际业务中，遇有不同解释时，往往只能按照保证书本身的具体条文，按开立地的法律个别解决，因此，很容易引起纠纷。有鉴于此，一些国家的法律为了不让银行介入商业纠纷，禁止银行开立保证书。例如美国政府只允许担保公司开立保证书，日本政府也不允许本国银行开立保证书。在此情况下，美国和日本的银行就只能以开立备用信用证的办法来适应业务的需要。于是，备用信用证就应运而生，而且逐渐在全世界范围内得到推广。

7.4.2 备用信用证

1. 备用信用证的含义

备用信用证（standby L/C），又称担保信用证或保证信用证（guarantee L/C)。备用信用证在性质上是一种用于代申请人向受益人承担一定条件下付款、退款或赔款责任的银行保证书。但从《UCP400》开始，国际商会就把备用信用证列入适用于《跟单信用证统一惯例》的范畴。

备用信用证是指开证行根据开证申请人的请求对受益人开立的承担某项义务的凭证。即当开证申请人未能按时偿还借款、预收款或支付货款，或未能履约时，开证行保证为其支付。因此，如果开证申请人按期履行合同的义务，受益人就无需要求开证行在备用信用证项下支付任何货款或赔偿。这是所以称作“备用”(standby) 的由来。

备用信用证属于银行信用，开证行保证在开证申请人未履行其义务时，即由开证行付款。因此，备用信用证对受益人来说是备用于开证申请人发生毁约时取得补偿的一种方式。备用信用证一般用于投标、还款或履约保证、预付货款和赊销等业务中。近年来，美国等一些国家已开始把备用信用证用于买卖合同项下货款的支付。

2. 备用信用证适用的惯例

国际商会自 1983 年修订的《跟单信用证统一惯例》(《UCP400》) 起，就已明确将备用信用证列入适用于该统一惯例的范围。之后，在 1993 年修订本，即《UCP500》中又再次明确指出：“跟单信用证统一惯例适用于在信用证正文中表明适用本统一惯例的所有跟单信用证（包括在其适用范围内的备用信用证)”。由此可见，有关当事人可以选择使其备用信用证适用《UCP500》。可是，在实际业务中，并非所有备用信用证都适用《UCP500》。为此，在上述这一条中列明适用本统一惯例的信用证包括备用信用证的同时，特给备用证加上“在其适用范围内”的定语。

根据不同基础交易的需要，备用信用证的当事人也可选择使用《见索即偿保证书统一规则》(《URDG458》)。1998年4月6日国际商会又对备用信用证制定了《国际备用证惯例》(International Standby Practice 1998，简称《ISP98》)，即国际商会第590号出版物，并于1999年1月1日起实施。从1999年起当事人选择适用《ISP98》的日益增多。《ISP98》的颁布和实施是为了适应国际经济一体化和金融全球化发展的需要。独立制定备用信用证的惯例，表明了备用信用证的重要性。备用信用证用途广泛，方便灵活，在国际贸易多元化的今天，备用信用证使用量将继续增加。而《ISP98》正是将备用信用证惯例定位在有效可靠的付款承诺上的惯例，是统一全世界银行和贸易界操作的惯例，是全世界统一解释和应用备用信用证的惯例。

《ISP98》是在参照《UCP500》和《URDG458》的基础上根据备用信用证的特点制定的，它对常用的备用信用证，如履约备用信用证（performance standby)、预付备用信用证（advance payment standby)、投标备用信用证（bid bond/tender bond standby)、反担保备用信用证（counter standby)、融资备用信用证（financial standby)、保险备用信用证（insurance standby)、商业备用信用证（commercial standby）和直接付款备用信用证（direct payment standby）等都下了定义。《ISP98》对许多《UCP500》未加阐述与阐述不清或不完善的事项，如有关电子提示（electronic precentations)、电子签名（electronic signature）以及其他的一些术语下了定义；对修改的生效、索偿书的替代、违约声明书等做了具体规定；对在实务中容易混淆的概念，例如申请人与受益人、营业日与银行日、开证人与保兑人、交单与支款、签字与电子记录、多次交单与部分支款、被指定人与受让人、款项让渡与依法转让等都进行了明确解释。

总之，《ISP98》的颁布与实施，统一了各国银行与相关企业对备用信用证的操作，有利于减少与避免备用信用证业务中可能产生的纠纷和争议，从而推动备用信证的广泛应用和发展。但是，与其他国际贸易惯例相同，要使所开立的备用信用证适用《ISP98》，必须在文本中表明受《ISP98》的约束。

3. 备用信用证与一般跟单信用证的异同

国际商会《跟单信用证统一惯例》将备用信用证包括在跟单信用证范畴内，是由于备用信用证在最基本的方面与一般跟单信用证有相同的特点，主要表现在：

(1) 备用信用证与一般跟单信用证虽然都是在买卖合同或其他合同的基础上开立的，但是，一经开立就都与凭以开立信用证的这些合同无关，成为开证行与受益人之间的一项独立的约定。

(2) 备用信用证与一般跟单信用证的开证银行所承担的付款责任均是第一

性的。

(3) 开证行及其指定的银行均为凭单付款。

此外，备用信用证与一般跟单信用证均适用于《跟单信用证统一惯例》。

但是，备用信用证毕竟与一般跟单信用证不同，主要表现在以下三个方面：

(1) 在跟单信用证下，受益人只要履行信用证所规定的条件，即可向开证行要求付款。在备用信用证下，受益人只有在开证申请人未履行义务时，才能使信用证规定的权利。如开证申请人履行了约定的义务，则备用证就成为备而不用的文件。

(2) 跟单信用证一般只适用于货物的买卖，而备用信用证可适用于货物以外的多方面的交易。例如，在投标业务中，可保证投标人履行其职责；在借款、垫款中，可保证借款人到期还款；在赊销交易中，可保证赊购人到期付款等。

(3) 跟单信用证一般以符合信用证规定的代表货物的货运单据为付款依据；而备用信用证一般只凭受益人出具的说明开证申请人未能履约的证明文件，开证银行即保证付款。

4. 备用信用证与银行保证书的区别

备用信用证与银行保证书都属银行信用，同样备作开证申请人发生违约时使用，但两者仍有明显区别：

(1) 从付款责任看，备用信用证独立于合同，开证行就是主债务人，即使作为其基础的合同无效，开证行仍然要承担付款义务。而银行保证书的开出行却是从债务人，即使规定开证行是主债务人，也无法改变保证书的从属地位。

(2) 从银行付款的依据来看，备用信用证的开证行决定是否对受益人付款，完全依据符合信用证要求的文件，而不管合同执行情况如何，开证行只对备用信用证本身负责。而银行保证书的付款依据是某合同或承诺是否已履行。所以说，备用信用证具有银行保证书的作用，但它与保证书又有不同。采用备用信用证时，银行负第一性付款责任，而采用银行保证书时，银行有时承担第一性付款责任，有时承担第二性付款责任。

(3) 备用信用证已被国际商会归类于跟单信用证，适用于《跟单信用证统一惯例》(《UCP500》)、《见索即偿保证书统一惯例》(《URDG458》) 及《国际备用证惯例》(《ISP98》)。而银行保证书迄今为止尚未形成一个能被有关当事人广泛采用和公认的银行保证书的惯例。虽然国际商也于 1978 年和 1992 年分别制定并颁布了《合同保证统一规则》(《URCG325》) 和《见索即偿保证书统一规则》(《URDG458》)，但由于这两个规则过于原则，对有当事人责任的义务规定不够具体和明确，所以在实际业务中，往往只能根据保证书本身的文字和担保人所在地的法律个别进行解释。

7.5　结算方式的选用

本章分别介绍了汇付、托收、信用证、银行保证书和备用信用证等五种不同的结算方式。在一般进出口合同中，通常单独使用某一种方式。但在特定情况下，也可在同一笔交易中把两种甚至两种以上的不同方式结合起来使用。总之，在实际业务中，应根据不同国家和地区、不同客户、不同交易的具体情况，正确和灵活地选用各种结算方式，这是一个关系到交易成败的重要问题。

7.5.1　选择结算方式应考虑的因素

综上所述，各种结算方式都有其优缺点，因此，在实际业务中，应针对不同国家和地区、不同客户、不同交易的具体情况全面衡量，取长补短，趋利避弊，力求做到既能达成交易，又能维护企业的权益，最终达到确保外汇资金安全，加速资金周转，扩大贸易往来的目的。

在选用结算方式时，首要考虑的应是安全问题，其次是占用资金时间的长短，至于办理手续的繁简，银行费用的多少也应给予适当的注意。具体应注意以下些问题。

1. 客户信用

在国际货物买卖中，依法订立的合同能否顺利圆满地得到履行，客户的信用是决定性的因素。因此，要在出口业务中做到安全收汇，在进口业务中做到安全用汇，即安全收到符合合同的货物，就必须事先做好对国外客户即交易对手的信用调查，以便根据客户的具体情况，选用适当的结算方式，这是选用结算方式成败的关键和基础。对于信用不是很好或者尚未对他有充分了解的客户，进行交易时，就应选择风险较小的方式，例如在出口业务中，一般可采用跟单信用证方式，如有可能也可争取以预付货款方式支付。若与信用很好的客户交易时，由于风险较小，可选择手续比较简单、费用较少的方式。例如在出口业务中可以采用付款交单（D/P）的托收方式等。至于承兑交单（D/A）的托收方式或（O/A）赊账交易，应仅限于本企业的联号或分支机构，或者确有把握的个别对象，一般客户应从严掌握，原则上不能采用。

2. 经营意图

选用支付方式，应结合企业的经营意图。在交易磋商过程中，支付条件仅次于价格条件，也是买卖双方需要反复磋商，且经常会影响交易能否达成的重点问题。在货物畅销时，不仅可以提高售价，而且卖方还可选择对己最有利的结算方式，包括资金占用方面最有利的方式；而在货物滞销时或竞争激烈的商品，不仅售价可能要降低，而且在结算方式上也须做必要让步，否则就可能难以达成交易。

3. 贸易术语

如前所述，国际货物买卖合同中采用不同的贸易术语，它所表明的交货方式与适用的运输方式是不同的。而在实际业务中，也不是每一种交货方式和运输方式都能适用于任何一种结算方式。例如，在使用 CIF、CFR 等属于象征性交货方式的交易，卖方交货与买方收货不在同时发生，转移货物所有权是以单据为媒介，就可选择跟单信用证方式；在买方信用较好时，也可采用跟单托收（D/P）方式收取货款。但在使用 EXW、DES 等属于实际交货方式术语的交易中，由于是卖方或通过承运人向买方直接交货，卖方无法通过单据控制物权，因此一般不能使用托收。因为如果通过银行向进口方收款，其实质是货到付款，即属赊销交易性质，卖方承担的风险极大。即使是以 FOB、FCA 条件达成的买卖合同，虽然在实际业务中也可凭运输单据，例如凭提单和多式联合运输单据交货付款，但这种合同的运输由买方安排，由卖方将货物装上买方指定的运输工具，或交给买方指定的承运人，卖方或接受委托的银行很难控制货物，所以也不宜采用托收方式。

4. 运输单据

如货物通过海上运输，出口人装运货物后得到的运输单据为海运提单，而提单是货物所有权凭证，是凭以在目的港向船公司或承运人提取货物的凭证，所以，在交付给进口人前，出口人尚能控制货物，故可适用于信用证和托收方式结算货款。如若货物通过航空、铁路或邮政运输时，出口人装运货物后得到的运输单据为航空运单、铁路运单或邮包收据，这些都不是货物所有权凭证，收货人提取货物时也不需要这些单据，因此，在这些情况下都不适宜做托收。

7.5.2 不同结算方式的结合使用

在国际贸易中，一笔交易通常只选择一种结算方式。但由于不同的结算方式各有利弊，买卖双方所承担风险的资金占用时间各不相同，因此，为了取长补短，做到既能加快资金周转，又能确保收付外汇的安全，以利达成交易，扩大贸易，在同一笔交易中选择两种或两种以上的结算方式结合使用是比较有效的做法。目前，常见的有以下几种。

1. 信用证与汇付相结合

部分货物信用证支付，余数用汇付方式结算。例如对于矿砂等初级产品的交易，双方约定，信用证规定凭装运单据先付发票金额的若干成，余数待货到目的地后根据检验的结果，按实际品质或重量计算确切金额用汇付方式支付。

2. 信用证与托收相结合

部分货款用信用证支付，余数用托收方式结算。一般做法是：信用证规定出口人开立两套汇票，属于信用证部分的货款凭光票付款，而全套单据附在托收部分汇票项下，按即期或远期付款交单方式托收。但信用证上必须订明“在发票金额全部付清后才可交单”的条款，以求安全。其合同的支付条款通常如下订立：

“货款××%应用不可撤销即期信用证，其余××%见票即付或见票后××天付款交单，全套单据随付于托收部分，在到期时发票金额全数付清后方予交单。如××%托收金额未被交付时，开证行应掌握单据听凭卖方处理。（××% of the goods value by Irrevocable Letter of Credit and remaining ××% on collection basis D/P at sight or after ××days sight，the full set of shipping documents are to be accompany the collection items. All the documents are to be delivered to Buyers until full payment of the invoice value. In case of non-payment of the ××% in collection item，the documents should be held by the issuing bank at the entire disposal of the Sellers.）

3. 信用证与银行保证书/备用信用证相结合

如成套设备或工程承包交易除了支付货款之外，还会有预付款或保留款的收取，一般货款可用信用证支付，保留款的支付及出口商违约时预付款的归还都可使用银行保证书。

4. 汇付与银行保证书/备用信用证相结合

预付货款或货到付款，都可以用银行保证书来防止不交货或不付款。

5. 托收与银行保证书/备用食用证相结合

为使出口商收款有保障，由进口商申请开出保证托收付款的保函，一旦进口商未在收到单据后的规定时间内付款，出口商有权向担保行索取出口货款。

6. 汇付、托收、信用证三者相结合

在成套设备、大型机械产品和交通工具的交易中，成交金额较大，产品生产周期较长，一般采取按工程进度和交货进度分若干期付清货款，即分期付款和延期付款的办法，一般采用汇付、托收和信用证相结合的方式。

（1）分期付款。投产前买方可采用汇付方式先交部分订金，其余货款可按不同阶段分期支付，买主开立不可撤销信用证，即期付款，但最后一笔货款在交货或卖方承担质量保证期满时付清。货物所有权则在付清最后一笔货款时转移。交货时货款基本已付清。

（2）延期付款。成套设备和大宗交易，金额较大，买方一时难以付清全部货款，可采用延期付款。买方预付一小部分订金，大部分货款是在交货后若干年内分期摊付，即采用远期信用证支付。延期支付的那部分货款，实际是一种赊销，等于是卖方给买方提供的商业信贷，买方应承担延期付款的利息。货物所有权一般在交货时转移。

分期付款与延期付款的区别如下：

（1）采用分期付款时，其货款是在交货时付清或基本付清，而采用延期付款时，大部分货款是在交货后一个相当长的时间内分期摊付。

（2）采用分期付款时，只要付清最后一次货款，货物所有权即行转移，而采用延期付款的，货物所有权一般在交货时转移。

（3）采用分期付款时，买方没有利用卖方的资金，因而不存在利息问题，而采用延期付款时，由于买方利用卖方的资金，所以买方需向卖方支付利息。

延期付款是买方利用外资的一种形式，一般货价较高。因此，在按延期付款条件签订合同时应结合利息、费用和价格等因素进行考虑，权衡得失，然后做出适当的选择。

7.6　买卖合同中的支付条款

买卖合同中的支付条款主要包括支付的方式、时间、条件等，具体的支付条款则随不同的交易和选用的不同支付方式而有所区别。下面以几种基本的支付方式为例，介绍合同中的支付条款及部分实例。

7.6.1　汇付方式下的支付条款

汇付方式下的支付条款应明确：

（1）用哪一种汇付方式支付，即采用信汇（M/T）、电汇（T/T），还是票汇（D/D）。

（2）在什么时间支付。可以规定一个确定的时间（如 1992 年 5 月），或规定一特定时间后的一定时间（如装运后一个月内 ）。

（3）支付的前提条件。如可规定进口方要收到规定种类、数量和内容的单据后或验收货物合格后才支付货款。

条款实例：

“买方必须于 1991 年 5 月 30 日前将全部合同金额电汇至卖方。”

（The Buyer must pay the total value of the contract to the seller by T/T before May 30，1992）

“买方应在收到卖方提供的单据后 30 天内向卖方用电汇支付全部货款，单据如下：

清洁的海运提单，正本一式三份，副本一式五份；

商业发票，正本一式二份，副本一式五份；

……。”

（The Buyer shall make the full payment 30 days after receiving the documents and the documents are follows：

Clean Bill of lading ，three originals with five Copies；

Commercial lnvoice ，two originals with five copies；

. . . ）

7.6.2 托收下的支付条款

采用托收方式支付货款时，合同中还要规定：

（1）交单条件是付款交单（D/P）还是承兑交单（D/A）。

（2）汇票的付款时间，是即期还是远期。若是远期，又是见票（或出票）后多少天付款。

（3）交单是交哪些单据，如发票、运单、装箱单、合格证及产地证等。

（4）如果涉及利息，如何计算，又如何支付。如在承兑交单中，通常都规定买方要向卖方支付晚付款的利息，可在合同中规定计息的时间和利率，由买方在支付货款时一起支付。

条款实例：

“买方应凭卖方开具的即期跟单汇票，于见票时立即付款，付款后交单。”

（Upon first presentation the Buyers shall pay against documentary draft drawn by the sellers at sight. The shipping documents are to be delivered against payment only. ）

7.6.3 信用证下的支付条款

在合同规定使用信用证时，还需说明下述问题：

（1）何时开出信用证，即规定进口方应开证的时间。通常规定在装运期第一天以前一定时间开出。

（2）哪家银行作为开证行。由于开证行往往是第一付款人，受益人对开证行的资信会很关心。通常选哪些较熟悉且资信较好的银行为开证行。

(3) 要求开证申请人申请开出哪种信用证，如不可撤销信用证还是可撤销信用证，是即期信用证还是远期信用证。如果是远期信用证，又是多少天的信用证，是否为某种特殊类型的信用证等。

(4) 信用证在何地至何时有效，即要说明信用证的有效期。

(5) 有关信用证的其他内容，如要提交哪些单据，对这些单据有什么要求等。有些与信用证相关的内容是列于合同其他条款中的，这些条款一般不必在支付条款中出现。

条款实例：

"支付：以不可撤销信用证，凭卖方开具的即期跟单汇票议付，有效期应为装运期后 15 天在中国到期。信用证必须于装运期第一天前 15 天达到卖方。"

(Payment: By irrevocable L/C available by seller documentary draft at sight, to be valid for negotiation in China until 15 days after date of shipment. The L/C must reach the sellers 15 days before the first day of the time of shipment.)

本章小结

支付是国际贸易的主要交易条件之一，支付条款是国际货物买卖合同主要条款之一。本章就国际贸易中的支付方式、支付手段和支付条款进行了阐述。国际贸易货款的收付以汇票最为常用，货款结算的支付方式主要有汇款、托收、信用证、银行保函和备用信用证。汇款是付款人通过银行将款项汇交收款人的行为，分为电汇、信汇和票汇三种方式。托收是由卖方开具汇票，委托出口地银行通过其在国外的分行或代理行，向买方收取货款的一种结算方式，分为光票托收和跟单托收，而跟单托收又可分为付款交单和承兑交单。信用证是开证行根据进口人的请求和指示向出口人开立的一定金额的、并在一定期限内凭规定的单据承诺付款的书面文件。银行保函，是银行、保险公司、担保公司或个人（保证人）应申请人的请求，向第三方（受益人）开立的书面信用担保凭证，保证在申请人未能按双方协议履行其责任或义务时，由担保人代其履行一定金额、一定期限内的某种支付责任或经济赔偿责任。备用信用证是指开证行根据开证申请人的请求对受益人开立的承担某项义务的凭证。即当开证申请人未能按时偿还借款、预收款或支付货款，或未能履约时，开证行保证为其支付。合同中的支付条款应订明支付时间和支付方式。

练习与思考

1. 汇票和票汇有何区别？

2. 简述跟单汇票和光票的区别。

3. 与D/P相比，D/A方式对进口人有何好处?

4. 在采用托收方式出口时，为什么一般应选用CIF贸易术语?

5. 信用证方式有何特点?

6. 什么叫对开信用证？它有何特点?

7. 循环信用证一般在什么情况下采用？它有何好处?

8. 简述分期付款和延期付款的异同点。

9. SWIFT是个什么组织？用SWIFT系统开立或通知的信用证有什么特点?

10. 何谓国际保理？其主要作用何在?

案例分析

1. 中方某公司收到国外开来的不可撤销信用证，由设在我国境内的某外资银行通知并保兑，中方在货物装运后，正拟将有关单据交银行议付时，忽接到该外资银行通知，由于开证行已宣布破产，该银行不承担对该信用证的议付和付款责任，但可接受我出口公司委托向买方直接收取货款的业务，对此，你认为中方该如何处理为好?

2. 出口合同规定的支付条款为装运月前15天电汇付款，买方延至装运月中始从邮寄来银行汇票一纸，为保证按期交货，出口企业于收到该汇票次日即将货物托运，同时委托银行代收票款。1个月后，接银行通知，因该汇票系伪造，已被退票。此时，货已抵达目的港，并已被买方凭出口企业自行寄去的单据提走，事后追偿，对方早已人去楼空。对此损失，我方的主要教训何在?

3. 我某公司与外商签订某商品出口合同，合同规定装运期为10月份，即期信用证支付，但未规定具体开证日期。A商拖延开证，我方见装运期快到，从9月底多次催证。10月15日收到信用证的简电通知，我方因怕耽误装运期，既按简电将货物装运出口。10月28日，我方才收到信用证证实本，该证实本对有关单据做了与合同不符的规定。经办人员审证时未予注意交银行议付时，始被银行发现。由于该证有效期已到，只得凭担保请银行办理议付手续，最终被开证行以单证不符为由拒绝付款，遭受损失。你认为，我方应从中吸取哪些教训?

第 8 章

国际结算中的单据

［学习目标］

1. 理解单据的作用及审单原则；
2. 熟悉各种单据；
3. 了解单据的简化；
4. 掌握出口结汇的主要单据的缮制方法。

国际结算就是对发生于国际间的货币收付的清算。这里的货币收付可能是由于两个国家进行贸易引起的，也可能是因为资本移动、劳务的提供和偿付、旅游、利润的汇回、侨民汇款，以及租赁等非贸易而产生的。我们把凡是国际间因贸易而产生的货币收付或债权债务的清算称之为国际贸易结算；由其他经济活动和政治、文化交流所引起的货币收付的结算称之为非贸易结算。国际结算主要研究的是贸易结算而不是非贸易结算。银行是国际结算的中心。

如绪论中所述，国际贸易和国内贸易在实质上是一样的，主要涉及买卖双方的交货和付款。但在国际贸易中，买卖双方不是直接结算，而是通过银行运用不同的结算方式以单据为依据来进行的。所以单据在国际贸易和国际结算中起着非常重要的作用。因此，了解和熟悉各种单据格式内容、种类、性质及其来龙去脉，是做好单证工作的关键，它将直接影响外贸企业的经济效益。

8.1 单据概述

8.1.1 单据的含义及种类

1. 单据的含义

单据是指商品交易过程中的一系列证明文件。有的单据用以证明货物的各种特性，如产地、质量、数量等；有的单据直接代表货物本身，即物权凭证；有的单据则用于获取所出售的商品和货款；有的单据则对货物运输过程中可能出现的风险予以担保等。

2. 单据的种类

(1) 按单据的性质分类，可以分为：

① 金融单据（money paper），又称资金单据（financial documents），是指那些反映债权债务关系，以支付货币为目的，可以转让流通的单据。包括汇票、本票和支票。

② 商业单据（commercial documents），是指描述商品品质或证明其状况的单据。包括商业发票、各种运输单据、保险单、重量单、装箱单等。

③ 官方单据，又称公务证书（public certificates），有些国家的政府根据法令或需要对进出口货物所要求的必须缴验的单证。包括进口许可证、出口许可证、商检证书、海关发票、领事发票、产地证、黑名单证书等。

(2) 按单据的作用分类，可以分为：

① 基本单据（basic documents），是指在交易中必不可少的单据，一般包括商业发票、运输单据、保险单据等。

② 附属单据（additional documents），是指进口商根据进口当局的规定、货物性质的不同、货物数量的不同、运输方式的不同而要求出口商特别提供的单据。比如：海关发票、领事发票、产地证、卫生证、检验证、船公司证明、装箱单、受益人证明等。

(3) 按单据的签发人分类，可以分为：

① 买卖双方或其他商家开具的、有助于贸易与结算的单据。如汇票、商业发票、装箱单、重量单、非官方检验证书等。

② 协作单位签发的单据。如运输单据、保险单据等。

③ 由国家行政机构签发的官方单据。如进口许可证、出口许可证、产地证、商检证书等。

8.1.2 单据的作用

以上看出，单据的种类很多，性质各异。总体而言，单据有以下作用：

(1) 卖方用提供合格的单据来证明它履行了合同规定的义务。国际贸易中买卖双方相距甚远，进口方不太可能对出口方的履约情况进行实际的监视，出口方也不太可能面对面地将货物直接交给对方，因此，出口方就用单据来证明是否履约以及履约的程度。例如，商业发票是卖方向买方发运货物或履约的证明文件，发票上对有关的货物做了详细的描述，买方从发票上就能了解卖方所发货物是否符合合同的要求；运输单据的签发日期视作货物的装运日期；检验证书能证明卖方交货的质量；装箱单能证明卖方交货的实际数量；保险单则说明卖方已为出口货物办理了投保手续。

(2) 货物单据化是银行参与国际结算的前提条件。货物单据化，即单据代表了货物，握有全套单据就握有物权（如海运提单 B/L），单据的转移就是货物的转移。这样，贸易和结算就分开了，与合同有关的商品或劳务的品质、数量、价格、包装等归进出口企业负责；而银行只与单据打交道，银行购进的是单据，而不是货物。《跟单信用证统一惯例》明文规定："在信用证业务中，有关各方面处理的是单据，而不是与单据有关的货物、服务或其他行为"。

（3）买方通过单据可以对货物进行全面的了解，以判断货物是否符合要求，从而决定是否付款。国际贸易货款的结算方式，除少数"货到付款"外，绝大多数是"凭单付款"，卖方凭单交货、买方凭单付款，实行单据和付款对流的原则。《托收统一规则》中也规定："进口方履约付款的依据是单据而不是货物"。如单据不符合要求，进口方可以拒付。

（4）单据可以作为融资的手段。货物装运出口后，出口商可以向银行办理议付或押汇，即议付行在审单无误后，按信用证条款买入收益人的汇票和单据，按票面金额扣除从议付日到收到票款之日的利息，将净额按议付日外汇牌价折算成人民币，付给信用证的受益人。议付行再凭汇票向付款行索取票款。这种做法叫买单结汇。是议付行向受益人进行资金融通，有利于出口企业的资金周转和对外贸易的不断扩大。

此外，进口商也可以转让单据来融通资金。

8.1.3　单据的制作

1. 制作方法

传统的制作方法是打字（用机械打字机或电脑打字机），《UCP500》规定除了允许复写外，还允许影印、自动处理或电脑处理。正本单据须标明"ORIGINAL"字样。我国外贸企业一般在单据上加盖法人章，都视作正本单据。副本单据可以注明"COPY"或"NON-NEGOLIABLE"字样，也可不标明"COPY"字样。《UCP500》规定银行将接受标明"COPY"字样或没有标明"ORIGINAL"字样的单据作为副本单据。如果信用证要求提交多份单据，例如"一式两份"、"一式四份"等，则可以只提交一份正本，其余作为副本提交，当然，也可以将所有份数都作为正本提交。

2. 制作顺序

各外贸企业由于使用的贸易条件及结算方式的不同，可有不同的制作顺序，以下制作各种单据的次序仅作参考。

（1）先制作发票，发票是全套单据中出票最早的，它要在合同签订之后，提单签发之前出票。发票上的金额按实际备妥待运的货物数量计算，必须用大小写同时表示，如规定要扣除佣金或折扣等费用，则应在发票上列出，扣除上述费用。在国际结算的所有单据中，发票是中心单据，发票对商品的描述必须与信用证或合同的内容一致，其他单据都参照发票制作，以达到“单单相符”。

(2) 制作装箱单、重量单，这两种单据是商业发票的一种补充，主要显示货物的包装、毛重、净重以及尺码方面的情况，便于国外进口方在货物到达目的港时，供海关检查和核对货物。

(3) 制作原产地证书，原产地证书分为普惠制原产地证书和普通（一般）原产地证书两种。外贸企业向商检局或贸促会申请签发原产地证书时，必须向签发机关提供正式的出口商业发票、装箱单各一份。

(4) 制作保险单，外贸企业向保险公司申请签发保险单，投保金额一般按发票金额另加 10％填写，如实填写发票合同，信用证号码，保险单的签发日期不能迟于运输单据的签发日期。

(5) 运输单据。以海运提单为例，外贸公司或运输代理填制，货物装船并由船公司签署后交出口企业。提单签发日期应为货物装船完毕的日期，它不得晚于合同或信用证规定的装运期。

(6) 根据公司或信用证的要求制作其他一些单据，如：受益人证明、船公司证明、商检证书、邮政收据或快递收据、表示已寄样或已发装船通知的电抄本等。

(7) 制作汇票，汇票号码有两种编制方法，一种是按汇票的顺序编号，另一种是按发票号码编号。因发票是全套单据的中心，我国出口贸易多采用后者，即按发票号码给汇票编号。汇票金额按发票金额填写，汇票的大小写金额必须一致。

综上所述，发票的签发日期最早，汇票的出具日期最晚。

3. 签字盖章

大多数正本单据都必须签字，只有少数正本单据不要求签字。如：《UCP500》第 37 条规定：除非信用证另有规定，商业发票无须签字。副本单据没必要签字。

《UCP500》第 20 条规定了“签名”的定义，并扩大了“签名”的适用范围。单据签字可用手签，也可以用签样印刷、穿孔签字、盖章、符号表示或其他任何机械或电子证实的方法处理，即上述任何方式签名均构成相符。如需特定的签名方式（如手签）的单据时，则应在信用证中加以规定。我国出口贸易中一般盖法人代表的手签章及外贸企业英文名条章，两者合一，俗称“法人章”。

对于非基本单据（即前述的“附属单据”），如果信用证不要求签字，则可以不签字。《UCP500》规定：信用证要求除运输单据、保险单据和商业发票以外的其他单据时，应当对所要求单据的出单人和内容进行明确。如信用证不做此规定，银行将接受所提交的单据，只要所提交的单据的内容与其他有关单据不矛盾。

4. 更改

所有单据原则上应避免更改。凡是单据的更改，最多不能超过三处，在更改的地方要加盖校对图章。有些内容，如提单、汇票等票据的金额、数量、重量等主要项目，一般不能更改。

5. 信用证项下制单的要求

跟单信用证结算方式下，开证行只有在审核单据与信用证相符后，才承担付款责任，因此，出口结汇单据制作的是否正确完备，直接影响出口方能否安全迅捷收汇。

对于结汇的单据，我们要求必须做到正确、完整、及时、简明、整洁。

(1) 正确。制作的单据只有正确，才能保证及时收汇。单据应达到三个一致：即“单证一致”、“单单一致”、“单货一致”。

① 单证一致，即按信用证规定提交的各种单据必须与信用证严格一致。信用证的条款、具体要求，甚至措辞都要在所列的单据上体现出来。单证一致是以信用证为依据，而非合同或货物。即使装运的货物与实际或与合同有出入，只要各种单据与信用证一致，开证行应付款。

根据《UCP500》第十三条规定：单证相符是指“单据”从表面上确定其是否与信用证条款相符。所以，要做到“单证相符”必须注意以下问题：

第一，信用证上所列的商品名称，单据上不能有所改动，或在文字上有增减。有时，信用证和单据上的商品名称外文文字不一样，但所指商品是同一种商品，这亦属于单证不一致，开证行可以以此为由拒付。

第二，如果来证有非原则性差错，可以照样填写。如果是原则性差错，不修改信用证有不良政治影响，或对及时收汇有影响，则必须要求客户修改信用证后才可以发货。

第三，由于翻译不同，同一商品会有不同的翻译法，制单时必须按照信用证规定填写，由于买方国家使用的语言不同，开证时品名用某种语言，制单时也必须使用该种语言。

第四，在包装上计量单位不能随意改动。信用证如以公吨为单位，包装上则应用公吨为单位，不能以千克为单位；如信用证上以千克为单位，则包装上也应用千克为单位，不能以公吨为单位。

第五，对于信用证上规定的唛头不能随意改动。除非信用证没有明确规定唛头或来证规定“shipping mark at seller′s option（唛头由卖方选择）”，则可以由卖方任意决定。

第六，各种单据的名称、单据的份数和出证机关须与信用证一致。

② 单单一致。除单证要相符外，各种单据之间也要一致，不能相互矛盾，如果单据彼此矛盾或不一致，也不能认为是“单单相符”。由于实际中的需要，各种单据上关于货物名称的描述详略不同，如提单上可能较简略，发票则详细些，而一些检验证明则更为详细。“UCP500”中第 37 条则规定：商品发票中货物的描述必须符合信用证中的描述，在一切其他单据中，货物描述可以用统称，但不得与信用证下货物的描述有抵触。有时，在货物名称后面加以简要的补充也是允许的。

③ 单货一致。信用证业务是纯粹的单据交易，各有关处理的是单据，银行是只认单据不认货。但我们必须遵循“重合同、守信用”的原则，不能弄虚作假，投机取巧，制单必须做到单据与货物一致，品质、重量、数量、规格、包装、产地等应与货物一致。“单货相符”是公认的国际贸易道德。

(2) 完整。必须按照信用证的规定提供各项单据，不能短少。单据本身的内容应当完备，不能出现项目短缺情况。

(3) 及时。应在信用证的有效期内，及时将单据送交议付银行。应尽可能将有关结汇单据送交银行预先审核，使银行有较充裕的时间来检查单证、单单之间有无差错或问题。如发现一般错误，可以提前改正；有重大问题，也可以及早由外贸公司与国外进口方联系修改信用证，以免在货物出运后不能收汇。

《UCP500》规定：信用证除规定一个交单到期日外，凡要求提交运输单据的信用证，还须规定一个装运日后按信用证规定必须交单的特定期限，如未规定该期限，银行将不接受迟于装运期后 21 天的单据。

(4) 简明。单据的内容，应按信用证要求和国际惯例填写，力求简明，切勿加列不必要的内容，以免弄巧成拙。

(5) 整洁。单据的布局要美观大方，缮写或打印的字迹要清楚醒目，不宜轻易更改，尤其对金额、件数和重量等，更不宜改动。

8.1.4 单据的审核

信用证业务中，处理的、提交的、交易的是单据而不是货物，单据是贯穿在整个交易当中的生命线。信用证项下的审单可以指议付行的审单，即议付审单，是在出口地进行；也可以指开证行的审单，即付款审单，在进口地进行；卖方在制单后，也应该仔细审核呈交给银行的所有单据；同样，买方也要审核提交给他的单据，以决定是否向开证行付款。因此，审单是信用证业务中涉及当事人最多的重要环节，应当引起所有当事人的充分注意。

1. 审单的目的

之所以要审单，是因为单据的质量关系到能否安全及时收汇。信用证的付款承诺是有条件的，即必须“单证相符”、“单单相符”，才能使开证行接受单据，履行其付款义务，受益人或议付行也才有权要求开证行付款，保证安全及时收汇。所以为免受损失，要严格审单。

2. 审单的原则

信用证项下，审核单据要遵守“两个一致”原则：即“单证一致”、“单单一致”。

单证一致原则，就是单据种类、份数、出具国别部门及内容等必须与信用证要求一致，甚至还必须与信用证所列各项文字措辞完全一致。

单单一致原则，就是单据与单据之间相关的内容应一致。如果单单之间相关内容不一致，就被认为是单单不符。

《UCP500》第 13 条规定：“银行必须小心谨慎地审核信用证规定的一切单据，以确定其表面上是否符合信用证条款。”单据之间出现的表面上的彼此不一致，将被视为单据表面上与信用证条款不符。这里强调的是表面的内容，不是单据真正的内容。“表面”可以理解为银行不需亲自询问单据是否为假的，已装运的货物是否真正装运，以及单据签发后是否已失效。除非银行知道所进行的为欺诈行为，否则这些实际发生的情况与银行无关。所以受益人如果制造与事实完全不符的假单据，而此假单据和信用证的要求一致，它就能得到货款；相反，如受益人已按合同以适当的方式出运了货物，但所作的单据忽略了信用证的某个条件，银行就将拒绝接受单据，它不能得到货款。

《UCP500》第 4 条规定：“在信用证业务中，各有关方所处理的是单据，而不是与单据有关的货物、服务及/或其他履约行为。”

《UCP500》第 15 条规定：“银行对任何单据的格式、完整性、准确性、真实性、伪造或法律效力或单据上规定的或附加一般及/或特殊条件，一概不负责；对于任何单据所代表的货物的描述、数量、重量、品质、状态、包装、交货、价值或存在，或货物的发货人、承运人、运输商、收货人或保险人或其他任何人的诚信或行为及/或疏漏、清偿能力、履责能力或资信情况，也概不负责。

综上所述，上述惯例的基本原则是把出口交易中的单据与货物严格划分开来，银行及有关各方处理的是单据而不是货物，是纯粹的“单据买卖”。因此，信用证业务中的银行及受益人应受信用证的约束，就是要受信用证各项条款的约束。银行是凭信用证条款规定办事，开证行只有在“单据表面上严格符合信用证规定”的情况下才履行付款责任，银行对于不符合信用证条款的单据可以拒绝接受，拒付货款。因此，出口采用信用证支付方式，必须做到单据表面上与信用证条款、单据与单据之间严格相符。否则，不能保证安全收汇。

3. 审单的依据

信用证条款是审单工作的唯一依据，其他诸如合同、往来函电、货物情况等，只是作为参考，不是审单的依据。所以，来证的条款必须明确，这也体现出审证工作的重要性。

4. 审单的程序

(1) 接单。这是正式对单据审核前的准备工作。即银行收到受益人交来信用证项下的单据，在未正式审单时做的初步整理、验收及记录。

当银行收到单据时，第一，将收到的单据整理、归类、点数，看单据的种类、份数是否齐全。第二，注明收到单据的日期。第三，受益人在向银行交单时，填写一式二份的单据签收清单，由银行签收后，其中的一份返还给受益人，以便日后检查核对。常见的单据签收清单式样如表 8-1 所示。

表 8-1　单据签收清单　　　　年　月　日

单证种类	号　码	份　数
信用证 汇票 发票 ……		

附注：　　　　签收人：

(2) 审单。审单工作是一种有序的对单证的审核。即各项单据均有一个审核的次序。一般情况下的排列次序是这样的：

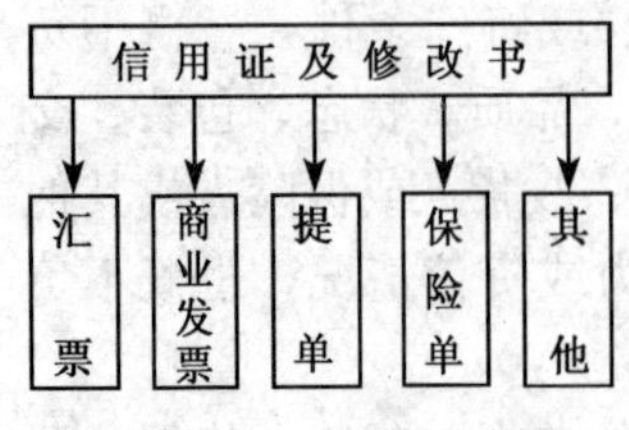

图 8-1　审单程序示意图

首先将信用证与单据按图 8-1 所示排列起来，这样既可以节省时间，又能保证单据不漏审。将单证按这种先后顺序整理好后，即开始对照审核。审单的方法是先“纵”后“横”。“纵”是指以信用证为核心，所有单据都与信用证相核对，做法是先阅读信用证的各项内容，再阅读单据的各项内容，从中发现单证之间各项目的内在联系，以及哪些单据未交来，哪些内容不符合规定。“横”指以单据中的发票为中心，其他单据与之核对。在“纵”、“横”审查的同时，将不符点一一列出，填入记录表中的“不符点与处理意见”一栏中，并做出相应的处理。

(3) 主要单证的审核要点。

信用证的审核要点：是由通知行通知的，在信用证直接寄送受益人的情形下，无论如何应该审核其真伪；是由信用良好的开证行开立的不可撤销信用证；清晰、正确地标注了付款性质；在有效期内；足以涵盖合同金额。

汇票的审核要点：注明了信用证号码；尚在有效期内；有受益人公司授权签字人的签字；正确的受票人，即一家银行；汇票金额大小写一致；金额不超过信用证的可使用额；期限与信用证要求的期限一致；背书正确，如果有的话；没有限制性背书；没有“无追索权”批注，除非信用证授权。

发票的审核要点：由信用证的受益人签发；抬头是申请人，除非信用证另有规定；货物描述与信用证完全一致；价格及其他条款与信用证一致；货币种类与汇票一致；金额不超过信用证的相应金额。

运输单据的审核要点：标注全套正本的份数；不是租船合约提单，除非信用证明文规定；不是运输代理商开具的单据，除非根据，《UCP500》第三十条授权；收货人的具名符合信用证的要求；需要背书的地方背书正确；按信用证的要求标注了被通知人的名称和地址；载明了发货人或其代理人的名称；按信用证要求注明了运费已付或者到付；没有不清洁批注。

保险单据的审核要点：是按信用证签发的保险单，或保险凭证，或暂保单加声明；标注了全套正本保险单据的份数；有保险公司或保险商，或他们代理人的签字；标注了签发日期或生效日期，视交货情况不同，该日期最晚不迟于货物装船或发运或监管的日期；保险额满足信用证的要求，通常是发票额的 110%；货物描述与发票一致；保险范围从指定的装运港或监管地点到卸货港或交货地点；承保了信用证指定的所有险种；被保险人不是付款行时，保险单的背书应该正确和适当。

(4) 单证不符的处理。单证不符，即单据与信用证条款不一致或单据之间彼此矛盾。开证行对单证不符的单据有权拒绝付款。但要做到完全不出差错又是不可能的，并且客观情况也在不断变化。因此，遇到单证不符，应及时做相应的处理，使最终的收汇不受影响。

议付行对单证不符的处理：第一，将单据退回受益人修改。若不符点是由于受益人在制单时的疏忽所致，通常由议付行退还让其修改，再交银行议付。如是打字拼写方面的错误，有时为了争取时间，或者是与顾客较熟，银行也可代劳。但若是提交的单据不全，则必须由受益人补齐。受不符点的性质和提交单据日期的限制，受益人修改的方法只适合于制单疏忽和所交单据不全的情形。因此，不是在任何时候都能用。因为单据必须在允许的期限和信用证的有效期内提示。

第二，担保议付。要求受益人提供的一份保证书，然后再进行议付。保证书上要注明：单据与信用证条款不相符的内容；为有不符点的单据议付，银行一旦遭受损失及付出的费用由受益人保证负担。议付行可将此在寄单通知书中声明，以示议付的保留性质。若开证行接受不符点付款，保证书即随之失效。如开证行拒绝接受不符点，则受益人应当赔偿。当然，议付行也可以拒绝接受保证书，还可以根据保证书提出人的资信情况及单证不符的具体内容仅做部分议付。保证书对开证行来说没有什么效力，它只是受益人和议付行之间的一种协议，所以，保证书一般不必向开证行提示，尽管有时向偿付行提示。

第三，"电提"。即议付行通过电传等将不符点告之开证行，征询可否议付，得到开证行的授权后再行议付或者承兑。这里有个前提，即受益人同意或要求这样做并承担有关的费用。电提的特点是解决问题快，对临近提示期的单据较适用。如开证行不同意，受益人要采取补救措施。一般来说，这种方法可在金额较大、不符点较明显时运用。

第四，"表提"。如货款金额较小，虽然不符点问题较大，但估计国外进口商会接受单据的情况下，议付行可将不符点列在议付行通知书上，征求开证行同意付款，叫"表提"。

第五，将信用证改为跟证托收。当单证不符点过多而又比较严重时，出口商可采用信用证项下托收方式，委托托收行寄单收款。卖方只能等买方收到单据且同意后，才能收回货款。由于这种托收与原信用证有关，为了使进口商易于了解该项托收业务的来由，托收行仍以原信用证的开证行作为代收行，请其代为收款。但银行并不承担付款的义务，是否付款只能取决于进口商的资信。在收汇风险上，从某种意义上来说，信用证项下托收的风险，比正常托收支付方式更大一些，除了已经与进口商商定采用这种支付方式。这是因为信用证项下托收是以出口商单证不符为前提的，这种情况很可能造成对出口商不利，由于进口商不受原信用证条款的约束，如果遇到进口商资信不好或商品行市对他不利，特别是货价下跌，出口商很可能遭到进口商迟付、拒付甚至趁机毁约。

第六，照常议付。尽管有不符点，从实践经验中得知这些仅是微不足道的，仍然照样付款。有时须向开证行说明一下。但这不是可推行的办法，在市场行情变化或其他情况下，往往成为进口商的把柄，会冒很大的风险。

第七，不予受理，将单据退回受益人。

开证行对单证不符的处理：作为开证行，收到议付行寄来的单据后，也同样要进行审核，若有不符点将拒付时，应注意以下几点：

第一，要在信用证的有效期内做出拒付的决定，且要在自收到单据的第二天起计算的 7 个银行工作日内进行；

第二，拒付通知要以电讯方式，如不能用电讯，应以其他快捷的方式通知议付行等单据提出者；

第三，拒付通知要注明凭以拒付的不符点的具体内容，并说明是退回单据还是暂为代管听候处理。

开证行若忽略了上述这几点，不及时处理，很可能就会丧失了拒付的权利，使拒付失效，它将无权宣称单据不符合信用证条款要求。

8.1.5　单据的简化

1. EDI（electronic date interchange)

EDI 即电子数据交换，它主要用于商业信息以标准格式在不同机构的计算机系统之间进行自动化传递，是现代计算机技术与现代数据网络通信技术综合应用的产物。EDI 的发送方将文件、订单、合同、发票、提货单、海关申报单、进出口许可证等行政或商业文件按照参与各方都认可的标准格式构成计算机能够识别、处理的数据结构，并通过数据通信网在不同国家、不同地区、不同行业的计算机系统之间进行信息交换，从而实现业务信息的自动处理即电子商务。

正是由于 EDI 在国际贸易中的广泛推广使用，才要求对繁杂的单据进行简化，从而有利于节约人力和时间，减少差错，便利结算，加速收汇。

2. 单据简化的核心

单据简化的核心是贸易单据固定格式及其使用。贸易单据固定格式是把所有单据上可能列入的项目都包括在内的综合性凭证，它所使用纸张的大小，页边所留空白的多少，每一项目之间和每行之间都有统一的规定，所有出口用的单据以此为标准进行仿制。

标准贸易单据格式的内容如下：

贸易单据固定格式的基本内容分为两部分，第一部分必须按项目填写，共分四个主要项目：①运输情况；②货物情况；③交易情况；④出单日期和地点，出单人签字。第二部分为自由填写或根据需要填写部分，可填写货物品质、规格等细节，产地证明和其他证明文句，运费交付方式，货物价值的计算根据等。

3. 影响较大的单据简化项目

(1)《联合国贸易单据设计样式》拟制了一种套合一致的标准单证格式。“套合一致”就是统一各种票据的大小，并将各种单据上的相同项目放在同一位置上，制单时，只须用打字机将各项内容全部打在一张总单据上，然后根据各种单据的需要，将事先设计的有方空格的遮盖板把不需要的部分遮住，再用影印机或复印机制出各种所需要的单据。这样在总单据上打字只打一次，校对和改错也各一次，大约只需半小时即可把全部单据制成，大大节省了人力和时间，避免了差错。即使不用影印、复制，而用普通复写纸制单，也可提高工作效率。为了适应这种套合一致的标准单据格式制单方法，《UCP500》第20条做了相应的规定："除非信用证中另有规定，银行可接受下述方法或从表面上看是用下述方法制作的单据作为正本单据：①影印，自动处理或电脑处理；②复写。"

(2)《简化运输标志》，由联合国设计推荐，包括收货人简称、合同号、目的地和件号，国家和地区名称代码（由2个拉丁字符号组成，如中国为CH，英国为GB，美国为US），货币代码（由3个拉丁字符号组成，前两个符号代表国名，后1个符号代表货币，如人民币为CHY，英镑为GBP，美元为USD），地名代码（由5个拉丁字符号组成，前2个符号代表国名，后3个符号代表地名，如上海为CHSHG，伦敦为GBLON，纽约为USNYC），用数字表示日期的代码（如1999年5月4日为1999-05-04）等。使用国际标准和代码有利于自动化或电脑处理。

(3) 减少单据的种类和份数，如精简提单正本份数，取消领事签证发票，用商业发票代替海关发票等。

在单据简化和标准化以后，就有可能以数据来代表单据的内容，邮递单据的情况可能为电传数据来代替，从而适应了"无纸贸易"在国际贸易中的推广和应用。

8.2 出口结汇的主要单据

信用证项下出口结汇的单据很多，其中主要有下列几种。

8.2.1 汇票

1. 汇票含义

汇票（draft，bill of exchange）是一个人向另一个人签发的，要求见票时；或在将来某个固定时间；或可以确定的时间内对某人；或其指定的人；或持票人支付一定金额的无条件书面支付命令。

我国出口贸易中，出口商通常在货物出口后，以签发汇票的方式要求进口商或进口商所在地银行付款。

2. 汇票缮制方法

汇票一般开具一式二份，二份具有同等效力，其中一份付讫，另一份则自动失效。汇票内容应按信用证规定填写。

(1) 汇票号码。汇票号码有两种编制方法，一种是按汇票的顺序编号，另一种是按发票号码编号。因发票是全套单据的中心，我国出口贸易多采用后者，即按发票号码编号，说明该汇票是某一发票项下的。汇票号码在“No.”一栏中填写。

(2) 汇票金额。汇票金额与币别应与发票相符，且大小写必须一致，不得涂改，否则无效。在“Exchange for”一栏中，填写汇票小写金额，它由支付货币名称缩写和金额数字构成。填写时，先写货币名称缩写，再写用阿拉伯数字表示的汇票金额。如：USD20 000.00（保留小数点后两位）。在“THE SUM OF”一栏中，填写大写金额，大写金额应与小写金额一致（不超过信用证金额），一般顶格打在汇票虚线内，货币名称写在数额之前，应用全称，大写金额后加“ONLY”。如：USD20 000.00 大写金额即可表述为 U. S. DOLLARS TWENTY THOUSAND ONLY。

(3) 付款人的名称。按《UCP500》规定，议付信用证项下汇票的受票人是开证行，此时，汇票付款人填写开证行名称和地址。托收条件下，填写买卖合同中的买方。在汇票的“To”一栏中填写。

(4) 受款人的名称。受款人又称汇票的抬头人，系收取汇票金额的人。除非信用证另有规定，汇票的受款人一般填写议付行名称或凭议付行指定。而托收项下的受款人一般应为托收行。目前，在我国出口业务中，以信用证或托收方式结算货款，对外签发的汇票均要做成指示式抬头，抬头人多为中国银行。在“pay to the order of”一栏中填写“Bank of China”。

(5) 出票依据。信用证条件下按信用证规定，无规定时注明信用证号码、开证行名称、开证日期。托收条件下可注明合同号码及签约日期。在“Drawn Under”一栏内填写。

(6) 付款期限。常见的汇票付款期限有两种：即期付款和远期付款。采用即期付款时在“At __ sight”之间的横线上打“※※※※※”，远期付款在“At __ sight”之间的横线上打上天数，如见票 60 天付款的汇票，汇票付款期限即可表示为“At 60 days sight”。采用托收方式时，一般在“At”前注明交单方式，如“D/A At 30 days sight”。

(7) 出票人名称。汇票的出票人应为信用证的受益人，在托收方式下，一般为合同的出口方。在实际出口业务中，出票人通常用盖法人章（企业英文全称条形章和法人代表的签章合二为一）的方式。出票人一般在汇票右下脚。有关汇票的格式，请参考表 8-2。

表 8-2 汇票的格式

No.

Exchange for ______ Beijing, China, ______

At ______ sight of this FIRST of Exchange (the SECOND of the same tenor and date Beijing unpaid), pay to the Order of ______

The sum of ______

Drawn under ______

Value received and charge to account

To ______ signature:

8.2.2 发票

1. 发票含义

发票（invoice）种类很多，常见的发票是商业发票。商业发票（commercial invoice）简称发票，是卖方开立的凭以向买方收款的详细发货价目清单，作为买卖双方交接货物、结算货款、记账、报关和纳税的主要单证。商业发票是各种单据的核心，无统一的格式，但所须填制的内容大体相同。

2. 商业发票的缮制方法

(1) 出口商的名称、地址。一般在发票的正上方表示，大多已事先印好，无须另行填写。

(2) 发票名称。一般大多事先印好“INVOICE”字样，无须在它的前面加“商业”（COMMERCIAL）字样。

(3) 出票日期、地点。发票是全套单据中出票最早的，其日期只要在合同签订之后，提单签发日期之前即可，出票地点为受益人所在地（议付所在地）。

(4) 发票号码。一般由出口公司自行编制。汇票、装箱单、托运单等出口商出具的单据一般都使用发票号码。为结汇方便，也可使用银行编制的统一编号（BP 号）。

(5) 起运地、目的地。按货物运输的实际情况填写（与信用证一致），在“From ____ To ____”一栏中填写。

(6) 抬头人。一般填写买方（信用证申请人）名称地址。此栏通常印有“To”、“SOLD TO”、“For account and risk of”字样。

(7) 唛头及编码。按合同、信用证规定填制，合同、信用证无规定时，由受益人自定（收货人代号、目的港、件数等组成），没有唛头时，填写无唛头（N/M）字样。在“MARKS AND NOS.”一栏中填写。

(8) 品名及货物描述。本栏包括货物的名称、品质、规格、数量、包装等内容，应严格与合同/信用证一致。在“DESCRIPTION”一栏中填写。

(9) 价格。包括贸易术语、单价和总值，是发票的主要内容，须正确填写。

有关商业发票的格式，请参考表8-3。

表8-3　商业发票的格式

天津商实进出口公司

TIANJIN SHANGSHI IMPORT & EXPORT CORP.

10 GEXIN ROAD，HEBEI DISTRICT，TIANJIN CHINA

发票　　S/C . BR2000/93

INVOICE　　INV. NO. ______

Date：______

From ______　To ______

For account and risk of ______

MARKS & NOS.	DESCRIPTION	Amount

TIANJIN SHANGSHI IMPORT & EXPORT CORP

8.2.3　运输单据

运输单据（transport documents）随着不同运输方式而异。海洋运输使用海运提单、不可转让海运单、租船提单；铁路运输使用铁路运单；航空运输使用航空运单；邮政运输使用邮包收据；多式运输则使用多式运输单据。其中，海洋运输单据提单是各种运输单据中使用最多的单据。

1. 提单

提单（bill of lading）是由船长或承运人的代理收到托运人的货物后签发的，确认货已收到或已装船，承担将货物运到指定地点，并交予指定收货人的一种海上运输单据，是承运人与托运人之间的运输合同的证明和货物所有权的凭证。提单是国际贸易中一种十分重要的结算单据。

在我国，海运提单通常由出口企业或运输代理填制，货物装船并由船公司签署后交出口企业。不同船公司设计的提单格式不尽相同，但内容基本相同。

2. 提单缮制方法

(1) 提单号码。提单必须注明承运人及其代理人规定的提单编号，否则无效。提单号码一般可按装船单（下货纸）号码填写。提单号码填在“B/L No . ”一栏中。

(2) 托运人，指委托运输的人，一般为出口公司，也就是信用证中的受益人或买卖合同的卖方，在“shipper”一栏中填写。

(3) 收货人，该栏应严格按照信用证规定填写，并且与托运单“收货人”一栏的填写完全一致。信用证通常要求出口商将提单收货人做成“to order（凭指示）”。这种提单须经托运人背书，方可流通转让。在“Consignee”一栏中填写。

(4) 被通知人。被通知人是货到目的港被船公司通知到货（提货）的人，通常是货物的进口人或其代理。信用证对被通知人如何填写，一般有明示的规定，须按信用证规定填写被通知人的详细名称、地址。若信用证没有此项规定，通常将开证行作为被通知人，填写开证人的详细名称地址。在“Notify party”一栏中填写。

(5) 前程运输及收货地点。货物转运时填写。其中，前程运输填写第一程船的船名，如货物不需转运，则空白不填；收货地点填写收货港的名称或地点，如货物不需转运，也空白不填。在“Pre-carriaged by，Place of receipt”一栏中填写。

(6) 船名、航次、装货港。如转运填写第二程船的船名、航次和中转港的名称，不转运填写第一程船的船名、航次和装运港名称，按配舱回单（装货单）填写。在“Ocean vessel，Voy No. port of loading”一栏中填写。

(7) 卸货港及交货地点。这些项目均须按实际填写。其中，卸货港填写卸货“目的港”名称；交货地点填写最终目的地名称，如果货物的目的地是目的港，可空白不填。在“Port of discharge，Place of delivery”一栏中填写。

(8) 唛头。此栏须按信用证规定填写，如信用证没有规定则应按发票内容填写，如不使用唛头注明“N/M”字样。在“Marks & nos.”一栏中填写。

(9) 件数、包装、货物名称。包装件数与种类按实际情况填写。货物名称应与托运单一致，与信用证严格相符。货物名称下面空白处注明运费支付情况，如运费已付、运费到付等。分别在“No. and kind of packages，Description of goods”一栏中填写。

(10) 毛重和尺码。毛重一般以千克为单位；尺码以立方米为单位，保留3位小数，提单上毛重与尺码要与装箱单上的总毛重与总尺码一致。

(11) 正本提单份数。提单份数须按信用证规定填写（大写英文数字）。如来证无明确规定或仅要求“full set”，可填写2份或3份（TWO或THREE）。在“No. of original B/L”一栏中填写。

(12) 提单签发日及地点。提单签发日期应为货物交付承运人或货物装船完毕的日期，它不得晚于合同或信用证规定的装运期。提单的签发地点应按装运地点填写。在“place and date of issue”一栏中填写。

(13) 签名。提单必须有船方或其代理人的签字才有效。在“Signed for the carrier”一栏中填写。

有关提单的格式，请参考表 8-4。

表 8-4 提单

Shipper

B/L No. 1

中国远洋运输（集团）总公司

CHINA OCEAN SHIPPING (GROUP) CO.

Combined Transport BILL OF LADING

Consignee

TO ORDER

Notify party

Pre-carriaged by   Place of receipt

Ocean vessel Voy No.   port of loading

Port of discharge   Place of delivery   Final destination

Mark & nos. Container seal no.	No. of containers Or packages	Kind of packages; Description of goods	Gross weight	Measurement

Total number of containers The Bales only

Or packages (in words)

Freight & charges Revenue tons Collect	Rate	Per	Prepaid	

Ex rate	Prepaid at	Payable at	Place and date of issue

Total prepaid   No. of original B/L   Signed for the carrier ________

Laden on board the vessel ________

Date ________ BY (TERMS PLEASE FIND ON BACK OF ORIGINAL B/L)

(COSCO STAND ARD FORM 11)

8.2.4 保险单（Insurance Policy）

投保单是进出口企业向保险公司对运输货物进行投保的申请书，也是保险公司据以出立保险单的凭证，保险公司在收到投保单后即缮制保险单。

1. 保险单

保险单是保险公司向投保人出具的承保证明，它规定了保险公司与投保人之间的权利义务关系，是被保险人凭以向保险公司索赔和保险公司进行理赔的依据。

在以 CIF 为条件的出口贸易中，保险单是出口商向买方或银行提交的一种单据。

2. 保险单的缮制方法

(1) 被保险人。保险单上的被保险人（投保人）一般为信用证的受益人。这样的保险单必须由被保险人在其背面背书，以表明该保单的权益和义务转让给了保险单的持有人，即向保险公司及其代理人提出索赔和合理补偿的权益。

如信用证要求以特定方为被保险人，则在被保险人栏内填上该特定方的名称。这种保险单不用背书，而是由该特定的被保险人直接向保险公司提出索赔。但应注意要在我方收汇有保障的条件下才能接受，一般只能对资信好的客户才给照办。

如信用证上规定保险单做成指示抬头“to order”，则在被保险人栏内照填“to order”，其效果与填信用证受益人后加以背书一样。

保险单上的被保险人栏内必须严格按照合同、信用证或其他有关规定办理。

(2) 保险金额。保险金额一般按 CIF 价值加 10%计算。信用证支付交易中，应按信用证规定加成，小数点后尾数取整，使用货币须与信用证的币种一致。

(3) 承保险别。承保险别是保单中最重要的内容，是货物受损时保险公司理赔责任范围的书面依据。开证申请人通常对此栏内容的审查十分严格，填写时须特别谨慎，须严格与合同或信用证相符。

(4) 保险勘查代理人。一般由保险公司选定，便于收货人在货物出险后与其联系办理索赔，故须提供详细地址。

(5) 赔款偿付地点。本栏须按信用证规定填写。信用证未规定时，填目的港名称，同时注明赔款货币符号。

(6) 签发地与日期。保单出单日必须早于提单签发日，地点一般在受益人所在地。

(7) 签名。保单必须经签名后方可生效。

有关保险单的格式，请参考表 8-5。

表 8-5　保险单的格式

中　国　人　民　保　险　公　司

THE PEOPLE'S INSURANCE COMPANY OF CHINA

总公司设于北京　　一九四九年创立

Head Office：BEIJING　　Established in 1949

保　险　单　　保险单次号

INSURANCE POLICY　　POLICY NO.

中国人民保险公司（以下简称本公司）

THE POLICY OF INSURANCE WITNESSES THAT THE PEOPLE'S INSURANCE COMPANY OF CHINA（HEREINAFTER CALLED "THE COMPANY"）

根　据　1）

AT THE REQUEST OF ....

（以下简称被保险人）的要求，由被保险人向本公司缴付约定

（HEREINAFTER CALLED "THE INSURED"）AND IN CONSIDERATION OF THE AGREED PREMIUM PAID TO THE COMPANY BY THE

的保险费，按照本保险单承保险别和背面所载条款与下列

INSURED UNDERTAKES TO INSURE THE UNDERMENTIONED GOODE IN TRANSPOTRTATION SUBJECT TO THE CONDRRIONS OF THIS POLICY

特款承保下述货物运输保险，特立本保险单。

AS PER THE CLAUSES PRINTED OVERLEAF AND OTHER SPECIAL CLAUSES ATTACHED HEREON

标　记 MARKS & NOS.	包装与数量 QUANTITY	保险货物项目 DESCRIPTION OF GOODS	保险金额 AMOUNT INSURED
2）	3）	4）	5）

总保险金额：

TOTAL AMOUNT INSURED：........ 6）........

保　费　7）　　费　率　8）　　装载运输工具

PREMIUM AS ARRANGED　RATE AS ARRANGED　PER CONVEYANCE SS. .... 9）

开航日期　10）　　自　　至

SLG. ON OR ABT.　AS PER BILL OF LADING　　FROM　11）........　TO　12）........

承保险别：

CONDITIONS .... 13）........

所保货物，如遇出险，本公司凭本保险单及其他有关证件给付赔款。

CLAIMS, IF ANY PAYABLE ON SURRENDER OF THIS POLICY TOGETHER WITH OTHER RELEVANT DOCUMENTS

所保货物，如发生保险单项下负责赔偿的损失或事故，

IN THE EVENT OF ACCIDENT WHEREBY LOSS OR DAMAGE MAY RESULT IN AN ALARM UNDER THIS POLICY IMMEDIATE NOTICE

应立即通知本公司下述代理人查勘。

APPLYING FOR SURVEY MUST BE GIVEN TO THE COMPANY'S AGENT AS MENTIONED HEREUNDER：14）

中国人民保险公司上海分公司

THE PEOPLE'S INSURANCE CO. OF CHINA

SHANGHAI BRANCH

赔款偿付地点

CLAIM PAYABLE AT/IN .... 15）........

日期　　上海

DATE .... 16）........　SHANGHAI

地址：中国上海中山东一路 23 号。TEL：3236305 3217466-44 Telex：33128 PICCS CN.

Address：23 zhongshan Dong Yi Lu，Shanghai，China. Cable：42001 Shanghai.

8.2.5 原产地证书

1. 原产地证明书

原产地证明书（certificate of origin）是一种证明货物原产地或制造地的文件，也是进口国海关核定进口货物应征税率的依据。

我国商品出口的原产地证明书主要有两种：普通产地证书和普惠制产地证书。普通原产地证主要由出口商应进口商（信用证）的要求向商检局或贸促会请求签发。

2. 原产地证书缮制方法

(1) 出口方。本栏一般填写合同的卖方或发票出票人（包括其详细名称和地址），不得使用印章或留空在（exporter）栏中填写。

(2) 收货方。本栏填写最终收货人（合同的买方或信用证规定的收货人）的名称、地址。在“consignee”栏中填写。

(3) 运输方式和路线。此栏填写实际的运输方式及路线。应与提单一致。在“means of transport and route”栏中填写。

(4) 目的港。此处指货物最终运抵港，不能填写中间商国家名称。这里的最终港，即最终进口国，一般与最终目的港所在国一致。在“destination port”一栏中填写。

(5) 仅供签证机构使用。此栏出口申报人免填。一般由签证机构根据需要加注如“证书丢失，重新补发，声明××号证书作废”等内容。此栏英文“for certifying authority use only”。

(6) 运输标志。此栏应按发票或提单所列运输标志“唛头”填写。无运输标志填 N/M。此栏英文“marks and numbers of packages”。

(7) 包装种类、件数，货物的描述。此栏填写两项内容。此栏英文“number and kind of packages，description of goods”。

第一，包装种类和件数。一般先用数字再用英文大写表示。如 100 箱，填写为 100 cartons（one hundred cartons only）。

第二，商品名称。填写货物具体名称，应同发票一致。如 100 箱罐头，可表示为 100 cartons（one hundred cartons only）of canned goods。有的商品也可用统称，如文具、纸张等。有时国外来证要求加注信用证号码或某项声明，也打在此栏。此栏全部内容打完后一般打上“※ ※ ※ ※”号表示结束。

(8) 商品编码。一般填打 4 位数的 H. S. 编码（商品分类和编码协调制度税目号）。该编码须准确无误，与报关单保持一致。此栏为英文“H. S.

CODE”。

(9) 数量和重量。此栏应以商品的计量单位填打（连用），如电视机以台计算，即可打 100 sets。以重量计算的，可打重量（须注明毛重或净重）。如：2000 kgs gross weight。英文栏为“quantity or weight”。

(10) 发票号和发票日期。此栏应按发票照抄有关日期和号码，不能留空，有关日期须用英文表示。此栏英文“number and date of invoices”。

(11) 出口方声明。此处出口商声明早已印好，无须填写。但须由申请单位的法人代表手签并加盖中英文对照的公章，签字与公章不得重合，同时签注申报日期和地点。其中，申报日期不得早于发票日期（也不得晚于提单日期）。此栏英文“declaration by the exporter”。

(12) 签证机构证明。签证机构证明文句也是印好的，无须现打。它只是在签证机构审核无误后，由授权的签证人进行手签，加盖签证机构印章，并注明签署地点、时间。（此栏日期不得早于 11 栏的申报日期）。此栏英文为“certification”。

有关原产地证书的格式，请参考表 8-6。

表 8-6　原地产证书

<table>
<tr><td colspan="2">1. Exporter（full name and address）</td><td colspan="3" rowspan="2">Certificate No. 20034761</td></tr>
<tr><td colspan="2">2. Consignee（full name and address）</td></tr>
<tr><td colspan="2">3. Means of transport and route</td><td colspan="3" rowspan="2">5. For certifying authority</td></tr>
<tr><td colspan="2">4. Destination port</td></tr>
<tr><td>6. Marks and numbers of packages</td><td>7. Description of goods Number and kind of packages</td><td>8. H. S. CODE</td><td>9. Quantity or weight</td><td>10. Number and date of invoices</td></tr>
<tr><td colspan="2">11. Declaration by the exporter

TIANJIN，MAY 26，2000
Place and date，signature and stamp of authorized signatory</td><td colspan="3">12. Certification

TIANJIN，MAY 26，2000
Place and date，signature and stamp of certifying authority</td></tr>
</table>

8. 2. 6　包装单据

包装单据是指一切记载或描述商品包装情况的单据，是商业发票的补充。不同的进出口商品有不同的包装单据。

1. 装箱单

装箱单（packing list）又称包装单，是表明出口货物的包装形式、包装内容、数量、重量、体积或件数的单据。其主要用途作为海关、进出口商等验货的凭据和商业发票的补充，装箱单除须按装箱情况详细列明商品包装的具体情况（名称、数量、花色品种搭配、商品包装尺码、毛净重）外，其他项目内容填写与发票相同。

有关装箱单的格式，请参考表 8-7。

表 8-7　装箱单示例

PACKING LIST

1) SELLER	3) INVOICE NO.	4) INVOICE DATE
	5) FROM	6) TO
	7) TOTAL PACKAGES (IN WORDS)	
2) BUYER	8) MARKS & NOS.	

9) C/NOS.	10) NOS. & KINDS OF PKGS.	11) ITEM	12) QTY.
13) G. W.	14) N. W.	15) MEAS (M^3)	

16) ISSUED BY

17) SIGNATURE

2. 重量单

重量单（weight list）又称磅码单或码单，是用于以重量计量、计价的商品清单，一般列明每件包装商品的毛重和净重以及整批货物的总毛重、总净重等。凡是提供重量单的商品，一般不再提供装箱单。

8. 2. 7　检验证书

检验证书（inspection certificate）全称检验检疫证书，是指检验检疫机构对出口商品实施检验或检疫后，依据其结果与合同、信用证的要求，对外签发的证书。检验证书作为具有法律效力的文件，必须由我国各省、市、自治区的出入境检验检疫局出具。检验证书的名称、出证机构、检验货名、品质、数量、包装等内容须与信用证规定相符。检验证书若超出有效期，应重新报验。根据国家出入境检验检疫局决定，自 2000 年 1 月 1 日起，启用新的检验检疫证书。有关检验证书的格式，请参考表 8-8。

表 8-8　检验证书示例

中华人民共和国上海进出口商品检验局

SHANGHAI INPORT & EXPORT COMMODITY INSPECTION BUREAU

OF THE PEOPLE'S REPUBLIC OF CHINA

正　本
ORIGINAL
NO. (13051)
日期 Date：

地址：上海市中山东一路 13 号
Address：13. Zhongshan Road
(E. 1.)，Shanghai
电报：上海 2914
Cable：2914，SHANGHAI
电话 Tel：63211285

检　验　证　书
INSPECTION CERTIFICATE
OF QUALITY

发货人：
Consignor ....

受货人：
Consignee ....

品 名：　　　　　　　　　　　　　标记及号码：
Commodity ....　Marks & No.

报验数量/重量：
Quantity/Weight
Declared ....

检验结果：
RESULTS OF INSPECTION：

主任检验员
Chief Inspector：

本 章 小 结

单据是指商品交易过程中的一系列证明文件。单据的种类很多，其在国际贸易和国际结算中起着非常重要的作用，它是卖方履行合同的证明、银行参与国际结算的前提条件、买方付款的依据及融资手段。信用证项下制单的要求必须做到正确、完整、及时、简明、整洁。而审单必须遵守“单证一致”、“单单一致”原则。信用证项下出口结汇的主要单据分别是汇票、发票、提单、保险单、原产地证书、重量单、装箱单、检验证书等。本章重点介绍了各种结汇单据的缮制方法。

练习与思考

1. 简述出口结汇的主要单据。

2. 简述各种单据的缮制方法。

3. 简述跟单信用证项下制单的基本要求。

4. 案例分析题：信用证规定的品名和发票的品名均为：Canned Pears，而提单上的品名为：Canned Goods。这是否构成单证不符和单单不符？

案例分析

缮制发票有差错致损案

案情简介：中国某出口公司按信用证方式向欧洲某商人出售一批棉花，外商来证所列规格时密为 94″×100。缮制发票时，误将 94″打成 92″，卖方交单时，议付行也未发现。后遭开证行拒付。经与买方多次联系未果，因买方收到船样时，觉得布料手感不够柔软，怕货不好销售，本有毁约意图，而苦于没有借口，恰巧发票内容有误，给了他可乘之机。后卖方又补寄更正发票给开证行，开证行则以信用证有效期已过为由，仍然坚持拒付。在此情况下，卖方只好损失来回运费将货运回。

案例分析：本案合同项下的交易是采用信用证付款方式，在信用证业务中，银行只凭单付款，若单证表面稍有不符，即使是一字之差，银行也有权议付。后来，卖方虽补寄更正的发票给开证行，但发票到达时，信用证有效期已过，故再次遭到开证行拒付。通过本案，我们应当吸取下列教训：

第一，要高度重视单证工作，在缮制单据时，不能有丝毫差错。

第二，如发现单证不符时，应在信用证有效期内尽快更正，不得延误时间，导致信用证失效。

第三，本案致损原因，不仅是单证不符问题，实质上也与商品质量有关。因此，我们也要重视品质和选样问题，船样必须是货物的实样，以免节外生枝。

第 9 章

商品检验、索赔、仲裁和不可抗力

[学习目标]

1. 掌握在国际贸易中商品检验的时间和地点的规定办法及有关注意事项；

2. 了解国内、国际的主要商品检验机构及商品检验证明作用；

3. 掌握仲裁的特点、作用；

4. 了解违约和争议的含义，掌握产生争议的原因，理解索赔和理赔的含义；

5. 理解不可抗力的含义；会用合同中的不可抗力条款；掌握援引不可抗力时应注意的问题。

在国际货物买卖过程中，买卖双方应首先对商品的品质、数量、包装、价格等主要交易条件进行磋商。此外，还须就商品检验、索赔、不可抗力、仲裁四个主要的有关事项在合同中做出约定，这些是确保合同顺利履行不可缺少的交易条件。

9.1 商品检验

9.1.1 商品检验的作用

1. 商品检验的含义

商品检验（commodity inspection）又称商检，是指在国际货物买卖中，对卖方交付给买方货物的质量、数量和包装进行检验，以确定合同标的是否符合买卖合同规定；有时还对装运技术条件或货物在装卸运输过程中发生的残损、短缺，进行检验或鉴定，以明确事故的起因和责任归属；货物的检验还包括根据一国的法律或行政法规对某些进出口货物或有关的事项进行质量、数量、包装、卫生、安全等方面的强制性检验或检疫。

2. 商品检验的作用

进出口商品检验是对外贸易工作中不可缺少的环节。为了鉴定卖方所交货物是否与合同规定相符，各国法律一般都承认买主有权对货物进行检验，如果经检验发现货物不符合同规定，而且确属卖方责任者，买方有权要求卖方赔偿损失，或者要求退换货物，甚至可以拒绝收货。因此，对货物检验和察看的结果决定了买方接受或拒收的权利，受到各国法律和国际公约的保障。我国《商检法》明确规定，进出口商品必须经过检验。进口商品未经检验或检验不合格的，不准销售、使用。进出口商品检验具有以下作用：

(1) 把关作用。通过商检工作，一方面可以将质量不符合标准和合同规定的国外商品拒之于国门之外，避免劣质商品流入我国，对国内生活、生产造成不良影响。另一方面，可以将质量不符合标准和合同规定的国内商品控制在国门之内，避免劣质商品进入国际市场对我国造成不良影响，这种不良影响主要体现在两方面：一是对我国政府和企业的声誉的不良影响；二是国外买家与消费者退货、索赔会给我国企业造成的经济损失。

(2) 服务作用。商品检验的服务作用主要体现在以下几个方面：

① 为进出口商品提供第三方公正性居间证明服务。在国际贸易的货物交接、计费、索赔、理赔、免责等环节，都需要商检提供公正的数据，以确保交易各方的权益得到合理公正的保护。

② 为出口企业提供技术服务和信息服务。商检工作所积累的技术和信息可以帮助国内出口企业提高产品质量，找准国际市场畅销商品，拓展国际市场。

③ 为海关、税务等部门提供参考信息。商检所积累的大量国内外商品的质量、性能、价格等情况，可以为海关、税务等部门的执法提供有效的参考资料。

(3) 促进作用。通过把关和服务作用，商检促进了国内生产、出口企业和国外卖方、生产企业不断提高产品的质量。商检的严格把关，还可以减少、防止伪劣商品对国内外市场的冲击，对稳定和繁荣国内外市场起到积极的促进作用。另外，商品检验还促进了我国在国际贸易中对外信誉的提高。

9.1.2 商品检验的时间和地点

商品检验的时间和地点，不仅关系到买卖双方的权利和义务，而且还牵涉到有关的法律规定和国际惯例。确定商品检验的时间和地点，实质上是明确交易双方中的哪一方行使对货物的检验权，即以哪一方提供的检验证明为准。在国际贸易中，商品检验时间和地点的规定方法概括起来有以下三种。

1. 在出口国检验

这种检验又可分为产地或工厂检验、装船前或装船时检验两种。工厂检验是指由工厂的检验单位或买方的检验人员在工厂进行检验或验收，卖方只承担货物离厂前的责任，离厂后的品质变化和货损货差概不负责，这是对卖方最有利的一种做法。装船前或装船时在装运港检验，是由双方约定的商检机构验货后出具检验证明，作为确定交货品质与重量的最后依据，这种做法被称为“以离岸品质和重量（或数量）为准”，卖方对货物在运输途中的品质变化和重量短少，均不负责，买方对此一般也无权提出异议。

2. 在进口国检验

这种检验又可分为目的港（地）检验、买方营业处所或最终用户所在地检验两种。在目的港（地）检验，是指由双方约定的目的港（地）的商检机构验货后出具检验证明，作为确定交货品质与重量的最后依据，这种做法被称为“以到岸品质和重量（或数量）为准”，在此条件下，货物在运输途中的质量变化和重量短少，实际上均由卖方负担，故卖方一般不愿采用此法。买方营业处所或最终用户所在地检验，是指以货物最后到达目的地的检验结果为准，卖方承担的责任更大。

3. 在出口国检验，在进口国复验

这种检验是以出口国装运港（地）的检验证书作为买方收取货物的依据，货到进口国目的港（地）后，买方行使复验权。若在进口国验货后发现货物不符合合同规定，并证明这种不符不属于承运人或保险公司的责任范围，买方可在规定的时间内凭复验证书向卖方提出异议和索赔。为了分清责任和避免争议，在规定买方有复验权的同时，最好还规定，若复验结果与原检验结果不一致时应当如何处理的办法。例如，两次检验结果的差异在约定范围内，即由双方协商解决。如协商不成，可提交双方同意的第三国商检机构进行仲裁检验，或规定超出部分，由双方平均分担。这种做法比较公平合理，它照顾到买卖双方的利益，我国进出口合同中的检验条款，一般都采用这种规定办法。

应当指出的是，近年来，随着国际贸易的发展，在检验的时间、地点和具体做法上，国际上也出现了一些新的做法和变化。例如，在出口国装运前预检验，在进口国最终检验，即在买卖合同中规定货物在出口国装运前由买方派人员自行或委托检验机构人员对货物进行预检验，货物运抵目的港或目的地后，买方有最终检验和索赔权。采用这一做法，有的还伴以允许买方或其指定的检验机构人员在产地或装运港或装运地实施监产或监装。对进口商品实施装运前预检验，这是当前国际贸易中较普遍采用的一种行之有效的质量保证措施。在我国进口交易中，对关系到国计民生、价值较高、技术又复杂的重要进口商品和大型成套设备，必要时也采用这一做法，以保障我方的利益。

9.1.3 商品检验机构和商检证书

1. 商品检验机构

有进出口贸易的国家或地区都有自己的商品检验机构和公证鉴定机构。有官方机构，也有经当地法律承认的私人机构。有的属于综合性的，有的属于专业性的。这些商品检验机构都是为进出口商品的检验提供服务的，是独立于外贸企业之外的服务性部门，他们是与合同买卖双方无利害关系的第三者。

(1) 国际上的商品检验机构。国际上比较有影响的商品检验机构有：英国劳氏公证行、美国食品药物管理局、美国粮谷检验署、美国保险人实验室、日本海事鉴定协会、日本通商产业检查所、法国国家实验室检测中心、瑞士日内瓦通用鉴定公司、中国香港天祥公证化验行等官方、民间、社团检验机构。

(2) 中国的商品检验机构及其基本任务。1998 年 7 月由原国家进出口商品检验局、原卫生部卫生检疫局和原农业部动植物检疫局共同组建的中华人民共和国出入境检验检疫局（China Exit and Entry Inspection and Quarantine Bureau，简称 CIQ）为主管出入境商品检验、卫生检疫和动植物检疫的行政执法机构。其设在各地的出入境检验检疫机构（地方检验检疫机构）管理其所辖地区内的出入境检验检疫工作。国务院于 2001 年 4 月决定，将原国家质量技术监督局和国家出入境检验检疫局合并，成立中华人民共和国国家质量监督检验检疫总局（State General Administration of the People's Republic of China for Quality Supervision and Inspection and Quarantine），简称国家质量监督检验检疫总局。这标志着我国质量检查和出入境检验检疫工作登上了一个新的台阶，进入了一个较快的发展阶段。

在我国属官方的商品检验机构是中华人民共和国商品检验检疫局及其设在各地的进出口商品检验检疫机构，它是主管出入境卫生检疫、动植物检疫、商品检验、鉴定、认证和监督管理的行政执法机构。此外，还有经国务院批准的中国进出口商品检验总公司及其设立在各地的分公司，以民间第三者的地位承办进出口商品检验和公证鉴定业务。商检公司是国家商检局指定的独立检验机构。

根据我国《商检法》，我国出入境检验检疫机构在进出口商品检验方面的基本任务有三项：实施法定检验；办理公证鉴定业务；对进出口商品的检验工作实施监督管理。

① 实施法定检验。法定检验（legal inspection）是商检机构根据国家有关法律、法规规定对进出口商品实施法定检验，对大宗的关系国计民生的重点进口商品、容易发生质量问题的商品、涉及安全卫生以及国家指定由商检机构统一执行检验的商品等进行强制性检验。商检机构对进出口商品实施检验的内容，主要包括商品的品质、规格、数量、包装、卫生、安全等。属于法定检验的出口商品，未经检验合格的，不准出口；属于法定检验的进口商品，未经检验的，不准销售、使用。其最终目的是为了维护消费者的利益，维护国家的权益，维护国家的信誉。

目前我国对进出口商品实施法定检验的范围主要包括以下几个方面：列入我

国《商检机构实施检验的进出口商品种类表》的进出口商品的检验；《中华人民共和国食品卫生法》规定，应实施卫生检验检疫的进出口食品卫生的检验；对进出口动植物产品的检疫；对装运出口易腐烂变质食品、冷冻品的船舱、集装箱等运载工具的适载检验；对出口危险货物包装容器的性能鉴定和使用鉴定；对有关国际条约规定必须经商检机构检验的进出口商品的检验；对合同或信用证规定必须经商检机构检验的进出口商品的检验；对有关法律、法规规定必须经商检机构检验的进出口商品的检验。

② 办理公证鉴定业务。公证鉴定（superintending and surveying services）是指有资格的非当事人（无利害关系的第三者）对进出口商品进行的各项检验、鉴定业务，国际上一般习惯称作公证鉴定。公证鉴定与法定检验不同的是，公证鉴定是非强制性行为。商检机构和有资格的检验机构可以受理对外贸易关系人以及国内外有关单位或外国检验机构的委托，办理规定范围内的进出口商品鉴定业务，签发各种鉴定证书，以作为办理进出口商品的交接、结算、计费、计税、索赔等的有效证明。例如，对进出口商品的数量、品质、包装、货载的衡量鉴定；进出口商品的装卸载鉴定；进出口商品的积载鉴定、残损鉴定和海损鉴定；装载进出口的船舶、车辆、飞机、集装箱等运载工具的适载鉴定；集装箱及集装箱货物鉴定；装载进出口商品的船舶封舱、舱口检视、空距测量；与进出口商品相关的外商投资的价值、品种、品质、数量和损失鉴定；抽取并签封各类样品，签发产地证明、价值证书、发票签证等其他进出口商品的鉴定业务。

③ 进行监督管理。国家出入境检验检疫局、地方检验检疫机构通过行政管理手段，对进出口商品的收货人、发货人及生产、经营、储运单位以及国家出入境检验检疫局或其地方机构指定或者认可的检验机构和认可的检验人员的检验工作进行监督管理，以推动和组织有关部门对进出口商品按规定要求进行检验。商检工作中的监督管理主要范围包括：对进出口商品的品质进行认证并给合格者颁发认证证书及准许其使用认证标志；对涉及安全、卫生等的进出口商品，实施安全、卫生进出口许可证制度，对出口食品的有关企业实施卫生注册登记制度；对出口生产企业的质量体系进行评审，并可派出检验人员参与监督检验与管理，包括抽样检查等；对合格的商品给予加贴商检标志或必要时给予加施封识；认可被国内外商检机构认可的评审工作并对其进行监督管理。

2. 商检证书

商品检验机构对商品检验、鉴定后出具的书面文件称为商检证书，其作用是作为证明卖方所交货物的品质、重量、数量、包装以及卫生条件等是否符合合同规定的依据。为此，卖方交货时须报经商检机构检验并出具商检证书作为卖方向买方议付货款的一种单据，在买方对货物品质、重（数）量、包装等条件提出异议，如拒收货物或要求赔偿损失时，也以商检证书为依据。当检验证书中所载检验结果与信用证的规定不符时，银行有权拒绝议付货款。商检证书是通关验放的有效证件，国家法律及有关行政法规规定须由商检机构实施强制性检验的进出口商品，向海关报关验放时，须提供有关的商检证书，否则不予通关。

我国商品检验机构对进出口商品出具的检验证书常见的有：

(1) 品质检验证书（Inspection Certificate of Quality）：证明进出口商品的品质、规格、等级等。

(2) 重量检验证书（Inspection Certificate of Weight）：根据不同的计重方式证明进出口商品的重量。

(3) 数量检验证书（Inspection Certificate of Quantity）：根据不同的计量单位证明商品的数量。

(4) 兽医检验证书（Veterinary Inspection Certificate）：证明出口动物产品检疫合格。适用于冻畜肉、冻禽、冻兔、皮张、绒类、毛类等商品。

(5) 卫生（健康）检验证书（ Inspection Certificate or Inspection Certificate of Health）：证明出口供食用的动物产品、食品的卫生检验检疫合格。适用于肠衣、罐头食品、蛋制品、乳制品、冻鱼等商品。

(6) 消毒检验证书（Disinfection Inspection Certificate）：证明出口动物产品已经过消毒处理。适用于猪鬃、马尾、羽毛、山羊毛等商品。

(7) 产地检验证书（Inspection Certificate of Origin）：证明出口商品的原产地。

(8) 价值检验证书（Inspection Certificate of Value）：证明商品的价值或发票所开列的商品单价和总值真实正确。

(9) 验残检验证书（Inspection Certificate Damaged Cargo）：证明进口商品残损情况，供索赔时使用。

(10) 熏蒸证书（Inspection Certificate of Fumigation）：证明一些出口商品已经过药物、熏蒸灭虫处理。适用于粮谷、豆类、油籽、皮张、木质包装箱等商品。若对方不提出单列证明，则可归入品质检验证书内容中。在国际贸易中，买卖双方应根据成交商品的种类、性质、有关国家的法律和贸易惯例来确定交易中应取得何种商品检验证书，并在合同中加以规定。

9.2 索　　赔

9.2.1 违约与争议

1. 违约及其法律后果

买卖合同是对缔约双方具有约束力的法律文件，任何一方当事人都必须按照合同规定严格履行其合同义务，否则，即构成违约。违约的一方当事人应承担违约的法律后果，受损方有权提出损害补偿要求。但是，各国的法律或国际组织的文件对于违约方的违约行为及由此产生的法律后果、对该后果的处理有不同的规定和解释。

(1) 英国的《货物买卖法》将违约分为违反要件和违反担保两种。违反要件 (breach of condition) 是指违反合同的主要条款，即违反与商品有关的品质、数量、交货期等要件；在合同的一方当事人违反要件的情况下，另一方当事人即受损方有权解除合同，并有权提出损害赔偿；违反担保 (breach of warranty) 是指违反合同的次要条款，在违反担保的情况下，受损方只能提出损害赔偿，而不能解除合同。至于在每份具体合同中，哪个属于要件，哪个属于担保，该法并无明确具体的解释，只是根据“合同所做的解释进行判断”。这样，在解释和处理违约案件时，难免带有不确定性和随意性。

(2)《联合国国际货物销售合同公司》(1980 年) 将违约分为根本性违约和非根本性违约。根本性违约 (fundamental breach) 是指违约方的故意行为造成的违约，如卖方完全不交货，买方无理拒收货物、拒付货款，其结果给受损方造成实质损害。如果一方当事人根本违约，另一方当事人可以宣告合同无效，并可要求损害赔偿。非根本性违约 (nonfundamental breach) 是指违约的状况尚未达到根本违反合同的程度，受损方只能要求损害赔偿，而不能宣告合同无效。

2. 争议

争议 (disputes) 是指交易的一方认为另一方未能全部或部分履行合同规定的责任而引起的业务纠纷。在国际贸易业务中，这种纠纷屡见不鲜，究其原因主要是：

(1) 卖方不交货，或未按合同规定的时间、品质、数量、包装条款交货，或单证不符等；

(2) 买方不开或缓开信用证，不付款或不按时付款赎单，无理拒收货物，在 F. O. B. 条件下不按时派船接货等；

(3) 合同条款的规定欠明确，买卖双方国家的法律或对国际贸易惯例的解释不一致，甚至对合同是否成立有不同的看法；

(4) 在履行合同过程中遇到了买卖双方不能预见或无法控制的情况，如某种不可抗力，双方有不一致的解释等。

由上述原因引起的争议，集中起来讲就是：是否构成违约，双方对违约的事实有分歧，对违约的责任及其后果的认识相悖。对此，双方应本着友好协商、互谅互认精神，妥善解决。

9.2.2 索赔与理赔

索赔（claim）是指遭受损害的一方在争议发生后，向违约的一方提出赔偿的要求；理赔（settlement of claims）是指违约方对受损害方所提出的赔偿要求的受理和处理。因此，索赔和理赔是一个问题的两个方面，在受损害方是索赔，在违约方是理赔。在进出口货物买卖的索赔和理赔中，必须注意索赔依据、索赔期限及索赔金额等问题。

（1）索赔依据。主要规定索赔必须具备的证据和出证机构。索赔依据包括法律依据和事实依据两个方面，前者是指贸易合同和有关国家的法律规定，后者是指违约的事实真相及其书面证明。如果证据不全、不清，出证机构不符合要求，都可能遭到对方拒赔。

（2）索赔期限。是指受损害方向违约方提出索赔的有效时限，逾期索赔，违约方可不予受理。买卖双方协议一致并在合同中做出明确规定的索赔期限为约定索赔期限，约定索赔期限可长可短，视交易商品的性质而定。我国出口合同中的索赔期限，一般规定为货到目的港后30天内或60天内。除约定索赔期限外，尚有法定索赔期限，即根据有关法律，受损害方有权向违约方提出索赔的期限。例如，我国《涉外经济合同法》中规定为四年；《联合国国际货物销售合同公约》中规定为两年。约定索赔期限的效力，一般高于法定索赔期限。索赔期限实际上就是检验条款中的复验期限；因此，有的合同把检验条款和索赔条款结合起来订立，称为检验索赔条款（inspection and claim clause）。

（3）索赔的办法或金额。由于违约的情况比较复杂，究竟在哪些业务环节上违约和违约的程度如何等，在订约时难以预计，因此，对于索赔的办法或索赔的金额，也难做出明确具体的规定。在一般的买卖合同中，对于这一问题都只做笼统规定。

总之，在实际业务中，正确处理索赔和理赔是一项维护国家和企业权益和信誉的重要工作。在对外索赔和理赔时应认真做好调查工作，在查清事实、分清责任的基础上，既要坚持原则，正确运用合同所适用的法律和国际贸易惯例，又要力求在友好的气氛下进行协商，争取公平合理的解决。

9.2.3 合同中的索赔

在我国的对外贸易合同中，对于索赔条款通常有两种规定方法，即异议和索赔条款（discrepancy and claim clause）、罚金条款（penalty）。

1. 异议与索赔条款

异议与索赔条款主要适用于交货品质、数量等方面的违约行为，这类赔偿的金额不是预先约定，而是根据货款、货差的实际情况确定。在异议和索赔条款中，一般包括索赔的依据、索赔期限、索赔的办法或金额等项内容。例如：买方对于装运货物的任何异议，必须于装运货物的船只到达提单所订目的港后 30 天内提出，并须提供经卖方同意的公证机构出具的检验报告。

（Any claim by the Buyers regarding the goods shipped shall be filed within 30 days after the arrival of the goods at the port of destination specified in the relative Bill of Lading and supported by a survey report issued by a surveyor approved by the Sellers.）

2. 违约金条款

违约金条款亦称罚金条款，主要是规定一方未按合同规定履行其义务时，应向对方按照约定支付一定数额的违约金，以补偿对方的损失。违约金条款一般适用于卖方延期交货，或者买方延迟开立信用证或延期接货等情况。违约金的数额大小取决于违约时间的长短。但违约金条款中要规定违约金的最高限额。另外，在条款中规定违约金的起算日期时，有两种不同做法，一种是合同规定的交货期或开证日期终止后立即起算；另一种是规定优惠期，即在合同规定的有关期限终止后再宽限一段时间，在优惠期内免予罚款，待优惠期届满后起算违约金。需要注意的是，违约方在支付违约金后并不能解除其履行合同的义务。

例 1：如果卖方不能在合同规定期限内把整批或一部分货物装上船，除非不可抗力原因或取得买方同意而修改合同规定外，买方有权在合同装船期满 30 天后撤销未履行部分的合同。如果货至目的口岸买方对品质有异议时，可以凭卖方同意的公证机构出具的检验报告，在货到目的口岸 30 天内向卖方提出索赔，卖方将根据实际情况考虑理赔或不理赔，一切损失凡由于自然原因或属于船方或保险公司责任范围内者，卖方概不负赔偿责任。

（Discrepancy and Claim：in case the Sellers fail to ship the whole lot or part of the goods within the time stipulated in this Contract，the Buyers shall have the right to cancel the part of the Contract which has not been performed 30 days following the expiry of the stipulated time of shipment，unless there exists a Force Majeure cause of the contract stipulation has been modified with the Buyers consent. In case discrepancy on the quality of the goods is found by the buyers arrival of the goods at the port of destination，the Buyers may，within 30 days after arrival of the goods at the port of destination，lodge with the Sellers a claim which should be supported by an Inspection Certificate issued by a public surveyor approved by the Sellers. The Sellers shall，on the merits of the claim either make good the loss sustained by the Buyers，or reject their claim，it being agreed that the Sellers shall not be held responsible for any loss or losses due to natural causes or causes falling within the responsibility of Ship-owners of the Underwriters.)

例 2：索赔罚金条款。买方对于装运货物的任何索赔，必须凭卖方同意的公证机构出具的检验报告，在货物到达目的港之日起 45 天内提出。属于保险公司、船公司等责任范围内的索赔，卖方不予受理。如买方不能如期索赔，在卖方同意付款行从议付货款中扣除罚金的条件下，买方可同意延期交货。罚金率为每周收取延期交货部分总金额的 0.5%，不足一周按一周算。但罚金不得超过延期交货部分总价值的 5%。如果卖方延期超过合同规定期限 10 周，买方有权解除合同，卖方仍应按上述规定立即向买方支付罚金。

（Any claim by the Buyer regarding the cargo shall be supported by a survey report issued by a surveyor approved by the Seller and lodged within 45 days after the arrival of the cargo at the port of destination. The Seller will not consider claims in respect of matters within responsibility of insurance company or shipping company. Should the Seller fail to the make delivery on time, the Buyer shall agree to postpone the delivery on the condition that the Seller agrees to pay a penalty which shall be deducted by the paying bank at the time of payment. The rate of penalty is charged at 0.5% of the total value of the cargo whose delivery has been delayed for every week, odd days less than a week should be counted as a week. But the total amount of penalty shall not exceed 5% of the total value of the cargo involved in the late delivery. In case the Seller fail to make delivery 10 weeks later than the time of shipment stipulated on the contract, the Buyer shall have the right to cancel the contract and the Seller shall still pay the aforesaid penalty to the Buyer without delay.)

例 3：索赔处理。如货物不符合本合同规定应由卖方负责，同时买方按照本合同第××条和第××条的规定在索赔期限或质量保证期限内提出索赔者，卖方在取得买方同意后，应按下列方式理赔：

（甲）同意买方退货，并将退货金额以成交原币偿还买方，并负担因退货而发生的一切直接损失和费用，包括利息、银行费用、运费、保险费、商检费、仓租、码头装卸费以及为保管退货而发生的一切其他必要费用。

（乙）按照货物的次劣程度、损坏范围和买方所遭受的损失，将货物贬值。

（丙）调换有瑕疵的货物，换货必须全新并符合本合同规定的规格、质量和性能，卖方并负担因此而产生的一切费用和买方遭受的一切直接损失。对换货的质量，卖方仍应按本合同第××条，保证×个月。

(Settlement of Claims:

In case the Sellers are liable for the nonconformity of the goods with the contract and a claim is made by the Buyers within the period of claim or the period of quality guarantee as stipulated in Clause... and... of this Contract the Sellers shall settle the claim upon the agreement of the Buyers in the following ways:

a. Agree to the rejection of the goods and refund to the Buyers the value of the rejected goods in the same currency as contracted herein, and bear all direct losses and expenses incurred from the rejection, including interest, banking charges, freight, insurance premium, inspection charges, storage, stevedore charges and all other necessary expenses required for the custody and protection of the rejected goods.

b. Devaluate the goods according to the degree of inferiority, extent of damage and amount of losses suffered by the Buyers.

c. Replace the defective goods with new ones which conform to the specifications, quality and performance as stipulated in this contract, and bear all expenses incurred to and direct losses sustained by the Buyers. The Sellers shall, at the same time, guarantee the quality of the replaced goods for a further period of... months according to clause... of this contract.)

9.3 不可抗力

9.3.1 不可抗力的含义

目前，国际条约和国际惯例对不可抗力还没有一个统一的定义。各国国内法的解释差别也比较大。例如，法国的法律称这类事件为“不可抗力”，英、美法律称之为“合同落空”，德国法律称之为“履行不可能”，《联合国国际货物销售合同公约》称之为“履行合同的障碍”。

按照我国《涉外经济合同法》的定义，所谓不可抗力事件是指当事人在订立合同时不能预见、对其发生和后果不能避免并不能克服的事件，如水灾、旱灾、火灾、地震、冰封、海啸、战争、罢工、政府封锁禁运等。至于物价变动和汇率变动等属于正常的贸易风险，不能算作不可抗力事故。根据对不可抗力的一般解释，可以认为，构成不可抗力事故需要具备以下三个条件：

(1) 事故必须是订立合同之后发生的。这是指在订立合同时，并没有这种事故发生。而如果订立合同时，这种事故已经存在，对当事人来讲，不具备偶然性、突发性，当事人在订立合同条款时已考虑到了该事故对合同的影响，那么，这种事故就不属于不可抗力事故。

（2）事故不是当事人的过失或故意行为造成的。这是指遭受事故的一方对该事故的发生并无责任，而如果是由于当事人的错误行为导致合同无法履行，则不能作为不可抗力对待。

（3）事故是当事人无法预见、无法预防的。这是指当事人在订约时，并不能预料到该事故必然会发生，即使估计到事故发生的可能性，也没有能力避免或防止它的发生。

在国际贸易中，常有这样的情况出现。签订合同之后，市场行情发生剧烈变化，货价大幅度上涨或下跌，使当事一方蒙受巨大损失。虽然这种意外事故也并非当事人的过失或故意行为造成的，另外，当事人也无法预见和预防，但是它不属于不可抗力事故的范畴，而是属于正常的商业风险。因此，如果交易的一方看错了行情，签订了合同，日后即使市场行情发生了对他不利的变化，他也不能借口不履行合同。除了价格的变动外，货币汇率和运输费用的涨落也同样属于正常商业风险，不能作为不可抗力事故对待。在实际业务中，正确区分不可抗力事故和正常的商业风险，有助于防止当事人任意扩大不可抗力事故的范围，推卸应负的责任。

在实际业务中，确定不可抗力事件的范围是一个相当复杂的问题，买卖双方容易因此而产生纠纷，因为不可抗力是一项免责条款，买卖双方可以通过扩大不可抗力的范围，来减少自己的合同义务，尤其对社会原因引起的不可抗力。各国的法律解释相差比较大，为避免因此而产生纠纷，我国涉外经济合同法规定，对不可抗力事件的范围，当事人可以在合同中事先予以约定。

9.3.2 合同中的不可抗力条款

不可抗力事件的发生引起的法律后果主要有两种：一种是解除合同，即全部解除或部分解除。一种是变更合同，包括减少履行数量或迟延履行时间。究竟采用哪一种，要根据实际情况来判断，对不可抗力事件认定后做出决定。

为了便于对不可抗力的认定，在各种不同的贸易合同中，对于不可抗力条款都有具体的规定，尽管所规定的内容不完全相同，但概括起来，不可抗力条款中通常包括以下内容。

1. 不可抗力事故的范围

在买卖合同中规定不可抗力条款时，首先应对哪些事故属于不可抗力事故划定一个范围。因为这一问题与双方当事人的利益有密切关系。在我国的进出口合同中，对于规定不可抗力事故的范围，基本上有三种不同做法：

（1）列举式规定，即在不可抗力条款中明确列出经双方认可的不可抗力事故。而合同中没有明确的，均不能作为不可抗力事故对待。这种规定办法虽明确、具体，但条文繁琐，且可能出现遗漏情况。例如：由于战争、地震、水灾、火灾、暴风雨、雪灾的原因，致使卖方不能全部或部分装运或延迟装运合同货物，卖方对于这种不能装运或迟缓装运本合同货物不负有责任。但卖方须用电报或电传通知买方，并须在 15 天内以航空挂号信件向买方提交由中国国际贸易促进委员会出具的证明此类事件的证明书。

(If the shipment of the contracted goods is prevented or delayed in whole or in part by reason of war, earth quake, flood, fire, storm, heavy snow, the Seller shall not be liable for non—shipment or late shipment of the goods of this contract. However, the seller shall notify the Buyer by registered airmail with a certificate issued by the China Council for the Promotion of International Trade attesting such event or events.)

(2) 概括式规定。在合同的不可抗力条款中不具体订明哪些属于不可抗力事故，而只是以笼统的语言做出概括的规定，如由于公认的不可抗力的原因，使当事人无法履行合同义务时，可免除责任。这种规定办法过于空泛，容易引起争议。例如：由于不可抗力的原因，致使卖方不能全部或部分装运或延迟装运合同货物，卖方对于这种不能装运或迟缓装运本合同货物不负有责任。但卖方须用电报或电传通知买方，并须在 15 天内以航空挂号信件向买方提交由中国国际贸易促进委员会出具的证明此类事件的证明书。

(If the shipment of the contracted goods is prevented of delayed in whole of in part due to Force Majeure, the Seller shall not be liable for non-shipment of late shipment of the goods of this contract. However, the Seller shall notify the Buyer by cable or telex and furnish the latter within 15 days by registered airmail with certificate issued by the China Council for the Promotion of International Trade attesting such event or events.)

(3) 综合式规定。即将上述列举式和概括式规定方法结合起来，在合同中列明通常容易出现的一些不可抗力事故的同时，还加上“以及双方当事人所同意的其他意外事故”的字样。这种规定办法既明确、具体，又有一定的灵活性，是比较切实可行的。当前，我国进出口合同中，一般都采取这种规定办法。例如：由于战争、地震、水灾、火灾、暴风雨、雪灾或其他不可抗力的原因，致使卖方不能全部或部分装运或延迟装运合同货物，卖方对于这种不能装运或迟缓装运本合同货物不负有责任。但卖方须用电报或电传通知买方，并须在 15 天内以航空挂号信件向买方提交由中国国际贸易促进委员会出具的证明此类事件的证明书。

(If the shipment of the contracted goods is prevented of delayed in whole or in part by reason of way, earth quake, flood, fire, storm, heavy snow or other causes of Force Majeure，the Seller shall not be liable for non—shipment or late shipment of the goods of this contract. However，the Seller shall notify the Buyer by cable or telex and furnish the latter within 15 days by registered airmail with a certificate by the China Council for the Promotion of International Trade attesting such event or events.)

2. 不可抗力事故的后果

如上所述，不可抗力事故引起的后果有两种，一种是解除合同，一种是延迟履行合同。按道理，应在条款中做出具体规定，以便于执行。但在实际业务中，由于签约时难以预料会发生何种事故以及对履约造成何种影响，因此，国外有些合同中规定，发生不可抗力事故后，遭受事故的一方可以暂不履行合同至一段时间（如 2～3 个月），届时，如果仍无法履行合同，则可以解除合同；如果影响履约的事故已不存在，则可以继续执行合同。

3. 发生事故后通知对方的期限和方式

按国际惯例，当发生不可抗力事故影响到合同的履行时，遭受事故的一方必须及时通知对方，对方也应在接到通知后予以答复，如有异议应及时提出。为了明确责任，一般在合同的不可抗力条款中规定，一方发生不可抗力事故后通知对方的期限和方式。例如，有的合同中规定：一方遭受不可抗力事故之后，应以电报通知对方，并应在 15 天内以航空挂号信提供事故的详情及其对合同履行的影响程度的证明文件。

4. 出具有关证明文件的机构

当一方援引合同中的不可抗力条款要求免责时，都必须向对方提供一定机构出具的证明文件，做出发生不可抗力事故的证据。在国外，一般是由当地的商会或公证机构出具。在我国，是由中国国际贸易促进委员会出具。为明确起见，在不可抗力条款中应对出证机构的名称做出具体规定。

9.3.3 援引不可抗力时应注意的问题

1. 及时通知义务

发生不可抗力事件后，不论合同中是否明确规定，遭遇事件的一方负有及时通知的义务，将这一事件及时通知对方。《合同公约》规定，不履行义务的一方必须将障碍及其对他履行义务能力的影响通知另一方。如果该项通知在不履行义务的一方已知道或理应知道此障碍后一段合理时间内未被另一方收到，则他对由于未收到通知而造成的损害应负赔偿责任。《合同公约》的这一规定，在于明确不履行义务的一方应负有通知义务，并以对方收到为有效。如果当事人未尽到通知义务，他就不能援引该条款来免除履行合同的义务。

2. 提供证明文件

对外援引不可抗力事件条款时，通常都要求提供必要的证明文件，以作为免责的法律依据。我国《合同法》第 118 条规定，当事人一方因不可抗力事件不能履行合同的，应及时通知另一方，以减轻可能给对方造成的损失，并应在合理期限内提供证明。在不可抗力条款中是否具体规定提供证明文件的期限和出具证明文件的机构，可视需要而定。如果合同中已做了规定的，则按合同规定办理；合同如无规定，应尽快提供证明文件。在国内，出证机构一般是中国国际经济贸易促进委员会。在国外，则由当地的商会或合法的公证机构出具。

3. 及时答复义务

一方当事人接到对方发来的不可抗力事件的通知或证明文件，无论同意与否，他都应及时答复对方，将自己的意见告诉对方，而不得长期拖延不予处理。否则，按有些国家的法律，如美国《统一商法典》，将被视作默认。

9.4 仲　裁

9.4.1 仲裁的含义与特点

1. 仲裁的含义

在国际贸易实务中，买卖双方在合同履行过程中因种种原因发生争议是难以避免的。当发生争议时，一般均首先采用由双方当事人和解的方式，即友好协商方式解决。如协商得不到解决时，则分别视情况而采取通过第三者调解、提交仲裁机构仲裁或进行司法诉讼等方式进行处理。

仲裁（arbitration）是解决对外贸易争议的一种行之有效的重要方式，它是指买卖双方在争议发生前或发生后签订仲裁协议，自愿将有关争议交给双方都同意的仲裁机构进行裁决的一种争议解决方式。

2. 仲裁的特点

仲裁既不同于友好协商与调解，也不同于司法诉讼。

（1）仲裁与司法诉讼的不同之处：

① 仲裁的立案时间快。通常情况下，仲裁机构受理案件后一般应在 1 周之

内开庭。而诉讼的立案时间则难以预料，最快也得按月计。

② 仲裁是在双方当事人自愿基础上的一种争议解决方式。而诉讼是一种强制性的争议解决办法，当事人一方无须征得另一方的同意即可向有管辖权的法院起诉，一方则无权拒绝。

③ 仲裁过程中，双方当事人可以自愿选定仲裁员。而诉讼中，法官是由法院指定的。由于仲裁员多为国际贸易和法律方面的专家，因此，案件的处理比法院客观、公正、迅速。

④仲裁的费用较低，一般按争议价值的0.1%～1%收取仲裁费用，而诉讼费用则十分昂贵，仅聘请律师一项所需费用就相当惊人。

⑤仲裁裁决一般都是终局性的，双方当事人不可以向法院或其他机构提出变更要求。而诉讼的法院判决，则是允许上诉和可变更的。

⑥仲裁的双方当事人在感情上尚有回旋余地，业务关系也不至于中断，而诉讼双方当事人势必引起感情破裂，业务关系必将终止。

(2) 仲裁与友好协商和调解相比，它的特点在于由双方同意的仲裁机构对双方争议进行裁决，裁决的结果是终局的，具有法律约束力，而协商和调解则无约束力。

9.4.2 仲裁的形式与机构

仲裁机构有常设机构和临时机构两种。

临时仲裁机构是为了解决特定的争议而组成的仲裁庭，争议处理完毕后，仲裁庭即不复存在。采用临时仲裁，仲裁协议需就指定仲裁员的办法、人数、是否需要首席仲裁员以及采用的仲裁规则等问题做出明确规定。仲裁起源于临时仲裁。

常设机构仲裁是指向一个由双方当事人约定的常设仲裁机构提出申请，并按照这个仲裁机构的仲裁规则或双方选定的仲裁规则所进行的仲裁。所谓常设仲裁机构是指根据一国的法律或者有关规定设立的，有固定名称、地址、仲裁员设置和具备仲裁规则的仲裁机构。仲裁规则是规定进行仲裁的程序和具体做法，一般地说，双方当事人约定由哪个常设仲裁机构仲裁，就按照该机构仲裁规则进行仲裁。但不少国家也允许双方当事人自由选用他们认为合适的仲裁规则。常设的仲裁机构能为仲裁工作提供必要的服务和便利，有利于仲裁工作的顺利进行。因此，近年来，国际商事仲裁绝大部分采用仲裁机构。双方当事人如约定采用仲裁方式解决争议的，应当明确在哪个仲裁机构进行仲裁。

世界上很多国家、地区和一些国际性、区域性组织都设有从事国际商事仲裁的常设机构。例如：瑞典斯德哥尔摩仲裁院、瑞士苏黎士商会仲裁院、英国伦敦国际仲裁院、美国仲裁协会、日本国际商事仲裁协会、香港国际仲裁中心以及设在巴黎的国际商会仲裁院等。这些常设的仲裁机构不少与我国仲裁机构已有业务上的联系，在仲裁业务中进行过合作。国际商事仲裁机构一般是民间组织。

我国常设的涉外商事仲裁机构是中国国际经济贸易仲裁委员会，隶属于中国国际贸易促进委员会。仲裁委员会设在北京，在深圳经济特区和上海分别设有分会。应当指出的是，我国《仲裁法》自 1995 年 9 月 1 日施行以来，不少城市根据该法的规定先后成立了地方仲裁委员会。这些仲裁委员会不仅可以受理国内仲裁案件，也可以受理涉外仲裁案件。因此，我国各涉外企业在订立国际货物买卖合同中的仲裁条款时，如双方同意在我国仲裁，既可以规定由中国国际经济贸易仲裁委员会仲裁，也可规定由地方仲裁委员会仲裁。

9.4.3 仲裁协议

仲裁协议是买卖双方发生争议时，自愿将有关争议提交双方所同意的第三者裁决所达成的书面协议。

1. 仲裁协议的形式

仲裁协议必须采用书面形式。一种是双方当事人在争议发生之前订立的，表示一旦发生争议应提交仲裁，通常为合同中的一个条款，称为仲裁条款。另一种是双方当事人在争议发生后订立的，表示同意把已经发生的争议提交仲裁的协议，往往通过双方函电往来而订立。

2. 仲裁协议的作用

仲裁协议表明双方当事人愿意将他们的争议提交仲裁机构裁决，任何一方都不得向法院起诉。仲裁协议也是仲裁机构受理案件的依据，任何仲裁机构都无权受理无书面仲裁协议的案件。仲裁协议还排除了法院对有关案件的管辖权，各国法律一般都规定法院不受理双方订有仲裁协议的争议案件，包括不受理当事人对仲裁裁决的上诉。仲裁协议的订立，排除了法院对争议的管辖权，任何一方不得再向法院起诉，法院也不受理争议双方订有仲裁协议的案件。仲裁协议的订立，是交易双方自愿的行为，双方均受该协议的约束，任何一方不得违反协议。

3. 仲裁协议的内容

仲裁协议的内容一般应包括仲裁地点、仲裁机构、仲裁程序、仲裁裁决的效力及仲裁费用的负担等。

仲裁地点是协议中最为重要的一个问题。因为仲裁地点与仲裁适用的程序和合同争议所适用的实体法密切相关。通常均适用于仲裁所在地国家的仲裁法和实体法。我国进出口贸易合同中的仲裁地点一般采用下列三种规定方法：力争规定在我国仲裁；有时规定在被诉方所在国仲裁；规定在双方同意的第三国仲裁。由于我国企业目前大多缺乏在国外申诉的能力，所以应力争在我国仲裁。

仲裁裁决是终局的，对双方当事人均有约束力，不得向任何机构提出变更裁决的请求。仲裁费用的负担可在协议中订明，通常由败诉方负担，也可规定由仲裁庭裁决。

9.4.4 仲裁条款

国际货物买卖合同中的仲裁条款，一般包括仲裁的争议范围、仲裁地点、仲裁规则、仲裁机构和裁决的效力等项内容。具体业务中，这一条款有以下三种规定方法。

1. 规定在我国的仲裁条款

例如：仲裁凡因执行本合同所发生的或与本合同有关的任何争议，双方应通过友好协商解决。如果协商不能解决，应提交北京中国国际经济贸易仲裁委员会或其深圳或上海分会，根据其仲裁规则进行仲裁。仲裁裁决是终局的，对双方都有约束力。

(Arbitration：All disputes arising out of relating to this contract shall be settled amicably through negotiation. In case no settlement can be reached through negotiation the case shall then be submitted to the China International Economic and Trade Arbitration Commission，Beijing，or Shenzhen or its Shanghai Commission for arbitration in accordance with the Rules of Arbitration. The arbitral award is final and binding upon both parties.)

2. 规定在被诉方所在国仲裁的条款

例如：仲裁凡因执行本合同所发生的或与本合同有关的一切争议，双方应通过友好协商解决。如果协商不能解决；应提交仲裁。仲裁在被诉方所在国进行。如在中国，由北京中国国际经济贸易仲裁委员会或其深圳或上海分会根据其仲裁规则进行仲裁。如在××（对方所在国名称），由××（对方所在国仲裁机构名称）根据该仲裁机构的仲裁规则进行仲裁。仲裁裁决是终局的，对双方都有约束力。

(Arbitration：All disputes arising out of or relating to this contract shall be settled amicably through negotiation. In case no settlement can be reached through negotiation，the case shall then be submitted for arbitration. The location of arbitration shall be in the country of the domicile of the defendant. If in China，the arbitration shall be conducted by the China International Economic and Trade Arbitration Commission, Beijing, or Shenzhen or Shanghai Commission in accordance with its Rules of Arbitration. If in. . ., the arbitration shall be conducted by ... in accordance with its rules of arbitration. The arbitral award is final and binding upon both parties.)

3. 规定在第三国或双方所在国仲裁的条款

例如：仲裁凡因执行本合同所发生的或与本合同有关的一切争议，双方应通过友好协商解决。如果协商不能解决，应提交××（某第三国或对方所在国某地名称及仲裁机构），根据其仲裁规则进行仲裁。仲裁裁决是终局的，对双方都有约束力。

（Arbitration：All disputes arising out of or relating to this contract shall be settled amicably through negotiation. In case no settlement can be researched through negotiation, the case shall be submitted to... for arbitration, in accordance with its rules of arbitration. The arbitral award is final and binding upon both parties.)

9.4.5 仲裁程序

仲裁程序是指进行仲裁的程序和做法，主要包括仲裁申请、仲裁庭的组成、仲裁审理及做出裁决等。各国仲裁机构的仲裁规则对仲裁程序都有明确规定。按我国仲裁规则规定，基本程序如下所示。

1. 仲裁申请

仲裁申请，是仲裁机构立案受理的前提。仲裁机构要求申请人提交双方当事人签订的仲裁协议和一方当事人的申请书。申请人提交申请书时还要附上事实依据和证明文件，如合同、来往函电等的正本或副本，并预交规定的仲裁费，即受理立案。

仲裁机构立案后，立即向被申请人发出仲裁通知。被申请人应在收到仲裁通知之日起 45 天内向仲裁机构提交答辩书及有关证明文件。被申请人如有反请求，应在收到仲裁通知之日起 60 天内以书面提交仲裁机构。被申请人提出反请求时，也应按规定预交仲裁费。

2. 仲裁庭的组成

根据国际惯例，双方当事人可以在仲裁协议中规定仲裁员的人数和指定方式组成仲裁庭。如协议无规定，则按有关国家的仲裁法或仲裁机构的程序规则组成仲裁庭。如我国《仲裁法》规定，仲裁庭可以由三名或一名仲裁员组成，由三名仲裁员组成的，设首席仲裁员。如当事人约定由三名仲裁员组成仲裁庭，先由双方各自选定或各自委托仲裁机构指定一名仲裁员，然后由当事人共同选定或共同委托仲裁机构指定第三名仲裁员。这第三名仲裁员即为首席仲裁员。按《中国国际经济贸易仲裁委员会仲裁规则》，双方当事人先在仲裁委员会的仲裁员名册中各自选定一名仲裁员。如当事人不选定，也可委托仲裁委员会主任指定。首席仲裁员由双方当事人共同选定或者共同委托仲裁委员会主任指定。如双方当事人在被申请人收到仲裁通知之日起 20 天内未能共同选定或者共同指定首席仲裁员，则由仲裁委员会主任指定。如采用独任仲裁员方式，即由一名仲裁员单独成立仲裁庭，审理案件并做出裁决，该仲裁员可由当事人共同选定，也有限定由仲裁机构代为指定的。按我国仲裁规则，独任仲裁员应由双方当事人在仲裁员名册中共同指定，或者委托仲裁委员会主任指定。如果双方当事人约定由一名独任仲裁员审理案件，但在被申请人收到仲裁通知之日起 20 天内未能就独任仲裁员的人选达成一致意见，则由仲裁委员会主任指定。

3. 仲裁审理

仲裁审理的过程一般包括开庭、调解、收集和审查证据，如有必要还应采取“保全措施”，即对有关当事人的财产采用扣押等临时性强制措施。

(1) 开庭。仲裁庭审理案件有两种形式：一是开庭审理，二是书面审理。我国仲裁规则规定，除非双方当事人申请或征得双方当事人同意，仲裁庭应当开庭审理。开庭审理是指仲裁庭召开全体仲裁员、当事人及/或其代理人和其他有关人士，例如证人、仲裁庭咨询的专家、指定的鉴定人等参加的会议，听取当事人的口头陈述和辩论，对案件的事实和法律进行调查的审理活动。开庭时，如果一方当事人不出席，仲裁庭可以进行缺席审理和做出缺席裁决。

(2) 调解。采用仲裁与调解相结合的方法解决争议是我国涉外仲裁的一个重要特点。凡是中国国际经济贸易仲裁委员会受理的争议案件，在仲裁程序进行过程中，如果双方当事人有调解愿望或一方当事人有调解愿望并经仲裁庭征得另一方当事人同意，仲裁庭可以按照其认为适当的方法对其审理的案件进行调解。经仲裁庭调解达成和解的，双方当事人应签订书面和解协议；除非当事人另有约定，仲裁庭应按照双方当事人达成的书面和解协议的内容做出裁决书结案。当事人也可以在仲裁庭之外自行达成和解协议后请求仲裁庭根据其和解协议的内容做出裁决书或申请撤销案件。

中国国际经济贸易仲裁委员会还首创会同国外有关的仲裁机构采用“联合调解”的方法来解决争议。其做法是：我方当事人向我国仲裁机构提出申请，外国当事人向其本国仲裁机构提出申请，由双方仲裁机构各派一人或双方人数相等的人员组成调解委员会共同进行调解。但调解不是仲裁的必要程序。所谓调解成功，是指双方当事人通过仲裁机构调解，在解决争议的方法上取得了和解协议。

(3) 收集、审定证据。在仲裁审理过程中，当事人双方应对其申请、答辩和/或反请求所依据的事实提出证据，并由仲裁庭审定。仲裁庭认为必要时，可以自行调查事实和收集证据，也可以就案件中的专门问题向有关专家咨询或指定鉴定人进行鉴定。

(4) 采取保全措施。保全措施，又称临时性保护措施（interim measure of protection），是指仲裁程序开始后至做出裁决前对争议的标的或有关当事人的财产采取临时性强制措施。例如，临时扣押财产，以防止转移或变卖；对有争议的易腐烂货物先行出售等。各个国家和地区对仲裁机构是否具有实施该项措施的权力看法不一，根据我国《仲裁规则》，如当事人申请采取财产保全，仲裁委员会应当将当事人的申请提交被申请人住所地或其财产所在地的人民法院做出裁定。

4. 仲裁裁决

裁决是仲裁程序的最后一个步骤。裁决做出后，审理程序即告终结。根据各国仲裁法和仲裁规则的规定，仲裁裁决必须采用书面形式。我国《仲裁规则》规定，仲裁庭应在组庭后 9 个月内做出仲裁裁决书。除按照双方当事人的和解协议内容做出的裁决外，仲裁裁决书应说明理由，并由仲裁庭全体或多数仲裁员署名。持有不同意见的仲裁员可以在裁决书上署名，也可以不署名。裁决书应加盖仲裁委员会印章，并写明做出裁决的日期和地点。仲裁裁决书做出的日期即为仲裁裁决生效的日期。

仲裁裁决的终局性已为多数国家的立法及仲裁规则所肯定，我国的国内立法和涉外的仲裁规则也都对涉外仲裁裁决具有终局性的法律地位予以确认，并规定当事人不得向其他机构或人民法院提出变更仲裁裁决的请求。我国《民事诉讼法》第 259 条规定："经中华人民共和国涉外仲裁机构裁决的，当事人不得向人民法院起诉"。做出仲裁裁决的仲裁机构本身，也不对做出的最终裁决予以复审或复议。我国涉外仲裁规则规定：一方当事人不履行仲裁裁决，另一方当事人可以根据中国法律的规定，向中国法院申请执行，也可以根据中国缔结或参加的其他国际条约，向外国有管辖权的法院申请执行。由此可见，要求败诉方切实执行仲裁裁决，已成为各国仲裁法规的一项普遍原则。

为提高仲裁效率，我国现行的《仲裁规则》还规定了简易仲裁程序。除非当事人另有约定，凡是争议金额不超过 50 万元人民币的，或争议金额超过 50 万元人民币、经一方当事人书面申请并征得另一方当事人书面同意的，可适用于该简易仲裁程序。在简易仲裁程序中，采用独任仲裁员方式。提交答辩书、反请求书及有关证明文件的期限均缩短至被申请人收到仲裁通知之日起 30 天内。审理方式可以书面审理，也可以开庭审理。如果开庭审理，除非必要，仲裁庭只开庭一次。开庭审理，应在开庭审理之日起 30 天内做出裁决；书面审理，则在组庭之日起 90 天内做出裁决。如确有必要和确有正当理由的，经仲裁庭要求，仲裁委员会秘书长可以对上述期限予以延长。

本章小结

本章阐述了国际货物买卖中预防争议和处理争议的办法，如货物检验权、索赔期限、免责条款和仲裁协议等。具体来说，合同的基本内容也就是货物的品名、品质、数量、包装、价格、交货、保险、支付、检验以及索赔、不可抗力、仲裁等交易条件。有关货物的品名、品质、数量、包装、价格、交货、支付几项，一般均应在合同中加以规定。其中有的是构成有效合同所不可缺少的，有的是履行合同所必须的。至于检验、索赔、不可抗力和仲裁条款，若不规定，虽不影响合同成立，但在履约时很容易理解不一而引起争议，或在处理这些争议时因缺乏依据而产生困难，因而在合同中做出规定也是必要的。

练习与思考

1. 简述商品检验在国际贸易中的作用。
2. 在国际贸易合同中，对于货物检验的时间和地点规定的方法有哪几种？在实践中，哪一种方法容易为买卖双方所接受，为什么？
3. 商品检验证书有什么作用？
4. 在国际贸易中，产生争议的原因有哪些？
5. 简述异议与索赔条款和罚金条款的用途及其主要区别。
6. 合同中的不可抗力条款包括哪些内容？
7. 援引不可抗力条款应注意什么问题？
8. 涉外仲裁与诉讼有何不同点？
9. 仲裁程序主要有哪些内容？
10. 仲裁庭审理案件的方式有哪些？

案例分析

1. 1997 年 4 月 2 日，我某进出口公司向斯里兰卡粮食部出口一船大米，装 LANKAKANTHI 轮。按照合同规定，我某进出口公司应得速遣费 3540．03 美元，经多次函电催促，对方或者推托或者搪塞，迟迟不还达 3 年之久。后我方根据“重合同，守信用”，“平等互利”的对外经济贸易原则，与口岸外轮代理公司联名写了一封信给中国驻斯里兰卡大使馆商务参赞处。信中提出如再不归还，我方将按合同规定要求中国国际贸易促进委员会对外贸易仲裁委员会进行仲裁。

(1) 分析案例，从此案中，您获取了哪些经验？

(2) 我方通过驻外使馆解决争执的办法是否正确?

2. 1992 年 1 月 18 日，某进出口公司出口西德汉堡客户 24 听/850 克青刀豆 13 077 箱。该公司如实交给外轮理货公司，13 077 箱，后装××轮，在向香港招商局交货时发现短少 6 箱。招商局要求某进出口公司在提单件数上减少 6 箱，某进出口公司受到损失，向有关单位追查。理货公司复查证明如数交给××轮 13 077 箱，××轮大副收据盖有印章承认收到 13 077 箱，又得到××轮交给招商局的短少证明。证据确凿，实为一程船××轮掌管期间的责任。某进出口公司，要求××轮赔偿损失，但某航运分公司就是不赔，说应由理货公司责任。双方来往信件 4 次，某进出口公司索赔无结果。后来某进出口公司写信给上级交通局，提出理由并附上各种证件影印本。

(1) 试分析案例，说明我方是否应向航运公司××轮提出索赔？为什么?

(2) 上级交通局应如何处理?

第 10 章

合同的商订与履行

[学习目标]

1. 了解交易前的准备工作；
2. 掌握交易磋商的一般程序和内容；
3. 掌握书面合同的内容，了解电子合同的法律效力；
4. 掌握进出口合同的履行程序；
5. 学会缮制各种主要单据。

在进出口贸易中，交易磋商和合同签订占有十分重要的地位。进出口贸易是以进出口合同为中心进行的，而贸易合同的签订是在交易双方经过充分磋商的基础上形成的。交易磋商的过程也就是合同成立的过程，磋商是合同的依据，合同是磋商的结果。交易磋商决定交易的成败和合同质量的高低，它直接关系到外贸企业的经济利益。而合同的履行是一笔交易的最后阶段，也是交易中的重要环节，它不仅是卖方及时、安全收汇和买方及时、安全获得货物的关键，而且是买卖双方树立良好声誉，建立、巩固和发展双方经贸关系的关键。所以，在实际工作中，有关业务人员必须认真对待。

10.1 交易磋商的形式与内容

交易磋商是指买卖双方就交易条件进行洽商，以求达成一致协议的具体过程，它是国际货物买卖过程中不可缺少的一个重要环节，也是签订买卖合同的必经阶段和法定程序。在国际贸易活动中，不管是新兴的电子商务模式还是传统的贸易方式，买卖双方都必须就交易条件进行磋商，交易磋商是国际货物买卖合同订立的基础和前提。

交易磋商是一项政策性、策略性、技术性和专业性都很强的工作。特别是进入 21 世纪电子商务时代，它要求业务人员不仅要具备良好的政治素质、较高的政策水平、丰富的外贸专业知识及有关法律和金融等方面的知识和娴熟的谈判技巧，而且要学会如何面对和利用电子商务方式，生存于虚拟市场并积极参与电子商务时代的国际竞争和国际贸易，以及具有高度的责任心和认真踏实的工作作风。只有这样，才能使交易磋商达到预期的最佳效果。

10.1.1　交易磋商的形式

交易磋商的形式可分为口头的和书面的两种。口头磋商包括客户来访，参加各种商品交易会（如广交会、华交会），以及出国推销，或委托驻外机构、海外企业代为在当地洽谈等面对面的磋商。通过电话洽谈，也属口头磋商形式。书面磋商系通过双方交换信件、电报、传真、电子邮件及电子数据交换等形式进行洽谈。但应注意，传真件会褪色，不能长期保存，而且容易作伪；至于电子邮件及电子数据电文的电子签名和认证及电子数据效力等问题的解决，有待网络贸易立法的进一步修订和完善。

10.1.2　交易磋商的内容

交易磋商的内容，以货物的品质、数量、包装、价格、交货和支付条件为主要内容，但通常也涉及检验、索赔、不可抗力和仲裁条件等其他内容。

为了简化交易磋商内容、加速磋商的进程，并节省磋商的时间和费用，精明的进出口商往往在正式进行磋商之前，先与对方就“一般交易条件”达成协议。所谓“一般交易条件”（general terns and conditions），是指由出口商为出售或进口商为购买货物而拟订的对每笔交易都适用的一套共性的交易条件。通常包括：①有关预防和处理争议的条件（如关于货物检验、索赔、不可抗力和仲裁的规定）；②有关主要交易条件的补充说明（如品质机动幅度、数量机动幅度、允许分批/转运、保险金额、险别和使用的保险条款、信用证开立的时间和到期日、到期地点的规定）；③个别的主要交易条件（如通常采用的包装方法、凭不可撤销即期信用证支付的规定）等。

一般交易条件大都印在进出口商自行设计和印刷的销售合同或购货合同格式的背面或格式正面的下部。一般交易条件，虽然适用于所有的合同，但这并不是说，在日后具体交易中，不得对其做任何变更。与此相反，在磋商具体交易时，买卖双方完全可以根据交易的实际需要，提出与一般交易条件不同的条件。例如：一般交易条件中原规定：支付方式为“凭不可撤销信用证”，经双方洽商后支付方式为“D/P 即期”，则合同条款以后者为准。

10.2　交易磋商的程序

在实际业务中，交易磋商的一般程序有询盘、发盘、还盘和接受四个环节，其中发盘和接受，是达成交易、合同成立必不可少的两个基本环节和必经的法律步骤。

10.2.1　询盘

询盘（inquiry）是准备购买或出售商品的人向潜在的供货人或买主探询该商品的成交条件或交易可能性的业务行为。它不具有法律上的约束力，也不是每笔交易必经的程序。

询盘的内容可以涉及某种商品的品质、规格、数量、包装、价格和装运等成交条件，也可以索取样品，其中多数是询问成交价格，因此，在实际业务中，也有人把询盘称作询价。如果发出询盘的一方只是想探询价格，并希望对方开出估价单，则对方根据询价要求所开出的估价单，只是参考价格，并不是正式的报价，因而也不具备发盘的要件。

例如："对男式T恤感兴趣，请报10 000打CIF安特卫普价。"（We are interested in men's T-shirt. Please offer 10 000 doz on basis of CIF NATWERP.）在国际贸易中，发出询盘的目的，除了探询价格或有关交易条件外，有时还表达了与对方进行交易的愿望，希望对方接到询盘后及时做出发盘，以使考虑接受与否。这种询盘实际上属于邀请发盘。

在实际业务中，通常采用下列一类词句来表示询盘；

请发盘……　　PLEASE OFFER...

请报价……　　PLEASE QUOTE...

请告……　　PLEASE INFORM...

对……有兴趣，请告……　　INTERESTED IN... PLEASE ADVISE

10.2.2　发盘

发盘（offer），又称发价，在法律上称为"要约"，是买方或卖方向对方提出各项交易条件，并愿意按照这些条件达成交易，订立合同的一种肯定表示。在实际业务中，发盘通常是一方在收到对方询盘之后提出的，但也可以不经对方询盘而径向对方发盘。

例如："发盘印花布110×76 63″100 000码，9月份装运，CIF香港，每码1.2美元，不可撤销即期信用证付款"。（OFFER PRINTED SHIRTING 110×76 63″1 000 000 YDS USD1.2PER YD CIF HONGKONG PAYMENT BY IRREVOCABLE SIGHT L/C.）

1. 构成有效发盘的条件

一项有效发盘必须具备下列条件：

(1) 表明订约意旨，即发盘人于得到接受时承担与受盘人按发盘条件订立合同的责任。

(2) 向一个或一个以上特定的人提出。所谓“特定的人”是指发盘中指明个人姓名或企业名称的受盘人。这一规定的目的是为了将向特定对象做出的发盘与在报刊上刊登广告、向国外客商寄发商品目录、价目单和其他宣传品的行为区分开来。

(3) 内容十分确定。《公约》第 14 条规定：一项订立合同的建议“如写明货物，并且明示或暗示地规定数量和价格或如何确定数量和价格，即为十分确定”。按此规定，一项订约建议只要列明货物的品名与质量、数量和价格三项条件，即可被认为其内容“十分确定”，而构成一项有效的发盘。

(4) 传达到受盘人。发盘无论是口头的还是书面的，只有被传达到受盘人时才生效。发盘人可以是卖方，也可以是买方。前者称为售货发盘（selling offer），后者称为购货发盘（buying offer），习称“递盘”（bid）。

2. 发盘的有效期

在通常情况下，发盘都具体规定一个有效期，作为对方表示接受的时间限制，超过发盘规定的时限，发盘人即不受约束。当发盘人未具体列明有效期时，受盘人应在合理的时间内接受才能有效。对发盘有效期的规定，一般取决于商品的种类、市场情况和交易额等因素。小商品、市价稳定、交易额不大者，发盘有效期的规定得较长些，例如 5～7 天，甚至更长些。假如买卖商品系大宗商品、原料性商品或初级产品，国际市价波动频繁、交易额较大者，则可规定得短些，如 2～3 天，甚至更短。对于大宗、市场敏感性商品的发盘有效期，通常应从短掌握，如规定过长，将让国外客户坐待时机，势必给我方增加风险，甚至造成损失。

3. 发盘的撤回

发盘的撤回（withdrawal）是指发盘人将尚未为受盘人收到的发盘予以取消的行为。按《联合国国际货物销售合同公约》（以下简称《公约》）第 15 条（2）款规定，发盘是可以撤回的，只要撤回通知先于发盘或与发盘同时到达受盘人。发盘一经对方在有效期内接受，发盘人将受其约束，并承担按发盘条件与对方订立合同的法律责任。

4. 发盘的撤销

发盘的撤销（revocation）是指发盘人将已经为受盘人收到的发盘予以取消的行为。《公约》第 16 条规定：“已为受盘人收到的发盘，如果撤销的通知在受盘人发出接受通知前送达受盘人，可以予撤销。但是，在下列情况下，发盘不得撤销：

(1) 发盘规定了有效期或以其他方式表明为不可撤销的。

(2) 如受盘人有理由信赖该项发盘是不可撤销的，并已本着对该项发盘的信赖采取了行动。

因此，在外贸实践中，我外贸企业在对外报盘时，必须认真对待，审慎从事，谨防差错，以免造成难以挽回的损失。

发盘一般采用下列术语和语句：

发盘	OFFER
发实盘	OFFER FIRM
报价	QUOTE
供应	SUPPLY
可供应	CAN SUPPLY
订购	BOOK；BOOKING
定货	ORDER；ORDERING
可订	CAN BOOK；BOOKABLE
递盘	BID；BIDDING
递实盘	BID FIRM；FIRM BID

5. 发盘的终止

发盘的终止（termination）是指发盘法律效力的消失。它含有两个方面的意义：一是发盘人不再受发盘的约束；二是受盘人失去了接受该发盘的权利。发盘终止的原因很多，归纳起来，主要有下列几种情况：

(1) 在有效期内未被接受而过时。明确规定有效期的发盘，在有效期内如未被受盘人接受，即终止有效。未明确规定有效期的发盘，在合理时间内未被接受而失效。如口头发盘，受盘人当场未予接受，离开现场，发盘即失效。

(2) 被受盘人拒绝或还盘。发盘一经受盘人拒绝或还盘，发盘立即终止。如果受盘人反悔又表示接受，即使在原先发盘的有效期内，合同也不能成立，除非原发盘人对该接受（实际是原受盘人做出的一项新发盘）予以确认。

(3) 发盘人在受盘人做出接受前对发盘进行了有效的撤消。

(4) 法律的适用。发盘因某些特定情况，按有关法律的适用而终止。例如，如发盘人或受盘人为自然人，在发盘被接受前变成丧失行为能力的人；如发盘人为法人，在发盘被接受前，该法人正式宣告破产，并将有关破产的书面通知送达受盘人；特定标的物毁灭；发盘中的商品被出口国或进口国政府宣布禁止出口或进口。在以上任一情况下，发盘将依据法律而终止有效。

10.2.3 还盘

还盘（counter offer），又称还价，在法律上称为反要约，是受盘人对发盘内容不完全同意而提出修改或变更的表示。对发盘表示有条件的接受，也是还盘的一种形式。

例如：“你 20 日电子邮件，如改为付款交单，我接受，”（YOUR E-MALL 20 ACCEP TABLE IF PAYMENT BY D/P INSTEAD OF L/C）

还盘既是受盘人对发盘的拒绝，也是受盘人以发盘人的地位所提出的新发盘。一方的发盘经对方还盘以后即失去效力，除非得到原发盘人同意，受盘人不得在还盘后反悔。对还盘做再还盘，实际上是对新发盘的还盘。一方发盘，另一方如对其内容不同意，可以进行还盘。同样，一方的还盘，另一方如对其内容不同意，也可以再进行还盘。一笔交易有时不经过还盘即可达成，有时却要经过往返多次的还盘才能达成。

还盘不仅可以对商品价格，也可以对交易的其他条件提出意见。在还盘时，对双方已经同意的条件一般不需要重复列出。进行还盘时，可用“还盘”术语，但一般仅将不同条件的内容通知对方，即意味着还盘。

10.2.4　接受

接受（acceptance），在法律上称为“承诺”，是买方或卖方同意对方在发盘中提出的各项交易条件，并愿意按这些条件与对方达成交易、订立合同的一种肯定表示。接受可由卖方做出，也可以由买方做出。

例如：“你 10 月 10 日传真我接受”（YOUR FAX OCT10 ACCEPTED）。

1. 构成有效接受的条件

构成一项有效接受，必须具备以下条件：

（1）必须由特定的受盘人做出。如果其他人通过某种途径获悉非向他做出的发盘，而向发盘人表示接受，该接受只是其他人向原发盘人做出的一项发盘，除非原发盘人表示同意，合同不能成立。

（2）必须在有效期内做出，并送达发盘人。《公约》规定：接受于到达发盘人时生效。如果接受在发盘的有效期内，或者如发盘未规定有效期，在合理时间内未到达发盘人，接受即为无效。

（3）接受必须与发盘相符。接受必须是绝对的、无保留的，必须与发盘人所做出的发盘条件相符。因此，如对发盘表示接受但附有添加、限制或其他更改的答复，即为拒绝该项发盘，并构成还盘。但是，《公约》对发盘条件的添加或变更有实质性和非实质性之分。如有关货物价格、付款、货物质量与数量、交货地点和时间、一方当事人对另一方当事人的赔偿责任范围或解决争端等的添加或不同条件，均视为实质上变更发盘的条件。如果添加或变更的条件属于非实质性的，则不影响接受的法律效力，除非发盘人不同意这些添加或变更，并及时地提出异议，否则，合同将按添加或变更后的发盘条件成立。

(4) 采取口头或书面的声明方式向发盘人明确表示。可用“声明”做出表示，也可用“做出行为”来表示。

2. 逾期接受

如果接受通知超过发盘规定的有效期限，或发盘未具体规定有效期限而超过合理时间才传达发盘人，这就构成了一项逾期接受。逾期接受在一般情况下无效。但按《公约》规定，如果发盘人于收到逾期接受后，毫不迟延地通知受盘人，确认其为有效，则该逾期接受仍有接受的效力。另一种情况是，一项逾期接受，从它使用的信件或其他书面文件表明，在传递正常的情况下，本能及时送达发盘人，由于出现传递不正常的情况而造成了延误，这种逾期接受仍可被认为是有效的，除非发盘人毫不迟延地用口头或书面通知受盘人，他认为他的发盘已经失效。

3. 接受的撤回

接受于表示同意的通知送达发盘人时生效。因此，在通知未送达发盘人之前，受盘人可随时撤回接受，即阻止接受生效，但以撤回通知先于接受通知或与接受通知同时到达发盘人为限。接受一经到达发盘人即不能撤销。因为，接受一经生效，合同即告成立，双方就应分别履行其所承担的合同义务。如要撤销接受，在实质上属于毁约行为，是另一性质的问题了。

10.2.5 交易磋商中应注意的问题

交易磋商是达成一笔进出口交易所不可缺少的重要环节。凡有关交易的各项条件，都要通过双方磋商才能加以确定。磋商的结果如何，直接关系到交易的成败和企业的利益，有时还会影响国家的对外信誉和在国际上的形象。实践证明，在磋商过程中犯下的错误或留下的隐患，很难在事后得到纠正或消除，最终会使外贸企业遭受重大经济损失。因此，就这一点来说，交易磋商是全部外贸活动中一个最为重要的环节。

在实际业务中，由于买卖双方立场不同，追求的目标不一，所以，在磋商过程中充满矛盾和利害冲突。如何使这些矛盾得以统一和解决，并取得预期结果，不仅要按照法律和国际贸易惯例正确和灵活地运用磋商的各个具体环节，而且还应注意谈判的策略和技巧，使双方的分歧经过磋商，往返折中，最后达成一个双方都能接受的协议。以下是交易磋商磋商应予注意的几个问题。

1. 选择较理想的目标市场

在交易磋商之前，必须从调查研究入手，通过各种途径广泛收集市场资料，加强对国外市场供销状况、价格动态、政策法令、措施和贸易习惯等方面情况的调查研究，以便择优选择较理想的目标市场和合理确定市场布局。

2. 选择适宜的交易对象

在交易磋商之前，我们必须通过各种途径对客户的政治文化背景、资信情况、经营范围、经营能力和经营作风等方面的情况进行了解和分析。为了正确地选择和利用客户，需要建立和健全客户档案，以便对各种不同类型的客户进行分类排队，做到心中有数，并实行区别对待的政策。

3. 坚持平等互利和友好协商的原则

在一般情况下，交易双方既是对手，又是伙伴，就双方都想通过磋商达成一笔交易而言，双方是合作伙伴，都有合作的愿望。但是，在合作中必然涉及各自的权利、义务和责任、风险的分担等问题，这就决定双方之间必然存在矛盾和冲突。要解决这些矛盾和冲突，取得双方意见一致，达成交易，只有在磋商中坚持平等互利的原则才有可能。当然，在实践中不可能做到绝对的平等，因为双方所处的地位有优有劣，商品的供求情况、市场的畅滞，以及销售渠道是否畅通、推销能力是否强大，都可以决定谈判者在磋商中所处地位的强弱。处于优势地位的一方，往往可赢得较为有利的交易条件，而处于劣势地位的一方则相反。因此，争取在谈判中的优势地位至关重要。

另外，在磋商中还必须坚持友好协商的原则。只有在友好合作、相互谅解的气氛下，才有可能对双方的分歧和不同意见通过磋商取得协议。对待谈判对手，必须坚持“不卑不亢，以礼相待”的态度。

4. 正确制定交易磋商的方案

为保证在磋商中取得预期效果，必须在磋商开始前做好充分准备，而事先制订好磋商方案则是最重要的准备工作。磋商方案原则上应根据既定商品的经营方案并针对不同谈判对手和当时市场情况来制定。磋商方案的内容一般包括：①磋商的方针和策略，拟订所要达到的最高目标和最低目标，以及为达到目标所应采取的策略和步骤；②交易条件，对需要磋商的交易条件和合同条款，从政策、法律、经济效益等各方面进行衡量和比较，从中明确哪些应坚持，哪些该争取，哪些可以洽商，以便在磋商中加以贯彻；③价格幅度，制定一个价格掌握幅度以及争取最佳结果的具体措施。

5. 选配素质较高的洽谈人员

在进行涉及金额较大、内容复杂的交易磋商，特别是与国外客户做面对面的谈判时，有必要组织一个好的谈判班子。应选择和组织具有较高政策水平、业务能力，能正确、灵活运用谈判策略和技巧的人员，参加谈判小组或主持谈判工作，以更好地实现磋商方案的要求，并取得最佳结果。

10.3　合同的订立

在国际贸易中，当买卖双方就交易条件经过磋商达成一致协议后，合同即告订立，买卖双方就构成了合同关系。合同是具有约束力的法律性文件，任何一方违反合同的规定都将承担法律责任。双方在磋商过程中的往来函电，即是书面证明。但根据国际贸易习惯，买卖双方还要签订书面合同或成交确认书，以进一步明确双方的权利和义务。

10.3.1　书面合同成立的时间

在国际贸易中，买卖合同于何时订立是一个十分重要的问题。

我国《合同法》规定，承诺生效时合同成立。当事人采用合同书形式订立合同的，在双方当事人、签字或盖章时合同成立。

《公约》也规定，接受送达发盘人时生效，接受生效的时间实际上就是合同成立的时间。

在实际业务中，有时双方当事人在洽商交易时约定，合同成立的时间以签约时合同上所写明的日期为准，或以收到对方确认合同的日期为准，在这两种情况下，双方的合同关系即在签订正式书面合同时成立。

此外，根据我国法律和行政法规规定，应由国家批准的合同在获得批准时，方为合同成立。

10.3.2　书面合同的形式和内容

1. 书面合同的意义

(1) 作为合同成立的证据。合同是否成立，必须要有证明。尤其是在通过口头谈判达成交易的情况下，签订一定格式的书面合同就成为不可缺少的程序，因为“空口无凭，立字为据”，只有签订书面合同，才能得到法律的保护。

(2) 作为合同生效的条件。交易双方在发盘或接受时，如声明以签订一定格式的正式书面合同为准，则正式签订书面时，方为合同成立。

(3) 作为合同履行的依据。交易双方通过口头谈判或电讯磋商达成交易后把彼此磋商一致的内容，集中订入一定格式的书面合同，双方当事人可以此书面合同为准，这就有利于合同的履行。

2. 书面合同的形式

根据我国《合同法》规定，合同的书面形式是指合同书、信件和数据电文（包括电报、电传、传真、电子数据交换和电子邮件）等可以有形地表现所载内容的形式。

（1）合同的确认书。分销售合同（sales contract）和订购合同（purchase contract）两类。目前我国各进出口公司都印有固定格式的书面合同，在成交后一般由我方制作书面合同一式两份，经双方核对无误签字后，各执一份，作为执行的依据。这类书面合同有两种形式：一种为正式合同，即售货合同和购货合同；另一种叫确认书，即售货确认书（sales confirmation）或订购确认书（purchase confirmation）。合同或确认书中双方协商一致的交易条件都应完善、明确。

（2）协议。协议或协议书（agreement），在法律上是“合同”的同义词。因为合同本身就是当事人为了设立、变更或终止民事关系而达成的协议。如书面合同冠以“协议”或“协议书”的名称，只要它的内容对买卖双方的权利和义务已做了明确、具体和肯定的规定，它就与合同一样对买卖双方有约束力。

（3）备忘录。备忘录（memorandum）也可作为书面合同的形式之一，在实际业务中较少运用。如果买卖双方商定的交易条件明确、具体地在备忘录中一一做了规定，并经双方签字，那么这种备忘录的性质与合同无异，在法律上具有约束力。

（4）意向书。在交易洽商尚未最后达成协议前，买卖双方为达成某项交易，将共同争取实现目标的设想和意愿，有时还包括初步商定的部分交易条件，记录于一份书面文件上，作为今后进一步谈判的参考和依据。这种书面文件可称之为“意向书”（letter of intent）。意向书不是法律文件，对有关当事人无约束力。

3. 书面合同的内容

在进出口贸易中，书面合同的内容一般包括三个部分：约首、本文和约尾。

约首一般包括合同名称、合同编号、合同签订的日期和地点、订约双方名称和地址、电传/传真号码和电子信箱等项内容。

本文是合同的主要组成部分，是对各项交易条件的具体规定。它包括品名、品质、规格、数量（或重量）、包装、价格、交货条件、运输、保险、支付、检验、索赔、不可抗力和仲裁等项内容。商订合同，主要是指磋商如何规定这些基础条款。

约尾一般列明合同的份数、使用的文字及其效力、附件及其效力，以及有正当权限的双方当事人代表的签字。

为了提高履约率，我们在规定合同内容时，应当考虑周全，力求使合同中的条款明确、具体、严密和相互衔接，且与磋商的内容要一致，以利合同的履行。

从20世纪80年代开始，国际间通过电子计算机系统交换信息、磋商交易、订立合同、传递单据的行为不断增多，对传统的商贸法律提出了诸多挑战。通过EDI等电子商务磋商成交的合同又称作电子商务合同。通过电子计算机系统交换的数据电文能否和传统的书面文件同样得到法律承认，这是开展国际贸易“无纸操作”必须解决的迫切问题。为此，一些国际组织对电子商务的有关法律问题进行了深入的研究。本书第13章对此做了专门阐述。

10.4 出口合同的履行

每笔交易在性质、特点上多少有所不同，因此出口合同履行往往要经过不同的环节。我出口业务中，最常见的是以信用证为支付方式、以海运为运输方式的CIF合同和CFR合同。从理论上讲，这类合同往往要经过备货、催证、审证、改证、租船订舱、报验、保险、报关、装船、制单结汇等诸多环节，但在实际操作中，往往要等收到信用证后再备货，以策安全、稳妥。因为在很多情况下，外商签订合同后可能不开证、不履约。

随着集装箱的广泛使用、多种运输方式的运用、多种支付方式的结合、电子商务的发展、无纸贸易的兴起，出口合同履行的程序将不断减少。但考虑到目前我国的出口贸易仍以海洋运输和凭信用证支付方式为主。故本节介绍仍以上述环节为重点。

10.4.1 催证、审证、改证

1. 催证

虽然按合同规定及时开立信用证是买方的主要义务之一，但它往往因市场行情变化或资金周转困难等原因而拖延开证或根本不开证。在这种情况下，出口方应催请买方尽快开证，并在对方仍不开证时声明保留索赔权，或拒绝交货。

2. 审证和改证

信用证的开立以合同为依据，其条款必须与合同条款相符合，但信用证一旦开出，便独立于合同而存在。在实际业务中，由于种种原因，经常出现来证的内容与合同规定不一致，而开证行的付款是以受益人提交符合信用证条款定的单据为条件的，因此，审证关系到收汇的安全，必须认真细致。

在实际业务中，审证由银行和出口企业共同承担，但审核内容各有侧重。通知行着重负责审核信用证的真伪、开证行的资信、付款责任以及索汇路线等，对资信较差的银行开出的信用证，可要求可靠银行加具保兑；出口企业则着重审核信用证内容与合同条款是否一致、能否接受。出口方有关人员应会同通知行及时、认真审核信用证，如发现有不能接受的条款，应立即要求进口方申请改证，并在收到改证通知书后才能发货。对可改可不改的内容，可酌情处理。

改证可由开证申请人提出，也可由受益人提出，但均须征得各有关当事人的同意方能生效。受益人对信用证的修改应做出接受或拒绝的表示：①向通知行发出明确的通知。②在交单时表示，如所提交的单据与信用证及修改内容一致，则表示接受修改，如提交的单据仅与原证条款相符，则表示拒绝修改。另外，出口方应将修改要求一次性提出，尽量避免因考虑不周而多次改证，以节约时间和费用；对多项信用证的修改，出口方只能全部接受或者全部拒绝，只接受一部分而拒绝另一部分则为无效。

10.4.2　备货

在收到信用证（或信用证修改书）后，出口方应根据外销合同和信用证规定的品质、规格、数量、包装等条件准备好货物，以便按质、按量、按时地完成交货任务。如果生产单位与出口方不是同一企业，则应注意出口方与生产方协议必须与外销合同的各部分相衔接。

在备货工作中，应注意以下问题：

（1）货物的品质、规格应与合同一致。

（2）货物的数量应符合出口合同的规定。交货的数量应按合同与信用证对数量的规定办理。如信用证明确规定溢短装××％（more or less××％），则按此规定交货；如信用证规定交货数量为“约”量，则交货数量掌握在增减 10％以内；另外，除非信用证规定数量不得增减，只要支取的金额不超过信用证金额，交货数量也可有 5％的增减，但以包装单位或以个、件计数时，交货数量不得增减。

10.4.3　报验

凡属法定检验或合同、信用证规定必须由某检验机构检验出证的商品，在备货完毕装船以前，应及时向有关检验机构报验，以取得检验证书。

10.4.4　租船、订舱、托运

在信用证或合同规定的装期内，提前向有关外运公司办理租船、订舱手续。即出口企业根据合同和信用证的规定，结合船期表填写托运单（shipping note），又称订舱委托书，列明出口货物的名称、件数、包装、唛头、毛重、尺码、目的港（地）和最后装运日期等内容，作为订舱的依据。

办理租船订舱时，应落实信用证的有关规定。如：信用证规定的起运地和目的地、分批和转运等条款都必须与合同规定相符。如果信用证未注明“不准分批装运”和“不准转运”，则视作“允许分批装运”和“允许转运”。若来证指定运输路线、船公司或船籍、船龄等，应尽快与承运人联系后，方可决定。若信用证规定在指定时期内分批等量装运，只要其中任何一批未按规定装运，信用证对该批和以后各批均告失效。

10.4.5 投保

在CIF、CIP出口合同下，出口企业要在货物装运前，根据合同与信用证的有关规定向保险公司办理投保手续，取得保险单据，并在保单背面背书，将受益人的权利（主要是向保险代理提出索赔的权利）转让给进口方。保险单上的保险条款与投保险别必须与信用证规定一致。若信用证未规定投保险别，可依据合同规定的险别投保。保险金额通常为发票金额的110%。如来证要求提高投保比例，可以接受，但超额保险费应由进口方承担，否则应予以拒绝。

10.4.6 报关

出口企业办理出口报关手续时，应填写出口货物报关单，一般在装货前24小时向海关申报。出口货物报关单是海关对出口货物凭以进行监管、查验、征税和统计的基本单据。申报人必须如实正确无误地填写报关单上各类项目，并盖有向海关备案的“报送专用章”和报关员的名章，否则海关不予接受。实务中通常委托外运公司办理报关手续，当然出口企业也可自行报关。

出口报关应提交的单证：出口货物报关单、外汇核销单、出口许可证或其他批准文件、装货单或运单、发票与装箱单、出口放行单等。报关的有关单证必须齐全有效，各项单证内容必须正确无讹。海关根据国家有关政策规定，对上述单据进行审核，并且还要对出口货物进行查验，以确定实际货物与报关单据所列是否一致。经海关审核单证、查验货物、办理纳税手续后，海关在装货单上盖章放行，货物方可出境。

10.4.7 装运

货物应在合同或信用证规定的装期内出运。运输单据的签发日期视作装运日期，不能迟于信用证或合同规定的最迟装期。货物装运后，出口方应立即向进口方发出装运通知（shipping advice），以便对方及时办理投保或做好接货准备工作。

10.4.8　制单结汇

出口货物装运后，出口企业应立即按信用证或合同的规定，正确缮制各种单据，并在信用证规定的有效期和交单期内送交银行，办理结汇手续。制单、审单应严格做到"单证一致、单单一致"，出口结汇单据要求做到"正确、完善、及时、简明、整洁"。

我国出口结汇主要有以下三种方法。

1. 买单结汇

买单结汇又称出口押汇，即议付行在审单无误后，按信用证条款买入受益人的汇票和单据，按票面金额扣除从议付日到估计收到票款之日的利息，将净额按议付日外汇牌价折算成人民币，付给信用证的受益人。议付行买入跟单汇票后，就成为汇票持有人，即可凭汇票向付款行索取票款。若汇票遭拒付，议付行有权向受益人追回票款，并加收利息。买单结汇的做法的是议付行向受益人进行资金融通，有利于出口企业的资金周转和对外贸易的不断扩大。

2. 收妥结汇

收妥结汇又称先收后结，议付行收到受益人提交的单据，经审核无误后，将单据寄交国外付款行索取货款，待收到付款行将货款转入议付行账户的贷记通知书时，该行按当日外汇牌价折算成人民币交付给受益人。

3. 定期结汇

定期结汇是指议付行收到受益人提交的单据，经审核无误后，依据向国外付款行索汇所需时间，先确定一个固定的结汇期限，到期后主动将票款金额折成人民币交付给受益人。

实际业务中，由于主客观原因，议付行在审单中常会发现单证不符的现象。对此情形，出口企业可采取以下几种挽救措施：

首先，重新补制单据，使其符合信用证要求。

其次，采取凭保议付、电提、表提、改信用证为托收等做法。凡单证不符点属非实质性的，出口企业可征得开证人的同意，向议付行出具保函，请求其"凭保议付"；如单据不符点是实质性的但并不严重，且这种货物对开证人有利可图，对此，出口企业可向议付行开立保函，请议付行电告开证行单据中的不符点，经开证行同意后寄单索汇。倘若议付行对不符信用证规定的单据拒绝议付或开证人不同意付款，只能改做托收方式。但应注意，如进口商不付款赎单，必须马上与船公司联系，让其通知船方封存货物听候处理，或者在目的地寻找代理将货物转售，以避免更大的的损失。

10.4.9 出口收汇核销和出口退税

根据国家有关的规定，出口企业在制单结汇后，应及时办理出口收汇核销和出口退税手续。

1. 出口收汇核销

出口收汇核销是国家为了加强出口收汇管理，保证国家的外汇收入，防止外汇流失，指定外汇管理部门对出口企业贸易项下的外汇收入情况进行事后监督检查的一种制度。

根据我国《出口外汇核销管理办法及其实施细则》的规定，出口货物报关时，出口企业必须向海关提交事先填制的外汇核销单。海关将逐票核对报关单和出口收汇核销单的内容是否一致，报关单上的核销单编号与所附核销单编号是否一致。经审核无误后，海关在专为出口收汇核销用的报关单和核销单上加盖“验讫”章。出口企业在货物出口、收妥外汇后，将海关退回的核销单、报关单和银行结汇水单等送交外汇管理局，由其核销该笔收汇。外汇管理局按规定办理核销后，在核销单上加盖“已核销”章，并将其中的出口退税专用联退给出口企业。

为防范和打击利用假冒、伪造的出口收汇核销单逃汇的违法犯罪活动，改善管理部门服务质量，完善出口收汇核销管理，降低企业贸易成本，提高贸易效率，国家外汇管理局和海关总署联合开发了中国电子口岸“出口收汇系统”，并于 2001 后 4 月 1 日起在天津地区试运行。该系统利用现代信息技术，借助国家电信公共网，在公共数据中心建立出口收汇核销单的电子底账，使海关和税务部门实现出口报关和出口退税环节对核销单的联网数据核查，并使企业可在网上向外汇局申请需领用核销单份数，向出口报关地海关进行核销单报关前备案，出口后可以进行网上交单，并可随时随地对核销单领取、使用等各项信息进行综合查询，使出口报关、收汇核销及退税业务更加方便快捷。

2. 出口退税

出口企业在规定的期限内，向国家税务机关提交出口货物报关单（出口退税专用联）、出口销售发票、出口购货发票、增值税发票、结汇水单和出口收汇核销单，经国家税务机关审核无误后，办理出口退税。

10.4.10 索赔和理赔

在出口合同的履约过程中，一方当事人不履行或不完全履行合同义务而导致另一方受到损害时，受损害一方有权按照惯例和法律采取一定的措施，使自己的损害得到补偿。若进口商不支付货款、不收取货物或不完全按照合同的规定支付货款，使出口企业遭受损失，则出口方应据理向进口方提出索赔。而如果出口方不交货或所交货物的品质、数量、包装或时间不符合同规定而引起国外进口商索赔，在处理对方的索赔时，应本着实事求是的原则，给予对方合理的赔偿，既不能推卸责任，也不能损害自己应有的利益。（注意：损害赔偿额应与受损害一方所遭受的包括利润在内的损失额相等；而由于受损害方未采取合理措施使有可能减轻而未减轻的损失，应在赔偿金额中扣除。）

10.5　进口合同的履行

我国的进口交易大多以 FOB 条件成交，以即期信用证支付，并采用海运方式运输货物。一般都要经过开证、租船订舱和催装、办理保险、审单付款、报送提货、检验、拨交及索赔等几个主要环节。这些环节的工作，是由进出口公司、运输部门、银行、保险公司以及用货部门等各有关方面分工负责、紧密配合而共同完成的。

10.5.1　信用证的开立和修改

进口合同签订以后，我国进口企业应按合同中的有关规定，及时向银行提交开证申请书及进口合同副本，通过银行对外开出信用证。进口企业在填写开证申请书时，应在其中列明各项交易条件，并应使这些条件与合同中的规定完全一致，以保证银行开出的信用证的内容与合同一致。

信用证的种类和开证时间，均应按合同规定办理。如合同规定在卖方确定交货期后开证，我们应在接到卖方通知后再行开证；如合同规定在卖方领到出口许可证或支付履约保证金后开证，应在收到对方已领到许可证的通知，必要时在获得适当证明，或收到保证金后开证。

信用证开出后，如发现内容与合同不符，或因其他原因需对信用证进行修改，应立即通知开证行修改；如对方收到信用证后要求修改某些条款，则应区别情况同意或不同意。如同意修改，应由我方及时通知开证行办理修改手续；如不同意修改，也应及时通知出口人，敦促其按原证条款履行。

10.5.2　租船订船，接运货物

履行 FOB 交货条件下的进口合同，应由买方负责派船到对方口岸接运货物。卖方在交货前一定时期内，应将预计装船日期通知我方。在接到上述通知后，应及时向承运人办理租船订舱手续。在办妥租船订舱手续后，应按规定的期限将船名、船期通知对方，以便对方做好装船准备。买方还要做好催装工作，特别是

对数量、金额较大的重要商品，最好委托出口地的代理督促对方按合同规定履行交货义务，保证船货衔接。卖方在货物装船后应立即向我方发出装船通知，以便我方及时办理保险和接货等项工作。

10.5.3 办理保险

按FOB、FCA、CFR、CPT条件成交的进口公司，货物运输保险由我方办理。进口货物运输保险一般有以下两种方式。

1. 预约保险

大部分外贸企业和保险公司签订了各种不同运输方式的进口预约保险合同，简称“预保合同”（open policy）。在预约保险合同中，外贸企业对进口货物统一承保，并对各种货物投保的险别、保险费率、适用条款、保险费及赔款的支付办法都做了具体规定。

根据预约保险合同，保险公司对有关进口货物负自动承保的责任。如属该预约保险合同规定范围内的海运货物，一经装船，保险即开始生效。外贸企业只要将进口商品名称、数量、金额、装运港、目的港、载货船名、提单号、开航日期等通知保险公司，就视为办妥保险手续，保险公司从货物在装运港装船时起自动对货物承担保险责任。我进口企业应按规定根据卖方发来的装运通知，编制“进口货物装船通知”提供给保险公司，作为投保凭证。

2. 逐笔投保

在没有签订预约保险合同的情况下，对进口货物就需逐笔投保。外贸企业在收到卖方的发货通知后，必须立即向保险公司办理手续，否则，货物于投保之前在运输途中发生损失时，保险公司不负赔偿责任。

10.5.4 审单、付款

卖方交单议付后，议付行将全套货运单据寄交我国开证行，由银行会同有关外贸公司进行审单，银行必须合理谨慎地审核信用证规定的所有单据，以确定单据是否表面上与信用证条款相符。如单据与信用证相符，开证行或保兑行（如有的话）或其他被指定的银行就必须按信用证规定进行即期付款，或承担延期付款责任，或承兑受益人开立的汇票等。开证行或保兑行（如有的话）经审单后付款是终局性的，即无追索权。

如果单据表面上与信用证不符，开证行可与我方进口企业联系，我方进口企业可予以接受，指示开证行对外付款，也可指示开证行对外提出异议，并根据具体情况而采取拒付、货到检验合格后再付款、国外议付行改单后付款、国外银行出具书面担保后付款等不同的处理办法。根据《UCP500》规定，无论开证行或保兑行或其他被指定的银行决定拒绝接受单据，都应在收到单据次日起 7 个银行工作日内，以电信方式或其他快捷方式通知寄单银行，说明银行据以拒收单据的所有不符点，还须说明单据是否保留以待交单人处理，或退回交单人。

开证行在审单无误向外付款的同时，即通知我外贸企业向开证行付款赎单(即要求外贸公司按国家外汇牌价以人民币购买外汇赎单)，外贸公司再凭银行的付款通知书向用货部门结算货款。

10.5.5 报关、验收和拨交货物

1. 报关

进口报关是指进口货物必须按海关规定的手续向海关办理申报验放的过程。货到目的港后，进口企业要根据进口单据填写“进口货物报关单”，连同发票、提单、装箱单或重量单、保险单及其他必要文件向海关申报，并在海关对货物及各种单据查验合格后，按国家规定交纳税费。法定申报时限为自运输工具申报进境之日起 14 天内，超过 14 日期限未向海关申报的，由海关按日征收进口货物 CIF 价格或 CIP 价格的 0.05%的滞报金。超过 3 个月未向海关申报的，由海关提取变卖。

海关根据申报人的申报，依法进行验关。如货物符合国家的进口规定，即在货运单据上签章放行。未经海关放行的货物，任何单位或个人不得提取。在我国进口业务中，报关手续一般由外运公司代办。

2. 验收货物

进口货物运抵卸货港时，港务局要进行卸货核对。如发现短缺，应及时填制“短缺报告”交由船方确认，并根据短缺情况向船方提出保留索赔权的书面声明。卸货时如发现残损，货物应存放于海关指定仓库，待保险公司会同商品检验检疫机构检验后做出处理。凡属于法定检验的进口货物，必须向卸货地或到达地的商品检验检疫机构报验，未经检验的货物不准投产、销售和使用。如进口货物经商品检验检疫机构检验，发现有残缺短损，应凭商检机构出具的证书对外索赔。

对于合同规定在卸货港检验、或检验后付款、或合同规定的索赔期即将期满、或卸离海轮时已发现残损或有异状或提货不着的商品，都需要在卸货港进行检验，其他进口商品则可以在用货部门所在地，由当地商检机构进行检验。

3. 拨交货物

进口货物经报关、检验后，一般仍由外运公司代办拨交手续。外运公司一方

面通知用货单位在目的地办理收货手续，一方面通知外贸公司代办手续已办理完毕，并向其结算包括进口税费及货物运往内地的费用在内的一切费用。此后，外贸公司再向用货单位结算货款及各种费用。

10.5.6 进口索赔

在进口业务中，如果出现卖方不交货或不按期交货、原装数量不足、品质低劣、规格与合同规定不符、包装不良使货物受损等情况，进口方应向卖方索赔；如果卸货数量少于提单记载的数量或由于船方过失导致货物残损，货损应由船方负责；如果由于自然灾害、意外事故、其他外来原因造成了货物承保范围内的损失，或在承保范围内船方赔偿金额不足以抵补损失部分，则由保险公司对进口方进行赔偿。在我国进口业务中，对船方或保险公司提出索赔一般由外运公司代办，而对卖方提出索赔，则由外贸公司自行办理。在索赔时应合理确定索赔金额，既要对货损做出补偿，也要对有关费用进行赔偿，从而尽量避免自己的损失。索赔必须在合同规定的索赔期限内提出，过期无效。

本章小结

国际商品贸易合同的订立，必须经过贸易双方就各项交易条件进行磋商后才能达成协议。合同的磋商一般经过询盘、发盘、还盘和接受四个环节，其中发盘和接受是具有法律效力的环节，一方发盘一经对方接受，协议达成，合同成立。

履行合同是买卖双方根据合同的规定，各自履行自己义务和责任。出口合同多数是CIF或CFR合同，并且一般都采用信用证付款方式，故在履行这类合同时，必须切实做好备货、报验、催证、审证、改证、租船订舱、报关、投保、装船和制单结汇等环节的工作，即所谓的“货、证、运、款”。进口合同多数是FOB合同，并且一般也都采用信用证付款方式，履行这类合同时，必须做好开证、租船订舱、投保、审单和付汇、报关、报验和提货、进口索赔等环节的工作。

练习与思考

1. 在进出口业务中，我国外贸企业与对方磋商交易，通常必须对哪几项交易条件进行磋商？

2. 交易磋商一般要经过哪些环节？要订立一项合同，哪些环节是不可缺少的？为什么？

3. 发盘在什么情况下失效？

4. 逾期接受在何种情况下仍有接受效力？

5. 在我国进出口业务中，通常采用的书面合同有哪些形式？其基本内容是什么？

6. 为什么在收到信用证后要对信用证进行仔细审核？

7. 对于采用CIF条件和即期信用证支付方式的出口合同，我方在履行时一般要经过哪些环节？

8. 出口业务中的单据主要有哪些？制作时应注意一些什么问题？

9. 如何进行进口许可证的申领工作？

案例分析

1. 我国出口企业于7月1日用电传向英商发盘销售某商品，限7月7日复到。7月2日收到英商发来电传称："接受但价格减6%。"我方尚未对英商来电做出答复，由于该商品的国际市场价格剧涨，英商又于7月3日来电传表示："无条件接受你7月1日发盘，请告合同号码。"试分析：

(1) 合同是否成立？为什么？

(2) 在此情况下，我方应如何处理？

2. 英国A公司7月8日向我国B公司做出供售某商品的实盘，B公司于接收到发盘的当日下午（7月11日）下午3点向当地邮局交发了完全同意发盘条件的接受电报。但A公司发盘后发觉商品行情猛涨，于7月11日上午8时致电B公司要求撤销其7月8日的发盘，该撤销电在7月11日下午5时送达B公司，而B公司的接受电报送达A公司是7月14日上午10时。试根据《公约》规定说明：

(1) A公司是否成功撤销了7月8日的发盘？为什么？

(2) A公司和B公司之间是否已存在合同关系？为什么？

3. 某外资企业出口货物一批，买卖合同与信用证均规定为CIF条件，货物装运后，出口企业在向轮船公司支付全额运费后取得了由船公司签发的已装船清洁提单。但制单人员在提单上漏打了"FREIGHT PREPAID"字样。当时正遇市场价格下跌，开证银行根据开证申请人意见，以所交单据与信用证不符为由拒付货款。后几经交涉，最终以减价了案。对此，请予以分析评价。

第 11 章

进出口货物通关

[学习目标]

1. 了解进出口货物的通关程序；
2. 熟悉海关货运监管制度；
3. 理解我国出口收汇核销的必要性及特点；
4. 熟练掌握出口收汇核销的基本流程及出口收汇核销单的填制。

通关是指进出口货物、进出境运输工具和物品从进入关境边界或申请出境到办结海关手续的海关制度或全过程。通关和报关二者既有联系又有区别。相同之处是：它们的客体都是进出口货物、进出境运输工具和物品；它们依据的都是海关法律、行政法规和规章。不同之处是：通关是从政府角度出发，对进出口货物和进出境运输工具、物品办理海关手续的规则和要求。而报关则从企业和报关代理人的角度出发，说明货物、运输工具和物品在进出境环节怎样办理海关手续，以实现进出境目的。由于角度不同，二者包括的内容也不同，通关更多地强调海关管理规则、职权，而报关则强调货物进出口的海关手续和当事人的义务。

11.1 进出口货物通关程序

通关程序是指进出口货物和进出境运输工具、物品办理海关手续的必要环节。本节主要介绍进出口货物的通关程序。按我国海关法规定：适用于一般贸易进出口的货物和进出境运输工具的通关，由申报、查验、征税和放行四个环节组成。

11.1.1 申报

在国际贸易中，货物的进出口必须向海关申报。申报是货物和运输工具在进境后或出境前，由有关当事人根据海关法规定的要求和方式向海关所做的声明。申报可用书面或电子报关两种形式（即电子数据交换 EDI）。书面的纸质申报单是传统的报关方式，现今仍被广泛采用。电子申报方式现也被广泛采用。基于现阶段的技术应用水平还不高，还不能完全舍弃纸质申报单，目前纸质申报单和电子报关并用。

1. 进口货物的申报

（1）申报时间：进口货物的收货人应当自运输工具申报进境之日起 14 日内，向海关申报，第 14 日为法定节假日的顺延。超过规定期限未向海关申报的，由海关从第 15 天起按日征收滞报金；如果自运输工具申报进境之日起超过 3 个月未向海关申报，其进口货物将由海关提取变卖。

（2）进口货物申报时，应填写一式两份“进口货物报关单”，并随附以下单证：①许可证；②提货单；③发票；④装箱单；⑤ 减免税或免验的证明文件。根据规定，进口货物应当由收货人在货物的进境地海关办理海关手续。

（3）海关审核单证。海关在接受报关后，首先要对各项单证予以签收，对报关单进行编号登记，并批注接受申报的日期；其次对提交的单证要认真细致地进行审核，如发现不合格时，应通知申报单位及时补充和更正。

2. 出口货物的申报

（1）申报时限和申报地点。出口货物在出境时，其发货人应在装货的 24 小时以前，向海关申报。具体地说，一般在出口货物运到码头、车站、机场、邮局等仓库、场地后，在海关规定的 24 小时以前向海关申报。根据规定，出口货物应由发货人在货物的出境地海关申报。

（2）报关应具备的单证。出口货物报关时应填写一式两份“出口货物报关单”并随附①出口许可证和相关批准文件；②装货单；③发票；④装箱单/重量单；⑤减税或免税的证明文件；⑥合同、产地证和其他有关单证；⑦商检证书；⑧出口收汇核销单。海关在接受报关后，需对各项单证予以签收和审核。

（3）出口产品退还国内产品税。出口企业申请退税，须提供两单两票，即出口货物报关单、银行的出口结汇单和出口销售发票、出口产品购进发票；有权退税的企业是有进出口经营权并承担出口创汇任务的外贸公司，工业企业受托具有出口经营权的企业出口自产产品，也准予退税。

11.1.2　查验

进出口查验是指海关在接受申报并审核报关单证的基础上，对进出口货物的品名、规格、原产地、数量、价格等商品要素是否与报关单所列项目一致而进行的实际核查。查验的目的是核对实际进出口货物与报关单证所报内容是否相符，有无错报、漏报、瞒报、伪报等情况，审查货物的进出口是否合法，确定货物的物理性质和化学性质。查验是货物通关的法定环节之一，是海关执法的重要体现，进出口货物除海关总署特准免验的之外，都应接受海关查验。海关查验货物，一般应在海关规定的时间和监管场所进行，如有理由要求海关在监管场之外查验，应事先报经海关同意。

1. 查验的形式

在传统的海关制度下，每一票货物几乎都要开箱查验。在现代条件下，为加快进出口货物的通关速度，实行抽查。抽查比例和方式也从经验性、主观性的抽查发展成为以风险分析为基础的分类管理方法，对不同类别企业的不同性质的货物通关，实施不同的查验比例和方法。此外，还通过 H986 集装箱检测设施、提取货样化验以及电子地秤测定重量等高科技手段查验，加大查验比例和查获率，遏止货运渠道的违法走私活动。

2. 查验的要求

(1) 货物的收发货人或其代理人必须到场，并按海关的要求负责办理货物的搬移、拆装箱和重封货物的包装等工作。

(2) 海关认为必要时，可以直接开验、复验或提取货样，货物管理人员应当到场作为见证人。

(3) 申报人提供往返交通工具和住宿，并支付有关费用，同时按海关规定交纳规费。

另外，我国海关法规定，海关在查验进出境货物时，损坏被查验的货物，应当赔偿实际损失。此时，海关关员应如实填写《查验货物、物品损坏报告书》一式两份并签字，由查验关员和当事人各留一份。双方共同商定货物的受损程度或修理费用，以海关审定的完税价格为基数，确定赔偿金额，赔款一律用人民币支付。

11.1.3 征税

征税是指海关根据国家的有关政策、法规对进出口货物征收关税及进口环节税费。根据《海关法》和《进出口关税条例》的有关规定，进出口的货物除国家另有规定的以外，均应征收关税。关税由海关依照《海关进出口税则》征收。

我国对进口货物除征收关税外，还要征收增值税，少数商品要征收消费税。根据国家法律规定，上述两种税款由税务机关征收。为简化征税手续，方便货物进出口，同时又可有效地避免货物进口后另行征收可能造成的漏征，国家规定进口货物的增值税和消费税由海关在进口环节代税务机关征收。因此，在实际工作中又常常称为海关代征税。

11.1.4 放行

放行是海关监管现场作业的最后一个环节。海关在接受进出口货物的申报后，经审核报关单据，查验实际货物，并依法办理进出口税费计征手续并缴纳税款后，在报关单和货运单上签盖放行章，海关的监管行为结束，在这种情况下，放行即为结关。进出口货物可由收货人凭以提取、发运，出口货物可以由发货人装船、启运。

在进出口货物放行前，海关人员还须对前期进行的申报、查验、征税等环节的工作进行核对，在核查无失误和遗漏的条件下，海关方予签章。报关员要配合海关做好上述工作。

值得注意的是，口岸海关的放行环节对不同性质的进出口货物有两种不同的法律意义。对于一般贸易进出口货物来说，放行是海关监管结束。即经过上述四个环节，就完成了通关的过程，货物就可装运出境或进入自由流通状态。但对一些特定的进出口货物，如保税货物、暂时进出口货物、特定减免税进口货物等，放行只是在海关现场监管的结束，通关的过程尚未完成。为此，海关法规定了海关放行后的特定通关程序。特定通关程序是海关核销。核销是保税货物、暂时进出口货物、特定减免税进口货物等在海关放行后按法定要求运作或使用后，由海关核准销案，准许货物出口或永久留在关境内的海关行政行为。核销意味着这些货物办结了海关手续，海关监管结束。

11.2　海关货运监管制度

11.2.1　海关货运监管制度概述

海关业务制度包括监管制度、关税制度、保税制度、稽查制度和统计制度五项，其中监管制度是海关主要的业务制度。由于海关监管的对象分为贸易性的货物、运输工具和非贸易性的物品三部分，因此海关监管制度又分为货运监管制度、非贸易性物品监管制度和运输工具监管制度三大体系。

海关货运监管的基本任务是根据《海关法》和国家有关进出口政策、法律、法规，监督货物和运输工具的合法进出，检查并处理非法进口、偷漏税等走私违法活动。海关对进出口货物的监管依据是进出口货物的收、发货人（或代理人）填写的进出口货的报关单以及经贸管理部门签发的“进出口货物许可证”或有关主管部门的批准文件以及正常的商业单据。海关接受申报、查验、征税和放行制度是货物监管的基本制度。

11.2.2　一般进出口货物的监管

1. 一般进出口货物概述

(1) 一般进口货物的概念。一般进口货物是指在进口环节享受普通待遇的货物，是海关在工作中区别于保税及减免税货物的一种分类标志，在实践中被广泛使用。

(2) 一般进口货物的范围。①一般贸易方式成交的进口货物；②易货、补偿、寄售方式成交的进口货物；③以加工、储存、使用为目的的暂时进口，后转为实际进口的货物；④进口捐赠物品；⑤超过限额的赠品；⑥进料加工中对方有价提供的设备；⑦加工贸易以产顶进的产品；⑧承包工程中的进口货物；⑨租赁进口货物；⑩进口货样广告品；⑪免费提供的进口货物等。

(3) 一般进口货物的基本特征。①进口环节完纳进口税费；②进口时交验相关的国家许可证件；③结关后凭海关签发的提（运）单提货或装运；④进口后可以自由流通。

(4) 海关监管措施。①审单。审单是海关对一般进口货物的监管。审单的内容包括：报关单的填写是否规范、准确；报关单的各栏目与随附单证的相关栏目是否一致；随附的法定单证是否齐全并符合有关规定的要求。目前，海关审单已由各直属海关的审单中心来集中统一审核。②查验。查验是海关检查货物与申报的内容是否相符的监管措施。对进口货物实施查验是遏制和打击货运走私的必要措施。③放行。海关对单、货相符并已纳税的进口货物，在报关单和提（运）单上加盖放行章，予以放行。对不符合放行条件和欠缺放行要件的进口货物，海关不予放行，待具备放行条件后再予放行。

2. 一般进口货物报关程序

(1) 申报。

① 申报的定义。申报是指报关单位在法定期限内按海关法规定的要求和形式向海关报告进口货物状况的行为。

② 申报地点。在通常情况下，进口货物的收货人或其代理人应当在货物进境地海关申报。在转关运输情况下，进口货物的收货人或其代理人也可以在货物的指运地向海关申报。

③ 申报期限。进口货物应当自运输工具申报进境之日起 14 日之内向海关申报。误卸、溢卸的进口货物应当自卸货之日的 3 个月内向海关申报，必要时，经海关批准可以延长 3 个月的期限。

④ 申报方式。收货人可通过计算机电子数据交换的方式向海关申报，也可以填写纸质报关单向海关申报。目前，各海关的要求是，先将电子报关数据发送到海关计算机网上，然后在规定期限内向海关提交纸质报关单。特殊情况下，经海关批准，也可以先交纸质报关单，后补发送电子报关数据。

⑤ 申报手续。申报手续通常包括以下 4 个环节：

· 准备和检查单证

填写报关单并检查随附单证，随附单证分为基本单证、特殊单证、预备单证。

基本单证主要是提（运）单和商业发票、装箱单等。

特殊单证包括进口许可证、检疫合格证明、商检证书、担保函、付汇核销单等。

预备单证包括进口贸易合同、原产地证书，以及收、发货人的有关证明文件。

· 确认货物

为防止发生报关差错，在正式申报前对货物做进一步的确认是必要的。当进口货物的提（运）单与合同有差异时，收货人或其代理人可以向海关申请查看货物或提取货样。当货物为动植物及其制品时，只有经检疫合格后才能提取货样。

· 录入数据电子申报

将报关单各栏目的数据录入计算机并发送到海关的计算机网上。目前，收货人或其代理人可以在终端录入、委托 EDI 方式、自行 EDI 方式和网上申报方式这四种方式中选择一种向海关申报。当收货人或其代理人收到海关发送的“接受申报”报文，即表明申报成功。要是收到“不接受申报”的报文时，则要重新发送。

· 提交单证

收货人或其代理人在录入数据电子申报后，要向海关提交纸质报关单和随附单证，供海关审核。

⑥申报的生效、修改和撤销。无论收货人或其代理人采用电子申报还是报关单申报，一旦被海关接受，即为生效，一般是不能修改和不能撤销的。所谓海关接受，对于电子申报而言是指海关收到报关单电子数据后，由计算机进行逻辑处理，将处理结果发送给申报人或予以公布，即为海关接受。对于以纸质报关单申报的，海关收到后，进行登记后即为海关接受。从海关接受之时起，申报人要对申报的内容承担法律责任。对已经生效的申报，在下列情况下，经海关同意，可以对申报的内容进行修改和撤销：计算机技术参数造成的数据错误；报关人员或预录入人员在计算机操作或书写中失误而造成非涉税、涉贸易管制、涉海关统计的内容的；海关审价后要求修改申报内容的。

⑦申报的责任。进口货物超过法定申报期限的，要按日交纳 0.05%的滞报金。超过法定申报期限 3 个月的，海关可以提取变卖处理货物。对于进口货物收货人或其代理人的申报错误，属于违反海关监管规定的，当事人在接受海关的处罚后，可以申请修改或撤销重新申报。当事人的行为已构成走私的，则由海关没收货物，申报的修改或撤销就无意义了。

（2）查验。

① 查验的含义。查验是海关对进出境货物的状况与报关单审报的内容是否相符而进行的实际检查。根据海关法的规定，海关对进出境货物进行查验时，货物的收货人或其代理人应当到场，因此叫做陪同查验。

② 查验地点。海关对进境货物查验的地点，一般在货物所在的海关监管区内。在特殊情况下，经当事人申请，海关同意，也可以在海关监管区外进行查验。

③ 查验时间。海关对进出境货物的查验，一般应当在货物向海关申报以后、海关放行以前的期间进行。海关查验的具体时间，应由海关书面通知货物的收货人或其代理人。

④ 查验方式。海关查验货物的方式有彻底查验、抽查、外形查验等。彻底查验，即对货物逐件开箱、开包查验，对货物的所有状况逐一与报关单位进行核对。抽查，即按一定比例或一定排序，对货物进行选择性开箱（包）查验。外形查验，即对货物的外包装等进行核查。进境货物的收货人也可以向海关总署提出货物免予查验的申请，经海关总署批准后方可以免验。外交部门和外交人员的办公用品和物品免检。

⑤ 径行查验。径行查验是在某种情况下，货物的收货人或其代理人未能到场或拒绝到场，而又不适合延迟查验，海关可以直接开箱（包）查验。海关径行查验时，应当请货场或仓库的工作人员在场作为见证人，并对查验结果签字确认。

⑥ 接受和配合查验的手续，主要有以下几点：

· 准备好货物的各种单证、开箱（包）的必要工具以及重封货物包装所需的材料等。

· 按时到达查验地点，根据海关人员查验的要求搬移货物，开拆包装。

· 按照海关人员的要求，提交有关的货物单证，如实回答有关货物情况的询问。

· 对海关查验的结果或海关取样签字确认。海关人员在查验结束后，要填写《海关查验进出境货物记录单》，陪同查验的当事人应当审阅记录并签字确认。重封货物包装，恢复原样。海关工作人员在查验货物时损坏被验货物，货物的收货人或其代理人可要求海关赔偿。

（3）缴纳税费。

进口货物根据海关法的规定要缴纳关税和进口环节税费的，由收货人或其代理人凭缴纳书到指定银行按规定金额缴纳税费，也可以通过电子口岸在网上缴纳税费。

（4）提取货物。

进口货物缴纳税费后，海关予以放行，货物可以离开监管区。海关放行是一种要式法律行为，必须由海关在提货凭证上加盖放行章后方为有效。无纸报关的，海关通过计算机发送“海关放行”报文，同样有效。进口货物的收货人或其代理人在海关放行货物后，签收海关加盖放行章的提货凭证，如提单等，到货物进境地的指定仓库提货。进口货物的收货人或其代理人在提货后，可以要求海关签发一份《进口货物证明书》，以作备用。需要付汇的进口货物，收货人或其代理人在海关放行货物后，要求海关出具一份加盖“验讫章”的打印报关单，用于办理进口付汇核销手续。

11.2.3　暂准进口货物的监管

1. 暂准进口货物概述

(1) 暂准进口货物的概念和范围。

暂准进口货物是指国际组织、外国政府、外国和我国港、澳、台地区的企业、群众团体或个人为开展经济、技术、科学、文化合作与交流而暂时运入我国境内，在法定期限内按原状复运出口而给予暂时免纳进口各税的货物。

我国按暂准进口管理的货物有以下三类：①来华拍摄或与我国单位合作拍摄电影片、录像片、图片、幻灯片而运进的摄影器材、胶卷、胶片、录像带、车辆、服装、道具；②来华进行体育竞赛、文艺演出而运进的器材、道具、服装、车辆、动物等；③来华进行工程施工、学术技术交流、讲学运进的各种设备、仪器、工具、教学用具、车辆等。

(2) 暂准进口货物的基本特征。

① 免予实行进口许可管制。货物暂准进口使用后必须在规定限期内复出境或复进境，所以，不属于实际进口货物。但是，货物的暂时进口涉及国家其他进境管制的（主要是动植物检疫、食品卫生检测、枪支弹药或无线电器材），不论其是否实际进口，仍须在进口前向有关主管部门申请批准，并凭有关证件报关。

② 为特定使用目的的进口，在规定的期限内复出境。这是货物获准暂准进口并免纳进口各税的前提条件，每一种暂准进口货物都有特定的使用目的，而不能是无目的的。同时，货物又必须在法律规定的期限内，按原有状态复出境。超出规定期限未能复出境的，则须按一般进口货物办理报关、纳税手续。

③ 海关放行后，进口货物仍受海关监管。货物在海关审单、查验及放行后，虽可提货，但在使用期间仍将继续受海关的监管，直至货物按实际去向办理海关手续并予以核销。

④ 按货物最终的实际去向办理海关手续。暂准进口货物原则上必须按原状复运出境，但实际上因经济或其他方面的因素，货物还可能转为内销或其他情况，无论其去向如何，均应按规定办理相应的海关手续。

⑤ 核销后结案。暂准进口货物一旦有了实际去向，并按规定办理了相应的海关手续，最后应向海关办理核销手续。

(3) 海关监管措施。

① 审单。海关对暂准进口货物申报的单证审核，对于符合法定条件的，准予暂准进口程序通关，对于不符合法定条件的，则要求其按一般贸易货物申报。海关通过审查，还要确认收货人及代理人是否提供了符合规定的担保，如果担保不当，海关可以要求当事人提供适当的担保。

② 核查。暂准进口货物在我国境内使用期间，海关可以随时对该货物进行核查，以确认货物是否按特定目的使用。一旦发现货物被移作他用或被转让、出售等情况，海关可以按有关规定予以处理。

③ 核销。暂准进口货物在按原状复运出境后，收货人或其代理人应持进口的报关单证向海关办理核销，经海关按货物清单逐一核对销案后结关。

2. 暂准进口货物的报关事项

(1) 项目报批。我国境内暂准进口货物的收货人应将与境外交流、合作的项目报国家或省、自治区、直辖市政府司、局级以上的机关审批，经批准后方为立项。

(2) 进口申报。暂准进口货物入境时，申报人应填写进口货物报关单，随附进口货物清单并交验国务院主管部门或省、自治区、直辖市（含计划单列市）政府主管司、局级以上机关的批准文件向进口地海关报关。

对无线电器材和按规定进行动植物检疫、药品检验、食品卫生检验的货物，还应交验有关检验部门的合格证明。

对于经海关核准的暂时进口货物，申报人在向海关交纳相当于税款的保证金，或提供海关认可的书面担保后，可准予暂时免领进口货物许可证和免纳进口各税。但对进口化学试剂、食品、药品、燃料等消耗性物品，应照章纳税。

(3) 按特定目的使用，在规定期限内复出口。经海关核准的暂时进口货物，只能用于特定的目的，未经海关许可不能出售、转让或移作他用。暂准进口货物应于货物进口之日起 6 个月内全部复运出境。期满不复运出境的，应由申报人向海关办理正式进口手续和依法纳税。因故需要延长在境内使用期限的，应在期满前向海关提出申请，经海关审核批准后予以办理延期手续。延长期满后，海关一般不再给予延期。如因特殊需要仍需延期的，则须由海关转报海关总署批准。

(4) 申报出口并予核销。暂准进口货物复运出境时，申报人应填写出口货物报关单，同时交验其留存的进口货物报关单及货物清单向原进境地海关办理复运出境手续，并就地办理核销手续。如变更出境口岸，应持原进口货物报关单及货物清单向出境地海关办理复运出境手续，出境地海关在上述单据上批注验放情况后，退交申报人凭以向进境地海关办理核销手续。

11.2.4　转关运输货物的监管

1. 转关运输货物概述

(1) 转关运输的概念。转关运输是指进出口货物在海关监管下，从一个设关地转运至另一个设关地的海关业务制度。根据海关法规定，进出口货物可以在入境地或出境地办理海关手续，也可以在货物的指运地或起运地办理海关手续。由此，进口货物从入境地到指定地的运输，出口货物从起运地到出境地的运输，必须处于海关监管下。所以，转关运输要求两个海关共同管理。

(2) 转关运输的类型。①进口转关运输，即进口货物由入境地进境后，经海关同意，转运至指运地办理进口海关手续。指运地是指货物要到达的目的地。②出口转关运输，即出口货物经海关同意，在起运地办理出口海关手续后转运至出境地出口。③境内转关运输。即在海关监管下，将货物从一个海关运至另一个海关。

2. 海关对转关运输的监管要求

(1) 转关运输应具备的条件。①转关运输的承运人向海关注册登记，而且在运输中要按海关规定的路线、时限将进口货物运抵指定场所。②指运地、起运地有经海关批准的监管场所，货物存储、装卸、查验都在该场所。

(2) 转关运输规则。①对于转关运输，海关可以派关员随运输工具监管，承运人要向海关缴纳规费并提供工作和生活的方便。②转关运输货物未经海关许可，不得开拆、提取、交付、发运、调换、改装、抵押、留置、转让、更换标记、移作他用或者进行其他处置。③运输中发生意外情况时，承运人要通知附近海关，经海关同意后方能更换运输工具或驾驶员。④转关运输货物发生短少、损坏、灭失等情况时，除因不可抗力的原因外，承运人、货物所有人或保管人负有纳税义务。

(3) 海关规定限制转关的货物。我国制定了《限制转关物品清单》，在清单所列范围之内的货物不能办理转关运输：①废物类中的动物废物、冶炼渣、木制品废物、纺织品废物、贱金属及其制品废物、各种废旧五金、废运输设备、特殊进口的废物、废塑料及碎料、下脚料、废电机电器产品等。②化学品中的监控化学品、可生产化学武器的化学品、消耗臭氧层物质、化学武器的关键原料、易制毒化学品、氯化钠等。③汽车类的成套散件和二类底盘等。

3. 转关运输货物的报关

(1) 进口货物的转关。

① 提前报关的进口转关货物。提前报关的进口转关货物的收货人及其代理人在进境地海关办理进口货物转关手续前，按实际贸易性质进入基本报关程序，向指运地海关录入《进口货物报关单》电子数据。指运地海关提前受理电子申报，同时由计算机自动生成《进口转关货物申报单》，并传输至进境地海关。

提前报关的进口转关货物应在电子数据申报之日起 5 日内，向进境地海关办理转关手续。超过期限仍未到进境地海关办理转关手续的，将被指运地海关撤销提前报关的电子数据。提前报关的进口转关货物，进境地海关因故无法调阅进口转关数据时，可以按直转货物的规定办理转关手续。

② 进口直转的转关货物。货物的收货人及其代理人在进境地录入转关申报数据，持《进口转关货物申报单》、《汽车载货登记簿》等单证直接办理转关手续。直转的转关货物的收货人及其代理人，应当在运输工具申报进境之日起 14 日内向进境地海关申报，办理转关手续。逾期办理的，应缴纳滞报金。直转的转关货物应当在海关限定的时间内运抵指运地。货物运抵指运地海关之日起 14 日内，进口货物的收货人及其代理人向指运地海关申报，进入基本报关程序。逾期申报的，应缴纳滞报金。

(2) 出口货物的转关。

① 提前报关的出口转关货物。由货物的发货人及其代理人在货物未运抵起运地海关监管场所前，先进入基本报关程序，向起运地海关填报录入《出口货物报关单》电子数据。由起运地海关提前受理电子申报，生成《出口转关货物申报单》数据，传输至出境地海关。货物应于电子数据申报之日起 3 日内，运抵起运地海关监管场所，超过期限的，将被起运地海关撤销提前报关的电子数据。货物到达出境地后，发货人及其代理人应持起运地海关签发的《出口货物报关单》和《出口转关货物申报单》向出境地海关办理转关货物出境手续。

② 出口直转的转关货物。出口直转的转关货物，由发货人及其代理人在货物运抵起运地海关监管场所后，进入基本报关程序，向起运地海关填报录入《出口货物报关单》电子数据，起运地海关受理电子申报，生成《出口转关货物申报单》数据，传输至出境地海关。直转的出口转关货物到达出境地后，发货人及其代理人应持起运地海关签发的《出口货物报关单》和《出口转关货物申报单》以及《汽车载货记簿》向出境地海关办理转关办理转关货物的出境手续。

11.2.5 保税货物报关制度

1. 保税货物的概念和范围

(1) 保税货物的概念。保税货物是指经海关批准未办理纳税手续进境，在境内储存、加工、装配后复运出境的货物。保税货物虽向海关申报进境，并经一般程序由海关放行，但是，因为没有办理正式进口纳税手续，所以该货物仍然处于海关的监管之下，不得自由流通或移作他用。因此，它是区别于一般贸易货物的一种进口货物，属于海关监管货物的范围。保税是我国海关的一项业务制度，即对保税货物进出境的管理制度。这项制度是对保税货物实行有条件的暂时免纳关税，给进出口企业提供了简化手续和减少资金占用等方面的便利，从而促进和推动了进出口贸易的发展。

(2) 保税货物的范围。保税货物分为保税储存和保税加工两大类。①保税储存货物包括寄售货物、进口家用电器在保修期内的维修零部件、转口货物、免税销售货物等。②保税加工货物包括来料加工、进料加工的原材料、零部件、辅料、制成品以及结转加工的半成品等。

2. 保税货物的基本特征

(1) 保税货物属于暂时进口。保税货物，其目的不是要永久留在我国关境内，而是在我国关境内完成一定使命后以制成品或原样复运出境。因此，保税货物在性质上就是一种暂时进口，这是保税货物最基本的特征。

(2) 对保税货物暂缓纳税。

(3) 原则上免予许可证管制。我国的进出口许可证管制是用行政手段来限制进出口货物的数量，从而对本国经济起到保护作用。而保税货物不是正式进口，所以，就不在许可证管制范围之内，其进出境原则上可免予提交许可证。

(4) 放行后仍处于海关监管下。保税货物是海关监管货物，虽经海关放行，只能按进境申报的用途即储存或加工来处置，未经海关许可，不得改变用途或脱离海关监管，海关将定期或不定期地进行核查，对其进行监管。

(5) 按最终去向办理相应海关手续。保税货物在进境时作为暂时进口申报，在境内停留期间，情况在不断变化，由此在境内停留期限届满时，可能会有不同去向，那么，保税货物经海关核准后要按其最终的去向办理相应的海关手续。

3. 海关监管措施

(1) 事先备案。保税加工货物的当事人在加工贸易合同经主管部门批准后，料件尚未进口前，向所在地海关申请办理登记备案手续，由海关确认贸易性质、经营条件后取得该合同货物进出口的《登记手册》。这是加工贸易经营者与海关建立报关事务法律关系的开始。保税储存货物免办备案手续。

(2) 核准内销。保税货物在境内停留一定期限后要复运出境。特殊情况下，货物要内销，进境货物的收货人或其代理人要向海关提出申请，经海关核准后方可内销。

(3) 核查。保税货物通关的期限长达 1 年到数年，为使这些货物始终能按进境申报的目的使用，不脱离海关监管。所以，海关可以定期、不定期地到进口或使用保税货物的单位进行核查，发现有违规行为应及时纠正。核查是海关的重要防范措施。

(4) 核销。海关接受保税货物的收货人或其代理人的申报核销申请后，要根据海关总署确定的标准逐一核对保税加工货物进出数量和实际消耗，核对保税储存货物进库、出库及最终去向的数据后，在审核确认的基础上注销保税管理。

11.2.6 加工贸易的海关监管制度

1. 加工贸易的类别和特征

(1) 按承揽加工方是我国境内还是境外，分为对外加工和出料加工。凡是由境外定作、境内企业加工的称为对外加工，而由境内企业出料定做、境外企业加工的就是出料加工。我国的涉外工业加工，是以对外加工为主的，出料加工很少。

(2) 对外加工按进口料、件所有权是否转移，分为来料加工和进料加工。进料加工是指境内加工方为加工出口商品而用外汇购买进口原料、材料、辅料、元器件、零部件，经加工成品或半成品后返销或出口的涉外经济活动。来料加工是指由境外定作方提供原料、材料、零配件及部分或全部生产设备，境内加工方按定作方的要求加工成品全部出口，由定作方出售，境内加工方收取加工费，定作方提供的设备不作价或由加工方以加工费偿还的涉外经济活动。

(3) 来料加工按生产方式分为对外加工和对外装配。凡是生产过程中改变进口料、件的物理形态或化学属性的是对外加工。而在生产过程中不改变进口料、件的物理形态或化学属性，仅将进口的散装件或零部件组装成成品或半成品的是对外装配。

2. 加工贸易货物的进出口报关

(1) 进口报关。加工贸易进口料件报关要填写进口料件专用报关单，并将报关数据发送到海关计算机网上，由于海关计算机系统已有备案底账，计算机自动与备案数据核对与扣减，这是加工贸易报关与一般贸易的区别。报关时要向海关递交《海关加工贸易登记手册》及随附单证。

(2) 成品出口申报。成品出口申报也要填写专用报关单，报关数据发送到海关计算机系统，由海关与《海关加工贸易登记手册》及电子底账核对后批注。

(3) 税收管理。在进口申报时，暂时进出口加工的货物可享受暂缓办理纳税手续的便利。然而，由于加工贸易项下进出口的货物在用途、经营方式、加工条件及实际去向等方面受制于国家经济政策和海关监控技术条件，因此，海关在进出口税收上实行全额保税、定额保税、按出口加工增值征税和先征后退四种区别情况、分类征管的措施。

(4) 加工贸易货物的许可证管理。由于保税加工货物的暂时进出口性质对国内经济并未形成冲击，因而除因特别的经济因素或者海关监管存在技术条件限制方面的原因外，有关进出口料件和出口成品可免受许可证管制。

3. 加工贸易的监管期限

我国海关法对加工贸易的监管期限规定如下：①加工返销（或复运进口）的期限。根据先行规定，来料或进料加工贸易的进口料件应自进口之日起 1 年内加工成品返销出口（或复运出口）；出料加工贸易的出料件应自出口之日起 6 个月内加工成品复运进口。②加工结束后向海关报核的期限。加工贸易合同到期或最后一批加工成品加工出口后的 1 个月内向海关申请办理核销手续。

11.3 出口收汇核销制度

11.3.1 出口收汇核销制度的必要性

1. 出口收汇核销的含义

所谓出口收汇核销，是国家加强出口收汇管理，确保国家外汇收入，防止外汇流失，指定外汇管理部门对出口企业贸易下的外汇收入情况进行监督检查的一种制度。它以出口货物的价值为标准，核对是否有相应的外汇收回国内的一种管理措施。出口单位凭出口收汇核销单报关出口，收汇后到外汇局办理核销，再向税务机关申请出口退税。根据我国《对外贸易法》的有关规定，对外贸易经营者在对外贸易经营活动中，应当依照国家外汇管理制度的要求结汇、用汇，银行对企业的收、付汇实行结汇、售汇制。国家为保障银行结汇、售汇制度的执行，保证充分的外汇来源，满足用汇需要，在货物的进出口过程中，实行较为严格的收汇核销制度。

2. 实行出口收汇核销制度的意义

改革开放以来，我国的出口贸易逐年扩大，外汇收入不断增加，为国家建设积累了丰厚的资金。但由于种种原因，出口方通过银行实际结汇的数额与我国外贸出口额之间的差额不断扩大，套汇、逃汇等非法活动还较为严重，不法分子通过伪造报关单、批文等单证骗购外汇，通过高报进口价或低报出口价将外汇留存在境外，严重影响了社会正常的外汇收支活动。为监督企业在货物出口后及时、足额地收回货款，堵塞出口收汇环节的逃骗汇漏洞，我国于 1991 年 1 月 1 日实行了出口收汇核销制度。这一制度对监督企业出口收汇、维护国际收支平衡发挥了积极作用。

3. 新的《出口收汇核销管理办法》主要内容

为适应我国加入世贸组织后出口贸易发展的新形势，进一步完善出口收汇管理，提高核销管理效率，促进对外贸易发展，国家外汇管理局于2003年10月1日发布了新的《出口收汇核销管理办法》，对现行出口收汇核销制度进行了修改和完善。

按照新规定，国家将对出口单位收汇核销实行分类管理，除保留原有的逐笔核销外，新增批次核销和自动核销两种管理方式。新增两种方式对简化核销环节的手工操作，提高工作效率将起到显著的作用，尤其是自动核销方式的应用，标志着出口收汇核销管理正在由逐笔核销转向总量核销；同时改变出口核销监管模式，由企业自行报告，外汇局通过电子数据进行核对监管。出口核销监管模式的转变，建立在“出口收汇核报系统”运行的基础上，有利于提高外汇局的工作效率，简化企业出口收汇核销程序，降低企业的经营管理成本，充分体现了出口收汇核销监管手段和监管水平的提升。

11.3.2 出口收汇核销制度的特点

1. 以出口收汇核销单为中心

外汇管理局通过核销单的发放与收回，并采取核销的方法来管理出口收汇工作。出口企业必须凭核销单及其他有关单据向海关办理出口货物报关，向银行交单结汇。它涉及到海关、银行、外贸运输和国家有关职能部门，贯穿于整个出口业务的全过程。

2. 实行先收汇后核销的方法

出口企业待货物装运后，向银行结汇，凭银行收款通知单才可以办理核销手续，提高了收汇管理工作的效率。

3. 以提高收汇率为目的

出口收汇核销制度实行全方位的管理，准确及时掌握出口收汇情况，加强对逾期收汇的监督，保证了收汇的安全。

11.3.3 出口收汇核销的基本流程

出口收汇核销工作的主要当事人有出口企业、外汇管理局、海关和银行。出口企业向当地外汇管理局申领出口外汇核销单，一份出口报关单只能申领一份，不得相互借用，也不得转让或倒卖。出口收汇核销的基本流程见图 11-1。

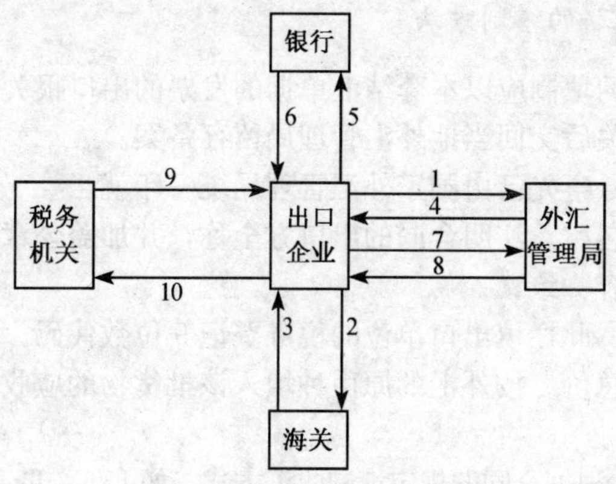

图 11-1　出口外汇核销流程图

(1) 出口企业凭有关单证，向外汇管理局申领有编号，并加盖“国家外汇管理局监制章”的核销单。

(2) 出口企业领单后 90 天内，向海关出具核销单、注明核销单编号的出口报关单和其他有关单据，向海关报关。

(3) 海关核准无误后，在核销单“海关核放情况”栏处加盖“验讫章”，退还出口企业。

(4) 出口企业于报关后 15 天（异地报关为 25 天）内，将出口报关单、出口外汇核销单存根、发票和汇票副本交外汇管理局备案。

(5) 出口企业在汇票和发票上注明核销单编号，持全套结汇单据向银行办理托收或议付。

(6) 银行结汇后，在出口收汇核销结水单或收账通知上注明核销单号交出口企业。

(7) 出口企业持经海关签章的收汇核销单、结水单或收账通知及其他有关文件，到外汇管理局办理核销。

(8) 外汇管理局在核销单上加盖“已核销”章后，将核销单和报关单（出口退税专用）给出口企业。

(9) 出口企业向税务机关申请办理退税手续。

(10) 税务机关核准后，向出口企业退税。

11.3.4　出口收汇核销单的内容和缮制方法

出口收汇核销单是由国家外汇管理局统一印制，由出口企业和银行缮制，海关凭以受理报关，各级外汇管理部门凭以核销外汇的凭证。它由核销单存根、出口外汇核销单及出口退税专用三联构成。下面分别阐述缮制要点。

1. 核销单存根联的缮制方法

核销单存根联的填制应以本套结汇单据的发票的出口报关单内容为依据，在货物发运和出口报关后交回当地外汇管理局留存备案。

(1) 编号。编号事先已由国家外汇管理局统一印就。

(2) 出口单位名称。注明合同的出口方全称，并加盖公章，应与出口货物报关单、发票同项内容一致。

(3) 单位代码。此栏填出口单位的税务登记9位数代码。

(4) 出口币种总价。按外汇的原币种填入该批货物的应收总额，通常与商业发票总金额相同。

(5) 收汇方式。根据合同的规定填制收汇方式，如L/C、D/D、D/A、T/T等。

(6) 预计收款日期。根据具体的收汇方式，推算出可能外汇的日期填入此栏。具体的推算方法有：即期信用证或托收项下的货款，属近洋的地区，为寄单日后第25天，如远洋地区则为35天；远期信用证或托收项下的货款，属近洋地区，为付款日后35天，如远洋地区则为45天；分期付款要注明每次收款日期和金额；寄售项下的货款最迟在报关日起360天之内结汇；自寄单据项下的货款，自报关日起50天内结算。

(7) 报关日期。按海关放行日期填写。

(8) 报关单位备注。填写收汇方面需要说明的事项。如，委托代理方式下，代理出口企业必须注明委托单位名称，并加盖代理出口企业的公章；属两个或两个以上单位联合出口，应注明其他单位名称及其出口金额，并加盖报关单位公章；原出口商品如发生变更，要填原核销单的编号等。

(9) 此单报关有效截止日期。一般填写出口货物的装运日期。

2. 核销单缮制方法

核销单的内容除与存根联同项内容以外，还有下栏项目：

(1) 银行签注栏。由银行填写商品的类别号、货币名称和金额，注明日期，并加盖公章。

(2) 海关签注栏。此栏由海关批注有关内容，加盖公章。

(3) 外汇局签注栏。由外汇管理局在本栏批注有关内容，填制日期，加盖公章。

3. 核销单出口退税专用联的缮制方法

出口外汇核销单出口退税专用栏目除与上述两联相同以外，还有如下内容：

（1）货物名称。填实际出口货物名称，并与发票、出口货物报关单的品名一致。

（2）数量。按包装方式的件数填写，应与报关单同项内容相符。

（3）币种总价。按发票或报关单的总金额和币种填写。

（4）报关单编号。按出口货物报关单的实际编号填入。

下面是一份出口收汇核销单实样（图 11-2）。

出口收汇核销单

存根

（沪）编号：325623454

出口单位：
单位编码：
出口币种总价：
外汇方式：
预计收费日期：
报关日期：
备注：
此单报关有效期截止到

出口收汇核销单

（沪）编号：325623454

出口单位盖章

出口单位：			
单位编码：			
银行签注栏	类别	币种金额	盖章
海关签注栏：			
外汇局签注栏： 年　月　日（盖章）			

出口收汇核销单

出口退税专用

（沪）编号：325623454

出口单位盖章　海关盖章

出口单位：		
单位编码：		
货物名称	数量	币种总价
报关单编号：		
外汇局签注栏： 年　月　日（盖章）		

图 11-2　出口收汇核销单实样

本章小结

通关是指进出口货物、进出境运输工具和物品从进入关境边界或申请出境到办结海关手续的海关制度或全过程。我国海关法规定：一般贸易进出口的货物和进出境运输工具的通关，由申报、查验、征税和放行四个环节组成。

海关业务制度包括监管制度、关税制度、保税制度、稽查制度和统计制度五项，其中监管制度是海关主要的业务制度。由于海关监管的对象分为贸易性的货物、运输工具和非贸易性的物品三部分，因此海关监管制度又分为货运监管制度、非贸易性物品监管制度和运输工具监管制度三大体系。

本章主要介绍了一般进出口货物的监管，暂准进口货物的监管，转关运输货物的监管，保税货物的监管和加工贸易的监管。

出口收汇核销是国家加强出口收汇管理，确保国家外汇收入，防止外汇流失，指定外汇管理部门对出口企业贸易下的外汇收入情况进行监督检查的一种制度。根据我国《对外贸易法》的有关规定，对外贸易经营者在对外贸易经营活动中，应当依照国家外汇管理制度的要求结汇、用汇，银行对企业的收、付汇实行结汇、售汇制。国家为保障银行结汇、售汇制度的执行，保证充分的外汇来源，满足用汇需要，在货物的进出口过程中，实行较为严格的收汇核销制度。出口收汇核销工作涉及的主要当事人有出口企业、外汇管理局、海关和银行，并有严格的工作流程。出口收汇核销单是由国家外汇管理局统一印制，由出口企业和银行缮制，海关凭以受理报关，各级外汇管理部门凭以核销外汇的凭证。它由核销单存根、出口外汇核销单及出口退税专用三联构成。

练习与思考

1. 简述进出口货物的通关程序?
2. 什么是一般进口货物? 它包括哪些范围?
3. 试述一般进口货物的报关程序?
4. 试述海关对暂准进口货物的监管制度包括的内容。
5. 什么是转关运输货物? 海关对转关运输货物监管的要求有哪些?
6. 保税货物的基本特征有哪些?
7. 什么是出口收汇核销? 我国收汇核销的基本特点是什么?
8. 简述出口收汇核销的基本程序?
9. 简述填写出口收汇核销单时应注意的问题?

第 12 章

贸易方式

［学习目标］

1. 了解各种贸易方式的概念，经销、代理的类型；

2. 理解各种贸易方式的性质特点，套期保值与投机性交易的区别；

3. 掌握经销、代理、寄售、加工装配等贸易协议的内容；

4. 识辨各种贸易方式的性质特点，并能够在国际贸易案例中正确选择适当的贸易方式。

贸易方式是指国际贸易中采用的各种具体方法和形式。随着国际经济关系的日益密切和国际贸易的进一步发展，国际贸易方式日益多样化和综合化。除传统的贸易方式外，还出现了融货物、技术、劳务和资本移动为一体的新型国际贸易方式。在国际贸易方式中，除单边进口和单边出口外，还包括经销、代理、寄售、展卖、招标、投标与拍卖、商品期货交易、对销贸易、加工贸易等，本章将介绍和阐述这些贸易方式的性质、特点、作用、基本做法及其适用的场合。

12.1 经销、代理

12.1.1 经销

经销（distribution）是国际贸易中一种常见的出口推销方式。出口商将商品销到国外市场后可以通过多种方式在当地市场上站稳脚跟，巩固并不断扩大市场份额。比如在国外设立分支机构，或与外商进行合资经营。另外，他还可以选择一个或几个适当的客户，通过订立经销协议与该客户建立一种长期稳定的购销关系，利用国外经销商的销售渠道和促销手段来推销商品，以促进其产品的出口。

1. 经销的概念

经销又称分销，是指经销商（distributor）与生产厂家或供货商（supplier）达成协议，在规定的期限和地区内购销指定商品的一种贸易方式。也就是说，产品从生产厂家到消费者手中至少要有一家中间商介入。中间商从厂家购得货物，再利用其销售渠道分散销售给其他商家或消费者。

2. 经销的类型

在国际贸易中，经销也有各种不同的做法。按经销商权限的不同，经销方式可分为以下两种：

(1) 独家经销（sole distribution）。亦称包销（exclusive sales）它是指经销商在协议规定的期限和地域内，对指定的商品享有独家专营权，可见独家经销实质上是一种专卖权的给予，出口商在给予这种专卖权的同时，一般都要向独家经销商提出某些要求以作为交换条件，在独家经销方式下，一般采取卖断的做法，即独家经销商对其经销商品自垫资金自担风险和自负盈亏。独家经销商与其客户签订的转售合同与出口商无关，因此，出口商与独家经销商的关系是买卖关系。

(2) 一般经销。亦称为定销，在这种方式下，经销商不享有独家专营权，供货商可以在同一时间，同一地区，委派几家商号来经销同类商品，这些经销商与国外供货商之间的关系同一般进口商与出口商之间的关系并无本质区别，即都是买卖关系。所不同的是，在经销方式下，经销商和供货商之间确立了相对长期和稳定的购销关系。而在一般的进出口贸易中，进口商和出口商之间往往是逐笔售定的关系。当一笔交易结束后，双方之间就不存在法律上的必然联系。

3. 经销的性质

经销商与供货商之间是买卖关系，经销商必须自垫资金购买供货商的货物，自行销售，自负盈亏，自担风险。从法律上讲，供货人和经销商之间是本人对本人（principal to principal）的关系，经销人是以自己的名义购进货物，在规定的区域内转售时，也是以自己的名义进行，货价涨落等经营风险也由经销商自己承担。购买商品的当地客户与供货人之间不存在合同关系。

4. 经销协议的内容

(1) 经销协议的名称、签约日期与地点。在本条款中要以明确无误的文字说明双方当事人的名称，包括全称和简称。简称可使用供货方、经销方或甲方、乙方等字样，主要是为了文字叙述的简练。在双方当事人之后应将各自的办公地址、电话和传真号码等准确地列明，以便于通讯联系。

(2) 经销商品的范围。委托人（出口人）经营商品种类繁多，即使是同一类或同一种商品，其中也有不同的牌号与规格。同时，经销商品可以是供货人经营的全部商品，也可以是其中的一部分，因此，在协议中，双方当事人必须约定商品的范围。确定经销商品的范围要同供货人的经营意图和经销人的经营能力、资信状况相适应。

(3) 经销地区。经销地区是指经销商行使销售的地理范围。通常有下列约定方法：①确定一个国家或几个国家；②确定一个国家中几个城市；③确定一个城市等。

确定经销地区的大小，应要考虑下列因素：①经销的规模及能力；②经销商所能控制的销售网络；③经销商品的性质及种类；④市场的差异程度；⑤经销地区的地形位置等。

(4) 经销期限。经销期限可以长也可以短。在我国的出口业务中，往往在签订经销协议时明确规定期限，通常为1年。其他国家市场的习惯做法，在经销协议中不规定期限，只是规定中止条款或续约条款等。

除了协议期限届满可以终止外，如遇到下列情况之一，也可以中止协议：

① 任何一方有实质性的违约行为，并在接到另一方的要求纠正该违约行为的书面通知后的一段时间内，未能加以纠正。

② 任何一方发生破产清理或公司改组等严重事项，另一方提出终止协议的书面通知。

③ 由于发生了人力不可抗拒的事件，造成协议落空，而且遭受事件的一方在一定的期限之后仍无法履行协议规定的义务，另一方发出终止协议的书面通知。

除上述主要内容外，还应规定不可抗力及仲裁条款等一般交易条件，其规定方法与一般买卖合同大致相同。

(5) 经销数量或金额。经销协议中除规定上述内容外，还应规定数量或金额。此项数量与金额对协议双方均有同等的约束力。为防止经销商定约后拖延履行，可以规定最低承购额以实际装运数为准。规定最低承购额的同时，还应规定经销商未能完成承购额时供货商可行使的权利，如要求经销商支付一定数量的违约金。当然，这一规定应公平合理，如果是由于供货商未能及时供货而导致经销商未能完成承购额，其后果应由供货商承担。

(6) 作价办法。经销商品的作价办法，有不同做法。其中一种做法是在规定的期限内一次作价。即无论协议内经销商品价格上涨、下落与否，以协议规定价格为准。另一种做法是在规定的包销期限内分批作价。由于国际商品市场的价格变化多端，因此采用分批作价较为普遍。

(7) 广告、宣传、市场报导和商标保护。经销协议的当事双方是买卖关系，因此委托人（出口人）不实际涉足经销地区的销售业务，但他十分关心开拓海外市场。为宣传其产品所用的商标，委托人常要求经销商负责为他的商品刊登一定的广告。例如，有些包销协议规定："买方负责和出资在其包销地区为卖方的某机器设备举办展览，招揽订单，在当地报刊上登载广告。"有些协议规定："经销商应定期访问有希望达成交易的客户或卖方要求包销尽量提供市场报道"等。

12.1.2 代理

1. 代理的概念

代理（agency）是许多国家商人在从事进出口业务中习惯采用的一种贸易做法。代理是指代理人（agent）按照本人（principal）的授权（authorization）代本人同第三者订立合同或作其他法律行为。由此而产生的权利与义务直接对本人发生效力。

2. 代理的性质

代理人与委托人之间的关系属于委托买卖关系。代理人在代理业务中，只是代表委托人行为，如招揽客户、招揽订单、代表委托人签订买卖合同、处理委托人的货物、收受货款等，他本身并不作为合同的一方参与交易。代理人通常运用委托的资金进行业务活动。代理一般不以自己的名义与第三者签订合同。代理人赚取的报酬即为佣金。

3. 代理的种类

国际货物买卖中的代理可以从不同角度分类，按委托人授权的大小可分为：

(1) 总代理（general agency）。总代理是在指定地区委托人的全权代理。他除了有权代理委托人进行签订买卖合同、处理货物等商务活动外，也可进行一些非商业性的活动。他有权指派分代理，并可分享代理的佣金。

(2) 独家代理（exclusive agency or sole agency）。独家代理是指在代理协议规定的时间、地区内，对指定商品享有专营权的代理人即委托人不得在以上范围内自行或通过其他代理人进行销售。

(3) 佣金代理（commission agency）。佣金代理又称一般代理（agent），是指在同一代理地区、时间及期限内，同时有几个代理人代表委托人行为的代理。佣金代理根据推销商品的实际金额和根据协议规定的办法和百分率向委托人计收佣金，委托人可以直接与该地区的实际买主成交，也无须给佣金代理佣金。

4. 销售代理协议

代理协议又称代理合同，他是用以确立委托人和代理人之间的权利和义务的法律文件。协议的内容由双方当事人按照契约自由的原则，根据双方达成的一致意见加以规定。代理的种类不同，其协议的内容和形式也有区别。业务中常见的销售代理协议主要包括以下内容：

(1) 代理的商品和区域。协议要明确规定代理商品的品名、规格以及代理权行使的地理范围。在独家代理的情况下，其规定方法与包销协议大体相同。

（2）代理人的权利与义务。这是代理协议的核心部分。一般应包括下述内容：

① 明确代理人的权利范围，以及是否享有专营权；

② 规定代理人在一定时期内应推销商品的最低销售额；

③ 代理人应在代理行使权的范围内，保护委托人的合法权益；

④ 代理人应承担市场调研和广告宣传的义务。

（3）委托人的权利与义务。委托人的权利主要体现在对客户的订单有权接受，也有权拒绝，对于拒绝订单的理由，可以不做解释。但对于代理人在授权范围内按委托人规定的条件与客户订立的合同，委托人应保证执行。委托人有义务维护代理人的合法权益，保证按协议规定的条件向代理人支付佣金。在独家代理下，委托人要尽力维护代理人的专营权。如由于委托人的责任给代理人造成损失，委托人应予以补偿。

（4）佣金条款。代理协议中必须规定佣金率、支付佣金的时间和方法。佣金率可与成交金额或数量相联系。

（5）最低成交额。如果是独家代理，协议中通常承诺最低成交数量或金额。若未能达到该数额，委托人有权中止协议或按协议规定调整佣金率。

（6）商情报告。代理人有义务向委托人定期或不定期提供商情报告，以使委托人了解当地的市场情况和代理人的工作业绩。能否提供合理的商情报告是考核代理人的重要依据。

除上述基本内容外，还可以在协议中规定不可抗力条款、仲裁条款以及协议的期限和终止办法等条款。

12.2　寄售、展卖

12.2.1　寄售

寄售（consignment）是一种委托代售的贸易方式，也是国际贸易中为开拓商品销路、扩大出口而采用的一种通常做法。它与先出售、后出运货物的一般贸易方式不同，而是先出运、后出售商品。

1. 寄售的概念与性质

寄售是一种委托他人代为销售的贸易方式。在国际贸易中，其具体做法是：出口商（寄售人）同国外客户（代销人）签订寄售合同，出口商先将寄售商品运送给国外代销人，由代销人按照合同规定的条件和办法，代替货主在当地市场进行销售。货物出售后，由代销人扣除佣金及其他费用后，按合同规定的办法汇交寄售人，是一种先出口后售货的贸易方式。

在寄售方式下，寄售人就是委托人、货主，代销人就是受托人、国外客户，双方是一种委托和受托的关系而非买卖关系。在寄售商品售出之前，委托人始终拥有其所有权，要负担寄售期间的运费、保险费、仓储费、进口税等一切费用，并承担此间可能发生的风险和损失。代售人只是受托负责照管商品，依据寄售人的指示推销商品并从中取得佣金，代售人有义务尽力推销寄售商品，但对商品能否售出并不负责，寄售期满有权退回未售出的部分，交易盈亏概由寄售人负担。

2. 寄售的特点

在国际贸易中采用的寄售方式，与正常的卖断方式比较，具有下列几个特点：

(1) 寄售人先将货物运至目的地市场（寄售地），然后经代销人在寄售地向当地买主销售。因此，它是典型的凭实物进行买卖的现货交易。

(2) 寄售人与代销人之间是委托代售关系，而非买卖关系。代销人只根据寄售人的指示处置货物。货物的所有权在寄售地出售之前仍属寄售人。

(3) 寄售货物在售出之前，包括运输途中和到达寄售地后的一切费用和风险，均由寄售人承担。

(4) 寄售货物装运出口后，在到达寄售地前也可使用出售路货的办法，即当货物尚在运输途中，如有条件即成交出售，出售不成则仍运至原定目的地。

3. 寄售协议的主要内容

寄售协议主要包括以下几个方面的内容：

(1) 双方的基本关系。寄售人和代销人之间的关系，是一种委托代理关系。货物在出售前所有权仍属寄售人。代销人应按协议规定，以代理人身份出售商品，收取贷款，处理争议等，其中的风险和费用由寄售人承担。

(2) 寄售商品的价格。寄售商品价格有三种规定方式：其一，规定最低售价；其二，由代销人按市场行情自行定价；其三，由代销人向寄售人报价，征得寄售人同意后确定价格，这种做法较为普遍使用。

(3) 佣金条款。规定佣金的比率，有时还可增加佣金比率增减额的计算方法。通常佣金由代销人在货款中自行扣除。

(4) 代销人的义务。包括保管货物，代办进口报关、存储、保险等手续并及时向寄售人通报商情。代销人应按协议规定的方式和时间将货款交付寄售人。有的寄售协议中还规定代销人应向寄售人出其银行保函或备用银行证，保证承担寄售协议规定的义务。

(5) 寄售人的义务。寄售人按协议规定时间出运货物，并偿付代销人所垫付的代办费用。

4. 寄售的优点

寄售这种国际贸易方式大体具有以下几个方面的优势：

(1) 为买主提供了便利，有助于调动国外买方订购商品的积极性。在寄售方式下，买方可根据需要就近采购，买后立即办理付款和提货手续，这即能缩短从订约到到货的时间，又可避免垫付资金和承担货物在运输途中的费用与风险。

(2) 有利于开拓市场和扩大销路。通过寄售，既便于与当地实用户和实销户建立联系和发展贸易关系，进行广告宣传，又便于推销新商品，开辟新市场并根据当地消费者的意和要求改进商品品质、包装条件，不断扩大销售范围。

(3) 有利于随行就市和提高出售价格。采用寄售方式，可以根据国外市场的需求情况和容纳量，事先有计划地在国内市场存放一些待售的商品，以便在当地市场货源供不应求和价格上涨时，及时抓住有利时机，充分利用市场行情，抢先成交，抛售现货，卖上好的价钱。

(4) 有利于利用国外的销售渠道和调动国外代销人推销商品的积极性。寄售方式下，代售人即不垫付资金，又不承担贸易风险，因此，一些资金不足的客户乐意为货主推销商品，这就有利于货主利用代销人的贸易渠道来推销自己的商品。

5. 寄售的弊端

正如所有的事情都有两个方面，寄售也有其弊端的一面，主要体现在：

(1) 承担的贸易风险大，采用寄售方式，寄售人要承担待售货物出售前的一切风险，其中包括货物在运输和储存中的风险，价格变动风险，货物不能脱售的风险，以及代销人资信不佳而招致的其他损失。

(2) 负担的费用多，在寄售方式下，待售货物出售前的一切费用开支，如运费、保险费、储存费、税收、代售人的报酬以及其他杂项费用，概由寄售人负担。

(3) 不利于寄售人的资金周转，由于寄售方式是先出运、后成交，不仅出售前要垫付各种费用，而且一般要等货物出售后才能收回货款，这就需要经常垫付和积压大量流动资金，从而影响资金的周转。

6. 寄售方式的应用

在国际贸易中应用寄售方式，出口商应着眼于开拓新市场。既销售商品，又树立企业形象，建立客户关系，故而所选商品应优质适销。选择合适的寄售地点。寄售地点应选择交通便捷的贸易中心或自由港、自由贸易区，以方便货物进出转运，降低费用。选择合适的代销人、代销人应在当地有良好的商誉，有相关商品的营销经验和推销能力，并有能代办报关、仓储等业务，重视安全收汇，比如要求代销人开立银行保函，或以承兑交单方式发货。

12.2.2 展卖

展卖是利用展览会和博览会的形式出售商品，将展览与销售结合起来的贸易方式。展卖方式灵活，可由货主自己举行，也可由货主委托他人举办。

1. 展卖的类型

国际贸易中，展卖可在国外举行，也可在国内举行。在国外举行的展卖业务按其买卖方式可分为两种：一种是通过签约的方式将货物卖给国外客户，由客户在国外举办展览会或博览会，货款在展卖后结算；另一种是由货主与国外客户合作，在展卖时货物所有权仍属货主，并由货主决定价格，货物出售后，国外客户收取一定的佣金或手续费作为补偿，展卖结束后，未售出的货物折价处理或转为寄售。展卖方式按其形式不同可分为国际博览会和国际展览会。

国际博览会，是一种以国家组织形式在同一地点定期由有关国家或地区的厂商举行的商品交易的贸易方式。参加者展出各种各样的产品和技术，以招揽国外客户签订贸易合同，扩大业务活动。当代的国际展览会是不定期举行的，通常展示各国在产品、科技方面所取得的新成就。当代的国际博览会和展览会不仅是一个商品交易场所，而且更多地具有介绍产品和新技术，广告宣传和打开销路的性质。参加展卖的各国商人除参加现场交易外，还大力进行样品展览和广告宣传，以求同世界各地建立广泛的商业关系。国际博览会或展览会按内容可分为：综合性博览会或展览会，可包括工农业各类产品，通常有许多国家参加；专业性博览会或展览会，通常是某项或某类工业品参加展出；国别博览会或展览会等。国际上著名的博览会如：莱比锡、布鲁塞尔、里昂、巴黎、蒙特利尔博览会大多都是综合性的博览会。随着国际贸易关系和技术的日益发展，通过博览会和展览会进行的展卖方式在国际市场上的地位日益重要。它为买卖双方了解市场，建立商品和技术联系提供了有利条件，成为各国商人签订贸易合同的重要场所。

2. 我国开展的展卖方式

我国从 20 世纪 50 年代开始举办广州中国出口商品交易会，以后又陆续开展了各种类型的交易会、展览会，并多次参加国外举办的博览会。随着改革开放的深入进行，展卖业务在我国也得到更为广泛的运用，并有效地促进了我国对外经济贸易的发展。这里简单介绍中国出口商品交易会（Chinese Export

Commodities Fair)。

中国出口商品交易会又称广州交易会（Guang Zhou Trade Fair），是中国各进出口公司联合举办的，邀请国外客户参加的一种集展览和交易于一体的商品展销会。我国于1957年春举办了首届广交会，以后每年春、秋两季各举办一次。40多年来，中国利用广交会，定期邀请国外客户来华集中谈判成交，根据"平等互利、互通有无"的对外贸易原则，以出口为主，进出结合，有买有卖，形式多样，极大地促进了中国对外贸易的发展，加强了中国同世界各国的经济联系。

中国出口商品交易会的作用主要表现在以下几个方面：

(1) 与会的各国客商和友好团体众多，为集中成交创造了有利条件。

(2) 加强了与各国客户的广泛联系，便于了解国外市场动态，开展行情调研，熟悉客户的资信和作风。

(3) 有利于生产企业以及其他有关部门直接听取客户对产品的要求和反映。

(4) 由于交易会采取当面洽商、看样成交的方式，从而有利于发现问题，及时解决。

在广交会闭会期间，在某些商品的产地或出口口岸等地，还举办一些专业性的小型交易会（minifair），简称"小交会"，如地毯交易会、工艺品交易会、服装交易会、化工交易会等。小交会的特点是专业性强，成交高度集中、交易方式灵活，它减轻了广交会过于集中的压力，对于推销新小商品起到了积极作用。

改革开放以来，我国各地还举办了各种类型的交易会、博览会、洽谈会等。其中，影响较大的有中国华东进出口商品交易会、天津进出口交易会、大连进出口商品交易会、昆明出口商品交易会、国际电子家电信息技术博览会、哈尔滨经济贸易洽谈会、乌鲁木齐对外经济贸易洽谈会、中国投资贸易洽谈会、中国国际高新技术成果交易会等。近年来，频繁开展的在华展览为加强中国与世界各国的贸易联系与经济交往发挥了重要作用。

12.3 招标、投标与拍卖

12.3.1 招标与投标

招标投标是国际贸易中相当常用的一种贸易方式，尤其是在政府机构或者是公用事业部门的采购、国际工程承包和劳务合作以及联合国、世界银行等国际机构贷款援助项目的操作中。在目前经济全球化和服务贸易快速发展的世界经济新形势下，招标投标这种贸易方式正在新的层次上发挥着自己的优势和作用。

1. 招标投标的含义

招标（invitation to tender）是指招标人在时间、地点、发出招标公告或招标单，提出准备买进商品的品种、数量和有关买卖条件，邀请卖方投标的行为。投标（submission of tender）是指投标人应招标人的邀请，根据招标公告或招标单的规定条件，在规定的时间内向招标人递盘的行为。实际上，招标、投标是一种贸易方式的两个方面。

2. 国际上采用的招标方式

目前，国际上采用的招标方式归纳起来有三类、四种方式，列举如下：

（1）竞争性招标（international competitive bidding，ICB）是指招标人邀请几个乃至几十个投标人参加投标，通过多数投标人竞争，选择其中对招标人最有利的投标人成交易，它属于兑卖的方式。

国际性竞争投标，有两种做法：

①公开投标（open bidding）是一种无限竞争性招标（unlimited competitive）。采用这种做法时，招标人要在国内外主要报刊上刊登招标广告，凡对该项招标内容有兴趣的人均有机会购买招标资料进行投标。

②选择性招标（selected bidding）又称邀请招标，它是有限竞争性招标（limited competitive bidding）。采用这种做法时，招标人不在报刊上刊登广告，而是根据自己具体的业务关系和情报资料由招标人对客商进行邀请，进行资格预审后，再由他们进行投标。

（2）谈判招标（negotiated bidding）又叫议标，它是非公开的，是一种非竞争性的招标。这种招标由招标人物色几家客商直接进行全同谈判，谈判成功，交易达成。

（3）两段招标（two-stage bidding）指无限竞争招标和有限竞争招标的综合方式，采用此类方式时，则是用公开招标，再用选择招标分两段进行。政府采购物资，大部分采用竞争性的公开招标办法。

3. 招标与投标的特点

招标与投标同进出口贸易的一般做法不同，采用这种方式，双方当事人不必经过交易磋商，也不存在讨价还价的余地，而是由各投票人应邀同时采取一次递价的办法，而投票人能否中标，主要取决于投标时的递价是否有竞争力，因此，采用这种方式，投标人之间的竞争十分激烈，而招标人则处于较主动地位。招标与投标业务是一种竞卖方式，一般来说，卖方竞争对于买方是利的，使他对于供给来源或有较多的比较和选择，在竞争激烈的情况下，买方还可以较为优惠的价格购进所需物资，这也是招标投标方式在大宗物资的采购中广泛运用的原因之一。

4. 招标与投标业务的基本程序

招标与投标业务的基本程序可分为：招标、投标、开标、评标决标、中标签约等几个阶段。

(1) 招标阶段。招标商首先要发出招标公告。采用不公开招标时，一般要向选定的投标人颁发招标通知；采用公开招标时，则应在有权威的报刊或杂志上刊登招标广告，说明招标的项目及有关的各种交易条件，邀请各国卖主或承包商在规定期限和地点参加投标。然后由招标人对前来要求投标的公司、企业和历史情况，财力状况、产品质量、经营作风及信誉等方面进行资格审查。审查合格后，由招标人向取得投标资格者寄送"标单"，内容包括招标要示、合同条款及格式、技术要求以及投标、开标、日期、寄送投标单的方法等。标单一般还要求投标人交纳投标保证金或银行保函，保证一旦中标，一定签约，否则招标人可没收该保证金。如未得标，则此保证金或保函如数退还投标人。

(2) 投标阶段。投标人收到标单后，应认真研究标单的全部内容和条件，在此基础上仔细订出自己争取中标的各项条件，包括价格、交货期限、品质规格、各技术指标等，做到量力而行。然后按要求填写投标文件，在规定期限内密封交寄招标人，同时按招标单规定提交投标保证金或保函（或备用L/C)。

(3) 开标阶段。若采用公开招标，应由招标人和公证人在规定时间和地点当众拆开密封的投标单，宣布其内容，并比较选择最有利的递价，凡参加投标者均可派代表监督开标。不公开招标则由招标人在没有投标人参加的情况下自行选定中标人。

(4) 评标决标与签约。开标后，对较复杂的标项有时还要由招标人组织人员进行评标，评标后决标，选定中标人，双方签订合同，履行合同。另外，按国际惯例，招标人在开标后，若发现所有投标都不符合要求，可全都拒绝宣布招标失败。

12.3.2 拍卖

拍卖是国际贸易中较为古老的一种方式，是一种实物交易。通过拍卖进行交易的商品一般是一些品质规格不易标准化的商品，如皮毛、烟草、茶叶、香料、木材等；某些易腐坏不能长期保存的商品，如水果、蔬菜、花卉、观赏鱼类等；某些贵重商品或习惯上采用拍卖的商品，如贵金属、首饰、地毯、古董及其他艺术品。某些商品，如水貂皮、澳洲羊毛，大部分交易是通过拍卖方式进行交易的，它所形成的价格，对这些商品的行市有很大影响。

1. 拍卖的基本概念

拍卖（auction）是专门经营拍卖业务的拍卖行接受货主的委托，在规定时间和地点，按照一定的章程和规则，将货物公开展示，以公开叫价的方法进行竞买，最后由拍卖人把货物卖给出价最高的买主的一种现货交易的方式。

2. 拍卖的一般程序

拍卖的一般过程可分为拍卖准备、正式拍卖和付款交货等三个阶段。

(1) 准备阶段。货主与拍卖行达成拍卖协议，规定货物品种和数量、交货方式与时间、限定价格以及佣金等事项。货主把货物运至拍卖地点，存放于拍卖人指定的仓库由拍卖人进行分类、分批编号。拍卖人印发拍品目录，并刊登拍卖通告。买主在正式拍卖前可至存放拍卖商品的仓库查看货物，必要时可抽取样品供分析测试。

(2) 正式拍卖。在规定的时间和地点，按拍品目录规定的顺序逐批拍卖。以增价方式拍卖，买方出价相当于要约，拍卖人落槌相当于承诺。在落槌之前，买方有权撤销出价，卖方也有权撤回拍卖商品。以减价方式拍卖，拍卖人报价相当于要约，而买方一旦表示接受，即为承诺，交易成立，双方均受约束。

(3) 付款和交货。成交后，买方签署成交确认书，并支付部分货款作定金，待买方付清全部货款后，拍卖行开出提货单，买方凭单提货。拍卖行从货款中提取一定比例的佣金，作为提供拍卖服务的报酬，并扣除按合同应由货主承担的费用后，将货款交付货主。

3. 拍卖的特点

国际贸易中的拍卖，具有下列基本特点：

(1) 拍卖是一种公开竞买的现货交易，拍卖采用事先看货，当场叫价，落槌成交的做法，拍卖开始前，买方可以查看货物，做到心中有数，拍卖开始后，买方当场出价，公开竞买，由拍卖主持人代表货主选择交易对象，成交后，买主即可付款提货。

(2) 拍卖是在一定的机构内有组织地进行，拍卖一般都是拍卖中心拍卖行的统一组织下进行的，也可是货主临时组织的拍卖会。

(3) 拍卖具有自己独特的法律和规章，拍卖不同于一般的进出口交易，这不仅体现在交易磋商的程序和方式上，也表现在合同的成立和履行等问题上，许多国家的买卖法中对拍卖业务有专门的特殊规定，此外，各拍卖行还订有自己的章程和规则，供拍卖时采用。

由于拍卖具有上述特点，且拍卖时间有限，成交数量较大，来自各地的客户较多，在拍卖场所遵守有关规章外，还应做好参加拍卖的各项工作。

4. 拍卖的注意事项

(1) 关于商品的品质。由于参加拍卖的商品往往难以用具体规格加以描述，且买主在拍卖前有权查验货物，拍卖行通常在拍卖章程中规定“卖方对品质概不负责”，所以，拍卖后买方对商品没有复验权，也不存在索赔的问题。对于某些货物可能存在隐蔽的缺陷，凭一般的查验手段难以发现，有的拍卖章程中也规定了买方的索赔期限。

(2) 关于公开和公平的原则。拍卖和招标投标一样，是一种按公平竞争的原则，进行公开交易的贸易方式。为保证公开和公平的原则不被违反，拍卖行制定了拍卖章程。买卖双方都必须严格遵守、买方不得互相串通，以压低报价；卖方也不得由代理人出价竞买，以哄抬价格，这些均构成违规违法行为。

12.4　商品期货交易

期货交易 (futures trading) 是指在期货交易所内，按一定规章制度进行的期货合同的买卖。

现代期货交易是在期货交易所内进行。目前期货交易所已经遍布世界各地，特别是在美国、英国、日本、香港、新加坡等地的期货交易所在国际期货市场上占有非常重要的地位。其中交易量比较大的著名交易所有：美国的芝加哥商品交易所 (CBOT)、芝加哥商业交易所 (CME)、纽约商品交易所 (COMEX)、纽约商业交易所 (NYMEX)、英国的伦敦金属交易所 (LME)、日本的东京工业品交易所、谷物交易所、香港的期货交易所，以及新加坡的国际金融交易所等。商品期货交易，交易的品种基本上都是属于供求量较大、价格波动频繁的初级产品，如谷物、棉花、食糖、咖啡、可可、油料、活牲畜、木材、有色金属、原油、以及贵金属、金、银等。

12.4.1　商品期货交易的特点

商品期货交易具有如下几个方面的特点：

(1) 期货交易不规定双方提供或者接受实际货物。

(2) 交易的结果不是转移实际货物，而是支付或取得签订合同之日与履行合同之日的价格差额。

(3) 期货合同是由交易所制定的标准期货合同，并且只能按照交易所规定的商品标准和种类进行交易。

(4) 期货交易的交货期是按照交易所规定的交货期确定的。不同商品，交货期不同。

(5) 期货合同都必须在每个交易所设立的清算所进行登记及结算。

(6) 严格的保证金制度。清算所要求每个会员必须开立一个保证金账户，在开始建立期货交易时，按交易金额的一定百分比交纳初始保证金。以后每天交易结束后，清算所都按当日结算价格核算盈亏。如果亏损超过规定的百分比，清算所要求追加保证金。

12.4.2 商品期货交易的做法

期货交易的做法有很多种，其中最常见的是套期保值和投机交易。

1. 套期保值

套期保值主要分为买期保值和卖期保值两种。

(1) 买期保值。经营者卖出一笔日后交货的实物，为了避免在以后交货时该项商品的价格上涨而遭受损失，则可在交易所内买进于同一时期交货的同样数量的期货合同。这样，将来货物价格如果不涨，他也同样可以从期货交易的盈利中补偿实物交易的损失。

例如，7月1日，大豆的现货价格为每吨2 040元，某加工商为了避免将来现货价格可能上升，从而提高原材料的成本，决定在大连商品交易所进行大豆套期保值交易。而此时大豆9月份期货合约的价格为每吨2 010元，基差30元/吨，该加工商于是在期货市场上买入10手9月份大豆合约。8月1日，他在现货市场上以每吨2 080元的价格买入大豆100吨，同时在期货市场上以每吨2 040元卖出10手9月份大豆合约，来对冲7月1日建立的空头头寸。从基差的角度看，基差从7月1日的30元/吨扩大到8月1日的40元/吨。交易情况如下：

7月1日 卖出100吨大豆：价格2 040元/吨。买入10手9月份大豆合约：价格2 010元/吨，基差30元/吨。

8月1日 买入100吨大豆：价格2 080元/吨，卖出10手9月份大豆合约：价格2 040元/吨，基差40元/吨。

套利结果：8月份亏损40元/吨；7月份盈利30元/吨。

净损失 100×40－100×30＝1 000元

注：1手＝10吨

在该例中，现货价格和期货价格均上升，但现货价格的上升幅度大于期货价格的下降幅度，基差扩大，从而使得加工商在现货市场上因价格上升买入现货蒙受的损失大于在期货市场上因价格上升卖出期货合约的获利，盈亏相抵后仍亏损1 000元。同样，如果现货市场和期货市场的价格不是上升而是下降，加工商在现货市场获利，在期货市场损失。但是只要基差扩大，现货市场的盈利不仅不能弥补期货市场的损失，而且会出现净亏损。

(2) 卖期保值。经营者买进一批日后交货的实物，为了避免在以后交货时该项商品的价格下跌而遭受损失，就可在交易所预售于同一时期交货的同样数量的期货合同。这样，即使将来货价下跌，已经买进的实物在价格上受到亏损，但他可以从期货合同交易所获得的盈利来进行补偿。

例如，春耕时，某粮食企业与农民签订了当年收割时收购玉米 10 000 吨的合同，7 月份，该企业担心到收割时玉米价格会下跌，于是决定将售价锁定在 1 080 元/吨，因此，在期货市场上以 1 080 元/吨的价格卖出 1 000 手合约进行套期保值。到收割时，玉米价格果然下跌到 950 元/吨，该企业以此价格将现货玉米出售给饲料厂。同时，期货价格也同样下跌，跌至 950 元/吨，该企业就以此价格买回 1 000 手期货合，来对冲平仓，该企业在期货市场赚取的 130 元/吨正好用来抵补现货市场上少收取的部分。这样，他们通过套期保值回避了不利价格变动的风险。

2. 投机交易

投机交易又分为买空和卖空两种形式：

(1) 买空（多头）。“买空”，又称“多头”，是指投机者估计价格要涨，买进期货；一旦期货涨价，再卖出期货，从中赚取差价。

(2) 卖空（空头）。“卖空”，又称“空头”，是指投机者估计价格要跌，卖出期货；一旦期货跌价，再买进期货，从中赚取差价。后一种在商业习惯上称为“套期保值”，又称为“海琴”。

投机与套利交易的策略为：

① 资金管理策略。资金的管理是指资金的配置问题，其中包括投资组合的设计。交易品种多样化，各市场的资金比例等。交易者应将期货市场的投资限于其全部资本 50%以内，余额用来保护可能出现的损失。在单个期货市场中所投入的资金应限制在总资本的 30%～45%，其最大亏损额应限制在总资本的 10%以内。在相关商品期货市场上投入的资金应限制在总资本的 60%以内。

② 入市时机的选择。在对商品的价格趋势做出估计后，就要慎重地选择入市时机。有时虽然对市场的方向做出了正确的判断，但如果入市时机选择错误，也会蒙受损失。在选择入市时机的过程中，应特别注意使用技术性分析方法。一般情况下，投资者要顺应中期趋势的交易方向，在上升趋势中，趁跌买入；在下降趋势中，逢涨卖出。如果入市后行情发生逆转，可采取不同的方法，尽量减少损失。不论是纯长线交易还是套利交易，期货交易真正的难点在于入市。图表和计算也许显示各种投机、套利策略能带来丰厚的收益，但除非在正确价格入市，否则不论资料看起来有多么完善，最终只能获得一份低收益，甚至亏损。入市是一种融技巧与艺术灵感为一体的烦琐工作。由于心理和技术等方面的许多原因，订单下达成为阻碍交易成功的最大障碍。从发现信号到真正入市的时间间隔非常重要。

12.5 对销贸易

对销贸易（counter trade）在我国又译为“反向贸易”、“互抵贸易”、“对等贸易”，也有人把它笼统地称“易货”或“大易货”。我们一般可以把对销贸易理解为包括易货、记账贸易、互购、产品回购、转手贸易等属于货物买卖范畴，以进出结合、出口抵补进口为特征的各种贸易方式的总称。

12.5.1 对销贸易的含义

对销贸易（counter trade）是指在互惠的前提下，由两个或两个以上的贸易方达成协议，规定一方的进口产品可以部分或者全部以相对的出口产品来支付。对销贸易不同于单边进口或单边出口，实质上是进口和出口相结合的方式，一方商品或劳务的出口，必须以其进口为条件，体现了互惠的特点，即相互提供出口机会。另外，在对销贸易方式下，一方从国外进口货物，不是用现汇支付，而是用相对的出口产品来支付。这样做，有利于保持国际收支的平衡，对外汇储备较紧张的国家具有重要意义。

12.5.2 对销贸易的形式

对销贸易有多种形式，归纳起来，最基本的有易货贸易（barter trade）、互购贸易（counter purchase）和补偿贸易（compensation trade）三种。

1. 易货贸易（barter trade）

就严格意义而言，易货是指双方当事人间等值货物的互换，不涉及货币。但这种易货方式具有很大的局限性。现代的易货贸易都是采用比较灵活的方式，即所谓广义的易货。这种易货方式，主要有以下两种不同的做法：

（1）记账易货贸易。一方用出口货物交换对方的进口货物，双方都将货值记账，互相抵冲，货款逐笔平衡，无须使用现汇支付。或者在一定时期内平衡（如有逆差，再以现汇或商品支付）。采用这种方式时，进出口可以同时进行，也可以先后进行，但一般来说，时间间隔都不长。

（2）对开信用证方式。这是指进口和出口同时成交，金额大致相等，双方都采用信用证方式支付货款，也就是双方都开立以对方为受益人的信用证，并在信用证中规定一方开出的信用证，要在收到对方开出的信用证时才生效。也可以采用保留押金方式，具体做法是，先开出了信用证先生效，但是结汇后，银行把款扣下，作为该受益人开回头证时的押金。这样一来，表面上看双方都以信用证支付从对方购买的货物，但实际上，货款无法提出，还是以货换货。

2. 互购贸易（counter purchase）

互购贸易又称反购贸易，是贸易双方互相购买对方的商品，又称“平行贸易”（parallel trade）。互购贸易涉及使用两个既独立而又相互联系的合同。在这种方式下，交易双方先签订一个合同，约定由先进口国用现汇购买对方的货物，并由先出口国在此合同中承诺在一定时期内买回头货；之后，双方还须签订一个合同，具体约定有先出口国用所得货款的一部分或全部从先进口国购买商定的回头货。互购贸易的特点在于，两笔交易都用现汇支付，一般是通过信用证即期付款或付款交单来进行，有时也可采用远期信用证付款方式。

与一般交易不同之处在于，先出口的一方在第一份合同中做出回购对方货物的承诺，从而把先后两笔不等值的现汇交易结合在一起。因此，先出口的一方如果接受远期信用证，就不需要资金垫付，并可以在收到出口货款至支付进口回头货价的这段时间里，利用对方的资金，而且可以在随后的谈判中处于比较有利的地位。对先进口方来说，利用互购贸易有利于带动本国商品的出口，不过得不到资金方面的好处，而且还要垫付出一笔资金。另外，回购往往是由先出口方对今后做出一些原则性的承诺，不可避免地给以后的交易带来一定的不稳定性，先进口方面临着承诺得不到履行的风险。

3. 补偿贸易（compensation trade）

（1）补偿贸易的概念与特点。补偿贸易（compensation trade），一般是指一方在信贷的基础上，从国外另一方买进机器、设备、技术、原材料或劳务，约定在一定期限内，用其生产的产品、其他商品或劳务，分期清偿贷款的一种贸易方式。它是从20世纪60年代末、70年代初，逐渐发展起来的一种新的贸易方式。其主要特点是：

① 贸易与信贷结合，一方购入设备等商品是在对方提供信贷的基础上，或由银行介入提供信贷。

② 贸易与生产相联系。设备进口与产品出口相联系，出口机器设备方同时承诺回购对方的产品，大多数情况下，交换的商品是利用其设备制造出来的产品。

③ 贸易双方是买卖关系，设备的进口方不仅承担支付的义务，而且承担付息的责任，对设备拥有完全的所有权和使用权。

（2）补偿贸易的类型。在当前我国开展的补偿贸易中，按照用来偿付的标的不同，大体可分为三类：

① 直接产品补偿。双方在协议中约定，由设备供应方向设备进口方承诺购买一定数量或金额的由该设备直接生产出来的产品。这是补偿贸易最基本的做

法。但是这种做法有一定的局限性，它要求生产出来的直接产品及其质量必须是对方所需要的，或者在国际市场上有销路，否则不易为对方所接受。

② 间接产品补偿。当所交易的设备本身不生产物质产品，或设备所生产的直接产品非对方所须或在国际市场上不好销时，可由双方根据需要和可能进行协商，用回购其他产品来代替。

③ 劳务补偿。这种做法常见于同来料加工和来件装配相结合的中小型补偿贸易中。按照这种做法，双方根据协议，往往由对方代我方购进所须的技术、设备，货款由对方垫付。我方按对方要求加工生产后，从应收的工缴费中分期扣还所欠款项。

总的来说，补偿贸易购入的是机器设备，出口的是产品，是一种进出口相结合的特殊信贷交易，具有明显的利用外资的作用。它对设备进口方，可少动用外汇或不动用外汇，进口所需设备和较先进的技术，既有利于缓和对外支付手段不足的矛盾，又可提高本国的生产能力，扩大出口，增收外汇；同时也给产品的出口建立了长期稳定的销售渠道和市场。对设备供应方而言，可突破进口方支付能力不足的障碍，扩大产品销售市场；获得比较固定的原材料供应来源。故补偿贸易多用于外汇支付能力困难的国家与发达国家之间，而且较多地出现在生产原材料的部门，或产品为对方所需要，或产品有出口前途的产业部门。

12.5.3 对销贸易的要点

1. 对销贸易的有利因素

对销贸易的优势主要体现在以下几个方面：

(1) 它是一种可以不动用外汇或少动用外汇就可以发展一国对外贸易的有力手段。

(2) 在贸易保护主义盛行的当代，通过对销贸易，有助于打破西方国家的贸易壁垒，为本国产品，尤其是发展中国家的工业制成品打开市场。

(3) 有些方式，如产品回购（补偿贸易）或抵消贸易，除了具有一般对销贸易所具有的平衡国际收支的作用外，还具有融通资金和吸收外国资本流入的功能。

(4) 由于对销贸易采用的是进出结合的做法，故核算其经济效益，可从进出口两方面结合起来通盘考虑，例如，进口盈利，出口亏损，但只要前者大于后者，还是有利可图的。加之，对销贸易是由交易双方私下进行的，这就更增加了决定价格时的灵活性和隐蔽性，而不易被他人所察觉，从而起到补贴出口而不遭报复的作用。

(5) 从发达国家角度看，通过对销贸易，承诺一定的回购，提供信贷或投资，不仅可以增强其市场竞争能力，而且有助于推销一些用现汇难以销售的产品、技术，争取到一些廉价的原材料或零部件供应。

2. 对销贸易的不利因素

对销贸易的不利因素主要体现在以下两个方面：

（1）对销贸易带有浓厚的双边性和封闭性，这其实是以限制性措施来反对保护主义，其结果反而增加了贸易保护主义的气氛。

（2）在上述模式下，决定交易的主要因素已不是商品的价格和质量，而是取决于回购的承诺。这就不可避免地削弱了市场机制的作用。

12.6　加工贸易

加工贸易是一国通过各种不同的方式，进口原料、材料或零件，利用本国的生产能力和技术，加工成成品后再出口，从而获得以外汇体现的附加价值。加工贸易是以加工为特征的再出口业务，其方式多种多样，常见的加工贸易有：进料加工、来料加工和对外加工装配业务等。

12.6.1　进料加工

1. 进料加工的概念

进料加工，又叫以进养出，指用外汇购入国外的原材料、辅料，利用本国的技术、设备和劳力，加工成成品后，销往国外市场。这类业务中，经营的企业以买主身份与国外签订购买原材料的合同，又以卖主的身份签订成品的出口合同。两个合同体现为两笔交易，它们都是以所有权转移为特征的货物买卖。

2. 进料加工的做法

进料加工的做法主要有以下三种形式：

（1）先签订进口原料的合同，加工出成品后再寻找市场和买主。这种做法的好处是进料时可选择适当时机，低价购进，而且，一旦签订合同，就可以尽快安排生产，保证及时交货。采取这种做法，要随时了解国内外市场动向，以保证所生产的产品能够适销对路，以避免库存积压。

（2）先签订出口合同，再根据国外买方的订货要求从国外购进原料，加工生产，然后交货。这种做法包括来样进料加工，即由买方先提供样品，我方根据其样品的要求再从国外进口原料，加工生产。这种做法的优点是产品销路有保障，但要注意所需的原料来源必须落实，否则会影响成品质量或导致无法按时交货。

（3）对口合同方式。即与对方签订进口原料合同的同时签订出口成品的合同，原料的提供者也就是成品的购买者。但两个合同相互独立，分别结算。这样做，原料来源和成品销路均有保证，但适用面较窄，不易成交。实际做法中，有时原料提供者与成品购买者也可以是不同的人。

3. 经营进料加工应具备条件

经营进料加工的经营人应具备以下三个条件：

(1) 经营人必须是经主管部门或其授权主管部门批准的具有外贸出口经营权的进出口公司，其他单位和个人不得经营。

(2) 用外汇购进的进口原料，零部件必须加工成成品复出口。

(3) 进口的料件和加工的成品的所有权归经营人，经营人自负盈亏。

4. 我国开展进料加工的意义

近年来，在中央政策的鼓励下，进料加工在我国有了突飞猛进的发展，特别是在东部沿海地区开展十分普遍。我国开展进料加工具有重要的意义，具体表现为：

(1) 解决国内原料紧缺的困难，有效地利用了国外资源，发展出口商品生产，为国家创造外汇收入。同时繁荣国内市场，促进与国内市场接轨。

(2) 可以更好地根据国际市场和客户的需要组织原料进口和加工生产，有助于做到产销对路，避免盲目生产，减少库存积压。

(3) 作为国际分工的一种形式，它成为将国外的资源和市场与国内生产能力相结合的一种国际大循环方式。同时充分发挥我国劳动力充裕、价格相对低廉的优势，利用相对过剩的加工能力，扬长避短，促进我国外项型经济的发展。

12.6.2 对外加工装配业务

来料加工和来料装配统称为对外加工装配业务。

1. 对外加工装配业务的概念

从广义上来说，就是运用国外提供的原料、零部件加工成品或装配整机，收取加工费或装配费。

按海关关于对来料加工、来料装配的管理规定中所称的对外加工装配业务主要是指：

(1) 由外商提供（包括外商在国内价购）的原材料、零部件、元器件（简称料件），必要时提供设备，由我加工单位按对方要求进行加工装配，成品交给对方销售，我方收取工缴费。外商提供的设备价款，我方用工缴费偿还。

(2) 将料件和成品分别计价，分别订立合同，对开信用证，不动用外汇。料件和设备的价款在成品出口价格中扣除，我方净得工缴费，又称各作各价。

(3) 由外贸（工贸）公司与外商签订合同，承担加工装配业务，然后组织工厂生产，外贸（工贸）公司同工厂之间按购销关系办理。

2. 对外加工装配业务的性质及其意义

对外加工装配业务是一种委托加工的方式，外商将原材料等运交我方，并未发生所有权的转移，我方企业只是作为受托人按照外商的要求，将原材料加工成为成品。在加工过程中，我方付出了劳动，获取的加工费是劳动报酬，因此，可以说对外加工装配属于劳务贸易的一种形式，是以商品为载体的劳务出口。

对外加工装配业务（简称来料加工）与从国外进口原料加工成成品再出口的进料加工（又称以进养出）方式有相似之处。因为它们都是利用国内的技术设备和劳动力，对国外提供的原材料、零部件加工装配成为成品，再运到国外市场销售，即都属于“两头在外”的加工贸易方式。来料加工与进料加工又有明显的不同之处。其一是进料加工中，原料进口和成品出口是两笔不同的交易，均发生了所有权的转移，而且原料供应者和成品购买者之间没有必然联系，在来料加工业务中，原料运进和成品运出均未发生所有权的转移，它们均属于同一笔交易。

开展对外加装配业务，对我国经济的发展有着重要的意义，这主要表现在以下几个方面：

(1) 克服本国生产能力有余而原材料不足的矛盾，为国家增加外汇收入。

(2) 开发劳动力资源，增加就业机会，繁荣地方经济。

(3) 引进国外先进的技术和管理经验，促进外向型经济的发展。

3. 加工装配贸易的形式

加工装配贸易主要包括以下三种形式：

(1) 全部来料来件的加工装配。国外委托方提供全部原辅材料和元器件，由承接方企业加工后，将成品交国外委托方，制件和成品均不计价，承接方按合同收取工缴费。

(2) 部分来料来件的加工装配。国外委托方要求加工装配的成品中有部分料件需由承接方提供，承接方除收取工缴费外，还应收取所提供的料件的价款。

(3) 对口合同，各作各价。国外委托方和承接方签署两份对口合同。一份是委托方提供的原辅材料和元器件的销售合同，一份是承接方出口成品的合同。对于全部来料来件，两份合同的差价即为工缴费，对于部分来料来件，两份合同的差价，既包括工缴费，也包括国内承接方所提供的料件的价款、以对口合同方式进行的加工装配贸易，必须在合同中表明。承接方无须支付外汇。

4. 加工装配合同的主要内容

对外加工装配业务是一种劳务贸易，有关合同的当事人是委托方和承接方。与一般货物买卖合同有许多不同之处，其主要内容如下：

(1) 合同标的。买卖合同的标的是商品，而加工装配合同的标的是劳务，即为将原材料和元器件加工装配成指定的产品而付出的劳动以及一定的技术或工艺。为了说明标的——所提供的劳务性质，应具体规定加工装配业务的内容和要求。

(2) 对来料来件的规定。料件是实现提供劳务的物质基础，合同中应规定料件的品质、数量，还必须规定委托方送交制件的时间、地点。为了明确责任，对委托方不能按质、按量、按时提供料件的情况，应在合同中规定处理方法。

(3) 已对交付成品的规定。委托方对成品的品质规格均做严格规定，对交货数量和交货期限合同中也有明确规定、如承接方不能按合同规定交付成品应承担相应的损害赔偿责任。

(4) 关于耗料率和残次品率的规定。耗料率指单位产品消耗原材料或元器件的数额。残次品率指不合格产品在全部产品中所占比率。这两项指标，与产品成本直接相关，又受到加工方技术水平和生产条件的限制，所以双方应协商规定一个合理的标准，超过规定的比率，应由加工方承担责任。

(5) 关于工缴费的规定。加工装配业务本质上是一种劳务贸易，工缴费即体现了劳务的价值。工缴费的规定，应以国际劳务价格作为参照标准、对我国来说，则以东南亚地区的工资水平作为计算标准，参照加工企业所提供的劳务质量和生产效率，计收的工缴费应既有利可图，又有竞争力。

(6) 运输和保险。在加工装配贸易过程中，料件和成品的所有权不转移，始终为委托方所有。因而，原则上运输和保险的责任由委托方承担。在具体业务中，对出口成品的运输和保险，以及料件进口和存仓的保险，均可由承接方代办，费用由委托方另行支付或者计入工缴费内。

(7) 付款方式。委托方向承接方支付工缴费的方式有两种：

① 料件和成品均不计价，由委托方通过信用证或汇付方式，向承接方支付工缴费。

② 料件和成品分别计价，其差额即为工缴费，对此承接方应掌握“先收后付”的原则。具体的做法可以采用：a. 料件用 D/A ，成品用 D/P 即期；b. 料件用 D/A，成品用即期信用证；c. 对开信用证方式，料件用远期信用证，成品用即期信用证。必须注意远期和即期的时间间隔应考虑加工全过程所需时间以保证先收妥成品货款，再支付料件货款。此外，来料加工合同还应订立关于工业产权的保护、不可抗力和仲裁等预防性条款。

本章小结

贸易方式是指国际贸易中采用的各种具体方法和形式。主要包括经销、代理、寄售、展卖、招标、投标与拍卖、商品期货交易、对销贸易、加工贸易等。学生应通过这一章的学习了解掌握各种贸易方式的概念、性质特点，并能够根据不同的贸易状况选择最适合的国际贸易方式，同时要掌握各种贸易方式的操作方法及主要贸易方式协议的内容。

练习与思考

1. 经销与代理的概念。
2. 经销协议的主要内容。
3. 寄售的含义及其优势与弊端。
4. 招标投标业务的基本程序。
5. 套期保值的基本类型及其含义。
6. 投机交易的基本类型及其含义。
7. 对销贸易的基本类型及其含义。
8. 对销贸易的优势与弊端。
9. 加工贸易的类型与定义。
10. 加工装配合同的基本内容。

案例分析

1. 我a公司与美国b公司签订一份独家经销协议，a公司把该公司经营的草制品在美国的独家经营权（购买权）授予b公司，期限为1年。1年来，由于b公司销售不力，致使a公司蒙受很大损失。试分析a公司蒙受损失的原因。

2. 双方当事人于1987年11月2日在深圳签订了买卖三夹板的《合同书》。合同书签订后，被诉人于1987年11月5日申请中国建设银行深圳分行开出信用证，信用证开出后申诉人多次要求被诉人修改信用证，请求被诉人同意推迟交货。被诉人将信用证上规定的装运期由原来的1987年12月5日改至12月15日。1987年12月16日被诉人未收到申诉人装运通知，以申诉人违约为由提取了担保信用证项下的1 400 000港元。由此双方发生争议。申诉人提出仲裁申请，请求：

(1) 被诉人应返还申诉人港币1 400 000元及其银行利息；

(2) 被诉人承担本案的一切仲裁费用。

申诉人提出上述请求所据主要理由如下：

(1) 被诉人无外贸经营权。根据中华人民共和国法律规定，被诉人与申诉人签订的 SH8711213 号购销三夹板合同是无效合同。因此，被诉人应把取走的 1 400 000 港元返还申诉人。

(2) 被诉人在 1987 年 12 月 16 日取走 1 400 000 港元担保金时，申诉人和被诉人之间尚未就信用证有效条款达成协议。被诉人提取 1 400 000 港元的这种行为是毫无道理的。

被诉人在答辩中提出：

(1) 鉴于被诉人无进出口权，被诉人与环亚股份有限公司签订了两份代理进口协议，环亚股份有限公司与申诉人签订了两份进口三夹板合同。因此，SH8711213 号合同不是一个独立的合同，而是与上述代理进口协议和两个进口合同一同生效的。

(2) 合同书签订后，申诉人根本无诚意履行合约。被诉人只是“暂时扣留”担保金 1 400 000 港元，一俟卖方履约后再行退还。但申诉人始终未能履约，给被诉人造成重大损失，SH8711213 号合同未能履行完全是由申诉人造成的。

请问：一家无外贸进出口权的中国公司是否有权签订外贸合同?

该公司签订外贸后，因无进出口权是否可以与有进出口权的公司签订代理进出口协议合同，委托后者代理进出口业务?

推测裁决结果如何?

第 13 章

电子商务在国际贸易中的运用

[学习目标]

1. 了解电子商务的含义和特征、电子商务的类别、电子商务与国际贸易、电子商务与 EDI 的关系；

2. 熟悉国际贸易常用的电子营销、电子合同、电子单据。

13.1 电子商务概述

13.1.1 电子商务的含义和特征

我们知道，商业行为是整个人类联系行为中最主要内容之一，任何一笔商业行为，买方和卖方交换的是他们的需求，而任何一件商品它必然包含了物资流、资金流（商品所有权转换的法定许可）和信息流，这是从人类最初的简单的以物易物到今天的纷繁复杂的商业活动所共同遵循的。人类最早是采取“以物易物”的商品交换方式，此时没有资金流，商品所有权的转换是伴随着物资流的转换而发生的。随着货币的产生，人类的交易链出现了第一层中介——货币，人们开始用钱来买东西，不过这时是“一手交钱，一手交货”，商品所有权的转换仍然是紧随物资流的。随着电子技术和网络的发展，电子中介作为一种工具被引入到生产、交换和消费中，人们做贸易的顺序并没有变，还是要有交易前、交易中和交易后几个阶段。但这几个阶段中人们进行联系和交流的工具变了，比如以前我们用纸面单据，现在改用电子单据。这只是一个最简单的应用，但不要小看这种改变，因为，我们知道生产工具的变化必定会改变生产方式，正如机器的出现使我们从手工业社会进入到工业社会那样。而这种生产方式的变化必将形成新的经济秩序，在这个过程中，有的行业会兴起、有的行业会没落、有的商业形式会产生、有的商业形式会消失，这就是为什么我们称电子商务是一次社会经济革命。电子商务同现代社会正逐步兴起的信息经济是密不可分的，正是信息技术催生了电子商务。

1. 电子商务的含义

电子商务，顾名思义是指在互联网上进行商务活动。其主要功能包括网上的广告、订货、付款、客户服务和货物递交等销售、售前和售后服务，以及市场调查分析、财务核计及生产安排等多项利用互联网开发的商业活动。

电子商务有广义和狭义之分。狭义的电子商务也称作电子交易，其英文是electronic commerce，简称为EC或E-commerce。主要是指利用Web提供的通信手段在网上进行的交易。而广义的电子商务包括电子交易在内的利用Web进行的全部商业活动，如市场分析、客户联系、物资调配等等，亦称作电子商业(e-business)。这些商务活动可以发生于公司内部、公司之间及公司与客户之间等。

2. 电子商务的特征

电子商务的一个重要技术特征是利用Web的技术来传输和处理商业信息。因此有人称：电子商务＝Web＋IT。从宏观上讲，电子商务是计算机网络的第二次革命，是在通过电子手段建立一个新的经济秩序，它不仅涉及电子技术和商业交易本身，而且涉及到诸如金融、税务、教育等社会其他层面；从微观角度说，电子商务是指各种具有商业活动能力的实体（生产企业、商贸企业、金融机构、政府机构、个人消费者等）利用网络和先进的数字化传媒技术进行的各项商业贸易活动，这里要强调的是两点：一是活动要有商业背景，二是网络化和数字化。电子商务具有全球化、方便快捷、成本低、效率高、选择性强等优点，具有以下几方面的特点：

(1) 书写的电子化，信息传递的数据化。电子商务通俗一点讲就是利用Internet在网上做生意，在整个交易过程中，尽可能采用电子单据（无纸化贸易），电子传递，电子货币交割，避免了传统商务活动中书写任务繁重且不易保存、传递速度慢的弊端。实现了无论交易者身处何地，均可与世界各地的商品生产者、销售商、消费者进行交流、订货、交易，实现了快速、准确双向式的数据信息交流。

(2) 支付手段的现代化。电子商务作为世界经济的新形态，使得企业间的经济往来实现了无纸化交易，即在具体交割时无须使用现金、支票，一切均可在网上进行。其具体支付方式有：信用卡、电子现金、智能卡等。

(3) 存货实现了“零库存”。在未出现电子商务时，经营者为了压低进货成本，往往大量进货，承担了相当大的资金压力和经营风险。而在一个经营良好的电子商务市场，完全可以实现零库存，企业不需承担任何压力，大大降低了经营风险。

(4) 降低企业的交易费用。电子商务具有很强的促销能力，它可以利用服务器，将多媒体化的商品信息动态的存储起来，既可以主动向外散发，又可随时接受需求者的查询，减少了企业相互间搜寻成本、联络成本、等待成本等。不仅大量缩减了人、财、物的流动，而且还可方便地将商品信息及时传遍全世界，大大减少了因信息流通不畅而造成的商品积压的损失，提高了商品的产销率。

(5) 经营规模无限制。在一个完整的电子商务市场中，无论经营者有多大的经营能力，电子商务系统都可以满足，而且经营方式灵活多样，既可以是零售商也可以是批发商。通过电子商务可以方便地在全球范围内采购、销售形形色色的商品。

3. 电子商务的优越性

电子商务提供企业虚拟的全球性贸易环境，大大提高了商务活动的水平和服务质量。其优点包括：

(1) 大大提高了通信速度，尤其是国际范围内的通信速度；

(2) 节省了潜在开支，如电子邮件节省了通信邮费，而电子数据交换则大大节省了管理和人员环节的开销；

(3) 增加了客户和供货方的联系。如电子商务系统网络站点使得客户和供货方均能了解对方的最新数据，而电子数据交换（EDI）则意味着企业间的合作得到了加强；

(4) 提高了服务质量，能以一种快捷方便的方式提供企业及其产品的信息及客户所需的服务；

(5) 提供了交互式的销售渠道。使商家能及时得到市场反馈，改进本身的工作。

13.1.2　电子商务的类别

电子商务按电子商务交易涉及的对象、电子商务交易所涉及的商品内容和进行电子业务的企业所使用的网络类型等对电子商务进行不同的分类。

1. 按参与交易的对象分类

按参与电子商务交易涉及的对象分类，电子商务可以分为以下三种类型：

(1) 企业与消费者之间的电子商务（business to customer 即 B to C)。这是消费者利用因特网直接参与经济活动的形式，类同于商业电子化的零售商务。随着万维网（WWW）的出现，网上销售迅速地发展起来。目前，在互联网上有许许多多各种类型的虚拟商店和虚拟企业，提供各种与商品销售有关的服务。通过网上商店买卖的商品可以是实体化的，如书籍、鲜花、服装、食品、汽车、电视等等；也可以是数字化的，如新闻、音乐、电影、数据库、软件及各类基于知识的商品；还有提供的各类服务，有安排旅游、在线医疗诊断和远程教育等。

(2) 企业与企业之间的电子商务（business to business 即 B to B)。B to B 方

式是电子商务应用最重要和最受企业重视的形式，企业可以使用互联网或其他网络对每笔交易寻找最佳合作伙伴，完成从定购到结算的全部交易行为，包括向供应商订货、签约、接受发票和使用电子资金转移、信用证、银行托收等方式进行付款，以及在商贸过程中发生的其他问题如索赔、商品发送管理和运输跟踪等。企业对企业的电子商务经营额大，所需的各种硬软件环境较复杂，但在EDI商务成功的基础上发展得最快。

(3) 企业与政府方面的电子商务（business to government 即 B to G)。这种商务活动覆盖企业与政府组织间的各项事务。例如企业与政府之间进行各种手续的报批，政府通过互联网发布采购清单、企业以电子化方式响应；政府在网上以电子交换方式来完成对企业和电子交易的征税等，这成为政府机关政务公开的手段和方法。

2. 按交易涉及的商品内容分类

如果按照电子商务交易所涉及的商品内容分类，电子商务主要包括两类商业活动。

(1) 间接电子商务。电子商务涉及商品是有形货物的电子订货，如鲜花、书籍、食品、汽车等，交易的商品需要通过传统的渠道，如邮政业的服务和商业快递服务来完成送货，因此，间接电子商务要依靠送货的运输系统等外部要素。

(2) 直接电子商务。电子商务涉及商品是无形的货物和服务，如计算机软件、娱乐内容的联机订购、付款和交付，或者是全球规模的信息服务。直接电子商务能使双方越过地理界线直接进行交易，充分挖掘全球市场的潜力。目前我国大部分的农业网站都属于这一类，但这还不是真正意义上的直接电子商务。

3. 按电子商务使用的网络类型分类

根据开展电子商务业务的企业所使用网络类型框架的不同，电子商务可以分为如下三种形式：

(1) EDI网络电子商务（electronic data interchange，电子数据交换)。EDI是按照一个公认的标准和协议，将商务活动中涉及的文件标准化和格式化，通过计算机网络，在贸易伙伴的计算机网络系统之间进行数据交换和自动处理。EDI主要应用于企业与企业、企业与批发商、批发商与零售商之间的批发业务。EDI电子商务在20世纪90年代已得到较大的发展，技术上也较为成熟，但是因为开展EDI对企业有较高的管理、资金和技术的要求，因此至今尚不太普及。

(2) 互联网电子商务，是指利用连通全球的互联网络开展的电子商务活动，在互联网上可以进行各种形式的电子商务业务，所涉及的领域广泛，全世界各个企业和个人都可以参与，正以飞快的速度在发展，其前景十分诱人，是目前电子商务的主要形式。

(3) 内联网络电子商务，是指在一个大型企业的内部或一个行业内开展的电子商务活动，形成一个商务活动链，可以大大提高工作效率和降低业务成本。例如中华人民共和国专利局的主页，客户在该网站上可以查询到有关中国专利的所有信息和业务流程，这是电子商务在政府机关办公事务中的应用；已经开通的上海网上南京路一条街主页，包括了南京路上的主要商店，客户可以在网上游览著名的上海南京路商业街，并在网上南京路上的网上商店中以电子商务的形式购物；已开始营业的北京图书大厦主页，客户可以在此查阅和购买北京图书大厦经营的几十万种图书。上述两个都是 B to C 的电子商务应用形式。

13.1.3 电子商务的基本组成及交易过程

1. 电子商务的概念模型

电子商务的概念模型是对现实世界中电子商务活动的一般描述，它由交易主体、电子市场、交易事务和物资流、资金流、信息流等基本要素构成。其中，交易主体是指能够从事电子商务活动的客观对象，它可以是企业、银行、商场、政府机构和个人等；电子市场是指 EC 实体从事商品和服务交换的场所，它由商务活动参与者，利用各种通讯装置、通过网络连接成一个统一的经济整体；交易事务是指 EC 实体之间所从事的具体商务活动的内容，诸如，询价、报价、转账支付、广告宣传、商品运输等。

电子商务的任何一笔交易，都包含物资流、资金流、信息流。其中，信息流既包括商品信息的提供、营销、技术支持、售后服务等内容，也包括诸如询价单、报价单、付款通知单、转账通知单等商业贸易单证，还包括交易方的支付能力、支付信誉、中介信誉等。对于每个交易主体来说，它所面对的是电子市场，它必须通过电子市场选择交易的内容和对象。资金流主要是指资金的转移过程，包括付款、转账、兑换等过程。物资流主要是指商品和服务的配送和传输渠道，对于大多数商品和服务来说，物资流可能仍然经由传统的经销渠道，然而对有些商品和服务，可以直接以网络传输的方式进行配送，如各种电子出版物、信息咨询服务、有价信息等。

2. 电子商务的组成

电子商务的基本组成要素有 Internet、Intranet、Extranet、用户、配送中心、认证中心、银行、商家等，其系统结构示意图如图 13-1 所示。

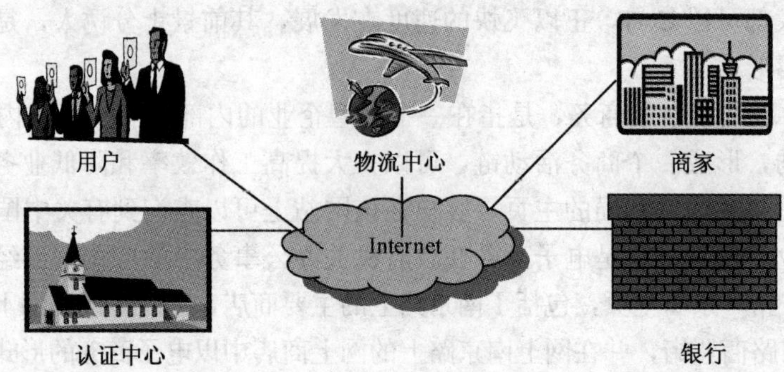

图 13-1　电子商务的基本组成示意图

(1) Internet、Intranet 和 Extranet。Internet 是电子商务的基础，是商务、业务信息传送的载体；Intranet 是企业内部商务活动的场所；Extranet 是企业与企业以及企业与个人进行商务活动的纽带。

(2) 用户。电子商务用户分为个人用户和企业用户。个人用户使用浏览器、电视机顶盒、个人数字助理、可视电话等接入互联网。为了获取信息、购买商品，还需采用 Java 技术及产品。企业户建立企业内联网、外部网和企业管理信息系统（MIS)，对人、财、物、供、销、存等进行科学管理。企业利用互联网网页站点发布产品信息、接受订单，即建立电子商场。如要在网上进行销售等商务活动，还要借助电子报关、电子报税、电子支付系统与海关、税务、银行进行有关商务、业务处理活动。

(3) 认证中心（CA)。认证中心是法律承认的权威机构，负责发放和管理电子证书，使网上交易的各方能互相确认身份。电子证书是一个包含证书持有人、个人信息、公开密钥、证书序号、有效期、发证单位的电子签名的数字文件。

(4) 物流中心。物流中心接受商家的送货要求，组织运送无法从网上直接得到的商品，跟踪产品的流向，将商品送到购买者手中。

(5) 网上银行。网上银行在互联网上实现传统银行的业务，为用户提供 24 小时实时服务；与信用卡公司合作，发放电子钱包，提供网上支付手段，为电子商务交易中的用户和商家服务。

3. 电子商务的交易过程

前面我们谈及到：电子中介作为一种工具被引入到生产、交换和消费中，人们做贸易的顺序并没有变，电子商务的交易过程还是要有交易前、交易中和交易后几个阶段。

(1) 交易前的准备。这一阶段主要是买卖双方和参与交易的各方在合同签约前的准备工作。买方根据自己要买的商品，进行货源市场调查和分析，利用互联网等各种电子商务网络查询所购商品的规格品种、数量、价格、购货地点和交易方式等，了解各处卖方国家的贸易政策，制订采购计划和准备购货款；卖方根据自己所销售的商品，召开产品新闻发布会，制作宣传广告，进行市场调查和分析，制定营销策略，了解各个买方国家的贸易政策，利用互联网和各种电子商务网络发布商品广告，寻求贸易伙伴和交易机会，扩大贸易范围和商品所占市场份额。

(2) 交易谈判和签订合同。这一阶段主要是指买卖双方对所有交易细节进行商谈，将双方磋商的结果以文件的形式确定下来，签订贸易合同。电子商务的特点是可以签订电子商务贸易合同，交易双方可以利用互联网和各种电子商务网络将双方在交易中的责、权、利，对所购商品的规格品种、数量、价格、交货地点、交货期、交易方式和运输方式、违约和索赔等合同条款，全部以电子交易合同形式做出全面详细的规定，合同双方可以利用电子数据交换（EDI）进行签约，可以通过数字签名等方式确认。

(3) 交易合同的履行和索赔。从买卖双方办妥所有手续之后，卖方要备货、组货，同时进行报关、保险、取证、信用等，将商品交付给运输公司进行包装、起运、发货，买卖双方可以通过电子商务服务器跟踪发出的货物，银行和金融机构也按合同处理双方收付款、进行结算，出具相应的银行单证等，直到买方收到自己所购商品，完成整个交易过程。索赔是在买卖双方交易过程中出现违约时，需要进行违约处理的工作，受损方要向违约方索赔。

13.1.4　电子商务发展现状和趋势

1. 电子商务发展总体情况

电子商务代表着未来贸易方式的发展方向，其应用和推广将给社会和经济带来极大的效益。具有强大生命力的现代电子交易手段已越来越被人们所认识，发达国家已纷纷制定政策，发展中国家正在加紧制定总体发展战略，大力促进电子商务在国民经济各个领域的应用，力争在新一轮国际分工中占领制高点，赢得新的竞争优势。

我们来看几组数据，全球互联网用户 1996 年不足 0.4 亿，到 2000 年 6 月已经达到 2.6 亿以上，并且仍在不断增长，预测今后 4 年内全球上网人数将增至 10 亿，平均每个月增加 100 万户。

1994 年全球电子商务销售额为 12 亿美元，1997 年达到 26 亿美元，增长了一倍多，1998 年销售额达 500 亿美元，比 1997 年增长近 20 倍。联合国发表的一份报告表明，2000 年全球电子商务的交易额将达到 3 770 亿美元，2010 年可达 1 万亿美元。另据美国 Garter Group 的调查分析，未来几年内全球电子商务将迅速发展，从 1999 年的 1 450 亿美元增长到 2004 年的 72 900 亿美元。全球电子商务营业额近年来逐步上升，2000 年为 5 070 亿美元，2001 年达到 10 000 亿美元。目前在电子商务方面，美国占有主导地位，约占全球电子商务总额的 40%，欧洲将由 1999 年的 318 亿美元升至 2004 年的 23 400 亿美元，除日本以外的亚太国家将由 1999 年的 85 亿美元增长至 8 610 亿美元，拉丁美洲将由 1999 年的 10 亿美元升至 1 240 亿美元。未来 10 年 1/3 的全球国际贸易将以网络贸易的形式来完成。由此可见，电子商务有着巨大的市场与无限的商业机遇，孕含着现实和潜在的丰厚商业利润。

2. 我国电子商务的现状

我国电子商务活动开展时间不长，但政府部门对此给予了高度重视，电子商务的发展态势很好。从 20 世纪 90 年代初开始，相继实施了“金桥”、“金卡”、“金关”、“金税”、“金宏”、“金卫”、“金智”、“金企”等一系列“金字工程”。

从 1994 年起，我国部分企业就开始涉足电子商务，并取得了喜人的成绩。今天，我国的电子证券交易覆盖全国，连接了全国 300 多家证券公司的近 2 600 个营业部，开户投资者超过 4 000 万户，最高日成交量达到 300 多亿元人民币，有力地保证了我国证券市场的发展。我国的电子金融结算系统联结着 600 多个地面卫星小站和 1 000 多个收发站，覆盖全国所有地级以上城市和 700 多个县，平均每天往来业务 5 万～6 万笔，大大提高了转汇效率，缩短了资金在途时间。中国民航电子订票系统已经投入运行 12 年，1997 年通过该系统预定的机票达 5 560 万张，金额近 200 亿元人民币。截至 1997 年 6 月，我国共发行各种信用卡 5 056 万张，各种非银行 IC 储值卡 6 000 万张。以现代信息网络为依托的中国商品交易中心（CCEC）、中国商品订货系统（COGS）、中国远洋运输集装箱信息系统、库存商品调剂网络等商务系统也陆续投入运营。

截止到 2001 年 1 月，我国电子商务网站数量已达 1 500 余家，其中网上零售商 600 余家，拍卖类网站 100 家左右，远程教育网站 180 家，远程医疗网站 20 家。网上中文站点 1.5 万个。ISP620 家，ICP1 000 余家。B to C 网站有 667 家，B to B 网站 370 家。2000 年互联网服务市场总体规模为 53 亿元人民币，其中接入市场 48.9 亿元人民币，拨号接入市场为 28.4 亿元人民币，专线接入市场为 9.8 亿元人民币；虚拟主机市场 3.2 亿元人民币；主机托管市场为 6.56 亿元人民币；域名注册市场为 0.97 亿元人民币。拨号及专线接入占接入市场总规模的近 80%，主机托管收入随着上网企业的增加，销售额在迅速提升。

电子商务交易总额为 771.6 亿元人民币，其中 B to C 电子商务交易额为 3.9 亿元人民币，B to B 电子商务交易额为 767.7 亿元人民币。

经权威机构调查，我国信息产业总规模已超过 14 000 亿元人民币，电信业务年均增长率为 33%，信息产品制造业年均增长率已大于 30%。中国电子商务正由起步迈入繁荣阶段。

3. 电子商务的发展趋势

2001 年的全国人民代表大会，通过了国家“十五”发展规划，提出了要以信息化带动工业化，大力发展电子商务，为我国今后电子商务的发展提供了国家政策上的依据。特别是我国加入 WTO 后，将进一步对外开放，各种环境都将不断发生变化，以适应新的市场机制，这些都为我国的电子商务发展提供了新的发展机遇。我们认为，我国电子商务的发展趋势将呈现以下特征：

(1) 更加快捷的商务运作方式。网络的响应速度是衡量一个 ISP（Internet Service Provider 互联网服务提供商）服务质量的重要参数，网上的信息检索与电子交易同样需要迅速的反应。日益发展、完善的信息网络环境平台，特别是宽带网络的日益普及与应用，为我国的电子商务发展提供了一个非常优越的基础环境。

(2) 个性化的业务交往。随着用户需求的多元化，如何满足顾客的个性化需求是现代企业面临的一个重要课题。这种快速变化的需求对企业的生产流程提出了新的挑战，它要求企业的生产流程有足够的柔性。电子商务能较好地解决这一问题。

(3) 电子购物的纵深发展。与传统的交易系统相比，电子商务在购物渠道方面具有显著的特点。传统交易购物渠道常常意味着要在大范围的、不相关联的商店中搜索，或者通过“商品清单信息表”搜索；而在现代电子商务系统中，商店无处不在，而且彼此关联。具有交互性、智能化特征。另一方面，现代电子商务市场集成了有关产品和服务的信息，帮助消费者在不同的商店之间进行比较，以选取最具诱惑力的商品。

(4) 支持企业全过程。从辨别用户需求、企业内部产品研制、生产、检验、营销、发送定单、跟踪运送情况、接受票据和更新数据、用户调查，再到企业产品的开发与改进，电子商务支持全过程。

13.2　电子商务与国际贸易

13.2.1　电子商务与国际贸易

随着国际互联网的迅速发展，集计算机技术、网络技术、信息技术为一体的电子商务对传统的贸易方式产生了巨大冲击。电子商务借助网络跨越时空的特性和优势，将政府、企业以及贸易活动所需的其他环节链接到网络信息系统上，扩大了贸易机会，降低了贸易成本，简化了贸易流程，提高了贸易效益，增强了企业的市场竞争力，带来了贸易方式的全新改变。不仅如此，电子商务的发展还带来了国际分工的再调整，国际市场的重新划分，开拓并创造了新的市场，对于贸易体制和产业结构的变革调整，乃至整个世界经济格局的改变意义重大。

1. 国际电子商务概述

电子商务最为显著的特点就是超越时间、空间的限制，当其交易活动跨越国境运作时，就属于国际贸易的范畴了。所以，所谓国际电子商务是指企业通过利用电子商务运作的各种手段从事国际贸易活动，它所反映的是现代信息技术所带来的国际贸易过程的电子化。

2. 国际电子商务与一般电子商务的差异

由于国际电子商务是一般电子商务在国际贸易领域内的具体应用，因此，国际电子商务与一般电子商务相比有其特殊性，主要表现在以下几个方面：

第一，范围不同。一般电子商务泛指所有商务活动的电子化过程，主要是指国内商务活动，而国际电子商务主要是针对国际贸易领域内的商务活动。

第二，商务的主体不同。一般电子商务包含所有类型的电子商务活动，如 C to C、B to C、B to B、B to G、C to G 等。而在国际贸易活动中，交易行为一般只涉及政府的行政管理部门、贸易伙伴和相关的结算、运输、商检等部门，国际贸易的交易行为和过程本身并不直接针对市场上的消费者。因此，国际电子商务一般只包括 B to B、B to G、G to G 之间的电子商务活动。贸易伙伴之间以及贸易伙伴与相关银行、运输部门、商检、海关和政府部门等传输定单、相关单据与文件就成为国际电子商务活动的主要内容之一。

第三，适应的政策、法规不同。一般电子商务虽然使企业直接面对全球市场，可以采取网上磋商并通过互联网直接达成贸易，但是企业所从事的商务活动一旦跨越国境，电子商务活动不仅受本国政策、法律法规的约束，还要受到不同国家的对外贸易政策与法规的制约，同时还会受某些国际协议和协定的约束。因此，国际电子商务所涉及到的法律环境与一般电子商务活动的法律环境有显著的不同。

13.2.2 电子商务与 EDI

传统的贸易过程通常是参与贸易的有关各方通过电话、电传、传真和邮递等方式进行贸易磋商、签约和执行，各方之间存在着大量的信息交换，如报价单、合同、发票等，进行信息交换的媒介主要是纸，而利用书面的纸张交换信息不仅工作量大，成本高，而且速度慢，容易出错。于是国际上一些大型企业就开始考虑用计算机来处理和传递这些信息。从 20 世纪 80 年代初期，许多企业开始使用电子数据交换和电子邮件技术进行电子交易，这种技术的主体是电子数据交换，即 EDI。

1. EDI 的含义

EDI 是 electronic data interchange 的缩写，可译为电子数据交换，或称无纸贸易。国际标准化组织（ISO）将 EDI 定义为一种电子传输方法，用这种方法，首先将商业或行政事务处理中的报文数据按照一个公认的标准，形成结构化的事务处理的报文数据格式，进而将这些结构化的报文数据经由网络，从计算机传输到计算机。图 13-2 表现的是企业使用 EDI 的单据处理情况。

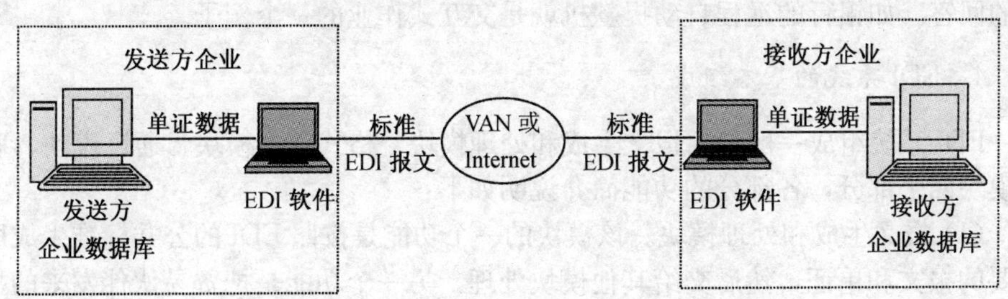

图 13-2　使用 EDI 时贸易单据的处理

2. 实现 EDI 的必要条件

(1) 软硬件的技术支持。企业之间要实现"无纸化贸易"，也就是各自的计算机能相互交换数据，需要硬件和软件两方面的支持，硬件就是指计算机和计算机通信网络，软件就是一种标准化的协议。由于各个企业所采用的数据库模式不一定相同，为保证企业之间能"看懂"对方传来的数据文件，就要求大家都要遵循一个统一的标准，企业根据这个标准来编制具有同一格式的单证，如银行单证、海关单证、保险单证、运输单证等。目前大多数国家认可的是 EDIFACT (EDI for Administration Commerce Transport)，EDIFACT 是联合国欧洲经济委员会制定的一套国际标准，它主要用于行政、商业和运输业。

(2) EDP 的支持。EDP（electronic data processing），即电子数据处理，它是指企业内部业务处理的自动化，如使用计算机进行人事、财务、销售、进货等自动化管理。只有当企业内部实现了 EDP，那么企业和企业之间才能真正的实现 EDI。

3. EDI 的作业方式

EDI 的作业方式一般分为以下三种：

(1) 批作业方式：B-EDI（Batch EDI）。B-EDI 是当甲企业向乙企业发送信息时，只须通过网络把成批的信息发送到乙企业的电子信箱中，而乙企业不必马上做出应答，它可随时随地到信箱中查看是否有新的文件，以便做出相应的处理。批式 EDI 的优点是可以成批地交换信息，并且没有时间和地点的限制，但其缺点是响应时间长。

(2) 实时作业方式：R-EDI（realtime EDI）。R-EDI 是两个企业之间在交换信息时，双方的通讯系统一直保持着联系，直到一次通讯结束。其特点是响应时间短、可靠性高。该方式主要用于某些行业的特殊需要，如在线事务处理（on-line transaction processing，OLTP）。

(3) 交互式作业方式：I-EDI（interactive EDI）。I-EDI 是以对话的方式来进行信息交换。对话双方是通过两台计算机来进行，一方发出指令，另一方做出响应的回答。如银行的远程自动提款机就是交互式作业的一个例子。

4. EDI 系统的基本组成

EDI 系统组成一般包括报文生成和处理模块、格式转换模块、通讯模块、联系模块四个部分，各部分的功能简介说明如下：

(1) 报文生成和处理模块。该模块的一个功能是按照 EDI 的公共标准生成所需要的报文和单证，然后交给其他模块处理。另一个功能是把贸易伙伴发来的报文进行分类处理，并给对方以相应的回答。

(2) 格式转换模块。该模块的主要功能是把企业自己生成或是其他企业发来的各种 EDI 报文，按照一定的语法规则进行处理，从而形成标准化、结构化的报文，以便其他模块做其他处理。

(3) 通讯模块。该模块是企业本身的 EDI 系统和其他企业的接口，其主要功能是执行呼叫、响应、确认身份和报文传送等。

(4) 联系模块。该模块的主要功能是为 EDI 用户提供良好的接口和人机界面，同时也是 EDI 系统和企业内部其他系统进行信息交换的纽带。

5. EDI 具有的几个特点

(1) 单据格式化：EDI 传输的是企业间格式化的数据，如定货单、报价单、发票、货运单、报关单等，这些信息都具有固定的格式与行业通用性。而信件、公函等非格式化的文件不属于 EDI 处理的范畴。

(2) 报文标准化：EDI 传输的报文符合国际标准或行业标准，这是计算机能自动处理的前提条件。目前最为广泛使用的 EDI 标准是 EDIFACT。

(3) 此外，EDI 还具有信息处理过程的自动化、功能模块的结构化以及运作的规范化等特点。

13.2.3 电子营销

在电子商务出现之前，企业营销主要是依靠媒体（如：电视、报纸）和宣传册等手段来实施。然而这样的实施手段使企业营销很难及时地传递给客户。同时企业营销耗费了企业大量的人力物力。20 世纪 90 年代初，互联网的飞速发展在全球范围内掀起了互联网应用热潮，世界各大公司纷纷利用互联网提供信息服务和拓展公司的业务范围，并且按照互联网的特点积极改组企业内部结构和探索新的营销管理方法。

1. 电子营销的内涵及特征

营销大师菲力普·科特勒认为，当代营销人员必须具备三种技能，即电子销售技能、建立品牌技能和客户关系管理技能。随着市场竞争加剧，客户资源已成为最稀缺的资源，争夺并占有客户资源是尤为关键的一个环节。在激烈争夺客户资源的背景下，在正确的时间，以正确的价格，通过正确的渠道，提供正确的产品给正确的客户是营销的终极目标。为此，企业必须为用户提供个性化服务，必须将 IT 技术与营销手段结合起来。电子营销就是 IT 技术和营销手段的融合。

电子营销是指根据企业的经营目标，借助互联网，利用计算机通信技术、数字交互式媒体等整合各种客户联络渠道，经过周密的市场细分以及客户分析，根据客户的需求进行个性化和有针对性的持续沟通，从而开展营销的一种低成本、高效率的直接销售活动。电子营销系统由一组与分析工具紧密整合的营销管理工具组成，贯穿于从企业营销活动设计到营销结果分析的全过程，集成了电子邮件、手机短信、即时通信、传真等各种营销手段。具有实时分析和决策支持能力、快速的顾客分类设计能力、基于数据的沟通渠道统一化能力以及分析工具和预测能力，能够帮助企业在市场营销上目标更准确、效果更深入，最终实现快速、丰厚的投资回报。

与传统营销相比，电子营销具有以下几个方面的特点：

(1) 电子营销是一种在现代科学技术基础上发展起来的新营销模式，它的核心是计算机信息技术基础，通过互联网实现企业营销活动的信息化、自动化与全球化。

(2) 电子营销面对的是完全开放的市场环境。互联网的出现与广泛应用已将企业营销引导至一个全新的信息经济环境，传统市场营销活动所必须的物理距离，将在很大程度上被网络上的电子空间距离所取代。

(3) 电子营销充分利用互联网的信息资源平台，方便、经济地将企业或产品的信息提供给客户。

(4) 电子营销方式与手段创新。电子营销与传统市场营销具有很大的差别，其中一个重要方面则是营销方式和手段上的创新，电子营销正在不断地创造新的营销方式。

2. 网络营销的发展趋势

根据互联网发展的特点以及市场营销环境的变化，可以预测网络营销将会有以下的发展趋势：

(1) 网络技术将更有利于商品的销售。网络的防火墙技术、信息加密技术将更加成熟，电子货币等安全的网上支付方式将得到进一步推行，网络系统在商品销售方面的效率将大大提高，令网络消费者感到不安的网上付款安全问题将会迎刃而解，电子商务的使用将更加多样化，在销售促进上发挥更大的作用。

(2) 营销决策趋于理性化。主要表现在：

① 企业服务的对象——网络消费者的购买与消费行为将更加理性化，头脑冷静、擅长理性分析是网络用户的显著特点。

② 市场调研效率的提高为理性决策奠定了基础。在网上进行市场调研比采用传统的调查方法具有巨大的优势，不论是在调查的宽度，还是在调查的效率上都为网络用户决策提供了有利条件。

(3) 网上的电子商场将兴旺发达。将商场或企业的商品以多媒体信息的方式通过互联网络供全球消费者浏览和选购，是国内外许多大商场和大企业正在使用的促销方式。对于企业来说，网络商场与传统的商场相比，具有不需店面租金，可以减少商品库存的压力，降低销售、管理、发货等环节的成本，经营规模不受场地的限制，便于收集顾客的信息等等很多优点。其发展前景十分广阔。

(4) 网络广告将大有作为。与传统广告相比，网络广告所表现出来的优势是明显的：网络广告的空间几乎是无限的，其传播范围远远大于传统广告；网络广告成本低廉，大约仅相当于传统媒体的1/10；网络广告可以实现即时互动，克服了传统广告强制性的缺点；网络广告促成消费者采取行动的机制主要是靠逻辑、理性的说服力，因此具有更高的效率。

13.2.4 电子合同

1. 电子合同的概念

合同，亦称契约。它反映了双方或多方意思表示一致的法律行为。在电子技术引进前，传统的合同形式主要有口头和书面两种形式。即使是后来产生的包含电报、电传和传真等方式，接收方也能凭借从接收机中得到的一张通讯记录纸，来形成书面的证据。随着电子技术的发展，电子合同得以出现，其虽也通过电子脉冲来传递信息，但却不再以纸张为原始凭证，而只是一组电子信息。

鉴于我国目前对电子合同尚未做出明确的法律定义，但结合国际通行观念，可暂将其概念理解为：在网络条件下当事人之间为了实现一定目的，通过电子邮件和电子数据交换所明确相互权利义务关系的协议。

2. 电子合同的特点

电子合同虽与传统合同所包含的信息大体相同，同样是对签订合同的各方当事人权利和义务做出确定的文件。但因其载体和操作过程不同于传统书面合同，故具有以下特点：

(1) 订立合同的双方或多方在网络上运作，可以互不见面。合同内容等信息记录在计算机或磁盘等中介载体中，其修改、流转、储存等过程均在计算机内进行。

(2) 表示合同生效的传统签字盖章方式被数字签名（即电子签名）所代替。

(3) 传统合同的生效地点一般为合同成立的地点，而采用数据电文形式订立的合同，收件人的主营业地为合同成立的地点；没有主营业地点，其经常居住地为合同成立的地点。

(4) 电子合同所依赖的电子数据具有易消失性和易改动性。电子数据以磁性介质保存，是无形物，改动、伪造不易留痕迹，其作为证据具有一定的局限性。

3. 电子合同的效力问题

(1) 电子合同具有书面形式的法律效力。

迄今，我们对“文件”并没有法定的定义，但约定俗成的观点是：书面做成的并能提供某种信息。

但随着电子合同的发展，不少国家已意识到运用法律确定其效力的必要性。联合国国际贸易法委员会 1996 年 6 月采用了《电子商业示范法》，该法指出：因为数码信息具有以后被引用的可能性，足以担当书面文件的任务，不能仅仅因为信息采用的方式是数码信息而否定其法律效力、有效性和可强制执行性。

我国于 1999 年 10 月 1 日施行的新《合同法》已将传统的书面合同形式扩大到数据电文形式。第 11 条规定：“书面形式是指合同书、信件以及数据电文（包括电报、电传、传真、电子数据交换和电子邮件）等可以有形地表现所载内容的形式。”也就是说，不管合同采用什么载体，只要可以有形地表现所载内容，即视为符合法律对“书面”的要求，这实际上已赋于了电子合同与传统合同同等的法律效力。这种规定也完全符合国际贸易委员会建议采用的“同等功能法”。

(2) 电子签名的效力与电子合同的成立。

但是，按照新《合同法》第 32 条的规定，只有“自双方当事人签字或者盖章时合同成立”。电子合同未必具有传统概念下的书面正式文本，此时所谓的签字盖章也就有了新的概念和方式，这就是电子签名。如同传统合同签字盖章方才生效一样，电子签名无效，则无法导致电子合同有效。

在传统合同中，手签名或加盖公章的行为有两种功能：一是表明合同各方的身份；二是表明受合法约束的意愿。但在电子商务中，传统的签名方式很难应用于这种电子交易方式。因此，人们开始采用电子签名机制来相互证明身份。这种电子签名由符号及代码组成，具备了上述签名的特点和作用。但现在，多数国家的法律及实践中，仍将签名局限在手签这一范围。因此，随着电子签名确认技术问题的解决，需要从法律上给予其认可，确认其效力。目前国际上已普遍采取通过建立电子商务认证中心，建立起类似印鉴管理和登记制度担当起对电子文书的真实性证明和鉴定的责任。而《电子商业示范法》第7条已经对签名这一定义进行了拓宽，从而使电子签名也包括在内。

我国现有法律虽未明确电子签名具有的法律效力，但新《合同法》采取了一种较灵活的方式。第33条规定，"当事人采用信件、数据电文等形式订立合同的，可在合同成立之前要求签订确认书。签订确认书时合同成立。"这就是说，在实行合同签署时运用电子签名，可以不签定确认书，直接使用电子签名；也可以根据实际情况，首先签定使用这种方法的确认书。后一种做法可以提高合同的可靠性，防止电子签名伪造。实际上，《刑法》第280条已规定了有关伪造、编造、毁灭国家机关的公文、印章以及公司、企业、事业单位、人民团体的印章的犯罪。但如果在司法解释中将公文和印章的概念加以扩大，扩展到电子签名，利用电子合同开展贸易就可以真正进入实施阶段了。

4. 电子合同效力的认定

(1) 电子证据与电子合同。

传统的确定交易各方权利义务的各种书面合同单证，被储存于计算机设备中的电子文件所代替后，这些电子文件就成为电子证据。因此，电子证据也被称为计算机证据。

由于电子商务中确定各方权利和义务的各种合同和单证都采用电子形式的，因此，电子证据作为一种新的能引起一定法律后果的行为载体，在诉讼中，已不仅仅是合同形式，同时也是具有证据意义的权利义务根据。《电子商务示范法》第9条规定：任何方面不得以数据电文形式不是原件为由否定其作为证据的可接受性。

当然，电子证据虽然应当是一种介于物证与书证之间的独立证据，但我国诉讼法目前对其法律效力并未明确规定，没有将其单列出来作为证据的一种，但因其属于计算机储存的能证明事实数据和资料，对照《民诉法》第63条的规定，可将其归入"视听资料"类，且《民诉法》也规定在提交原件确有困难时，可提交复制品或副本。而新《合同法》也已规定了电子合同可以作为书面合同的形式，因此，我国法律在证据采纳方面的规定不构成将电子证据采纳为证据的障碍，只须在今后的立法或司法解释中加以明确即可。

(2) 电子合同证据效力的认定。

我国《民诉法》第69条规定："人民法院对视听资料，应当辨别真伪，并结合本案的其他证据，审查确定能否作为认定事实的根据。”可见，视听资料不能单独、直接地证明待证事实，属间接证据的范畴。同时，由于电子证据容易被伪造、篡改，加上易受人为原因或环境和技术条件的影响而出错，故也应将电子证据归入间接证据。

按照法理学的理论，只有直接证据才能直接单独地证明案件主要事实，而间接证据必须和其他证据联系在一起才能证明案件的主要事实。因此，审查判断电子证据的真实可靠性和如何与其他证据结合起来认定案件事实将是最主要的工作。笔者认为主要包括以下几点：

① 审查电子证据的来源。包括形成时间、地点、制作过程等。

② 审查电子证据的收集是否合法。

③ 审查电子证据与事实的联系。只有与案件相关的事实或逻辑上是相关的事实才能被认为是证据。

④ 审查电子证据的内容是否真实，有无伪造、篡改等。

⑤ 结合其他证据进行审查判断。如与其他证据相一致，共同指向同一事实，就可认定其效力，作为定案根据，反之则不能。由于我国目前尚无规定要求网络服务商对传输的电子文件储存记录或转存的制度，造成了一旦发生争议，将无第三方可出具有中立性的证据。对此，部分地方法规已有了相应规定，如《广东省对外贸易实施电子数据交换暂行规定》就规定，电子数据服务中心应有收到报文和被提取报文的回应和记录。电子报文的存储期最短不得少于 5 年。进行电子数据交换的协议双方发生争议时，以该中心提供的信息为准。

5. 认定效力需注意的问题

（1）在实践中，双方均予认可的电子证据，其打印件应当作为证据认定。因为当事人的承认性陈述本身就可以作为证据认定，而这种承认性陈述又可被电子证据的内容所印证，所以，应当认定。

（2）如当事人只提交打印稿，而原件已从电脑中永久删除的，除对方认可，否则无论对方是否有能力提出反证，该打印稿均不可作为定案根据，因为根本无法判断是否就是原件。这时不能以对方举不出反证而确认该证据有效。

（3）对有争议的电子证据，应先核对其电子签名，如相符，应认定系拥有该电子签名的人所收发，因为电子签名就是代表各人身份的电子标记，如私人印章一般，自己应当有保管义务，即使为他人盗用，也应对善意相对人承担责任；但如未用电子签名，在目前网络立法尚不完备的情况下，则较难处理，但笔者认为，对于轻信未采用电子签名的合同行为，应承担相应的审查不严责任。

（4）由于电子系统的专业技术性太强，如使用公用资源的非注册用户或电脑“黑客”的侵袭就应另当别论。因此，对电子证据的取证将十分重要。目前，只能向网络服务提供商做调查和证据保全，查明对电子证据有无删改，再确定收发件网址与时间等。必要情况下，应当引入专家评定制度，即由专门机构和专家对技术上的问题进行认证鉴定，以保证最大限度的公正合理性。

13.2.5 电子单据

1. 电子单据的兴起

在介绍电子单据的兴起之前，先介绍一下单证（据）的概念。

所谓单证，是指商务活动中所应用的各种单据和证书，例如，汇票、发票、装运单等。在传统商务活动中各种单据主要依靠手工制作（或电脑打印）成纸面单据，通过邮递或传真方式进行传递。据统计：在国际贸易中，平均每做成一笔生意需要 30～40 份的纸面单证，由此可见，纸面单据的处理工作非常繁重，并且易出差错。虽然计算机及其他自动化办公设备的出现，在一定程度上减轻了人工处理纸面文件、单证的劳动强度，但没有从根本上消除传统纸面文件所形成的成本高、传递慢、重复处理等问题。随着信息技术的进步，特别是网络通讯技术的发展，EDI 作为电子商务的一种工具，将传统纸面文件如定单、发票、货运单、报关单等按统一的标准，编制成计算机能够识别和处理数据格式，在计算机之间进行传输，实现了贸易文件的电子化，从而极大地提高了商务活动中各类单据的传递速度和处理速度。

2. EDI 处理的电子单据类型

EDI 的特点之一是各项单据的格式化，常用的电子单据有以下几种：

(1) 贸易单据：主要有定货单、发货单、装箱单、发票、尺码单等。

(2) 海关单据：主要有海关发票、报关单、海关收据、海关放行通知、进出口统计报表等。

(3) 银行单据：主要有银行汇票、汇款通知、银行本票、信用证、付款单等。

(4) 保险单据：主要有保险单、保险人发票、承保单、保险申请表等。

(5) 商检单据：主要有卫生检疫证书、动物、植物检疫证书等。

(6) 运输单据：主要有提货单、空运单、到货通知、运费收据、联运提单等。

13.3 电子商务在我国对外贸易中的运用

13.3.1 我国电子商务发展情况

在外贸领域，实施了海关、外汇、统计、银行、运输、商检、税务、保险贸促会等部门的计算机联网，从签约、备货、领证、排载、报关、报验、装船、投保、议付、结汇、退税、索赔等环节初步实现了电子商务化管理。

在银行领域，以中国人民银行为牵头单位，配合国家各主要商业银行及金融机构联合建设中国金融数据通信网和全国银行卡信息交换中心，充分利用金融系统电子化基础设施、加强中央银行的支付清算职能，加快资金周转速度；拟以逐步确立和完善我国支付清算体制；加快实现全国范围内银行卡跨行、异地支付业务授权及清算信息自动交换。1999 年又联合 12 家银行开始建立金融认证中心（电子商务 CA），以保证电于支付的安全性，从而促进我国电子商务的发展。

目前，金融卡发卡量超过 1 亿张，全国金融卡信息交换中心和清算中心已建立；金融卫星网拥有 646 个卫星站，覆盖了全国所有地级以上城市和 700 多个县；全国电子联行业务平均每天往来业务 5 万多笔，转汇金额平均每天达 800 亿～1 000 亿元，大大提高了转汇效率，缩短了资金在途时间，平均每天为企业减少利息开支 500 万元：金融卡的发行，使得消费群体、商务领域和银行之间形成了互相支持、简易方便、安全可靠、促进发展的紧密关系。非金融卡发卡量也突破了亿张，广泛应用于交通、水电、煤气、医疗卫生、安全保卫等方面。

我国政府十分重视发展电子信息技术及其应用，网络基础设施建设与电子商务环境建设已经为中国电子商务的发展奠定了坚实的基础。我们有理由相信：有政府的支持，企业和民众的热情参与，我国一定会跟上世界经济的发展潮流，我国的电子商务一定会得到更快的发展。

13.3.2 电子商务在我国对外贸易中的运用

电子商务按商务活动的区域范围划分，可分为国内电子商务和国际电子商务。国内电子商务是指在一个国家内封闭的专业网上通过 EDI 方式进行的商务活动；国际电子商务主要是指基于 EDIFACT 标准的各类国际商贸业务中的电子单证报文数据交换系统。电子商务在对外贸易中的应用是属于国际电子商务这一方面的应用，它涉及到买方公司、卖方公司、进出口公司、海关、税务、安检、商检、金融、保险、国际运输等系统，电子商务活动主要包括以下几个环节：

（1）交易前的准备。在交易前，卖方在网上分布商品广告，推出商品的信息资源，广泛寻找交易机会和交易伙伴，扩大贸易范围和商品所占市场的份额；买方上网查询自己所需要的商品信息资源，进行商品性能、价格等成交条件的比较，了解国家和地区的贸易政策、政治和文化背景等。互联网为贸易双方进行交易前的准备工作提供了极大的方便，这种信息沟通方式无论是从时间上，还是从效益上都是传统方式无法比拟的。

（2）交易磋商和合同签定。在贸易双方都了解完商品的供需信息后，双方利用电子通讯手段进行认真谈判和磋商，将双方在交易中的权利、义务，所购商品的种类、数量、价格、交货地点、交货期、付款方式、运输方式、违约和索赔等合同款全部以电子交易合同做出全面详尽的规定，合同双方可以利用 EDI 进行签约，也可通过数字签字等方式签定合同。交易磋商中的价目表、报价单、定购单、运输说明、发货通知、付款通知等各类商务单证、文件都变成了标准的报文形式。提高了交易过程的速度，减少了漏洞和失误，规范了整个商品贸易的过程。

(3) 结算付款。在交易双方通过协议完成各种交易手续后，商品交付给运输公司起运，可以通过电子贸易系统跟踪货物；银行按照合同及相应单证支付资金，出具相应的银行单证，最终完成整个交易过程。这一阶段是从买卖双方办完各种手续之后开始，卖方要组织货源，并进行保管、保险等，同时将所卖商品交付给运输公司装箱、起运、发货，买卖双方可以通过电子贸易服务器跟踪发出的货物，银行和金融机构也按合同处理双方收付款、进行结算、出具相应银行单据等，直到买方收到自己所购商品，完成了整个交易过程。

电子商务创造了一个以信息交换为媒介的、全球的网上虚拟市场，形成了新的国际贸易运行机制，改变了某些公司在传统国际贸易运行机制下难以克服的区位劣势和竞争劣势。当然，电子商务也将进一步加剧国际贸易的竞争，使商家可以在世界范围内选择最佳的供应商。

虽然技术的发展已经使得国际电子商务获得了蓬勃的发展，但是企业在从事国际电子商务时还应该注意一些问题，包括电子信息的安全问题、电子单证的保护问题、电子合同的法律地位问题、电子交易的资信问题、外部网络资源的整合问题。但是，企业应该看到，国际电子商务势在必行，我国企业要紧紧抓住国际电子商务这个机会，发展壮大自己的企业。

本章小结

本章简要介绍了电子商务的含义、分类以及电子商务活动的交易过程，分析了电子商务的现状及发展趋势，阐述了电子商务与国际贸易、EDI 的关系以及国际贸易常用的电子营销、电子合同、电子单据等基础知识，通过两个案例使读者对电子商务在我国对外贸易中的运用有初步的认识。

练习与思考

1. 如何理解电子商务的含义？有哪些特点？
2. 电子商务的模式有哪几种？
3. 什么是国际电子商务？与一般电子商务比较有何特点？
4. 什么是 EDI？EDI 的特点是什么？
5. 什么是网络营销？
6. 电子合同的特点是什么？

案例分析

1. 苏州刺绣的 e-国际贸易理念

现在人们对在互联网进行 e-国际贸易产生了极大的兴趣，似乎有一种模式可以仿效：一个好点子—付诸实施建网站—获得风险投资—股票上市或被收购——一夜暴富成为亿万富豪。然而，又有多少这样的幸运者呢？毕竟是少数！对大多数创业者来说，苏州刺绣专卖店（http：//www.szembroidery.com）脚踏实地从事 e-国际贸易的理念，也许对他们有借鉴作用。苏州刺绣产品独特，只有苏州生产，并且在全中国、全世界知名度非常高。通过 e-国际贸易可以说是一种新的尝试。

1999 年 4 月苏州刺绣网上专卖店开张。一开始，他们的工作重心就放在网站推广上。网站推广主要从以下几个方面进行：

※ 在中英文几百家搜索引擎上注册登记。像雅虎（YAHOO）、搜狐（SOHU）、新浪（SINA）、EXCITE、LYCOS 等等。在搜索引擎上登记时要注意，确保放在准确的分类目录下，同时关键词的输入也非常重要，以便别人很容易检索到你的网站。

※ 在商务 BBS 上发布产品供求信息。

选几个典型产品参加网上拍卖，提高产品知名度。如雅宝（YABUY），网易（NETEASE）等等。

※ 订购工艺品需求信息。有些公司专门从互联网上收集需求信息，然后翻译、分类整理，再卖给其他公司。订购这类信息成本低，收效快。

※ 向全球工艺品批发商和分销商的电子邮件信箱发送产品供应信息，但要注意美国等少数国家视这种行为为违法行为。

※ 参加网上旗帜交换（banner exchange）活动。

※ 参与有关的网站做友情链接。

经过推广，常用搜索引擎的商务 BBS 网站上基本都有苏州刺绣专卖店信息，1 年内，他们网站的访问数量近 7 000 人次。在价格定位上他们有自己的绝对优势，因为网上商店的成本低得令人难以置信。他们把传统商店和网上商店的成本做了一番比较：

※ 房租：在苏州商业区租一个店面，一年的房租费要 5 万～7 万，而网上商店的域名和虚拟主机费用一年只要 1 000 多元。

※ 水电费和员工薪资：传统商店一年 5 万～6 万，而网上商店的上网费只须 3 000 元左右。根本不需要另外聘用员工。

※ 电话传真费用：在一年的经营中，他们的业务若用传统的电话和传真，则费用要 10 多万元。但他们业务联系 99%用 E-mail，其费用已包括在 3 000 元左右的上网费中。

※ 库存量：常规刺绣专卖店要有 3 万元左右存货，而网上专卖店只须准备 5 000 元左右的畅销品种即可。

由此可见，传统商店 1 年费用 23 万元，网上商店费用不到 1 万元。正是有这么多优势，所以他们的网上销售价格低得令人难以置信。比如说一件 26cm×32cm 的苏州双面绣，在中国北京、广州等地的零售价为 1 700～2 000 元，在国外售价约折合人民币 4 500 元，而在他们苏州刺绣网上专卖店的零售价为 360 元。他们把节省成本创造的超额利润让给消费者，以便让苏州刺绣这一高档艺术品进入每一个普通家庭。开张次月，他们接到加拿大的一个订单，要求订购一个样品，成交金额 60 美元。此后网上订单逐步增加，其中绝大多数是批发商试样。目前已同英国、中国香港等地的批发商签订长期供货合同。

为了进一步扩大市场，他们和美国 EGW. COM，INC 公司合作开设了 3 家网上连锁店(http://www. NaturalLand. com，http://www. eCrafrsMall. com，http://www. Toleworld. com)，选择了 20 几种产品作为尝试，后来和博瑞琪集团北京太阳海数据通信技术有限公司合作，让其作为苏州刺绣专卖店的互联网上独家销售代理，并开设了第 4 家网上连锁店（http：//www. bridgestochina. com)，销售几百种产品，他们下一步的计划是把苏州刺绣网上专卖店发展成为苏州刺绣网上批发中心，经营品种从单面绣、双面绣、绣花手帕发展到刺绣服装、围巾、方巾、杯垫、挂件等等，争取第 3 年达到年销售额 200 万美元。综上所述，他们从事 e-国际贸易的理念是充分利用互联网的低成本，实实在在地赢利，并以此为基础，稳步发展壮大企业。

你从该案例中获得了什么启示?

2. 海尔物流信息系统建设

为了与国际接轨，建立起高效、迅速的现代物流系统，海尔采用了 SAP 公司的 ERP 系统和 BBP 系统（原材料网上采购系统)，对企业进行流程改造。经过近两年的实施，海尔的现代物流管理系统不仅很好地提高了物流效率，而且将海尔的电子商务平台扩展到了包含客户和供应商在内的整个供应链管理，极大地推动了海尔电子商务的发展。

※ 需求分析

海尔集团认为，现代企业运作的驱动力只有一个：订单。没有订单，现代企业就不可能运作。围绕订单而进行的采购、设计、制造、销售等一系列工作，最重要的一个流程就是物流。离开物流的支持，企业的采购与制造、销售等行为就会带有一定的盲目性和不可预知性。建立高效、迅速的现代物流系统，才能建立企业最核心的竞争力。海尔需要这样的一套信息系统，使其能够在物流方面一只手抓住用户的需求，另一只手抓住可以满足用户需求的全球供应链。海尔实施信息化管理的目的主要有以下两个方面：

(1) 现代物流区别于传统物流的主要特征是速度，而海尔物流信息化建设需要以订单信息流为中心，使供应链上的信息同步传递，能够实现以速度取胜。

(2) 海尔物流需要以信息技术为基础，能够向客户提供竞争对手所不能给予的增值服务，使海尔顺利从企业物流向物流企业转变。

※ 解决方案

海尔采用了 SAP 公司提供的 ERP 和 BBP 系统，组建自己的物流管理系统。

※ 系统构成

1. ERP 系统

海尔物流的 ERP 系统共包括五大模块 MM（物料管理）、PP（制造与计划）、SD（销售与定单管理）、FI/CO（财务管理与成本管理）。

ERP 实施后，打破了原有的“信息孤岛”，使信息同步而集成，提高了信息的实时性与准确性，加快了对供应链的响应速度。如原来订单由客户下达传递到供应商需要 10 天以上的时间，而且准确率低，实施 ERP 后订单不但 1 天内完成“客户—商流—工厂计划—仓库—采购—供应商”的过程，而且准确率极高。

另外，对于每笔收货，扫描系统能够自动检验采购订单，防止暗箱收货，而财务在收货的同时自动生成入库凭证，使财务人员从繁重的记账工作中解放出来，发挥出真正的财务管理与财务监督职能，而且效率与准确性大大提高。

2. BBP 系统

BBP 系统（原材料网上采购系统）主要是建立了与供应商之间基于互联网的业务和信息协同平台。该平台的主要功能：

（1）通过平台的业务协同功能，既可以通过互联网进行招投标，又可以通过互联网将所有与供应商相关的物流管理业务信息，如采购计划、采购订单、库存信息、供应商供货清单、配额以及采购价格和计划交货时间等发布给供应商，使供应商可以足不出户就全面了解与自己相关的物流管理信息（根据采购计划备货，根据采购订单送货等等）。

（2）对于非业务信息的协同，SAP 使用构架于 BBP 采购平台上的信息中心为海尔与供应商之间进行沟通交互和反馈提供集成环境。信息中心利用浏览器和互联网作为中介整合了海尔过去通过纸张、传真、电话和电子邮件等手段才能完成的信息交互方式，实现了非业务数据的集中存储和网上发布。

“一流三网”

实施和完善后的海尔物流管理系统，可以用“一流三网”来概括。这充分体现了现代物流的特征：“一流”是指以订单信息流为中心；“三网”分别是全球供应链资源网络、全球用户资源网络和计算机信息网络。整个系统围绕订单信息流这一中心，将海尔遍布全球的分支机构整合后的物流平台使供应商和客户、企业内部信息网络这“三网”同时开始执行，同步运动，为订单信息流的增值提供支持。

请你总结海尔物流信息系统建设中的经验和不足。

参考文献

陈科鹤，黄春元. 2002. 电子商务实务教程. 北京：清华大学出版社

方美琪，付虹蛟. 2003. 电子商务简明教程. 北京：清华大学出版社

季任天. 2003. 商检管理学. 北京：中国计量出版社

黎孝先. 2002. 国际贸易实务. 北京：对外经济贸易大学出版社

李萍. 2001. 国际贸易实务. 上海：上海交通大学出版社

廖力平，廖庆薪. 2000. 进出口业务与报关. 广州：中山大学出版社

刘慧. 1992. 国际招标与投标. 北京：对外贸易教育出版社

罗孝玲. 2003. 期货投资学. 北京：经济科学出版社

彭福永. 2004. 国际贸易实务教程. 上海：上海财经大学出版社

屈韬. 2000. 外贸单证处理技巧. 广州：广东经济出版社

邵铁民，徐兆宏. 2004. 报关实务. 上海：上海财经大学出版社

石玉川. 2002. 国际贸易方式. 北京：对外经济贸易大学出版社

童宏祥. 2003. 国际贸易实务. 上海：华东理工大学出版社

王学峰. 2003. 国际海上货运代理理论与实务. 北京：中国对外经济贸易出版社

吴百福. 2003. 进出口贸易实务教程. 上海：上海人民出版社

徐进亮. 2000. 最新国际商务惯例与案例. 南宁：广西科学技术出版社

徐立青. 2003. 国际贸易实用教程. 上海：复旦大学出版社

杨长春. 1999. 国际货物运输实务. 北京：对外经济贸易大学出版社

姚大伟. 2003. 国际货运代理基础知识. 北京：中国对外经济贸易出版社

张亚芬. 2002. 国际贸易实务与案例. 北京：高等教育出版社

张彦欣. 2003. 进口实务操作. 北京：中国纺织出版社

朱意秋. 2001. 国际贸易结算新编. 青岛：青岛海洋大学出版社

祝卫. 1999. 出口贸易模拟操作教程. 上海：上海人民出版社

附录一

联合国国际货物销售合同公约

本公约各缔约国铭记联合国大会第六届特别会议通过的关于建立新的国际经济秩序的各项决议的广泛目标，考虑到在平等互利基础上发展国际贸易是促进各国间友好关系的一个重要因素，认为采用照顾到不同的社会、经济和法律制度的国际货物销售合同统一规则，将有助于减少国际贸易的法律障碍，促进国际贸易的发展，兹协议如下。

第一部分　适用范围和总则

第一章　适用范围

第一条

(1) 本公约适用于营业地在不同国家的当事人之间所订立的货物销售合同：

(a) 如果这些国家是缔约国；或

(b) 如果国际私法规则导致适用某一缔约国的法律。

(2) 当事人营业地在不同国家的事实，如果从合同或从订立合同前任何时候或订立合同时，当事人之间的任何交易或当事人透露的情报均看不出，应不予考虑。

(3) 在确定本公约的适用时，当事人的国籍和当事人或合同的民事或商业性质，应不予考虑。

第二条

本公约不适用于以下的销售：

(a) 购供私人、家人或家庭使用的货物的销售，除非卖方在订立合同前任何时候或订立合同时不知道而且没有理由知道这些货物是购供任何这种使用；

(b) 经由拍卖的销售；

(c) 根据法律执行令状或其他令状的销售；

(d) 公债、股票、投资证券、流通票据或货币的销售；

(e) 船舶、船只、气垫船或飞机的销售；

(f) 电力的销售。

第三条

(1) 供应尚待制造或生产的货物的合同应视为销售合同，除非订购货物的当事人保证供应这种制造或生产所需的大部分重要材料。

(2) 本公约不适用于供应货物一方的绝大部分义务在于供应劳力或其他服务的合同。

第四条

本公约只适用于销售合同的订立和卖方和买方因此种合同而产生的权利和义务。特别是，本公约除非另有明文规定，与以下事项无关：

(a) 合同的效力，或其任何条款的效力，或任何惯例的效力；

(b) 合同对所售货物所有权可能产生的影响。

第五条

本公约不适用于卖方对于货物对任何人所造成的死亡或伤害的责任。

第六条

双方当事人可以不适用本公约，或在第十二条的条件下，减损本公约的任何规定或改变其效力。

第二章　总　则

第七条

(1) 在解释本公约时，应考虑到本公约的国际性质和促进其适用的统一以及在国际贸易上遵守诚信的需要。

(2) 凡本公约未明确解决的属于本公约范围的问题，应按照本公约所依据的一般原则来解决，在没有一般原则的情况下，则应按照国际私法规定适用的法律来解决。

第八条

(1) 为本公约的目的，一方当事人所作的声明和其他行为，应依照他的意旨解释，如果另一方当事人已知道或者不可能不知道此一意旨。

(2) 如果上一款的规定不适用，当事人所做的声明和其他行为，应按照一个与另一方当事人同等资格、通情达理的人处于相同情况中，应有的理解来解释。

(3) 在确定一方当事人的意旨或一个通情达理的人应有的理解时，应适当地考虑到与事实有关的一切情况，包括谈判情形、当事人之间确立的任何习惯做法、惯例和当事人其后的任何行为。

第九条

(1) 双方当事人业已同意的任何惯例和他们之间确立的任何习惯做法，对双方当事人均有约束力。

(2) 除非另有协议，双方当事人应视为已默示地同意对他们的合同或合同的订立适用双方当事人已知道或理应知道的惯例，而这种惯例，在国际贸易上，已为有关特定贸易所涉同类合同的当事人所广泛知道并为他们所经常遵守。

第十条

为本公约的目的：

(a) 如果当事人有一个以上的营业地，则以与合同及合同的履行关系最密切的营业地为其营业地，但要考虑到双方当事人在订立合同前任何时候或订立合同时所知道或所设想的情况；

(b) 如果当事人没有营业地，则以其惯常居住地为准。

第十一条

销售合同无须以书面订立或书面证明，在形式方面也不受任何其他条件的限制。销售合同可以用包括人证在内的任何方法证明。

第十二条

本公约第十一条、第二十九条或第二部分准许销售合同或其更改或根据协议终止，或者任何发价、接受或其他意旨表示得以书面以外任何形式做出的任何规定不适用，如果任何一方当事人的营业地是在已按照本公约第九十六条做出了声明的一个缔约国内，各当事人不得减损本条或改变其效力。

第十三条

为本公约的目的，“书面”包括电报和电传。

第二部分　合同的订立

第十四条

(1) 向一个或一个以上特定的人提出的订立合同的建议，如果十分确定并且表明发价人在得到接受时承受约束的意旨，即构成发价。一个建议如果写明货物并且明示或暗示地规定数量和价格或规定如何确定数量和价格，即为十分确定。

(2) 非向一个或一个以上特定的人提出的建议，仅应视为邀请做出发价，除非提出建议的人明确地表示相反的意向。

第十五条

(1) 发价于送达被发价人时生效。

(2) 一项发价，即使是不可撤销的，得予撤回，如果撤回通知于发价送达被发价人之前或同时，送达被发价人。

第十六条

(1) 在未订立合同之前，发价得予撤销，如果撤销通知于被发价人发出接受通知之前送达被发价人。

(2) 但在下列情况下，发价不得撤销：

(a) 发价写明接受发价的期限或以其他方式表示发价是不可撤销的；或

(b) 被发价人有理由信赖该项发价是不可撤销的，而且被发价人已本着对该项发价的信赖行事。

第十七条

一旦发价，即使是不可撤销的，于拒绝通知送达发价人时终止。

第十八条

（1）被发价人声明或做出其他行为表示同意一项发价，即是接受，缄默或不行动本身不等于接受。

（2）接受发价于表示同意的通知送达发价人时生效。如果表示同意的通知在发价人所规定的时间内，如未规定时间，在一段合理的时间内，未曾送达发价人，接受就成为无效，但须适当地考虑到交易的情况，包括发价人所使用的通讯方法的迅速程序。对口头发价必须立即接受，但情况有别者不在此限。

（3）但是，如果根据该项发价或依照当事人之间确立的习惯做法和惯例，被发价人可以做出某种行为，例如与发运货物或支付价款有关的行为，来表示同意，而无须向发价人发出通知，则接受于该项行为做出时生效，但该项行为必须在上一款所规定的期间内做出。

第十九条

（1）对发价表示接受但载有添加、限制或其他更改的答复，即为拒绝该项发价，并构成还价。

（2）但是，对发价表示接受但载有添加或不同条件的答复，如所载的添加或不同条件在实质上并不变更该项发价的条件，除发价人在不过分迟延的期间内以口头或书面通知反对其间的差异外，仍构成接受。如果发价人不做出这种反对，合同的条件就以该项发价的条件以及接受通知内所载的更改为准。

（3）有关货物价格、付款、货物质量和数量、交货地点和时间、一方当事人对另一方当事人的赔偿责任范围或解决争端等等的添加或不同条件，均视为在实质上变更发价的条件。

第二十条

（1）发价人在电报或信件内规定的接受期间，从电报交发时刻或信上载明的发信日期起算，如信上未载明发信日期，则从信封上所载日期起算。发价人以电话、电传或其他快速通讯方法规定的接受期间，从发价送达被发价人时起算。

（2）在计算接受期间时，接受期间内的正式假日或非营业日应计算在内。但是，如果接受通知在接受期间的最后1天未能送到发价人地址，因为那天在发价人营业地是正式假日或非营业日，则接受期间应顺延至下一个营业日。

第二十一条

（1）逾期接受仍有接受的效力，如果发价人毫不迟延地用口头或书面将此种意见通知被发价人。

（2）如果载有逾期接受的信件或其他书面文件表明，它是在传递正常、能及时送达发价人的情况下寄发的，则该项逾期接受具有接受的效力，除非发价人毫不迟延地用口头或书面通知被发价人：他认为他的发价已经失效。

第二十二条

接受得予撤回，如果撤回通知于接受原应生效之前或同时，送达发价人。

第二十三条

合同于按照本公约规定对发价的接受生效时订立。

第二十四条

为公约本部分的目的，发价、接受声明或任何其他意旨表示“送达”对方，系指用口头通知对方或通过任何其他方法送交对方本人，或其营业地或通讯地址，如无营业地或通讯地址，则送交对方惯常居住地。

第三部分　货物销售

第一章　总　则

第二十五条

一方当事人违反合同的结果，如使另一方当事人蒙受损害，以致于实际上剥夺了他根据合同规定有权期待得到的东西，即为根本违反合同，除非违反合同一方并不预知而且一个同等资格、通情达理的人处于相同情况中也没有理由预知会发生这种结果。

第二十六条

宣告合同无效的声明，必须向另一方当事人发出通知，方始有效。

第二十七条

除非公约本部分另有明文规定，当事人按照本部分的规定，以适合情况的方法发出任何通知、要求或其他通知后，这种通知如在传递上发生耽搁或错误，或者未能到达，并不使该当事人丧失依靠该项通知的权利。

第二十八条

如果按照本公约的规定，一方当事人有权要求另一方当事人履行某一义务，法院没有义务做出判决，要求具体履行此一义务，除非法院依照其本身的法律对不属本公约范围的类似销售合同愿意这样做。

第二十九条

(1) 合同只需双方当事人协议，就可更改或终止。

(2) 规定任何更改或根据协议终止必须以书面做出的书面合同，不得以任何其他方式更改或根据协议终止。但是，一方当事人的行为，如经另一方当事人寄以信赖，就不得坚持此项规定。

第二章　卖方的义务

第三十条

卖方必须按照合同和本公约的规定，交付货物，移交一切与货物有关的单据并转移货物所有权。

第一节　交付货物和移交单据

第三十一条

如果卖方没有义务要在任何其他特定地点交付货物，他的交货义务如下：

(a) 如果销售合同涉及到货物的运输，卖方应把货物移交给第一承运人，以运交给买方；

(b) 在不属于上款规定的情况下，如果合同指的是特定货物或从特定存货中提取的或尚待制造或生产的未经特定化的货物，而双方当事人在订立合同时已知道这些货物是在某一特定地点，或将在某一特定地点制造或生产，卖方应在该地点把货物交给买方处置；

(c) 在其他情况下，卖方应在他于订立合同时的营业地把货物交给买方处置。

第三十二条

(1) 如果卖方按照合同或本公约的规定将货物交付给承运人，但货物没有以货物上加标记、或以装运单据或其他方式清楚地注明有关合同，卖方必须向买方发出列明货物的发货通知。

(2) 如果卖方有义务安排货物的运输，他必须订立必要的合同，以按照通常运输条件，用适合情况的运输工具，把货物运到指定地点。

(3) 如果卖方没有义务对货物的运输办理保险，他必须在买方提出要求时，向买方提供一切现有的必要资料，使他能够办理这种保险。

第三十三条

卖方必须按以下规定的日期交付货物：

(a) 如果合同规定有日期，或从合同可以确定日期，应在该日期交货；

(b) 如果合同规定有一段时间，或从合同可以确定一段时间，除非情况表明应由买方选定一个日期外，应在该段时间内任何时候交货；或者

(c) 在其他情况下，应在订立合同后一段合理时间内交货。

第三十四条

如果卖方有义务移交与货物有关的单据，他必须按照合同所规定的时间、地点和方式移交这些单据。如果卖方在那个时间以前已移交这些单据，他可以在那个时间到达前纠正单据中任何不符合同规定的情形，但是，此一权利的行使不得使买方遭受不合理的不便或承担不合理的开支。但是，买方保留本公约所规定的

要求损害赔偿的任何权利。

第二节　货物相符与第三方要求

第三十五条

(1) 卖方交付的货物必须与合同所规定的数量、质量和规格相符，并须按照合同所规定的方式装箱或包装。

(2) 除双方当事人业已另有协议外，货物除非符合以下规定，否则即为与合同不符：

(a) 货物适用于同一规格货物通常使用的目的；

(b) 货物适用于订立合同时曾明示或默示地通知卖方的任何特定目的，除非情况表明买方并不依赖卖方的技能和判断力，或者这种依赖对他是不合理的；

(c) 货物的质量与卖方向买方提供的货物样品或样式相同；

(d) 货物按照同类货物通用的方式装箱或包装，如果没有此种通用方式，则按照足以保全和保护货物的方式装箱或包装。

(3) 如果买方在订立合同时知道或者不可能不知道货物不符合同，卖方就无须按上一款（a）项至（d）项负有此种不符合同的责任。

第三十六条

(1) 卖方应按照合同和本公约的规定，对风险移转到买方时所存在的任何不符合同情形负有责任，即使这种不符合同情形在该时间后方始明显。

(2) 卖方对在上一款所述时间后发生的任何不符合同情形，也应负有责任，如果这种不符合同情形是由于卖方违反他的某项义务所致，包括违反关于在一段时间内货物将继续适用于其通常使用的目的或某种特定目的，或将保持某种特定质量或性质的任何保证。

第三十七条

如果卖方在交货日期前交付货物，他可以在那个日期到达前，交付任何缺漏部分或补足所交付货物的不足数量，或交付用以替换所交付不符合同规定的货物，或对所交付货物中任何不符合同规定的情形做出补救，但是，此一权利的行使不得使买方遭受不合理的不便或承担不合理的开支。但是，买方保留本公约所规定的要求损害赔偿的任何权利。

第三十八条

(1) 买方必须在按情况实际可行的最短时间内检验货物或由他人检验货物。

(2) 如果合同涉及到货物的运输，检验可推迟到货物到达目的地后进行。

(3) 如果货物在运输途中改运或买方须再发运货物，没有合理机会加以检验，而卖方在订立合同时已知道或理应知道这种改运或再发运的可能性，检验可推迟到货物到达新目的地后进行。

第三十九条

(1) 买方对货物不符合同，必须在发现或理应发现不符情形后一段合理时间内通知卖方，说明不符合同情形的性质，否则就丧失声称货物不符合同的权利。

(2) 无论如何，如果买方不在实际收到货物之日起两年内将货物不符合同情形通知卖方，他就丧失声称货物不符合同的权利，除非这一时限与合同规定的保证期限不符。

第四十条

如果货物不符合同规定指的是卖方已知道或不可能不知道而又没有告知买方的一些事实，则卖方无权援引第三十八条和第三十九条的规定。

第四十一条

卖方所交付的货物，必须是第三方不能提出任何权利或要求的货物，除非买方同意在这种权利或要求的条件下，收取货物。但是，如果这种权利或要求是以工业产权或其他知识产权为基础的，卖方的义务应依照第四十二条的规定。

第四十二条

(1) 卖方所交付的货物，必须是第三方不能根据工业产权或其他知识产权主张任何权利或要求的货物，但以卖方在订立合同时已知道或不可能不知道的权利或要求为限，而且这种权利或要求根据以下国家的法律规定是以工业产权或其他知识产权为基础的：

(a) 如果双方当事人在订立合同时预期货物将在某一国境内转售或做其他使用，则根据货物将在其境内转售或做其他使用的国家的法律；或者

(b) 在任何其他情况下，根据买方营业地所在国家的法律。

(2) 卖方在上一款中的义务不适用于以下情况：

(a) 买方在订立合同时已知道或不可能不知道此项权利或要求；或者

(b) 此项权利或要求的发生，是由于卖方要遵照买方所提供的技术图样、图案、程式或其他规格。

第四十三条

(1) 买方如果不在已知道或理应知道第三方的权利或要求后一段合理时间内，将此一权利或要求的性质通知卖方，就丧失援引第四十一条或第四十二条规定的权利。

(2) 卖方如果知道第三方的权利或要求以及此一权利或要求的性质，就无权援引上一款的规定。

第四十四条

尽管有第三十九条第 (1) 款和第四十三条第 (1) 款的规定，买方如果对他未发出所需的通知具备合理的理由，仍可按照第五十条规定减低价格，或要求利润损失以外的损害赔偿。

第三节　卖方违反合同的补救办法

第四十五条

(1) 如果卖方不履行他在合同和本公约中的任何义务，买方可以：

(a) 行使第四十六条至第五十二条所规定的权利；

(b) 按照第七十四条至第七十七条的规定，要求损害赔偿。

(2) 买方可能享有的要求损害赔偿的任何权利，不因他行使采取其他补救办法的权利而丧失。

(3) 如果买方对违反合同采取某种补救办法，法院或仲裁庭不得给予卖方宽限期。

第四十六条

(1) 买方可以要求卖方履行义务，除非买方已采取与此一要求相抵触的某种补救办法。

(2) 如果货物不符合同，买方只有在此种不符合同情形构成根本违反合同时，才可以要求交付替代货物，而且关于替代货物的要求，必须与依照第三十九条发出的通知同时提出，或者在该项通知发出后一段合理时间内提出。

(3) 如果货物不符合同，买方可以要求卖方通过修理对不符合同之处做出补救，除非他考虑了所有情况之后，认为这样做是不合理的。修理的要求必须与依照第三十九条发出的通知同时提出，或者在该项通知发出后一段合理时间内提出。

第四十七条

(1) 买方可以规定一段合理时限的额外时间，让卖方履行其义务。

(2) 除非买方收到卖方的通知，声称他将不在所规定的时间内履行义务，买方在这段时间内不得对违反合同采取任何补救办法。但是，买方并不因此丧失他对迟延履行义务可能享有的要求损害赔偿的任何权利。

第四十八条

(1) 在第四十九条的条件下，卖方即使在交货日期之后，仍可自付费用，对任何不履行义务做出补救，但这种补救不得造成不合理的迟延，也不得使买方遭受不合理的不便，或无法确定卖方是否将偿付买方预付的费用。但是，买方保留本公约所规定的要求损害赔偿的任何权利。

(2) 如果卖方要求买方表明他是否接受卖方履行义务，而买方不在一段合理时间内对此一要求做出答复，则卖方可以按其要求中所指明的时间履行义务。买方不得在该段时间内采取与卖方履行义务相抵触的任何补救办法。

(3) 卖方表明他将在某一特定时间内履行义务的通知，应视为包括根据上一款规定要买方表明决定的要求在内。

(4) 卖方按照本条第 (2) 和第 (3) 款做出的要求或通知，必须在买方收到后，始生效力。

第四十九条

(1) 买方在以下情况下可以宣告合同无效：

(a) 卖方不履行其在合同或本公约中的任何义务，等于根本违反合同；或

(b) 如果发生不交货的情况，卖方不在买方按照第四十七条第（1）款规定的额外时间内交付货物，或卖方声明他将不在所规定的时间内交付货物。

(2) 但是，如果卖方已交付货物，买方就丧失宣告合同无效的权利，除非：

(a) 对于迟延交货，他在知道交货后一段合理时间内这样做；

(b) 对于迟延交货以外的任何违反合同事情：

·他在已知道或理应知道这种违反合同后一段合理时间内这样做；或

·他在买方按照第四十七条第（1）款规定的任何额外时间满期后，或在卖方声明他将不在这一额外时间履行义务后一段合理时间内这样做；或

·他在卖方按照第四十八条第（2）款指明的任何额外时间满期后，或在买方声明他将不接受卖方履行义务后一段合理时间内这样做。

第五十条

如果货物不符合同，不论价款是否已付，买方都可以减低价格，减价按实际交付的货物在交货时的价值与符合合同的货物在当时的价值两者之间的比例计算。但是，如果卖方按照第三十七条或第四十八条的规定对任何不履行义务做出补救，或者买方拒绝接受卖方按照该两条规定履行义务，则买方不得减低价格。

第五十一条

(1) 如果卖方只交付一部分货物，或者交付的货物中只有一部分符合合同规定，第四十六条至第五十条的规定适用于缺漏部分及不符合同规定部分的货物。

(2) 买方只有在完全不交付货物或不按照合同规定交付货物等于根本违反合同时，才可以宣告整个合同无效。

第五十二条

(1) 如果卖方在规定的日期前交付货物，买方可以收取货物，也可以拒绝收取货物。

(2) 如果卖方交付的货物数量大于合同规定的数量，买方可以收取也可以拒绝收取多交部分的货物。如果买方收取多交部分货物的全部或一部分，他必须按合同价格付款。

第三章　买方的义务

第五十三条

买方必须按照合同和本公约规定支付货物价款和收取货物。

第一节　支付价款

第五十四条

买方支付价款的义务包括根据合同或任何有关法律和规章规定的步骤和手续，以便支付价款。

第五十五条

如果合同已有效地订立，但没有明示或暗示地规定价格或规定如何确定价格，在没有任何相反表示的情况下，双方当事人应视为已默示地引用订立合同时此种货物在有关贸易的类似情况下销售的通常价格。

第五十六条

如果价格是按货物的重量规定的，如有疑问，应按净重确定。

第五十七条

(1) 如果买方没有义务在任何其他特定地点支付价款，他必须在以下地点向卖方支付价款：

(a) 卖方的营业地；或者

(b) 如凭移交货物或单据支付价款，则为移交货物或单据的地点。

(2) 卖方必须承担因其营业地在订立合同后发生变动而增加的支付方面的有关费用。

第五十八条

(1) 如果买方没有义务在任何其他特定时间内支付价款，他必须于卖方按照合同和本公约规定将货物或控制货物处置权的单据交给买方处置时支付价款。卖方可以支付价款作为移交货物或单据的条件。

(2) 如果合同涉及到货物的运输，卖方可以在支付价款后方可把货物或控制货物处置权的单据移交给买方作为发运货物的条件。

(3) 买方在未有机会检验货物前，无义务支付价款，除非这种机会与双方当事人议定的交货或支付程序相抵触。

第五十九条

买方必须按合同和本公约规定的日期或从合同和本公约可以确定的日期支付价款，而无需卖方提出任何要求或办理任何手续。

第二节　收取货物

第六十条

买方收取货物的义务如下：(a) 采取一切理应采取的行动，以期卖方能交付货物；和 (b) 接收货物。

第三节　买方违反合同的补救办法

第六十一条

(1) 如果买方不履行他在合同和本公约中的任何义务，卖方可以：

(a) 行使第六十二条至第六十五条所规定的权利；

(b) 按照第七十四至第七十七条的规定，要求损害赔偿。

(2) 卖方可能享有的要求损害赔偿的任何权利，不因他行使采取其他补救办法的权利而丧失。

(3) 如果卖方对违反合同采取某种补救办法，法院或仲裁庭不得给予买方宽限期。

第六十二条

卖方可以要求买方支付价款、收取货物或履行他的其他义务，除非卖方已采取与此一要求相抵触的某种补救办法。

第六十三条

(1) 卖方可以规定一段合理时限的额外时间，让买方履行义务。

(2) 除非卖方收到买方的通知，声称他将不在所规定的时间内履行义务，卖方不得在这段时间内对违反合同采取任何补救办法。但是，卖方并不因此丧失他对迟延履行义务可能享有的要求损害赔偿的任何权利。

第六十四条

(1) 卖方在以下情况下可以宣告合同无效：

(a) 买方不履行其在合同或本公约中的任何义务，等于根本违反合同；或

(b) 买方不在卖方按照第六十三条第（1）款规定的额外时间内履行支付价款的义务或收取货物，或买方声明他将不在所规定的时间内这样做。

(2) 但是，如果买方已支付价款，卖方就丧失宣告合同无效的权利，除非：

(a) 对于买方迟延履行义务，他在知道买方履行义务前这样做；或者

(b) 对于买方迟延履行义务以外的任何违反合同事情：

· 他在已知道或理应知道这种违反合同后一段合理时间内这样做；或

· 他在卖方按照第六十三条第（1）款规定的任何额外时间满期后或在买方声明他将不在这一额外时间内履行义务后一段合理时间内这样做。

第六十五条

(1) 如果买方应根据合同规定订明货物的形状、大小或其他特征，而他在议定的日期或在收到卖方的要求后一段合理时间内没有订明这些规格，则卖方在不损害其可能享有的任何其他权利的情况下，可以依照他所知的买方的要求，自己订明规格。

(2) 如果卖方自己订明规格，他必须把订明规格的细节通知买方，而且必须规定一段合理时间，让买方可以在该段时间内订出不同的规格。如果买方在收到

这种通知后没有在该段时间内这样做，卖方所订的规格就具有约束力。

第四章　风险移转

第六十六条

货物在风险移转到买方承担后遗失或损坏，买方支付价款的义务并不因此解除，除非这种遗失或损坏是由于卖方的行为或不行为所造成。

第六十七条

(1) 如果销售合同涉及到货物的运输，但卖方没有义务在某一特定地点交付货物，自货物按照销售合同交付给第一承运人以转交给买方时起，风险就移转到买方承担。如果卖方有义务在某一特定地点把货物交付给承运人，在货物于该地点交付给承运人以前，风险不移转到买方承担。卖方受权保留控制货物处置权的单据，并不影响风险的移转。

(2) 但是，在货物以货物上加标记，或以装运单据，或向买方发出通知或其他方式清楚地注明有关合同以前，风险不移转到买方承担。

第六十八条

对于在运输途中销售的货物，从订立合同时起，风险就移转到买方承担。但是，如果情况表明有此需要，从货物交付给签发载有运输合同单据的承运人时起，风险就由买方承担。尽管如此，如果卖方在订立合同时已知道或理应知道货物已经遗失或损坏，而他又不将这一事实告知买方，则这种遗失或损坏应由卖方负责。

第六十九条

(1) 在不属于第六十七条和第六十八条规定的情况下，从买方接收货物时起，或如果买方不在适当时间内这样做，则从货物交给他处置但他不收取货物从而违反合同时起，风险移转到买方承担。

(2) 但是，如果买方有义务在卖方营业地以外的某一地点接收货物，当交货时间已到而买方知道货物已在该地点交给他处置时，风险方始移转。

(3) 如果合同指的是当时未加识别的货物，则这些货物在未清楚注明有关合同以前，不得视为已交给买方处置。

第七十条

如果卖方已根本违反合同，第六十七条、第六十八条和第六十九条的规定，不损害买方因此种违反合同而可以采取的各种补救办法。

第五章　卖方和买方义务的一般规定

第一节　预期违反合同和分批交货合同

第七十一条

(1) 如果订立合同后，另一方当事人由于下列原因显然将不履行其大部分重要义务，一方当事人可以中止履行义务：

(a) 他履行义务的能力或他的信用有严重缺陷；或

(b) 他在准备履行合同或履行合同中的行为。

(2) 如果卖方在上一款所述的理由明显化以前已将货物发运，他可以阻止将货物交给买方，即使买方持有其有权获得货物的单据。本款规定只与买方和卖方间对货物的权利有关。

(3) 中止履行义务的一方当事人不论是在货物发运前还是发运后，都必须立即通知另一方当事人，如经另一方当事人对履行义务提供充分保证，则他必须继续履行义务。

第七十二条

(1) 如果在履行合同日期之前，明显看出一方当事人将根本违反合同，另一方当事人可以宣告合同无效。

(2) 如果时间许可，打算宣告合同无效的一方当事人必须向另一方当事人发出合理的通知，使他可以对履行义务提供充分保证。

(3) 如果另一方当事人已声明他将不履行其义务，则上一款的规定不适用。

第七十三条

(1) 对于分批交付货物的合同，如果一方当事人不履行对任何一批货物的义务，便对该批货物构成根本违反合同，则另一方当事人可以宣告合同对该批货物无效。

(2) 如果一方当事人不履行对任何一批货物的义务，使另一方当事人有充分理由断定对今后各批货物将会发生根本违反合同，该另一方当事人可以在一段合理时间内宣告合同今后无效。

(3) 买方宣告合同对任何一批货物的交付为无效时，可以同时宣告合同对已交付的或今后交付的各批货物均为无效，如果各批货物是互相依存的，不能单独用于双方当事人在订立合同时所设想的目的。

第二节　损害赔偿

第七十四条

一方当事人违反合同应负的损害赔偿额，应与另一方当事人因他违反合同而遭受的包括利润在内的损失额相等。这种损害赔偿不得超过违反合同一方在订立合同时，依照他当时已知道或理应知道的事实和情况，对违反合同预料到或理应预料到的可能损失。

第七十五条

如果合同被宣告无效，而在宣告无效后一段合理时间内，买方已以合理方式购买替代货物，或者卖方已以合理方式把货物转卖，则要求损害赔偿的一方可以取得合同价格和替代货物交易价格之间的差额以及按照第七十四条规定可以取得的任何其他损害赔偿。

第七十六条

（1）如果合同被宣告无效，而货物又有时价，要求损害赔偿的一方，如果没有根据第七十五条规定进行购买或转卖，则可以取得合同规定的价格和宣告合同无效时的时价之间的差额以及按照第七十四条规定可以取得的任何其他损害赔偿。但是，如果要求损害赔偿的一方在接收货物之后宣告合同无效，则应适用接收货物时的时价，而不适用宣告合同无效时的时价。

（2）为上一款的目的，时价指原应交付货物地点的现行价格，如果该地点没有时价，则指另一合理替代地点的价格，但应适当地考虑货物运费的差额。

第七十七条

声称另一方违反合同的一方，必须按情况采取合理措施，减轻由于该另一方违反合同而引起的损失，包括利润方面的损失。如果他不采取这种措施，违反合同一方可以要求从损害赔偿中扣除原可以减轻的损失数额。

第三节　利息

第七十八条

如果一方当事人没有支付价款或任何其他拖欠金额，另一方当事人有权对这些款额收取利息，但不妨碍要求按照第七十四条规定可以取得的损害赔偿。

第四节　免责

第七十九条

（1）当事人对不履行义务，不负责任，如果他能证明此种不履行义务，是由于某种非他所能控制的障碍，而且对于这种障碍，没有理由预期他在订立合同时能考虑到或能避免或克服它或它的后果。

（2）如果当事人不履行义务是由于他所雇用履行合同的全部或一部分规定的第三方不履行义务所致，该当事人只有在以下情况下才能免除责任：

（a）他按照上一款的规定应免除责任，和

（b）假如该项的规定也适用于他所雇用的人，这个人也同样会免除责任。

（3）本条所规定的免责对障碍存在的期间有效。

（4）不履行义务的一方必须将障碍及其对他履行义务能力的影响通知另一方。

如果该项通知在不履行义务的一方已知道或理应知道此一障碍后一段合理时间内仍未为另一方收到，则他对由于另一方未收到通知而造成的损害应负赔偿责任。

(5) 本条规定不妨碍任何一方行使本公约规定的要求损害赔偿以外的任何权利。

第八十条

一方当事人因其行为或不行为而使得另一方当事人不履行义务时，不得声称该另一方当事人不履行义务。

第五节　宣告合同无效的效果

第八十一条

(1) 宣告合同无效解除了双方在合同中的义务，但应负责的任何损害赔偿仍应负责。宣告合同无效不影响合同关于解决争端的任何规定，也不影响合同中关于双方在宣告合同无效后权利和义务的任何其他规定。

(2) 已全部或局部履行合同的一方，可以要求另一方归还他按照合同供应的货物或支付的价款，如果双方都须归还，他们必须同时这样做。

第八十二条

(1) 买方如果不可能按实际收到货物的原状归还货物，他就丧失宣告合同无效或要求卖方交付替代货物的权利。

(2) 上一款的规定不适用于以下情况：

(a) 如果不可能归还货物或不可能按实际收到货物的原状归还货物，并非由于买方的行为或不行为所造成；或者

(b) 如果货物或其中一部分的毁灭或变坏，是由于按照第三十八条规定进行检验所致；或者

(c) 如果货物或其中一部分，在买方发现或理应发现与合同不符以前，已为买方在正常营业过程中售出，或在正常使用过程中消费或改变。

第八十三条

买方虽然依第八十二条规定丧失宣告合同无效或要求卖方交付替代货物的权利，但是根据合同和本公约规定，他仍保有采取一切其他补救办法的权利。

第八十四条

(1) 如果卖方有义务归还价款，他必须同时从支付价款之日起支付价款利息。

(2) 在以下情况下，买方必须向卖方说明他从货物或其中一部分得到的一切利益：

(a) 如果他必须归还货物或其中一部分；或者

(b) 如果他不可能归还全部或一部分货物，或不可能按实际收到货物的原状归还全部或一部分货物，但他已宣告合同无效或已要求卖方支付替代货物。

第六节　保全货物

第八十五条

如果买方推迟收取货物，或在支付价款和交付货物应同时履行时，买方没有支付价款，而卖方仍拥有这些货物或仍能控制这些货物的处置权，卖方必须按情况采取合理措施，以保全货物。他有权保有这些货物，直至买方把他所付的合理费用偿还他为止。

第八十六条

(1) 如果买方已收到货物，但打算行使合同或本公约规定的任何权利，把货物退回，他必须按情况采取合理措施，以保全货物。他有权保有这些货物，直至卖方把他所付的合理费用偿还给他为止。

(2) 如果发运给买方的货物已到达目的地，并交给买方处置，而买方行使退货权利，则买方必须代表卖方收取货物，除非他这样做需要支付价款而且会使他遭受不合理的不便或需承担不合理的费用。如果卖方或受权代表他掌管货物的人也在目的地，则此一规定不适用。如果买方根据本款规定收取货物，他的权利和义务与上一款所规定的相同。

第八十七条

有义务采取措施以保全货物的一方当事人，可以把货物寄放在第三方的仓库，由另一方当事人担负费用，但该项费用必须合理。

第八十八条

(1) 如果另一方当事人在收取货物或收回货物或支付价款或保全货物费用方面有不合理的迟延，按照第八十五条或第八十六条规定有义务保全货物的一方当事人，可以采取任何适当办法，把货物出售，但必须事前向另一方当事人发出合理的意向通知。

(2) 如果货物易于迅速变坏，或者货物的保全牵涉到不合理的费用，则按照第八十五条或第八十六条规定有义务保全货物的一方当事人，必须采取合理措施，把货物出售，在可能的范围内，他必须把出售货物的打算通知另一方当事人。

(3) 出售货物的一方当事人，有权从销售所得收入中扣回为保全货物和销售货物而付的合理费用。他必须向另一方当事人说明所余款项。

第四部分　最后条款

第八十九条

兹指定联合国秘书长为本公约保管人。

第九十条

本公约不优于业已缔结或可以缔结并载有与属于本公约范围内事项有关的条

款的任何国际协定，但以双方当事人的营业地均在这种协定的缔约国内为限。

第九十一条

（1）本公约在联合国国际货物销售合同会议闭幕会议上开放签字，并在纽约联合国总部继续开放签字，直至 1981 年 9 月 30 日为止。

（2）本公约须经签字国批准、接受或核准。

（3）本公约从开放签字之日起开放给所有非签字国加入。

（4）批准书、接受书、核准书和加入书应送交联合国秘书长存放。

第九十二条

（1）缔约国可在签字、批准、接受、核准或加入时声明他不受本公约第二部分的约束或不受本公约第三部分的约束。

（2）按照上一款规定就本公约第二部分或第三部分做出声明的缔约国，在该声明适用的部分所规定事项上，不得视为本公约第一条第（1）款范围内的缔约国。

第九十三条

（1）如果缔约国具有两个或两个以上的领土单位，而依照该国宪法规定、各领土单位对本公约所规定的事项适用不同的法律制度，则该国得在签字、批准、接受、核准或加入时声明本公约适用于该国全部领土单位或仅适用于其中的一个或数个领土单位，并且可以随时提出另一声明来修改其所做的声明。

（2）此种声明应通知保管人，并且明确地说明适用本公约的领土单位。

（3）如果根据按本条做出的声明，本公约适用于缔约国的一个或数个但不是全部领土单位，而且一方当事人的营业地位于该缔约国内，则为本公约的目的，该营业地除非位于本公约适用的领土单位内，否则视为不在缔约国内。

（4）如果缔约国没有按照本条第（1）款做出声明，则本公约适用于该国所有领土单位。

第九十四条

（1）对属于本公约范围的事项具有相同或非常近似的法律规则的两个或两个以上的缔约国，可随时声明本公约不适用于营业地在这些缔约国内的当事人之间的销售合同，也不适用于这些合同的订立。此种声明可联合做出，也可以相互单方面声明的方式做出。

（2）对属于本公约范围的事项具有与一个或一个以上非缔约国相同或非常近似的法律规则的缔约国，可随时声明本公约不适用于营业地在这些非缔约国内的当事人之间的销售合同，也不适用于这些合同的订立。

（3）作为根据上一款所做声明对象的国家如果后来成为缔约国，这项声明从本公约对该新缔约国生效之日起，具有根据第（1）款所做声明的效力，但以该新缔约国加入这项声明，或做出相互单方面声明为限。

第九十五条

任何国家在交存其批准书、接受书、核准书或加入书时，可声明它不受本公约第一条第（1）款（b）项的约束。

第九十六条

本国法律规定销售合同必须以书面订立或书面证明的缔约国，可以随时按照第十二条的规定，声明本公约第十一条、第二十九条或第二部分准许销售合同或其更改或根据协议终止，或者任何发价、接受或其他意旨表示得以书面以外任何形式做出的任何规定不适用，如果任何一方当事人的营业地是在该缔约国内。

第九十七条

（1）根据本公约规定在签字时做出的声明，须在批准、接受或核准时加以确认。

（2）声明和声明的确认，应以书面提出，并应正式通知保管人。

（3）声明在本公约对有关国家开始生效时同时生效。但是，保管人于此种生效后收到正式通知的声明，应于保管人收到声明之日起 6 个月后的第 1 个月第 1 天生效。根据第九十四条规定做出的相互单方面声明，应于保管人收到最后一份声明之日起 6 个月后的第 1 个月第 1 天生效。

（4）根据本公约规定做出声明的任何国家可以随时用书面正式通知保管人撤回该项声明。此种撤回于保管人收到通知之日起 6 个月后的第 1 个月第 1 天生效。

（5）撤回根据第九十四条做出的声明，自撤回生效之日起，就会使另一国家根据该条所做的任何相互声明失效。

第九十八条

除本公约明文许可的保留外，不得作任何保留。

第九十九条

（1）在本条第（6）款规定的条件下，本公约在第十件批准书、接受书、核准书或加入书包括载有根据第九十二条规定做出的声明的文书交存之日起 12 月后的第 1 个月第 1 天生效。

（2）在本条第（6）款规定的条件下，对于在第 10 件批准书、接受书、核准书或加入书交存后才批准、接受、核准或加入本公约的国家，本公约在该国交存其批准书、接受书、核准书或加入书之日起 12 个月后的第 1 个月第 1 天对该国生效，但不适用的部分除外。

（3）批准、接受、核准或加入本公约的国家，如果是 1964 年 7 月 1 日海牙签订的《关于国际货物销售合同的订立统一法公约》（《1964 年海牙订立合同公约》）和 1964 年 7 月 1 日在海牙签订的《关于国际货物销售统一法的公约》（《1964 年海牙货物销售公约》）中一项或两项公约的缔约国。应按情况同时通知荷兰政府声明退出《1964 年海牙货物销售公约》或《1964 年海牙订立合同公约》或退出该两公约。

(4) 凡为《1964 年海牙货物销售公约》缔约国并批准、接受、核准或加入本公约和根据第九十二条规定声明或业已声明不受本公约第二部分约束的国家，应于批准、接受、核准或加入时通知荷兰政府声明退出《1964 年海牙货物销售公约》。

(5) 凡为《1964 年海牙订立合同公约》缔约国并批准、接受、核准或加入本公约和根据第九十二条规定声明或业已声明不受本公约第三部分约束的国家，应于批准、接受、核准或加入时通知荷兰政府声明退出《1964 年海牙订立合同公约》。

(6) 为本条的目的，《1964 年海牙订立合同公约》或《1964 年海牙货物销售公约》的缔约国的批准、接受、核准或加入本公约，应在这些国家按照规定退出该两公约生效后方始生效。本公约保管人应与 1964 年两公约的保管人荷兰政府进行协商，以确保在这方面进行必要的协调。

第一百条

(1) 本公约适用于合同的订立，只要订立该合同的建议是在本公约对第一条第 (1) 款 (a) 项所指缔约国或第一条第 (1) 款 (b) 项所指缔约国生效之日或其后做出的。

(2) 本公约只适用于在它对第一条第 (1) 款 (a) 项所指缔约国或第一条第 (1) 款 (b) 项所指缔约国生效之日或其后订立的合同。

第一百零一条

(1) 缔约国可以用书面正式通知保管人声明退出本公约，或本公约第二部分或第三部分。

(2) 退出于保管人收到通知 12 个月后的第 1 个月第 1 天起生效。凡通知内订明一段退出生效的更长时间，则退出于保管人收到通知后该段更长时间满时起生效。

1980 年 4 月 11 日订于维也纳，正本 1 份，其阿拉伯文本、中文本、英文本、法文本、俄文本和西班牙文本都具有同等效力。

下列全权代表，经各自政府正式授权，在本公约上签字，以资证明。

本公约于 1988 年 1 月 1 日生效。

附录二

跟单信用证统一惯例

（1993 年修订版）（国际商会第 500 号出版物）

A. 总则与定义

第一条　统一惯例的适用范围

《跟单信用证统一惯例，1993 年修订本》即，国际商会第 500 号出版物，适用于所有在信用证文本中标明按本惯例办理的跟单信用证（包括本惯例适用范围内的备用信用证），除非信用证中另有明确规定，本惯例对一切有关当事人均具有约束力。

第二条　信用证的意义就本惯例而言，“跟单信用证”和“备用信用证”（以下统称“信用证”）意指一项约定，不论如何命名或描述，系指一家银行（“开证行”）应客户（“申请人”）的要求和指示或以其自身的名义，在与信用证条款相符的条件下，凭规定的单据：

Ⅰ. 向第三者（“受益人”）或其指定人付款，或承兑并支付受益人出具的汇票，或

Ⅱ. 授权另一家银行付款，或承兑并支付该汇票，或

Ⅲ. 授权另一家银行议付。

就本惯例而言，一家银行在不同国家设立的分支机构均视为另一家银行。

第三条　信用证与合同

a. 就性质而言，信用证与可能作为其依据的销售合同或其他合同，是相互独立的两种交易。即使信用证中提及该合同，银行亦与该合同完全无关，且不受其约束。因此，一家银行做出付款、承兑并支付汇票或议付及/或履行信用证项下其他义务的承诺，并不受申请人与开证行之间或与受益人之间在已有关系下产生的索偿或抗辩的制约。

b. 受益人在任何情况下，不得利用银行之间或申请人与开证行之间的契约关系。

第四条　单据与货物/服务/行为

在信用证业务中，各有关当事人处理的是单据，而不是单据所涉及的货物、服务/或其他行为。

第五条　开立或修改信用证的指示

a. 开证指示、信用证本身、对信用证的修改指示或修改书本身均必须完整和明确。

为防止混淆和误解，银行应劝阻有关方：

Ⅰ. 勿在信用证或其任何修改书中，加注过多细节

Ⅱ. 在指示开立、通知或保兑一个信用证时，勿引用先前开立的信用证（参照前证），而该前证受到已被接受及/或未被接受的修改所约束。

b. 有关开立信用证的一切指示和信用证本身，如有修改时，有关修改的一切指示和修改书本身都必须明确表明据以付款、承兑或议付的单据。

B. 信用证的形式与通知

第六条 可撤销信用证与不可撤销信用证

a. 信用证可以是：

Ⅰ. 可撤销的，或

Ⅱ. 不可撤销的。

b. 因此信用证上应明确注明是可撤销的或是不可撤销的。

c. 如无此项注明，应视为不可撤销的。

第七条 通知行的责任

a. 信用证可经另一家银行（“通知行”）通知受益人，但通知行无须承担付款承诺之责任。如通知行决定通知，就应合理审慎地核验所通知的信用证的表面真实性。如通知行决定不通知，就必须不延误地告知开证行。

b. 如通知行不能确定信用证的表面真实性，就必须不延误地告知发出该指示的银行，说明本行不能确定该信用证的真实性。如通知行仍决定通知，则必须告知受益人本行不能核对信用证的真实性。

第八条 信用证的撤销

a. 可撤销的信用证可以由开证行随时修改或撤销，不必事先通知受益人。

b. 然而，开证行必须做到：

Ⅰ. 对办理可撤销信用证项下即期付款、承兑或议付的另一家银行，在其收到修改或撤销通知之前已凭表面与信用证条款相符的单据作出的任何付款、承兑或议付者，予以偿付；

Ⅱ. 对办理可撤销信用证项下延期付款的另一家银行，在其收到修改或撤销通知之前已接受表面与信用证条款相符的单据者，予以偿付。

第九条 开证行与保兑行的责任

a. 对不可撤销的信用证而言，在信用证规定的单据全部提交指定银行或开证行，并且这些单据又符合信用证条款的规定时，便构成开证行的确定承诺：

Ⅰ. 对即期付款的信用证——开证行应即期付款；

Ⅱ. 对延期付款的信用证——开证行应按信用证规定所确定的到期日付款；

Ⅲ. 对承兑信用证，分两种情况：

(a) 凡汇票由开证行承兑者——开证行应承兑受益人出具的以开证行为付款人的汇票，并于到期日支付票款；或

(b) 凡汇票由另一受票银行承兑者——如信用证上规定的受票银行对以其为付款人的汇票不予承兑时，应由开证行承兑并在到期日支付受益人出具的以开证行为付款人的汇票；或者，如受票银行对汇票已承兑，但到期不付时，则开证行应予支付；

Ⅳ. 对议付信用证——开证行应根据受益人依照信用证出具的汇票及/或提交的单据向出票人及/或善意持票人履行付款，不得追索。开立信用证时不应以信用证申请人作为汇票付款人。如信用证仍规定汇票付款人为申请人，银行将视此汇票为附加的单据。

b. 根据开证行的授权或要求另一家银行（“保兑行”）对不可撤销信用证加具保兑，当信用证规定的单据提交到保兑行或任何另一家指定银行时，在单据符合信用证规定的情况下，则构成保兑行在开证行的承诺之外的确定承诺，即：

Ⅰ. 对即期付款的信用证——保兑行应即期付款；

Ⅱ. 对延期付款的信用证——保兑行应按信用证规定所确定的到期日付款；

Ⅲ. 对承兑信用证，分两种情况：

(a) 凡汇票由保兑行承兑者——保兑行应承兑受益人出具的以保兑行为付款人的汇票，并于到期日支付票款，或

(b) 凡汇票由另一受票银行承兑者——如信用证规定的受票银行对于以其为付款人的汇票不予承兑，则应由保兑行承兑并在到期日支付受益人出具的以保兑行为付款人的汇票，或者，如受票银行对汇票已承兑但到期不付者，则保兑行应予支付。

Ⅳ. 对议付信用证——保兑行应根据受益人依照信用证出具的汇票及/或提交的单据，对出票人及/或善意持票人予以议付，不得追索。开立信用证时不应以信用证申请人作为汇票付款人。如信用证仍规定汇票付款人为申请人，银行将视此汇票为附加的单据。

c.

Ⅰ. 如开证行授权或要求另一家银行对信用证加具保兑，而该银行不准备照办时，就必须不延误地告知开证行。

Ⅱ. 除非开证行在其授权或要求加具保兑的指示中另有专门规定，否则通知行可以不加保兑就把未经保兑的信用证通知给受益人。

d.

Ⅰ. 除本惯例第 48 条另有规定外，凡未经开证行、保兑行（如有）以及受

益人同意，不可撤销信用证既不能修改也不能撤销。

Ⅱ. 自发出信用证修改书之时起，开证行就不可撤销地受本行发出的修改的约束。保兑行可将其保兑承诺扩展至修改内容，且自其通知该修改之时起，即不可撤销地受修改的约束。然而，保兑行可选择仅将修改通知受益人而不对其加具保兑，但必须不延误地将此情况通知开证行和受益人。

Ⅲ. 在受益人向通知修改的银行表示接受该修改内容之前，原信用证（或先前已接受修改的信用证）的条款对受益人仍然有效。受益人应发出接受修改或拒绝接受修改的通知。如受益人未提供上述通知，当他提交给指定银行或开证行的单据与信用证以及尚未表示接受的修改的要求一致时，则该事实即视为受益人已作出接受修改的通知，并从此时起，该信用证已作了修改。

Ⅳ. 对同一修改通知中的修改内容不允许部分接受，因而，部分接受修改内容当属无效。

第十条　信用证的种类

a. 一切信用证均须明确表示它适用于即期付款、延期付款、承兑抑或议付。

b.

Ⅰ. 除非信用证规定只能由开证行办理这项业务，否则一切信用证均须指定某家银行（称："指定银行"）并授权其付款、承担延期付款责任、承兑汇票或议付。对自由议付的信用证，任何银行均可为指定银行。

单据必须提交给开证行或保兑行（如有）或其他任何指定银行。

Ⅱ. 议付意指被授权议付的银行对汇票及/或单据付出对价。仅审核单据而未付对价者，不构成议付。

c. 除非指定银行是保兑行，否则，开证行的指定并不能使被指定银行负有付款、承诺延期付款、承兑汇票或议付的责任。除非指定银行已明确同意并告知受益人，否则，它收受及/或审核及/或转交单据的行为，并不意味着它对付款、承担延期付款责任、承兑汇票或议付负有责任。

d. 如开证行指定另一家银行、或允许任何银行议付、或授权、或要求另一家银行加具保兑，开证行即据此分别授权上述银行凭表面与信用证条款相符的单据办理付款、承兑汇票或者议付，并保证依照本惯例对上述银行予以偿付。

第十一条　电讯传递的信用证与预先通知的信用证

a.

Ⅰ. 当开证行使用密码证实的电讯方式指示通知行通知信用证或修改信用证时，该电讯即视为有效的信用证文件或有效的修改书，不应再寄送电报证实书。如仍寄送证实书，则该证实书当属无效，通知行也没有义务将证实书与所收到的以电讯方式传递的有效信用证文件或有效的修改书进行核对。

Ⅱ. 若该电讯说明"详情后告"（或类似词语）或声明嗣后寄出的证实书将

是有效的信用证文件或有效的修改，则该电讯系无效的信用证文件或修改书。开证行必须不延误地向通知行寄送有效的信用证文件或有效的修改书。

b. 如一家银行利用另一家通知行的服务将信用证通知给受益人，它也必须利用同一家银行的服务通知修改书。

c. 只有准备开立有效信用证或修改书的开证行，才可以对不可撤销信用证开立或修改书发出预先通知书。除非开证行在其预先通知书中另有规定，否则，发出预先通知的开证行应不可撤销地保证不延误地开出或修改信用证，且条款不能与预先通知书相矛盾。

第十二条　不完整或不清楚的指示

如所收到的有关通知、保兑或修改信用证的指示不完整或不清楚，则被要求执行该指示的银行可以给受益人一份预先通知，仅供其参考，但该行不负任何责任。该预先通知书应清楚地声明本通知书仅供参考，且通知行不承担责任。但通知行必须将所采取的行动告知开证行，并要求开证行提供必要的内容。

开证行必须不延误地提供必要的内容。只有通知行收到完整明确的指示，并准备执行时，方得通知、保兑或修改信用证。

C. 责任与义务

第十三条　审核单据的标准

a. 银行必须合理小心地审核信用证上规定的一切单据，以便确定这些单据是否表面与信用证条款相符合。本惯例所体现的国际标准银行实务是确定信用证所规定的单据表面与信用证条款相符的依据。单据之间表面不一致，即视为表面与信用证条款不符。

信用证上没有规定的单据，银行不予审核。如果银行收到此类单据，应退还交单人或将其照转，但对此不承担责任。

b. 开证行、保兑行（如有），或代其行事的指定银行，应有各自的合理的审单时间——不得超过从其收到单据的翌日起算七个银行工作日，以便决定是接受或拒绝接受单据，并相应地通知寄单方。

c. 如信用证含有某些条件而未列明须提交与之相符的单据者，银行将认为未列明此条件，对此不予理会。

第十四条　有不符点的单据与通知事宜

a. 当开证行授权另一家银行依据表面符合信用证条款的单据付款、承担延期付款责任、承兑汇票或议付时，开证行和保兑行（如有），应承担下列责任：

Ⅰ. 对已付款、已承担延期付款责任、已承兑汇票或已作议付的指定银行予以偿付。

Ⅱ. 接受单据。

b. 开证行及/或保兑行（如有），或代其行事的指定银行，收到单据后，必须仅以单据为依据，确定这些单据是否表面与信用证条款相符。如与信用证条款不符，上述银行可以拒绝接单。

c. 如开证行已确定单据表面与信用证条款不符，它可以自行确定联系申请人，请其对不符点予以接受，但是，这样做不能借此延长第13条（b）款规定的期限。

d.

Ⅰ. 如开证行及/或保兑行（如有），或代其行事的指定银行，决定拒绝接受单据，它必须不延误地以电讯方式通知有关方；如不可能用电讯方式通知时则以其他快捷方式通知此事，但不得迟于收到单据的翌日起算第七个银行工作日。该通知应发给寄单银行，或者，如直接从受益人处收到单据者，则应通知受益人。

Ⅱ. 该通知必须说明银行凭以拒绝接受单据的全部不符点，并说明单据已由本行代为保管听候处理，或将退还给交单人。

Ⅲ. 然后，开证行及/或保兑行（如有），便有权向交单行索回已经给予该银行的任何偿付款项及利息。

e. 如开证行及/或保兑行（如有），未能按照本条的规定办理及/或未能代为保管单据听候处理，或将单据退交单人时，开证行及/或保兑行（如有），就无权宣称单据与信用证条款不符。

f. 如寄单行向开证行及/或保兑行（如有）指出单据中的不符点，或通知开证行或保兑行：关于该不符点，本行已经以保留追索方式或凭赔偿担保付款、承担延期付款责任、承兑汇票或议付，则开证行及/或保兑行（如有），并不因此而解除其在本条文项下的任何义务。此项保留或赔偿担保仅涉及寄单行与被保留追索的一方，或者与提供或代为提供赔偿担保一方之间的关系。

第十五条　对单据有效性的免责

银行对于任何单据的形式、完整性、准确性、真伪性或法律效力，或对于单据上规定的或附加的一般性及/或特殊性条件，概不负责；银行对于任何单据中有关的货物描述、数量、重量、质量、状况、包装、交货、价值或存在与否，对于货物的发货人、承运人、运输行、收货人或保险人或其他任何人的诚信、行为及/或疏忽、清偿能力、执行能力或信誉也概不负责。

第十六条　对文电传递的免责条款

银行对由于任何文电、信函或单据在传递中发生延误及/或遗失所造成的后果，或对于任何电讯在传递过程中发生的延误、残缺或其他差错，概不负责。银行对专门性术语的翻译及/或解释上的差错，也不负责，银行保留将信用证条款原文照转而不翻译的权利。

第十七条　不可抗力

银行对于天灾、暴动、骚乱、叛乱、战争或银行本身无法控制的任何其他原因而营业中断，或对于任何罢工或停工而营业中断所引起的一切后果，概不负责。除非经特别授权，银行在恢复营业后，对于在营业中断期间已逾期的信用证，将不再进行付款、承担延期付款责任、承兑汇票或议付。

第十八条　对被指示方行为的免责条款

a. 银行为执行申请人的指示，而利用另一家银行或另几家银行的服务，是代申请人办理的，费用由申请人承付，风险由申请人承担。

b. 即使是银行主动选择其他银行办理业务，它发出的指示未被执行，对此银行亦不负责。

c.

Ⅰ. 一方指示另一方提供服务时，被指示方因执行指示而产生的一切费用，包括手续费、费用、成本费或其他开支，均由发出指示的一方承担。

Ⅱ. 当信用证规定上述费用由指示方以外的一方负担，而这些费用又未能收回时，亦不能免除最终仍由指示方支付此类费用的责任。

d. 申请人应受外国法律和惯例加诸银行的一切义务和责任的约束，并对银行承担赔偿之责。

第十九条　银行间的偿付约定

a. 开证行如欲通过另一银行（偿付行）对付款行、承兑行或议付行（均称“索偿行”）履行偿付时，开证行应及时给偿付行发出对此类索偿予以偿付的适当指示或授权。

b. 开证行不应要求索偿行向偿付行提供证实单据与信用证条款相符的证明。

c. 如索偿行未能从偿付行得到偿付，开证行就不能解除自身的偿付责任。

d. 如偿付行未能在首次索偿时即行偿付，或未能按信用证规定或双方另行约定的方式进行偿付时，开证行应对索偿行的利息损失负责。

e. 偿付行的费用应由开证行承担。然而，如该项费用系由其他方承担，则开证行有责任在原信用证中和偿付授权书中予以注明。如偿付行的费用系由其他方承担，则该费用应在支付信用证项下款项时向索偿行收取。如未支取，开证行仍有义务承担偿付行的费用。

D. 单　据

第二十条　对出单人而言的模糊用语

a. 不应使用诸如“第一流”、“著名”、“合格”、“独立”、“正式”、“有资格”、“当地”及类似意义的用语来描述信用证项下应提交的任何单据的出单人的身份。如信用证中含有此类词语，只要所提交的单据表面与信用证其他条款相符，且单据又非由受益人出具者，银行将予接受。

b. 除非信用证另有规定，只要单据注明为正本，如必要时已加签字，银行也将接受用下列方法制作或看来是按该方法制作的单据作为正本单据：

Ⅰ. 影印、自动或电脑处理；

Ⅱ. 复写；单据上的签字可以手签，也可用签样印制、穿孔签字、盖章、符号表示或其他任何机械或电子证实的方法处理。

c.

Ⅰ. 除非信用证另有相反规定，否则银行将接受标明副本字样或没有标明正本字样的单据作为副本单据，副本单据无须签字。

Ⅱ. 如信用证要求提交一式多份单据，诸如“一式两份”、“两张”、“两份”等，此时可以提交一份正本，其余份数以副本来满足。但单据本身另有相反的指示者除外。

d. 除非信用证另有规定，当信用证含有要求证实单据、使单据生效、使单据合法、签证单据、证明单据或对单据有类似要求的条件时，这些条件可由在单据上签字、标注、盖章或标签来满足，只要单据表面已满足上述条件即可。

第二十一条　对出单人或单据内容未做规定的情况。

当信用证要求提供除运输单据、保险单据和商业发票以外的单据时，信用证中应规定该单据由何人出具，应有哪些措辞或内容。如信用证对此未做规定，只要所提交单据的内容与提交的其他单据不矛盾，银行将予接受。

第二十二条　出单日期与信用证日期

除非信用证另有相反规定，银行将接受出单日期早于信用证日期的单据，但这些单据必须在信用证和本惯例规定的期限内提交。

第二十三条　海洋运输提单

a. 如信用证要求提交港至港运输提单者，除非信用证另有规定，银行将接受下述单据，不论其称谓如何：

Ⅰ. 表面注明承运人的名称，并由下列人员签字或以其他方式证实：

——承运人或作为承运人的具名代理或代表，或

——船长或作为船长的具名代理或代表。

承运人或船长的任何签字或证实，必须表明“承运人”或“船长”的身份。代理人代表承运人或船长签字或证实时，也必须表明他所代表的委托人的名称和身份，即注明代理人是代表承运人或船长签字或证实的；及

Ⅱ. 提单上注明货物已装船或已装指名船只。

已装船或已装指名船只的内容，可由提单上印就的“货物已装上指名船只”或“货物已装运指名船只”的词语来表示，在此情况下，提单的出具日期即视为

装船日期与装运日期。

在所有其他情况下，装上指名船只这一内容，必须以提单上注明货物装船日期的批注来证实，在此情况下，装船批注日期即视为装运日期。

当提单上含有“预期船”字样或类似有关限定船只的词语时，装上具名船只这一内容必须由提单上的装船批注来证实。该项装船批注除注明货物已装船的日期外，还应包括实际装货的船名，即使实际装货船只的名称为“预期船”，亦应如此。

如提单上注明的收货地或接受监管地与装货港不同，货已装船的批注仍须注明信用证规定的装货港和实际装货船名，即使已装货船只的名称与提单注明的船只名称一致，亦应如此。本规定还适用于任何由提单上印定的船词语来表示装船情况。

及

Ⅲ. 注明信用证规定的装货港和卸货港，尽管提单上可能有下述情况：

(a) 注明不同于装货港的货物接受监管地及/或不同于卸货港的最终目的地，及/或 (b) 含有“预期”或类似有关限定装货港，及/或卸货港的标注者，只要单据上表示了信用证规定的装货港及/或卸货港；及

Ⅳ. 开立全套正本提单可以是仅有一份正本提单或者是一份以上正本提单，及

Ⅴ. 含有全部承运条件或部分承运条件须参阅提单以外的某一出处或文件(属简式/背面空白提单）者，银行对此类承运条件的内容不予审核，及

Ⅵ. 未注明受租船合约约束及/或未注明承运船只仅以风帆为动力者，及

Ⅶ. 在所有其他方面均符合信用证规定者。

b. 就本条文而言，转运指在信用证规定的装货港到卸货港之间的海运过程中，将货物由一艘船卸下再装上另一艘船的运输。

c. 除非信用证禁止转运，否则只要同一提单包括了海运全程运输，银行将接受注明货物将转运的提单。

d. 即使信用证禁止转运，银行对下列单据仍予以接受：

Ⅰ. 对注明将发生转运者，只要提单上证实有关货物已由集装箱、拖车及/或子母船运输，并且同一提单包括海运全程运输，及/或

Ⅱ. 含有承运人声明保留转运权利条款者。

第二十四条 非转让的海运单

a. 如信用证要求提供的是港至港非转让海运单者，除非信用证另有相反规定，否则银行将接受下述单据，不论其称谓如何：

Ⅰ. 表面注明承运人名称，并由下列人员签字或以其他方式证实：

——承运人或作为承运人的具名代理或代表，或

——船长或作为船长的具名代理或代表。

承运人或船长的任何签字或证实，必须表明“承运人”或“船长”的身份。代理人代表承运人或船长签字或证实时，也必须表明他所代表的委托人的名称和身份，即注明代理人是代表承运人或船长签字或证实的；及

Ⅱ. 注明货物已装船或已装具名船只。货物已装船或已装具名船只的内容，可由非转让海运单上印就的“货物已装上具名船只”或“货物已装具名船只”的词语来表示，在此情况下，非转让海运单的出具日期即视为装船日期与装运日期。

在所有其他情况下，货物装上具名船只的内容，必须以非转让海运单上注明货物装船日期的批注加以证实。在此情况下，装船批注日期即视为装运日期。

如非转让海运单含有“预期船”或类似有关限定船只的词语时，货物装上具名船只的内容必须由非转让海运单上的装船批注来证实，该项装船批注除注明货物已装船日期外，还应包括载货的船名。即使实际装货船只的名称为“预期船”亦应如此。

如果非转让海运单上注明的收货地或货物接受监管地与装货港不同，已装船批注中仍须注明信用证规定的装货港和实际装货船名，即使装货船只的名称与非转让海运单上注明的船只一致，亦应如此。本规定适用于任何由非转让海运单上印就的装船词语来表示装船情况，及

Ⅲ. 注明信用证规定的装货港和卸货港，尽管非转让海运单可能有下述情况：

(a) 注明不同于装运港的货物接受监管地及/或不同于卸货港的最终目的地，及/或

(b) 含有“预期”或类似有关限定装运港及/或卸货港的标注者，只要单据上表示了信用证规定的装运港及/或卸货港，及

Ⅳ. 开立全套正本运单可以是仅有一份正本或者是一份以上正本。及

Ⅴ. 表面上看含有全部承运条件或部分承运条件须参阅非转让海运单以外的某一出处或文件（属简式/背面空白的非转让海运单）者，银行对此类承运条件的内容不予审核，及

Ⅵ. 未注明受租船合约约束及/或未注明承运船只仅以风帆为动力者，及

Ⅶ. 在所有其他方面均符合信用证规定者。’

b. 就本条款而言，转运意指在信用证规定的装货港到卸货港之间的海运过程中，将货物由一艘船卸下再装上另一艘船的运输。

c. 除非信用证上有禁止转运的条款，否则，只要同一非转让海运单包括了海运全程运输，银行将接受注明货物将转运的非转让海运单。

d. 即使信用证禁止转运，银行将接受下列非转让海运单：

Ⅰ. 对注明将发生转运者，只要非转让海运单证实有关货物已由集装箱、拖车及/或子母驳船运输，并且同一非转让海运单包括海运全程运输，及/或

Ⅱ. 含有承运人声明保留转运权利的条款者。

第二十五条　租船合约提单

a. 如果信用证要求提交或允许提交租船合约提单，除非信用证另有相反规定，否则，银行将接受下述单据，不论其称谓如何：

Ⅰ. 含有受租船合约约束的任何批注，及

Ⅱ. 已由下列人员签字或以其他方式证实：

——船长或作为船长的具名代理或代表，或

——船东或作为船东的具名代理或代表。

船长或船东的任何签字或证实，必须表明“船长”或“船东”的身份。代理人代表船长或船东签字或证实时，亦须表明他所代表的委托人的名称和身份，即注明代理人是代表船长或船东签字或证实的，及

Ⅲ. 注明或不注明承运人的名称，及

Ⅳ. 注明货物已装船或已装具名船只。

货物已装船或已装具名船只的内容，可由提单上印定的“货物已装上具名船只”或“货物已装运具名船只”的词语来表示，在此情况下，提单的出单日期将视为装船日期与装运日期。

在所有其他情况下，装上具名船只的内容，必须以在提单上注明的货物装船日期的批注来证实，在此情况下，装船批注日期即视为装运日期，及

Ⅴ. 注明信用证规定的装货港和卸货港，及

Ⅵ. 开立的全套正本提单可以是仅有一份正本提单或者是一份以上正本提单，及

Ⅶ. 未注明承运船只仅以风帆为动力者，及

Ⅷ. 在所有其他方面均符合信用证规定者。

b. 即使信用证要求提交与租船合约提单有关的租船合约，银行对该租船合约也不予审核，但将予以照转而不承担责任。

第二十六条　多式运输单据

a. 如信用证要求提供至少包括两种不同运输方式（即多式运输）的运输单据，除非信用证另有相反规定，否则，银行将接受下述运输单据，不论其称谓如何：

Ⅰ. 表面注明承运人的名称或多式运输营运人的名称，并由下列人员签字或以其他方式证实：

——承运人或多式运输营运人或作为承运人或多式运输营运人的具名代理或代表，或

——船长或作为船长的具名代理或代表。

承运人或多式运输营运人或船长的任何签字或证实，必须分别表明“承运人”或“多式运输营运人”或“船长”的身份。代理人代表承运人或多式运输营运人或船长签字或证实时，也必须注明他所代表的委托人的名称和身份，即注明代理人是代表承运人或多式运输营运人或船长签字或证实的，及

Ⅱ. 注明货物已发运、已接受监管或已装载者。

发运、接受监管或装载，可在多式运输单据上以文字表明，且出单日期即视为发运、接受监管或装载日期及装运日期。然而，如果单据以盖章或其他方式标明发运、接受监管或装载日期，则此类日期即视为装运日期，及

Ⅲ.

(a) 注明信用证规定的货物接受监管地，该接受监管地可以不同于装货港、装货机场和装货地，及/或注明信用证规定的最终目的，该最终目的地可以与卸货港、卸货机场或卸货地不同，及/或

(b) 含有“预期”或类似限定有关船只及/或装货港及/或卸货港的批注，及

Ⅳ. 开立的全套正本提单可以是仅有一份正本提单或者是一份以上正本提单，及

Ⅴ. 含有全部承运条件或部分承运条件须参阅多式运输单据以外的某一出处或文件（属简式/背面空白的多式运输单据）者，银行对此类承运条件的内容不予审核，及

Ⅵ. 未注明受租船合约约束及/或未注明承运船只仅以风帆为动力者，及

Ⅶ. 在所有其他方面均符合信用证规定者。

b. 即使信用证禁止转运，银行也将接受注明转运将发生或可能发生的多式运输单据，只要同一多式运输单据包括运输全程即可。

第二十七条　空运单据

a. 如果信用证要求提供空运单据，除非信用证另有相反规定，否则，银行将接受下列单据，不论其称谓如何：

Ⅰ. 表面注明承运人名称并由下列人员签字或以其他方式证实：

——承运人；或

——作为承运人的具名代理或代表。

承运人的任何签字或证实，亦须表明他承运人的身份。代理人代表承运人签字或证实亦须表明所代表的委托人的名称和身份，即表明代理人是代表承运人签字或证实者，及

Ⅱ. 注明货物已收妥待运，及

Ⅲ. 如信用证要求注明实际发运日期，则应对此日期做出专项批注。在空运

单据上如此表示的发运日期，即视为装运日期。

就本条款而言，在空运单据的方格（标明“仅供承运人使用”或类似说明）内所表示的有关航班号和起飞日的信息不能视为发运日期的专项批注。

在所有其他情况下，空运单据的签发日期即视为装运日期，及

Ⅳ. 空运单上注明信用证规定的发运机场及目的地机场，及

Ⅴ. 空运单上开给委托人/发货人的正本空运单据，即使信用证规定全套正本，或有类似意义的词语，及

Ⅵ. 空运单上含有全部承运条件，或其中某些承运条件须参阅空运单以外的某一出处或文件。银行对此类承运条件的内容将不予审核，及

Ⅶ. 所有其他方面均符合信用证规定。

b. 就本条款而言，转运指在信用证规定的起飞机场到目的地机场的运输过程中，将货物从一架飞机上卸下再装到另一架飞机上的运输。

c. 即使信用证禁止转运，银行也将接受上面注明将发生或可能发生转运的空运单据，只要是同一空运单据包括运输全程即可。

第二十八条　公路、铁路或内河运输单据

a. 如果信用证要求提供公路、铁路或内河运输单据，除非信用证另有相反规定，否则银行将接受所要求的类型的运输单据，不认其称谓如何：

Ⅰ. 单上注明承运人的名称并且已由承运人或作为承运人的具名代理或代表签字或以其他方式证实，及/或载有承运人或作为承运人的具名代理或代表的货物收货印章或其他收妥的标志。

承运人的任何签字、证实、收货印章或其他收货标志，表面须表明承运人的身份。代表承运人签字或证实，亦须表明其所代表的委托人的名称和身份，即注明代理人是代表承运人签字或证实的，及

Ⅱ. 单上注明货物已收妥待运、发运或承运或类似意义的词语，除非运输单据上盖有收妥印章，否则运输单据的出具日期即视为装运日期。在加盖收妥印章的情况下，盖章的日期即视为装运日期，及

Ⅲ. 单上注明信用证规定的装运地和目的地，及

Ⅳ. 所有其他方面均符合信用证规定。

b. 如运输单据未注明出具份数，银行将接受所提交的运输单据，并视之为全套正本。不论运输单据上是否注明为正本，银行将作为正本予以接受。

c. 就本条款而言，转运指在信用证规定的装运地到目的地之间的运输过程中，以不同的运输方式，从一种运输工具卸下再装至另一种运输工具的运输。

d. 即使信用证禁止转运，银行也将接受单据上注明货物将转运或可能发生转运的公路、铁路或内河运输单据，只要运输的全过程包括在同一运输单据内，并使用同一运输方式即可。

第二十九条　专递及邮政收据

a. 如果信用证要求提供邮政收据或投递证明，除非信用证另有相反规定，银行将接受下述邮政收据或投邮证明：

Ⅰ. 正面有信用证规定的装运地或发运地戳记或以其他方式证实并加注日期者，该日期即视为装运日期或发运日期，及

Ⅱ. 所有其他各方面均符合信用证规定。

b. 如信用证要求由专递或快递机构出具证明收到待运货物的单据，除非信用证另有相反规定，否则银行将接受下列单据，不论其称谓如何：

Ⅰ. 正面注明专递/快递机构的名称，并由该具名的专递/快递机构盖戳、签字或以其他方式证实的单据（除非信用证特别规定由指定的专递/快递机构出具单据，否则银行将接受由任何专递/快递机构出具的单据），及

Ⅱ. 上面注明取件或收件日期或同义词语者，此日期即视为装运或发运日期。

Ⅲ. 所有其他各方面均符合信用证规定。

第三十条　运输行出具的运输单据

除非信用证另有授权，否则银行仅接受运输行出具的具有注明下列内容的运输单据：

Ⅰ. 注明作为承运人或多式运输营运人的运输行的名称，并由作为承运人或多式运输营运人的运输行签字或以其他方式证实，或

Ⅱ. 注明承运人或多式运输营运人的名称并由作为承运人或多式运输营运人的具名代理或代表的运输行签字或以其他方式证实。

第三十一条　“货装舱面”，“发货人装载并计数”，发货人名称除非信用证另有相反规定，否则银行将接受下列运输单据：

Ⅰ. 海运或包括海运在内的一种以上运输方式，未注明货物已装舱面或将装于舱面。然而，运输单据内有货物可能装于舱面的规定，如果未特别注明货物已装舱面或将装舱面，银行对该种运输单据予以接受，及/或

Ⅱ. 含有“发货人装载并计数”或“内容据发货人报称”或类似文字的条款的运输单据，及/或

Ⅲ. 表明以信用证受益人以外的一方为发货人的运输单据。

第三十二条　清洁运输单据

a. 清洁运输单据系指未载有明确宣称货物及/或包装状况有缺陷的条款或批注的运输单据。

b. 除非信用证明确规定可以接受上述条款或批注，否则银行将不接受会有此类条款或批注的运输单据。

c. 运输单据如符合本条款和第二十三、二十四、二十五、二十六、二十七、

二十八或三十条的规定，银行即视为符合信用证中规定在运输单据上载明“清洁已装船”的要求。

第三十三条　运费到付/运费预付的运输单据

a. 除非信用证另有规定，或与信用证项下所提交的任何单据相抵触，否则，银行将接受表明运费或运输费用（以下统称“运费”）待付的运输单据。

b. 如信用证规定运输单据中必须表明运费付讫或已预付，银行将接受以戳记或以其他方式清楚地表明运费付讫或已预付的词语，或用其他方法表明运费付讫的运输单据。如信用证要求专递费用付讫或预付时，银行也将接受专递或快递机构出具的注明专递费用由收货人以外的一方承担的运输单据。

c. 运输单据上如出现“运费可预付”或“运费应预付”或类似意义的词句，不能视为运费付讫的证明，这种单据将不予接受。

d. 银行将接受以戳记或其他方式提及运费以外的附加费用，诸如有关装卸或其他类似作业所发生的费用或开支的运输单据，除非信用证条款明确禁止接受此类运输单据，则不能接受。

第三十四条　保险单据

a. 保险单据从其字面上看，必须是由保险公司或承保人或他们的代理人开立并签署的。

b. 如保险单据上表明所出具的正本系一份以上者，除非信用证另有授权，必须提交全部正本保险单据。

c. 除非信用证有特别授权，否则银行不接受由保险经纪人签发的暂保单。

d. 除非信用证另有相反规定，否则银行将接受由保险公司或承保人或他们的代理人预签的保险证明或预保单项下的保险声明书。尽管信用证特别要求提供保险证明或预保单项下的保险声明书，但银行仍可接受保险单以取代保险证明或保险声明书。

e. 除非信用证另有规定，或除非保险单据表明保险责任最迟于装船或发运或接受监管日起生效，否则银行对载明签发日期迟于运输单据上注明的装船或发运或接受监管日期的保险单据将不予接受。

f.

Ⅰ. 除非信用证另有规定，否则保险单据上的货币，必须与信用证上的货币相同。

Ⅱ. 除非信用证另有规定，保险单据必须表明的最低投保金额，应为货物的CIF价［成本、保费和运费（……“指定的目的港”）］或CIP价［运费和保险费付至（……“指定目的地”）］之金额加10%。但这仅限于能从货运单据上确定CIF或CIP价值的情况。否则，银行将接受的最低投保金额为信用证要求付款、承兑或议付的金额的110%，或发票毛值的110%，两者之中取金额较大者。

第三十五条　投保险别

a. 信用证应规定需要投保的险别，以及必要的附加险别。诸如“通常险别”或“惯常险别”一类意义不明确的用语不应使用。如已使用，银行当按照所提交的保险单据予以接受，但对未经投保的任何险种不予负责。

b. 如信用证无特别规定，银行当按照所提交的保险单据予以接受，对未经投保的任何险别不予负责。

c. 除非信用证另有规定，否则银行将接受表明有受免赔率或免赔额约束的保险单据。

第三十六条　投保一切险

当信用证规定“投保一切险”时，银行将接受含有任何“一切险”批注或条文的保险单据，不论其有无“一切险”标题，甚至表明不包括某种险别。银行对未经投保的任何险别不予负责。

第三十七条　商业发票

a. 除非信用证另有规定，商业发票上：

Ⅰ. 应当在表面上表明：发票系由信用证中指定的受益人出具（第四十八条所规定者除外），及

Ⅱ. 必须做成以申请人的名称为抬头［第四十八条(h)款所规定者除外］，及

Ⅲ. 发票无须签署。

b. 除非信用证另有相反规定，否则银行可拒绝接受金额超过信用证所允许的金额的商业发票。但是，如信用证项下授权付款、承担延期付款责任、承兑汇票或议付的银行，一旦接受此类发票，只要该银行所作出的付款、承担延期付款责任、已承兑汇票或已议付的金额没有超过信用证所允许的金额，则该银行的决定对各有关方均具有约束力。

c. 商业发票中的货物描述，必须与信用证规定的相符。其他一切单据则可使用货物统称，但不得与信用证规定的货物描述有抵触。

第三十八条　其他单据

在采用除海运以外的运输方式的情况下，如信用证要求提交重量证明，除非信用证明确规定此项重量证明必须另行提供单据外，银行将接受承运人或其代理人加盖于运输单据上的重量戳记或重量声明。

E. 其他规定

第三十九条　信用证金额、货物数量和单价的增减幅度

a. 凡“约”“大概”、“大约”或类似的词语用于信用证金额、货物、数量和单价时，应解释为有关金额、数量或单价不超过10%的增减幅度。

b. 除非信用证规定货物的指定数量不得有增减外，在所支付的款项不超过

信用证金额的条件下，货物数量准许有 5%的增减幅度。但是，当信用证上规定的数量是以包装单位或个数计数时，此项增减幅度则不适用。

c. 除非禁止分批装运的信用证上另有规定或除非已适用本条（b）款者，当信用证对货物的数量有规定，且货物已全数装运，以及当信用证对单价有规定，而此单价又未降低的条件下，允许支取的金额有 5%的减幅。如信和证已利用本条（a）款提到的词语，则本规定不适用。

第四十条　分批装运/分批支款

a. 除非信用证另有规定，允许分批支款及/或分批装运。

b. 运输单据上表面注明货物系使用同一运输工具并经同一路线运输的，即使每套运输单据注明的装运日期不同及/或装货港、接受监管地、发运地不同，只要运输单据注明的目的地相同，也不视为分批装运。

c. 货物经邮寄或专递发运，如邮政收据或投邮证明或专递收据或发运通知，是在信用证规定的发货地加盖戳记、或签署或以其他方式证实并且日期相同，则不视为分批装运。

第四十一条　分期装运/分期支款

信用证规定在指定的不同期限人分期支款及/或分期装运，如其中任何一期未按信用证所规定的期限支款及/或装运，则信用证对该期及以后各期均失效。但信用证另有规定者除外。

第四十二条　到期日及交单地点

a. 所有信用证均须规定一个到期日及一个付款、承兑交单地。议付信用证尚须规定一个议付交单地，但自由议付信用证除外。所规定的付款、承兑或议付的到期日，将视为提交单据的到期日。

b. 除第四十四条（a）款规定外，必须于到期日或到期日之前交单。

c. 如开证行注明信用证的有效期限为“一个月”、“六个月”或类似规定，但未指明自何日起算者，开证行开证日即视为起算日。银行应避免用此种方式注明信用证的到期日。

第四十三条　对到期日的限制

a. 凡要求提交运输单据的信用证，除规定一个交单到期日外，尚须规定一个在装运日后按信用证条款规定必须交单的特定期限。如未规定该期限，银行将不予接受迟于装运日期后二十一天提交的单据。但无论如何，交单不得迟于信用证的到期日。

b. 如第四十条（b）款适用，所提交的运输单据上的最迟装运日期即视为装运日期。

第四十四条　到期日的顺延

a. 如信用证的到期日及/或按本惯例第四十三条规定所适用的交单的期限最

后一天，适逢接受单据银行因第十七条规定以外的原因而停止营业，则规定的到期日及/或装运日后一定期限内必须交单的最后一天，将顺延至该银行恢复营业后的第一个营业日。

b. 但最迟装运日期不得按照本条（a）款对到期日及/或装运日后交单期限的顺延为由而顺延。如信用证或修改书中未规定最迟装运日期，银行将不接受表明装运日期迟于信用证或修改书规定的到期日的运输单据。

c. 于顺延后的第一个营业日接受单据的银行，必须申明单据系根据跟单信用证统一惯例，1993 年修订本，国际商会第 500 号出版物第四十四条（a）款规定的顺延期限内所提交。

第四十五条　交单时间

银行在其营业时间以外，无接受单据的义务。

第四十六条　对装运日期的一般用语

a. 除非信用证另有规定，凡用于规定最早及/或最迟装运日期的“装运”一词，其意义应理解为包括诸如“装船”、“发运”、“接收备运”、“邮政收据日期”、“取件日期”和类似表述，如信用证要求多式运输单据时，还包括“接受监管”这一涵义。

b. 不应使用诸如“迅速”、“立即”、“尽快”之类词语，如已使用，银行将不予置理。

c. 如使用“于或约于”之类词语来限定装运日期者，银行将视为在所述日期前后各五天内装运，起迄日包括在内。

第四十七条　装运期限的日期用语

a. 诸如“×月×日止”、“至×月×日”、“直至×月×日”、“从×月×日”及类似意义的词语用于限定信用证中有关装运的任何日期或期限时，应理解为包括所述日期。

b.“×月×日以后”应理解为不包括所述日期。

c.“上半月”和“下半月”应分别理解为自每月“1 日至 15 日”和“16 日至月末最后一天”，包括起迄日。

d.“月初”、“月中”和“月末”应分别理解为每月 1 日至 10 日、11 日至 20 日和 21 日至月末最后一天，包括起迄日期。

F. 可转让信用证

第四十八条　可转让信用证

a. 可转让信用证系指信用证的受益人（第一受益人）可以要求授权付款、承担延期付款责任对汇票、承兑或议付的银行（统称“转让行”），或当信用证是自由议付时，可以要求信用证中特别授权的转让银行，将该信用证全部或部分转让给一个或数个受益人（第二受益人）使用的信用证。

b. 只有开证行在信用证中明确注明“可转让”时，信用证方可转让。使用诸如：“可分割”、“可分开”、“可让渡”和“可转移”之类措词，并不能使信用证成为可以转让的信用证。如已使用此类措词，可不予以置理。

c. 除经非转让银行明确同意转让范围和转让方式，否则它无义务办理转让。

d. 在申请转让时并在信用证转出之前，第一受益人必须不可撤销地指示转让银行，说明它是否保留拒绝允许转让行将修改通知给第二受益人的权利。如转让行同意按此条件办理转让，它必须在办理转让时，将第一受益人关于修改事项的指示通知第二受益人。

e. 如信用证转让给一个以上的第二受益人，其中一个或几个第二受益人拒绝接受信用证的修改，此举并不影响其他第二受益人接受修改。对拒绝接受修改的第二受益人而言，该信用证视作未被修改。

f. 除非另有约定，转让行所涉及转让的费用，包括手续费、费用、成本费或其他开支等，应由第一受益人支付。如果转让行同意转让信用证，在付清此类费用之前，转让行没有办理转让的义务。

g. 除非信用证另有说明，可转让信用证只能转让一次。因此，第二受益人不得要求将信用证转让给其后的第三受益人。就本条文而言，再转让给第一受益人，不属被禁止转让的范畴。

只要不禁止分批装运/分批支款，可转让信用证可以分为若干部分予以分别转让（但总和不超过信用证金额），这些转让的总和将被认为该证只转让了一次。

h. 信用证只能按原证中规定的条款转让，但下列项目除外：

——信用证金额

——信用证中规定的货物的任何单价，

——到期日

——根据本惯例第四十三条确定的最后交单日期，

——装运期限

以上任何一项或全部项目均可减少或缩短。

必须投保的保险金额比例可以增加，以满足原信用证或本惯例规定的保额。

此外，可以用第一受益人的名称替代原信用证申请人的名称。但是，原证中如明确要求原申请人的名称应在除发票以外的单据上出现时，该项要求应予做到。

i. 第一受益人有权用自己的发票（和汇票）替换第二受益人提交的发票（和汇票），其金额不得超过原信用证金额，如信用证对单价有规定，应按原单价出具发票。经过替换发票（和汇票），第一受益人可以在信用证项下支取其发票金额与第二受益人发票金额间的差额。

当信用证已经转让，并且第一受益人要提供自己的发票（和汇票）以替换第二受益人的发票（和汇票），但第一受益人未能在有关方首次要求他这样做时按此办理，则转让行有权将所收到的已转让信用证项下的单据，包括第二受益人的发票（和汇票）交给开证行，并不再对第一受益人负责。

j. 除非原信用证明确表明不得在原信用证规定以外的地方办理付款或议付，否则，第一受益人可以要求在信用证的受让地，并在信用证到期日内，对第二受益人履行付款或议付。这样做并不损害第一受益人以自己的发票（和汇票）替换第二受益人的发票（和汇票）并索取两者间应得差额的权利。

G. 款项让渡

第四十九条　款项让渡

信用证虽未表明可转让，但并不影响受益人根据现行法律规定，将信用证项下应得的款项让渡给他人的权利。本条款所涉及的仅是款项的让渡，而不是信用证项下执行权利的让渡。

附录三

常用度量衡换算表

一、单位长度换算表

公制	中国市制	英美制	
公里（千米）	市里	英里	海里
1	2	0.621 4	0.539 64
0.5	1	0.317 0	0.269 82
1.609 35	3.218 7	1	0.868 42
1.835	3.706	1.151 5	1

二、单位重量换算表

公制	英制	美制	公制	中国市制	英美制
公吨	长吨	短吨	千克	市斤	磅
1	0.984 2	1.102 3	1 000	2 000	2 204.6
1.016	1	1.12	1 016.05	2 032.1	2 240
0.907 2	0.892 9	1	907.2	1 814.4	2 000

三、单位长度换算表

公制	中国市制	英美制	
米	市尺	英尺	码
1	3	3.280 8	1.093 6
0.333 3	1	1.093 6	0.364 6
0.304 8	0.914 4	1	0.333 3
0.914 4	2.743	3	1

四、单位体积换算表

公制	中国市制	英美制	
立方米	立方市尺	立方码	立方英尺
1	27	1.308	35.314 7
0.037	1	0.048 4	1.308
0.764 56	20.643	1	27
0.028 32	0.764 55	0.037	1

五、单位容积换算表

公 制	英 制	美 制
升	英加仑	美加仑
1	0.22	0.264
4.546	1	1.201
3.787	0.832 5	1

附录四

主要国家或地区货币的字母代码

货币名称	字母代码
澳大利亚元	AUD
加拿大元	CAD
瑞士法朗	CHF
人民币元	CNY
丹麦克朗	DKK
欧元	EMU
英镑	GBP
港元	HKD
日元	JPY
韩元	KRW
澳门元	MOP
挪威克朗	NOK
瑞典克朗	SEK
新加坡元	SGD
美元	USD

附录五

世界主要港口

港　口	译　名	国属或地区
Aden	亚　丁	民主也门
Alexandria	亚历山大	埃及
Amsterdam	阿姆斯特丹	荷兰
Antwerp	安特卫普	比利时
Auckland	奥克兰	新西兰
Baltimore	巴尔的摩	美国
Bangkok	曼谷	泰国
Barcelona	巴塞罗那	西班牙
Beirut	贝鲁特	黎巴嫩
Bordeaux	波尔多	法国
Boston	波士顿	美国
Bremen	不来梅	德国
Buenos Aries	布宜诺斯艾利斯	阿根廷
Calcutta	加尔格答	印度
Chittagong	吉大港	孟加拉国
Colombo	科伦坡	斯里兰卡
Gdansk	格丹斯克	波兰
Genoa	热那亚	意大利
Glasgow	格拉斯哥	英国
Hamburg	汉堡	德国
Hong Kong	香港	中国
Honolulu	火奴鲁鲁（檀香山）	美国
Houston	休斯顿	美国
Istanbul	伊斯坦布尔	土耳其
Jeddah	吉达	沙特阿拉伯
Karachi	卡拉奇	巴基斯坦
Kobe	神户	日本
Lisbon	里斯本	葡萄牙
Liverpool	利物浦	英国
London	伦敦	英国
Los Angels	洛杉矶	美国
Manila	马尼拉	菲律宾
Marseilles	马赛	法国
Melbourne	墨尔本	澳大利亚
Montreal	蒙特利尔	加拿大
Nagoya	名古屋	日本

续表

港　口	译　名	国属或地区
Naples	那不勒斯	意大利
New Orleans	新奥尔良	美国
New York	纽约	美国
Osaka	大阪	日本
Philadelphia	费城	美国
Quebec	魁北克	加拿大
Rangoon	仰光	缅甸
Rio De Janeiro	里约热内卢	巴西
Rotterdam	鹿特丹	荷兰
San Francisco	旧金山	美国
Singapore	新加坡	新加坡
Southampton	南安普顿	英国
Stockholm	斯德哥尔摩	瑞典
Sydney	悉尼	澳大利亚
Tokyo	东京	日本
Tripoli	的黎波里	利比亚
Vancouver	温哥华	加拿大
Venice	威尼斯	意大利
Wellington	惠灵顿	新西兰
Yokohama	横滨	日本